天皇家の女たち

古代から現代まで

鈴木裕子
Yuko Suzuki

社会評論社

天皇家の女たち　古代から現代まで＊目次

はしがき　天皇制への疑問——人間の平等原理に反し、人を差別化する

わたくしは、小学生低学年の頃、テレビで昭和天皇の姿とその報道ぶりを見て、この人は何か特別扱いされているようだと不思議に思い、不愉快に感じたことを思い出す。敗戦の四年後に東京下町に生まれたわたくしの家は、当時、近隣の多くの家と同様、貧困に喘ぎ、やっと糊口を凌いでいた。

近所にはいわゆる「バタヤ部落」があった。紙屑、衣類などの廃品を回収し、生計を立てる人びとの集落であった。そこから通学する子どもたちは学校で差別されていた。貧困階級が多く通う地域にあっても、このような差別が罷り通っていたのである。子ども心に痛憤を感じた。これらのことからも貧富の差に疑問を持った。

長じて大学に入り、日本の近現代史を学び、その頃アジアへの志向が強くなった。さらに被差別部落の人びとや、在日コリアンに対する差別問題への関心を強め、大学付近の早稲田奉仕園の小会議室を借りての朝鮮史学習会、学内での朝鮮映画の上映会、大学の在日コリアンの留学生同盟（留学同）女子会（「ヨソンモイム」と称していた）との交流など、教室では学ぶことのできない体験・学習ができた。ちなみに早稲田大学には語学教育研究所があり、随意科目として、朝鮮語科目があり、友人たちと学んだ。このほか、やや遅れるが、女子学生たちの集まり（高清水の会）を持っていて、当時、朝日新聞の記者であった松井やよりさんをお呼びし、忌憚のない話し合いなどをもった。いわば、当時のウーマン・リブの影響をも受け、女性問題への関心も強く有していたのである。

さて、天皇制についてのわたくしの考え方は以下のようである。それは、天皇制は、たとえ象徴天皇制であろうと、

男系家父長制原理に貫かれた性差別、階級差別、民族差別、身分差別、障碍者差別、異質な思想や人物を排除する差別のシステム・体系ということである。これを「伝統」というなら「差別」と「排除」の伝統が、天皇制の「伝統」ともいえる。たとえ、天皇に女性がなったとしても、天皇制の差別装置としての機能は変わらず、差別と排除の「伝統」も持続するであろう。

敗戦後、昭和天皇・側近とGHQ（連合国軍最高司令部）のマッカーサー司令部との政治的妥協のなかで、天皇制は、神権天皇制から象徴天皇制へと衣替えすることにより、「皇統保持」「国体（天皇制）保持」をかちえた。日本国憲法は、本来、日本に住む人すべてを対象とするなら「日本憲法」で十分である。旧支配エリートが周到にも、条文に「国籍条項」（第一〇条　日本国民たる要件は、法律でこれを定める）を設け、「日本国憲法」とし、在日外国人の権利を除外、蹂躙したのである。

新憲法第一四条は「法の下の平等」を謳い、すべての人が平等であり、華族その他の貴族（特権層）を認めないとした。また思想・表現・信教・出版等の自由、政治的権利の享有、健康で文化的な生活・生存権の保障、教育を受ける権利、男女共学など人権を尊重すること、戦争を放棄し、武器を捨て、平和的に生きること（第九条）を高らかに宣言した。しかしながら、以上の権利と自由等は、先の国籍条項により日本国籍を有する人に限られる。

周知のように新憲法第一章には、「天皇は、日本国の象徴であり日本国民統合の象徴であって、この地位は、主権の存する日本国民の総意に基く」とある。しかし、前述したように天皇制の歴史を通して見ると、第一章第一条から第八条までの「天皇」条項は、この新憲法の大きな瑕瑾《かきん》であることを読者は諒解されると思う。天皇・天皇制の存在こそ貴族特権階級の最たるものだからである。戦後日本社会がいまだに真の民主主義社会がつくられていない大きな要因は「天皇条項」が残され、天皇制が維持されたものと、わたくしは考える。

根づかなかった「加害認識」、九〇年代から「加害性」への認識が進む

侵略戦争や、植民地支配に対し、第一義的に責任を有する昭和天皇が、すべての罪責を免じられたことにより、日

本市民は長らく「加害性の認識」をもつことなく推移した。戦前の大日本帝国憲法では、天皇が大権保持者であり、大元帥として軍隊の指揮統帥、編成を統べ、帝国議会は協賛、内閣（行政府）は輔弼機関として位置付けられ、司法官は天皇の司法官とされ、絶大な権限を有する天皇その人は、「無答責」とされていた。

「国民」は天皇の「臣下」「臣民」とされ、日本は神国、天皇は現人神《あらひとがみ》という「国体観念」を刷り込まれ、天皇に随順し、忠誠を誓い、天皇と「お国」のためなら、命を賭しても惜しくない、という教義を学校教育を通して注入された。男性は、一家の働き手、「大黒柱」であっても、容赦なく「赤紙」一枚で、召集され、軍隊の内務班で徹底的に扱《しご》かれた。兵士たちは戦地では、総体的に装備が薄弱で、食糧も少なく、そのために「調達」という名で、中国戦線では民家に押し入り、掠奪するという行為を各地で行った。

一九四一年、戦線が、中国からさらに西アジア太平洋地域へと延び、対英米蘭戦争では、緒戦こそ勝利したものの、翌年、四二年からは形勢が逆転（ガダルカナル撤退など）し、戦地の兵士たちは食べるものさえなくなってい き、餓死する兵が相次いだ（餓島という言葉がある）。吉田裕氏は、藤原彰氏の研究『餓死した英霊たち』（青木書店、二〇〇一年）に依拠して、「第二次世界大戦」における日本軍の戦死者二三〇万人の半数以上が広義の餓死者と推定され、次に艦船や輸送船の沈没による死者は、海軍軍人・軍属一八万二〇〇〇人、陸軍軍人・軍属一七万六〇〇〇人の多数にのぼるという。また敵艦に体当たりする特別攻撃隊（四四年、戦法として正式に採用）による死者は、陸海軍あわせて二九四三機・搭乗員三九四〇人という数字をあげている（吉田裕『日本の軍隊――兵士たちの近代史』岩波新書、二〇〇二年、二二九～二三二頁）。

女性たちは、「銃後」の協力を要求され、無駄を省き、贅沢をやめ、節約生活の遂行を命令された。とはいえ、庶民の家庭の主婦たちには贅沢できるだけの資産もなく、遣り繰りしつつ、家族を飢え死にさせぬように頭をひねった。子どもたちも「欲しがりません勝つまでは」として、「どんな短い鉛筆も　どんな小さい紙片も　無駄にしないで使ひます」（歌の一節。山上武夫作詞・海沼実作曲）というように、窮乏生活に耐えることを強いられた。

米軍に制海・制空権を握られ、都市にはB29の米軍爆撃機による絨毯爆撃ともいうべき無差別爆撃による空襲被害、沖縄戦（四五年四月、米軍が沖縄に上陸）による多くの民間人の殺傷、広島・長崎への原子爆弾投下（四五年八月六・九日）による市民（徴用されていた朝鮮人、中国人や捕虜も含まれる）への大量虐殺とでもいうべき記憶が鮮明であり、頭のなかは、被害性認識が刻まれ、加害性を見つめるという認識は育ちにくかった。

天皇の戦争責任が問われなかったことも、加害性の意識を培えなかった大きな理由の一つといえる。日本人の多くは、米英の物量戦に負けたと思い、中国との戦争における敗北、植民地朝鮮や台湾などの植民地支配への責任感を持つことなく、一九五〇年勃発の朝鮮戦争での「特需景気」以後の、戦後復興、そのもとでの繁栄を謳歌することになる。

戦時中、正しい情報が、市民や一般兵士に伝達されず、「勝った、勝った」という嘘の大本営発表が続き、見事に瞞着されていたにも拘らず、敗戦後に至るも事実認識は明確ではなかった。

敗戦直後は、旧支配体制は、マスメディアの大きな協力を得て、生き延び、天皇・天皇制の戦争責任、植民地支配責任を不問に付し、加えて過去の史実・真実を自ら明かすことなく、というより隠蔽化し、そのため多くの「国民」が事実認識を曇らせてきた。

ちなみに本書では叙述できないが、一九九〇年代初め、韓国の女性たちから発信された、日本軍「慰安婦」（性奴隷制）問題や、戦争（戦後）賠償問題、日本の戦争責任を問う声が伝えられるにおよび、日本の市民や在日の女性たちが、それに応えようとする動きが始まり、いまに至っている。

「万世一系」とは

天皇家の天皇家たるゆえんは、「万世一系」だという。換言するなら、天皇家は、そのレーゾンデートル（存在理由）を、万世一系としている。一八八九年二月一一日、大日本帝国憲法（明治憲法）とともに皇室の家法として制定された皇室典範は、「天佑を享有したる我が日本帝国の宝祚《ほうそ》は万世一系歴代継承し以て朕が躬に至る惟ふに祖宗肇国の初大憲一たび定まり昭なること日星の如し今の時に当り宜く遺訓を明徴にし皇家の成典を制立し以て丕基を永遠に鞏固にすべし茲に枢密顧問の諮詢を経皇室典範を裁定し朕が後嗣及子孫を遵守する所あらしむ（原文は片仮名。以下の引用も同じ）という。

この「明治皇室典範」の第一章第一条は「大日本国皇位は祖宗の皇統にして男系の男子之を継承す」とあり、第二条は「皇位は皇長子に伝ふ」とある。皇位継承順に述べ、嫡子なきときは、庶出の男子の継承にも論及している。本文に見るように、昭和天皇以前は、庶出天皇の割合は多かった。以下、成年立后立太子や摂政などについて述べ、終身在位とし、生前退位や譲位を認めなかった。「明治」以前はしばしば譲位が行われ、院政がしかれ、仏門に入る天皇も多く存したにも拘わらず、あえて「終身在位」制を打ち出したのである。

憲法学者奥平康弘氏の『「萬世一系」の研究――「皇室典範的なるもの」への視座（上下）』（岩波現代文庫、二〇一七年刊。初刊は、二〇〇五年、岩波書店）は、いわゆる「明治皇室典範」と「現行皇室典範」を手中に収めながら、綿密な分析を行っている。

ちなみにわたくしもかつて拙著『女性史を拓く　4』（未来社、一九九六年）のなかで、一章を割き、敗戦後の皇室典範について第九一回帝国議会の速記録を追いながら、経緯を辿ったことがある。ここでみられた論議は、天皇の戦争責任については棚上げされているというより、もともと問題化されていないことである。かつて天皇が戦争に対し、大きな発言権と指揮命令権を有しながらも、なぜ議会や論壇で、この問題が問題化されなかったのであろうかと、不思議に思ったものである。

議員たちや評論家たち自身も、日本が中国や東南アジアなどで犯した侵略戦争を侵略と見ず、朝鮮や台湾での過酷な植民地支配や、収奪をも視野の外にあったのだろうか。それとも「菊タブー」に囚われていたのであろうか。

皇室典範を議論した帝国議会で、新妻いとら日本社会党女性議員は、性差別の観点から女性天皇の存在を主張した。皇統の行き詰まりを憂慮する一部の保守系議員にもそれに賛同する意見が出た。結局、戦後の皇室典範は、明治典範の「庶出」天皇は、日本国憲法や時世に沿わずとして避け、女性天皇を否認、退位（譲位）制度も認めずとして制定された。要するに庶出天皇を排除したほかは、根本的に何も変らなかったものといえる。

奥平氏は、前掲書のなかで、裕仁天皇の末弟三笠宮崇仁親王が、「新憲法と皇室典範改正法要綱（案）」を一九四六年一一月三日、枢密院に送った文書と指摘、その内容を紹介している。奥平氏は、三笠宮が「明治典範体系が作り上げた独特な天皇制のもとで『親王』という特別なレッテルを貼られて一般人と非常に違った生活世界に生きることを余儀なくされた人間の視角」から憲法とのかかわりにおける皇室典範の問題性を剔抉していて、意義深いと指摘する。三笠宮はまず新皇室典範案は、次の三つのいずれを「基礎観念」としているのか、と問う。(a)「現行皇室典範を一応御破算にして新憲法の精神に最も忠実に改正しようとしたものか?」、(b)「政府の一部にはまだ最初の案に対する先入主か又は執着が残っていて意識するか否かは別としても皇室典範によって憲法の飛躍を拘制《ママ》する気分が入っているのか?」、(c)「単に事務的に現行皇室典範を基礎としてどうしても新憲法の精神に沿はぬ所だけを変更したものか?」。これらにつき、三笠宮は「純理論的に言へば、当然(a)が最も強くなるべき」とし、奥平氏は、三笠宮が立脚する新憲法の受けとめかたで、「事実私(三笠宮)も夏頃迄は新憲法がG・H・Qに強制された憲法といった感じを持って居た所が今静かに考へてみると此の憲法は世界各国の代表の集まっている極東委員会なり対日理事会なりを通過したものであり、換言すれば世界全人類の多数決によって決ったとも言ひ得る」(前掲書(上)一〇八~一一一頁)。

後出(本文)の侍従木下道雄や入江相政よりはるかに進歩的である。さらに三笠宮は新憲法の「大変化した点の中皇室典範に直接関係ある所」として、国民主権の原則、天皇における国政的権能の欠如、国事行為における内閣の助言と承認、法の下の平等、華族制の廃止、婚姻の自由と婚姻関係における平等、皇室財産の国有化。加えてこの憲法的視点からみた新皇室典範案中の主要「研究問題」を、女帝の問題、庶子の問題、譲位の問題、皇位継承及摂政就任承認の問題、立后及び皇族の婚姻認許の問題、その他三点あげて、逐次検討しているという。

奥平氏は、三笠宮は兄の高松宮その他の皇族とともに裕仁天皇の退位を求める立場に立っており、枢密院本会議(四六年二月二七日)における三笠宮の言動について、のちの首相・芦田均はこう日記に認めている。「三笠宮が起上つて紙片を披《ひら》かれた。問題は皇族の立場についてであつた。現在天皇の問題について、又皇族の問題について、種々の論議が行はれてゐる。今にして政府が断然たる処置を執られなければ悔ゐを後に残す虞れありと思ふ。旧来の考へに支配されて不徹底な措置をとる事は極めて不幸である、との意味であつた……聞く人は皆深い思に沈んだ顔色をしてゐた。陛下の今日の御様子は未だ曾てない蒼白な、神経質なものであつた」(『芦田均日記』第一巻、岩波書店、一九八六年、八二頁参照)と。

この点に関し、奥平氏は、三笠宮の発言は、まだ憲法改正作業が始まったばかりの段階のものであるから、新皇室典範批判論とは内容のうえで多少の差異があるかもしれない。しかし両者にいくらか共通したものがあると推定してもよいだろう、とし、三笠宮は皇族中で最もアウト・スポークンに天皇制批判を語ったひとりである、という（同右一一一頁）。

臨時法制調査会（臨調）は、四六年一〇月下旬、皇室典範改正法案要綱を取り纏め、政府に答申した。これより前、四五年一二月に戦犯容疑にかけられ、当局に出頭する直前に自害した近衛文麿（天皇家とは深い縁戚関係にあった）が、「裕仁法皇」として、皇位からの退位を提唱、その後、親族の東久邇宮稔彦（叔父）や、弟宮たちの高松宮、三笠宮らは、兄天皇の退位論を唱えた。

奥平氏は、臨調・政府が「現実の事態」、支配体制が天皇制そのものの運命、なかんずく天皇の進退をめぐって憂慮する事態、国内的および国際的契機のもと、天皇退位を容認するなどという「従来と甚だしく異なった原則を法文に掲げること」は「諸種の憶測と雰囲気とを生ぜしめて困難な事態を招来する虞がある」（原文は片仮名。現代仮名遣いにした）と結論づけた。天皇の親族たちが唱えた退位論は、天皇にある種の戦争責任・歴史責任があることを前提とし、天皇自ら退位することによって、この種の責任を果たすべきとの見解であった。

臨調は、天皇には追及されるべき責任はないとする立場である。仮に何らかの負うべき責任があるとしても、「在位続投して戦後経営」に当たることで責任を果たすべきという理屈であった。天皇の地位にあるものは、「現人神」、つまり先祖の神々と現世の人びとを媒介するそれ自体として神格を具えた存在であって、天皇には「私」はない。「私」でない天皇は、「万世一系」の皇位を引き継ぐという客観的な使命の担い手であり、かつ、この使命のために現世にあり、自己の意思による「退位」などという所業はないとされる（以上、奥平前掲書一二七〜一四四頁、参照）。

先にわたくしが「皇室典範」の討議の頃、不思議に思った点が、以上によりいくらか氷解した。典範の協議前に、すでに天皇の責任論や退位論は封殺・抹殺されていたわけであった。なお、「万世一系」の虚妄性は、わたくしなりに本文に記述した。

では、以下、本文に入り、記紀（古事記・日本書紀）神話、上代・古代から天皇家をめぐる女たちの歴史（周辺の女性たちも含めて）を主に、近現代に至るまでの推移を叙述していくことにしよう。

序章　上代、古代の天皇家と女性たち

古代日本の天皇一族の「血」に塗れた抗争

天皇家の歴史は、現在はともかく血の抗争に塗れている。とくに古代日本ではそれが極まった。吉村武彦氏の『女帝の古代日本』（岩波新書、二〇一二年）によっても、かつてのわたくしの論点を確認させてくれる。

古代においては八代六人の女性天皇が存在したが、最初の女性天皇はよく知られるように推古天皇であり、蘇我氏を母方としている天皇である。なお天皇という称号が成立したのは、吉田孝氏によれば、天武朝であった可能性が強く、それ以前は「大王」という称号が用いられていた（吉田孝『大系　日本の歴史3　古代国家の歩み』小学館ライブラリー、一九九二年、一五四頁）というが、ここでは便宜上、大王と天皇、王子と皇子、王女と皇女など、適宜、用いる。

欽明天皇没後、その子敏達が即位し、天皇となる。額田部《ぬかたべ》王女（推古）は立后し、敏達の后となる。敏達が死去すると、額田部の同母兄の用明天皇が即位する。蘇我氏を母とする、すなわち皇親でない、天皇が初めてここで誕生する。用明没後、その皇子厩戸皇子（聖徳太子）はまだ若く、そのうえ、母が蘇我家の出身で、当時においては、皇位には単純にはつけない。

そこで即位したのは、用明・額田部の異母弟の崇峻天皇である（ともに欽明天皇の子）。崇峻も母は、蘇我氏の出身である。それにより権力の勢いを増したのは、蘇我氏で、その勢いをかって政敵の大連物部守屋を殺害した。敏達即位時には、物部守屋の力が、大臣の蘇我氏の長・蘇我馬子より勝っていたものといわれる（吉村前掲書六〇頁）が、ここで形勢が逆転したわけである。

馬子は、蘇我の息のかかった皇子らを引き込み、権力奪取を図り、見事成功したわけである。馬子は、自ら擁立した崇峻天皇を猟で捕獲された山猪が献上された日に、崇峻が馬子を疎んじる言葉を発し、伝え聞いた馬子が怒って崇峻暗殺を企て、「東国の調を進る」儀式において、奸計を思い立ち、配下をして崇峻を弑殺せしめた。この時代は、終身王位制が続き、譲位は不可能であり、手荒な暗殺手段に出たものである（吉村前掲書六一～六二頁）。

推古天皇の誕生――最初の女性天皇

敏達没後、敏達の后である額田部王女（推古）が皇位を狙っていた穴穂部皇子（異母弟）に敏達の殯宮で、犯されそうになるという事件があった。穴穂部は敏達を鎮魂する額田部を犯すことにより、自らの即位に有利な条件を得ようとし、前天皇（敏達）の后である額田部がキーパーソンになると判断したとの吉村氏の見解（『女帝の古代日本』六六頁）がある。

額田部は、穴穂部皇子の殺害に加担し、前述のように同母兄の用明を即位させ、蘇我馬子とともに政治的力量を発揮する。崇峻暗殺後、額田部大后は即位し、ここに推古天皇が誕生する。推古は即位後、病弱であった実子の竹田皇子ではなく、太子には、兄用明の遺子厩戸《うまやど》皇子（いわゆる聖徳太子）を立てた。

推古は、蘇我馬子の力を借りつつ、政治力を保った。推古二〇年条にみえる馬子の天皇賛歌（宮廷寿歌）の白馬節会の日に、蘇我馬子は次のように寿いだ。

やすみしし　我が大君の　隠ります　天の八十蔭　出で立たず　御空を見れば
万代に　斯くしもがも　畏みて　仕へ奉らん　拝みて　仕へまつらん　歌献きまつる
（『日本書記』歌謡一〇二、宇治谷孟『日本書記』下　全現代語訳一〇四～一〇五頁。吉村前掲書七〇頁）

これに対し、推古の返歌は次の通りであった。

真蘇我よ　蘇我の子らは　馬ならば　日向の駒　太刀ならば　呉の真刀　諾しかも
蘇我の子らを　大君の　使はすらしき
（『日本書紀』歌謡一〇三、宇治谷前掲書一〇五頁。吉村前掲書七一頁）

この歌の遣り取りを通し、蘇我氏が推古への忠誠を誓い、仕奉することが強調され、特に女性天皇を意識するような歌詞はない。女性天皇であっても性別とは関係なく君臣関係の応酬である。のちのいわゆる「中継ぎ女帝」でない、政治力を推古が有していたのが諒解されるであろう（荒木敏夫『可能性としての女帝』青木書店、一九九九年、も参照）。ただわたくしは先にも述べたように、女性天皇推古とて、支配エリートの頂点に立ち、民たちから搾取・収奪する存在であったことも書き添えておきたい。

右の一、二の事例にみたように、古代天皇家の歴史はまさに血塗られている。壬申の乱（六七二年勃発）は、その最たるものだが、覇権をめぐって天皇一族が血で血を洗う抗争を繰り返した。その権力抗争は、親子、同母兄弟姉妹、異母兄弟姉妹たちをも巻き込んで、凄惨というほかない地獄絵図を繰り広げた。右のような血族同士の騒乱の背景の一つとして、オバ・オジと姪・甥との結婚や、姉妹をともに妻妾とする独特の家父長制一夫多妻の慣わしなど錯綜した婚姻関係があったと思われる。次に神話を通して大王・天皇家の歴史を辿ってみる。大王は、かつて地方の豪族であり、次第に他の豪族を淘汰し、大豪族になったものであろう。

神武天皇の父母は叔母と甥

天皇家の皇祖とされる天照大神の皇孫はよく知られるように瓊瓊杵尊《ににぎのみこと》である。天照大神は瓊瓊杵に曲玉、八咫《やた》鏡、草薙剣の三種の神器を与え、「葦原の千五百秋《ちいほ》の瑞穂の国は、わが子孫が王たるべき国である。皇孫のあなたがいって治めなさい。さあ行きなさい。宝祚《あまつひつぎ》の栄えることは、天地とともに窮りないであろう」（宇治谷前掲書　上　六二

～六三頁）と。瓊瓊杵尊には火闌降命《ほのすせりみこと》と彦火火出見尊《ひこほほでみみこと》の息子がいた。出見尊が、兄火闌降の迫害を逃れて、海神国の主長筑紫君の本国である筑後・八女地方に赴き、そこで豊玉姫を見初めて結婚、やがて兄火闌降の暴虐も収まり、吾田に還った。とかくするうち豊玉姫は身籠り、息子の彦波瀲武鸕鷀草葺不合尊《ひこなぎたけうがやふきあえずみこと》を生むが、出産直前、豊玉姫は見尊にこう述べた。

「産時の習俗は国に依て異れり、妾は母国の例に従ふて産み参らせん、唯願くば産時に於ける妾を見給ふ勿れ」（『上は国母より』興国社、一九二二年、一一頁。この本の出典は、もともと『日本書記』である。宇治谷前掲書　上、参照。以下も同様）と。

出見尊はこの言葉を怪しみ、密かに産屋をのぞいた。このため豊玉姫は少なからざる侮辱を感じ、息子を残したまま海神国に帰ってしまった。とはいえ、日が経るにつれ、豊玉姫は息子の身が気がかりとなり、自分の妹である玉依《たまより》姫を送って、息子の葺不合尊の養育を託した。葺不合尊は、叔母の手によってすくすくと成長した。

そこまでは取り立ててどうということもないが、成長後、葺不合尊は何と叔母の玉依姫を妻とし、五瀬命《いつせのみこと》、稲氷《いねひの》命、御毛沼《みすぬの》命、磐余彦《いわれびこ》尊の四児を儲けたのであった。その四皇子のうち、稲氷は新羅（朝鮮）の国に入ってその祖となり、御毛沼は常世の国、すなわち「支那閩越《みんえつ》」地方に赴き、五瀬は神武東征のとき紀伊にて戦死。末男磐余彦尊は神武天皇になったというが、もとより記紀神話に基づくものであって、作り話の域を出ないであろう。ともあれ第一代天皇と称されている神武天皇の母と父は、叔母と甥との関係にあったという次第である。

ちなみにわたくしは先年、奈良女性史研究会のメンバーに案内されて、奈良の橿原《かしはら》神宮の近くの神武陵を訪ねてみたが、それは近代以降整備されたもので、神域とされる場所は、被差別部落の民衆がかつて住んでいた洞《ほら》部落（洞部落の強制移転については、辻本正教『洞村の強制移転　天皇制と部落差別』解放出版社、一九九〇年、に詳しい）で、土壌を掘ってみると、茶椀のかけらや土器の欠片などが発掘され、高い棕櫚の木が目立っていた。ああここでも大王・天皇家は、良民の土地を強制的に奪ったものと推測させた。辻本前掲書によれば、一九一七年五月に、宮内省の石原次官が現地調査に訪れ洞村の移転構想は、このころ大枠が決まっていたという。同年六月以降、高市郡長の金森輝夫らによる誘いかけが始まった。郡文書の一節にこうある。「元来、特殊民《ママ》というのは、一般社会から排斥されることが激しかったがゆえ、僻み根性が強い。維新のころ、神武御陵拡張のため同大字の土地を買収しようとした時も……」とあるように、被差別部落の民衆に対して露骨な差別・蔑視観念を示している（同右一〇六頁）。旧洞村は、神武陵を見下ろすような位置にあり、「不敬」との見解があったものと思われる。

この折、聖武・持統天皇陵や元明天皇陵等を奈良女性史研究会の方がたの案内で回り、これらの陵をみながら、みな民の汗と血のうえに築かれたものとの思いを新たにしたものであった。聖武天皇の后・光明皇后が建てたという法華寺を見学したのもこの時であった。

なお、橿原神宮も近代になって整備されたもので、戦時中の女学生たちが勤労動員されたものと、知人から直接、お聞きしたものであった（歌人の深山あき〔本名三木原ちか子〕氏談。一九二四年〜二〇一四年*）。

*三木原ちか子氏は、啖呵を切る短歌を詠う「社会詠」で知られる。三冊の歌集を世に送り出した。第一集『風は炎えつつ』は自選で私家版、序文を寿岳章子氏が寄せられている（一九八七年刊）。第二集『風韻にまぎれず』、第三歌集『風の音楽』は、二〇〇七年、梨の木舎から同時刊行。編集・注釈を行ったのはわたくしであった。『風は炎えつつ』の扉に掲げられている一首は「戦いはまぼろしならず痛みもち野に曼珠沙華爆《は》ぜて咲きたり」であった。「慰安婦」被害者を悼み、日本国家や天皇を糾弾する歌も多い。『風の音楽』から一首。「占領のアジアその地で婦女子犯し虐殺重ねし天皇の軍隊」である。三木原さんは、一般的にはほとんど無名に近い歌人だが、親友の古川佳子さんが近著『母の憶い、大待宵草――よき人々との出会い』（白澤社発行、現代書館発売、二〇一八年三月刊行）で、三木原さんの思想や人柄について詳しく綴っている。

人皇初代より血族間で争う、血族間の婚姻

さて、その神武天皇（神日本磐余彦天皇《かみやまといわれびこのすめらみこと》）の妃だが、神武がいまだ吾田の笠狭の高千穂宮にいたころ、すなわち磐余彦尊と呼ばれた「部屋住み」時代、吾田の主長小埼君《さききみ》の妹、吾平津媛《あひらつひめ》を妻とし、手研耳命《てぎしみみ》、研耳命《きしみみ》の皇子を儲け

た。が、神武が天下を「平定」し、大和の橿原に都を定めると、皇后の冊立が図られ、「美人を広く華冑に求む」として皇后候補者を臣下の大久米命に調べさせた。華冑とは華族の意である。その結果、事代主命《ことしろぬしのみこと》の後裔である三輪君の娘、媛蹈鞴五十鈴姫《ひめたたらいすずひめ》が「国色無雙」としてその選に入り、皇后に冊立されたという。

　これについて、いま、わたくしは、一九二三年四月二五日刊行の前掲『上は国母より』によって綴っているが、国母とは、現在は聞きなれぬ言葉だが（もっともやや古風な研究者などはいまでも使っている）、皇后を指し、戦前戦中の日本ではよく用いられていた。同書は、この五十鈴姫の皇后冊立について、左のような注釈を加えている。

> 謹んで按《あん》ずるに、天皇は既に吾平津媛を娶らせ給ひたるに、今又別に五十鈴媛を選びて之を冊立し給ふことは、国母たるべき皇后の選立を非常なる重大事として、国家創立の際に其の範を示されたものであろうと拝察する。五十鈴媛は唯国色無雙といふのみでは無く、才徳共に兼備せられたことも疑ない。例へば後年、神武天皇崩御の後、庶子たる手研耳命が不軌を謀つた時、五十鈴媛は忽ち之を悟り、歌を作つて之を御正腹たる、神八井耳命《かみやついみみ》と、神渟名川耳尊《かみもながわみみ》とに知らしめ、遂に手研耳命を誅して皇室を安んずることが出来たのである。その時の歌は
>
> 　佐韋川よ雲起ちわたり畝傍山
> 　　木の葉さやぎぬ風吹かんとす
> 　畝傍山昼は雲と居夕ざれば
> 　　風吹かんとぞ木の葉さやげる
>
> といふのであつたと伝へられる。
>
> （『上は国母より』一五〜一六頁）

　人皇初代とされる神武天皇だが、いわば天皇家草創期にあって、叔母・甥間の婚姻や、一夫多妻妾の側室制度、のちのお局制度が当然のごとく行われていたことが容易に窺える。なお付言すれば神武の第三皇子で、記紀系譜上の第二代天皇である綏靖《すいぜい》天皇も叔母五十鈴依媛（母の妹）を皇后にしたという。また王権掌握のためには、「異腹」の兄弟同士が激しく争い、その抗争に皇子の母たちが深く関与したばかりか、神武天皇の后の五十鈴媛のように決定的な

役割を果たした女性たちも少なからず存在したようである（前掲『上は国母より』）。

ちなみに『上は国母より』は、中扉に「賜　天覧台覧」と記され、口絵写真に昭和天皇の生母である貞明皇后（宮廷入内前は九条節子といい、九条道孝と側室の野間幾子の子であった。大正天皇の皇后）、英照皇太后（孝明天皇の后）、昭憲皇太后（明治天皇の后）、久邇宮良子女王（当時、皇太子裕仁親王。のちの昭和天皇の妃に内定していた）の肖像・写真が菊の紋章入りで掲げられていた。さらに貞明皇后と昭憲皇太后の「御歌」と続き、杉浦重剛、下田歌子の序文が付されている。

杉浦は、国粋主義の教育家と知られ、一九二四年、東宮御学問所御用掛に就任、裕仁皇太子に倫理学を講じた。のち良子女王も皇太子妃と内定するや、杉浦から講義を受けた。

下田は、一八七二年、明治宮廷に女官として出仕し、七年間務めたあと、華族女学校（学習院女子部）校長に転じた。その後、実践女学校校長や愛国婦人会会長を歴任、女性界や女子教育界で辣腕を振い、女性界の大御所として君臨した。

前出『上は国母より』は、天皇家の「御代《みよ》」を称え、歴代皇后や女帝たちの事蹟を寿ぐもので、決して「反皇室」的な書物ではない。この著においてさえ、いかに天皇家が尋常ならぬ婚姻や抗争を繰り返していたかを記しているのである。

姉妹を妃に――允恭天皇

さて、姉妹を無理やり妃にする天皇も存在した。なお、後年だが、天智天皇の弟である天武天皇は、政略からであろうか、実兄天智の娘たちを複数、妃に迎えた。ここで述べる允恭《いんぎょう》天皇は、仁徳陵で名高い仁徳天皇の皇子で、記紀系譜上第一九代天皇である。允恭は「御賢徳の聞へ高い」（『上は国母より』三六頁）忍坂大中姫を妃とし、木梨軽皇子、安康天皇、雄略天皇らを儲けた。しかし、允恭は忍坂大中姫皇后の妹である衣通姫の美貌に魅了され、わがものにしようとした。その執着ぶりは実にしぶとい。

『上は国母より』は、次のように述べている。

彼の世に名高き衣通姫は、此の皇后の御妹で後に天皇の妃となり給ふた。其の始め天皇は使者を以て衣通姫を召し給ふたが、姫は皇后の御意中を憚りて御受がない。前後七回まで使者が往復してすら御承諾がないから、天皇も甚だ面白からず思召し、今度は舎人の中臣《なかとみ》烏賊津《いかつ》使主《のおみ》と云ふ人物を御遣はしになつた。

允恭の執着振りがよく分かる。皇后の実妹とはいえ、自分の気に入ったものは、何が何でも手中にせずにはおられなかったのである。前掲書は次のように記している。

「烏賊津は勅を奉じて近江の坂田に着き、衣通姫に謁見し、一亘《ひとわた》り召命趣きを伝へた所、姫は『天皇の御旨に違ふことの恐れ多いことは知らぬ訳ではないが自分としては姉皇后の御志を傷くることの悲しさに堪へ難く、仮令死すとも此の仰せばかりは御受け致しがたい』と断乎としてご辞退になつた」。さすがの烏賊津も理屈では、姫を落とせずとみるや、情に訴え、泣き落としに出た。

「烏賊津は涙を流して言ふには『姫の仰せは一々御道理、烏賊津は敢て姫に道理を曲させ給へと願ふものにあらず、只烏賊津は、天皇の隷属で、勅命の泰山より重きことを知る、今姫を伴はずして帰るは、勅命を辱むるもの、之人臣たる者の忍び能はぬ所、去りながら姫の道理は素より曲ぐべきよしもないから、御入内は勧め難く、烏賊津の進退は維に谷《きわま》りたれば、哀れ、御庭の一隅を賜はり、一命を絶つべし』と言ひも終らず、庭前へ飛び降り、地に伏して動かざること七昼夜、此の間食を賜はるも一切辞して口に入れず」と言うが、烏賊津もなかなかの食わせ者で、実際は、密かに携えてきた糒《ほしいい》を食して飢えを凌いだ。

姫はこのような烏賊津のパフォーマンスは知らないので、少なからず感動し、遂に折れ、「『仮令皇后の嫉みをば蒙るとも争《いか》でか天皇の大命を拒まんや且又忠臣の一命を絶つは、上に対して恐れあり』とて姫の心機は茲に一転し、烏賊津に伴はれて都に上り、後藤原京に住はせて、天皇の寵愛を一身に鍾められた」〔以下略〕

（『上は国母より』三九～四二頁。宇治谷前掲書上二六八～二七二頁、参照）

勅命により重臣に言い含めて情で泣き落とさせ、詭計を謀らせるなど、允恭の固執ぶりには驚くばかりである。允恭が死去すると、軽皇子と、弟の穴穂皇子との間に争いがあった。軽皇子は、同母妹を寵愛し、その事実が明らかにされた。群臣たちが軽太子に心服せず、穴穂を推した。軽太子は結局、自害して果てた。安康天皇の誕生である。

安康天皇、后欲しさに同族を殺害

允恭の息子、安康天皇（記紀系譜上第二〇代）もまた父帝同様、多情であったらしい。前掲『上は国母より』によれば、安康の皇后・中蒂姫《なかし》は履中天皇（同一七代。仁徳の息子で允恭とは兄弟）の娘で、はじめは仁徳の息子大草香皇子の妃であった。ところが安康は、大草香を攻め滅ぼしたあげく、「未亡人」になった中蒂姫を入内させ、翌年には皇后に立て、寵愛したのである。何ともおぞましい話である。妃欲しさに同族を殺害したのである。

大草香の息子眉輪王は、母中蒂姫の縁で、宮中で育てられたが、その翌年五月、安康天皇を殺した。父大草鹿の恨みを果たすためであった。天皇は、皇后に「妻よ、お前は私と十分なじんでいるが、眉輪王がこわい」と。眉輪王はまだ幼くて、楼の下でたわむれて遊んでいて、その物話を聞いた。天皇は皇后の膝を枕に昼寝をし始めた。そこで眉輪王は、天皇の熟睡中、刺殺した。

雄略天皇、同母兄、同族を殺害

しかしその眉輪王も、安康の弟雄略天皇（同二一代。以下記紀系譜上を略す）によって誅殺される。この際、実の兄たち二人も一緒に殺してしまった。また雄略は、兄安康がかつて、いとこの市辺押磐皇子を皇位につけ、後事を委ねようと思っていたのを恨んで、狩りに誘き出し、射殺した。

なお雄略の皇后は、眉輪王の父、大草香皇子の妹の幡梭姫《はたひひめ》であった。これもごく近しい親族間の殺し合いであり、一族間での婚姻であった。まことにおどろおどろしい一族の血史である。

飯豊王女――推古以前の女帝か

雄略は、弟たちも誅殺し、記紀には五人の王族を殺したとある。雄略没後、その子白髪王子が即位（清寧天皇）したものの、在位四年で若死したという。清寧天皇の后妃や皇子女に関する記載は、記紀には出てこない。雄略の王子には星川王子や磐城王子がいたが、雄略没後の直後、王位を狙って反乱を起し、大伴氏らによって鎮圧されたという。雄略の息子は、すべて死に絶え、雄略の兄安康には子がいなかったので、歴代大王の王子は途絶えたという。ここで早くも「万世一系」は崩れる。

水谷千秋『女帝と譲位の古代史』（文春新書、二〇〇三年）によれば、「当時の王族が自立した親族集団」とはいえない不安定な状態で、各大王、王子も自らの外戚に頼らざるを得なかった。「王族は王位を争うライバル同士」であり、むしろ母方の親族の方が気を許せる身内だった（同右四七～四八頁）。

系図1　飯豊皇女をめぐる関係系図

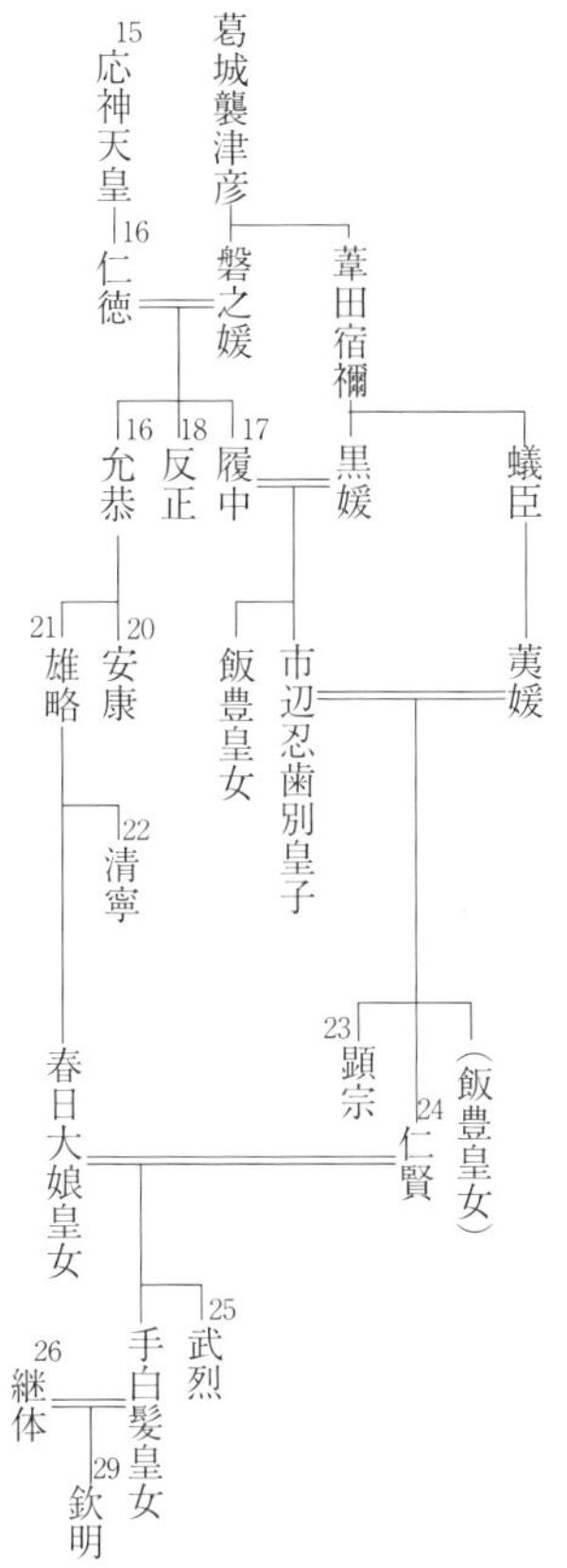

〔備考〕水谷千秋『女帝と譲位の古代史』47頁

記紀によれば、飯豊王女が擁立され、王位についた。飯豊は、履中の娘あるいは孫とも伝えられる。もしこれが事実なら、推古以前の女帝誕生といえる。飯豊は、雄略に殺害された市辺忍歯別王子の遺児である億計王（仁賢天皇）と弘計王（顕宗天皇）を「宮に上らしめたまひき」し、二人をやがて王位につかせる（同右四六〜五六頁。宇治谷前掲書上三一六〜三二八頁、参照）。こうしてみると、飯豊はいったん途絶えたかにみえる大王の後継として王位につき、一族の男子に繋いだかにみえる（系図1、水谷四七頁）。

直嫡承継への固執——女帝持統の執念

さて時代はぐっとくだり、七世紀に入る。古代史上最大最重要といわれる壬申の乱が六七二年に勃発する。この乱も結局、天皇の跡目相続をめぐり、一族同士が激しく争った事件であった。天智天皇の遺子大友皇子（弘文天皇。妃は天武の娘十市皇女）と、皇弟大海人皇子（天武天皇）との、甥と叔父との覇権争いで、大海人が挙兵し、大友を自害に追い込み、勝利する。この乱の背景にも複雑な血縁関係が仄見える。次の系図2を見られたい。

天智・天武の兄弟揃っての艶福家振りに驚かされる。同時に「家系」の輻輳《ふくそう》さにも目を瞠るばかりである。キーパースンは、天智の娘、鸕野讃良《うののささら》皇女（のちの持統天皇）であろう。彼女は、一三歳で父天智の弟大海《おおあま》人皇子と結婚し、草壁皇子を生んだ。鸕野の同父母姉、すなわち天智の娘の大田皇女も先に大海人の妃となり、大伯《おおく》（大来）皇女（のち伊勢の斎宮）と大津皇子とを生んだ。六七三年、天武は、妃大田皇女との子、大来皇女を伊勢神宮に奉仕させることにし、泊瀬の斎宮に入らせた。大田所生の大来を選抜したことは、天武の伊勢神宮への崇敬が並々ならぬことを感じられるという（同右一三九頁）。

先に述べたように、六七二年三月天智天皇が死去すると、大友皇子が皇位に就くが、天智死去の直前、大海人が天皇にはならないと誓った約束を破り、大友を自害に至らしめた（壬申の乱）。前述したように大友の妃は、大海人の娘十市皇女であった。大海人は、大友が甥でもあり、大友の岳父でもあった。さらに鸕野皇女は大友と異母きょうだいであった。

鸕野は、天武との子、草壁皇子に妹の安陪《あへ》（閇）皇女（天智の娘。のちの元明天皇）を「娶せ」た。またも叔母と甥との結婚である。鸕野は草壁皇子の皇位継承への布石を着々と打つ。そうして六八一年ようやく草壁を念願の皇太

系図２

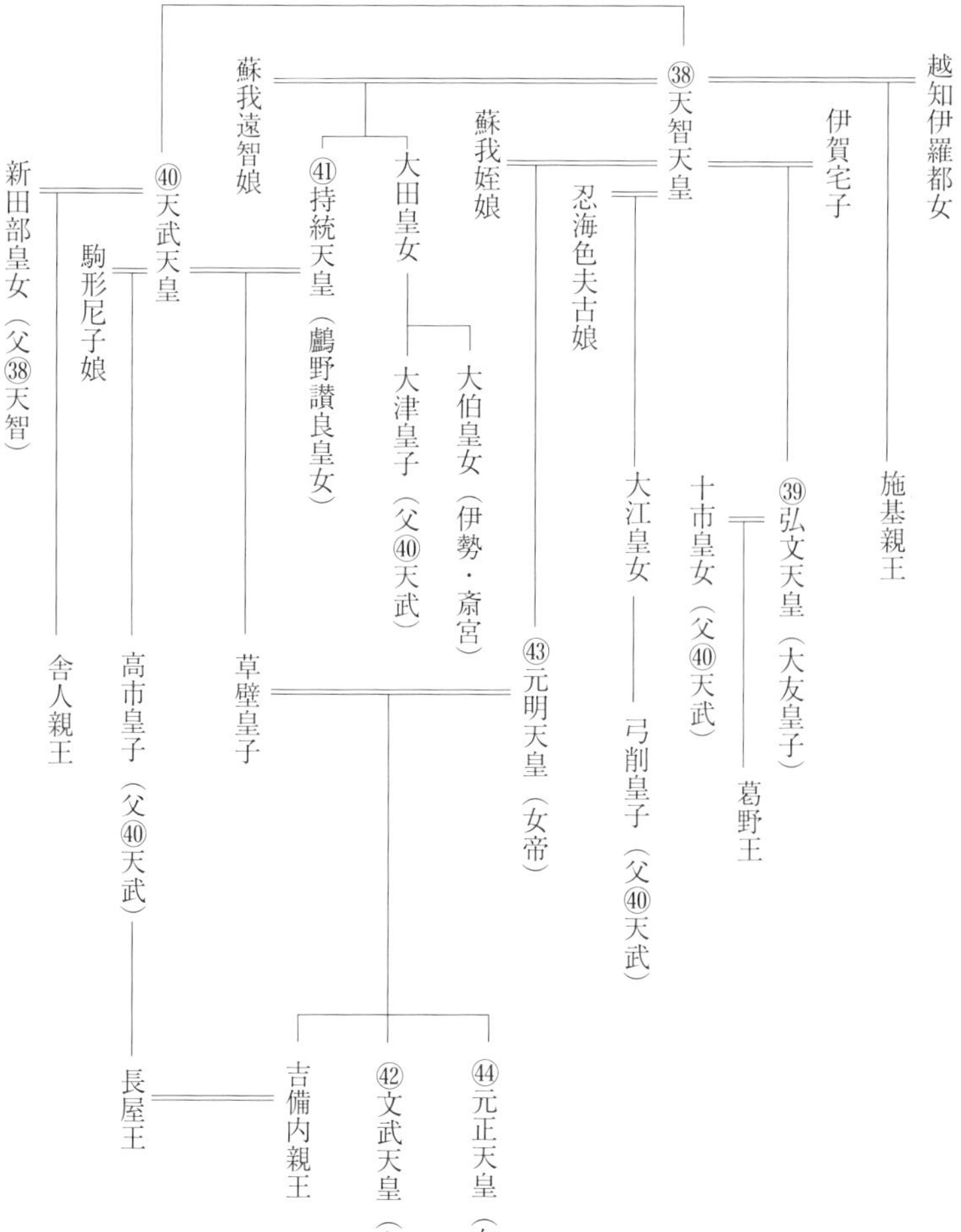

〔備考〕数字は、皇位継承順位
高橋紘、所功『皇位継承』（文春新書、1998年）などを参照

子に据えた。
六八六年、天武の病が篤くなると、鸕野は「天下の事、大小を問はず、悉に皇后及び皇太子に啓《もう》せ」（北山茂夫『天武朝』中公新書、一九七八年、二二九頁）との勅命を出させ、共同執政の形を取り始めた。同年九月、天武が死去すると、鸕野は自ら大政を執り行い（称制＝まつりごときこえしめす天皇）、姉の大田皇女と天武の間に生まれていた大津皇子（天智天皇は、孫の大津皇子に期待していた。母の大田皇女は早世し、後ろ盾を欠いていた）を排し、自害へと追い込んだ。草壁より衆望も厚く、文武ともに秀でていたという大津を謀反のかどで死に至らしめたのである。叔母が、実姉の息子すなわち甥を殺すという挙に出たのであった。大津には、祖父天智なく、母大田皇女亡きあと、頼るべき拠り所もないのにもかかわらず、わが子を天皇の位に就けさせたいがために、男の権力者と同様、権謀術数を用い、甥を自害へと誘ったのである。この鸕野が天武天皇の皇后、のちの持統天皇であった。

こうして皇統は、草壁に帰すかに見えたが、六八九年、草壁は病没、持統の女帝としてのたたかいはなお続く。

この間の圧倒的多数を占める農民たちが、いかに窮乏生活を強いられたかを、『日本書紀』六七六年五月の条に「下野国司奏《もう》さく『所部《くにのうち》の百姓、凶年に遇りて、飢ゑて子を売らんとす』とまうす。而るを朝聴《みかどゆる》したまはず」とあり、国司や郡司たちは中央政府に訴えた。しかし天武の政府は、人身売買の禁止を命じたのみで、北山茂夫氏はその無策ぶりを批判する。一五年後の持統朝においても、この問題は、全国的に再燃、父・兄に、子・弟が売られて他家の奴婢になっている実状にふれて、限定的であったが、一応の身分解放（奴婢から良民へ）を断行せざるを得なかった。天武朝においても、子を買い取る土豪、有力農民が、多数の貧しい農民たちの周辺にいたに違いないとし、農民の貧窮化の対極に、実力者の奸智にたけた変貌を、国、郡制下の各地域に現わしはじめてきたという（『天武朝』中公新書、一九七八年、一五〇～一五二頁。宇治谷孟『日本書紀（下）全現代語訳』講談社学術文庫、一九八八年、「巻二十八～二十九」参照）。

第1章　古代における女帝（女性天皇）の登場

系図３　古代の女帝関係系図

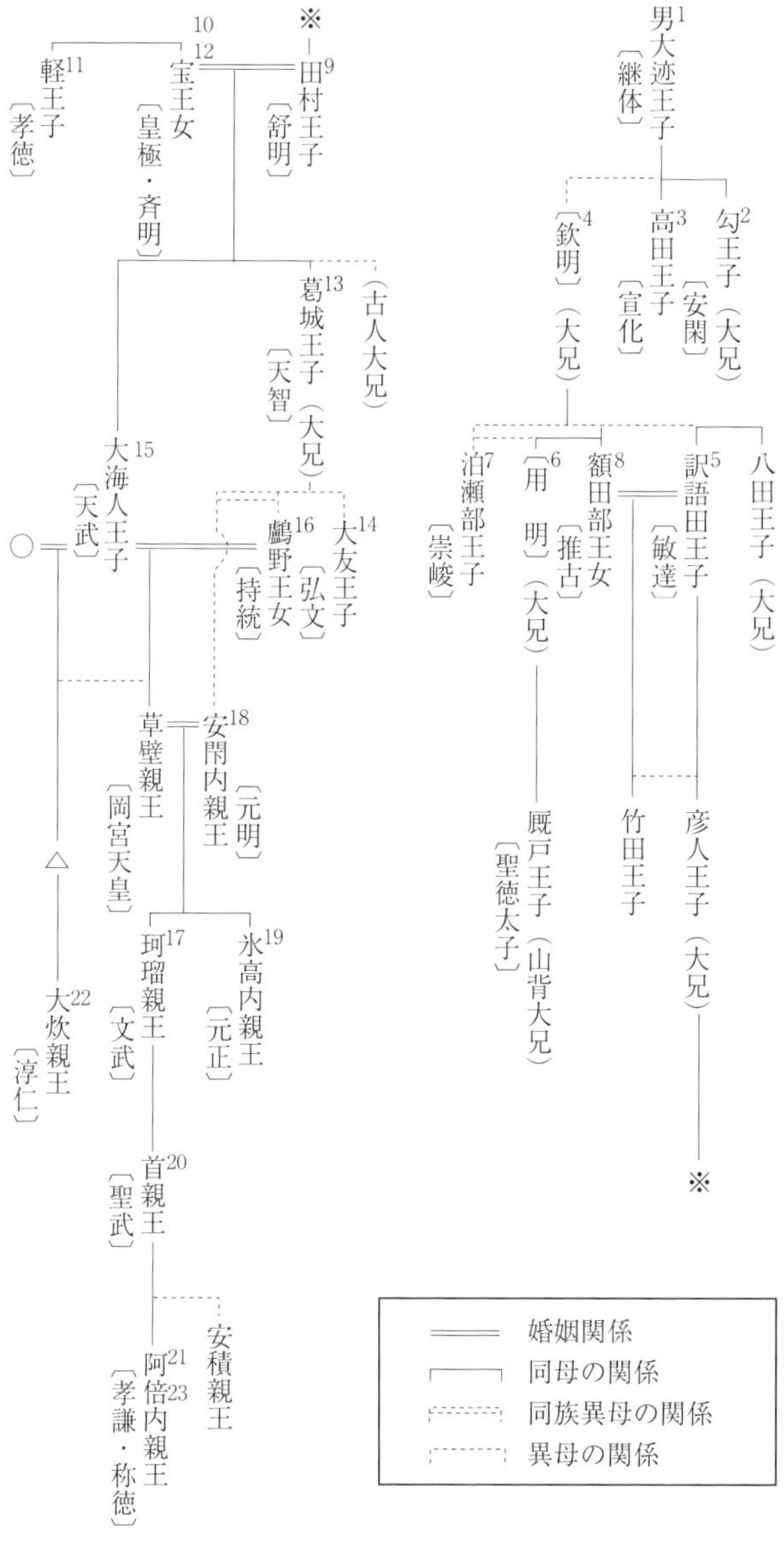

〔備考〕門脇禎二「古代の女帝」から。なお数字は、即位の順

さて、ここで持統天皇以前の古代の女帝について述べておこう。前述したように、最初の女帝といわれる推古天皇以来、古代には皇極、斉明（皇極が再祚）、持統、元明、元正、孝謙、称徳（孝謙が再祚）の六人八代の女性天皇が誕生した。ちなみに徳川の世、すなわち江戸時代には明正天皇・後桜町天皇が生まれている。

前頁の系図3は、古代における女帝関係の略系図である。ここにも一見して複雑な血縁・血脈関係がみられる。

1　最初の女帝──額田部王女（推古天皇）

蘇我系の王女で最初の女性天皇になる

最初の女性天皇とされる記紀（『古事記』『日本書紀』）の系譜上第三三代の推古天皇は、和風諡号（おくり名のこと）で豊御食炊屋姫天皇《とよみかしきやけやひめすめらみこと》といった。推古とは中国風の諡号である。もともとは額田部王女《ぬかたべひめみこ》（この種の呼び方は、ここでは門脇禎二「古代の女帝──その出現をめぐって」〈『日本史の謎と発見4　女帝の世紀』毎日新聞社、一九七八年、所収〉に多く依拠して、用いている）と呼ばれた。なお、この当時は、普通、王女、王子といわれていたようだが、適宜、皇女、皇子の語も用いる。

額田部は、記紀系譜上の第二九代欽明天皇を父とし、蘇我稲目の娘堅塩媛《きたしひめ》を母として生まれた。同母兄に同三一代の用明天皇がいた。用明は、有名な厩戸《うまやど》王子すなわち聖徳太子の父である。父、欽明が死去したとき、額田部は一八歳で、この年、異母兄の訳語田《わさだ》王子（同三〇代敏達天皇）の妃になった。

額田部二二歳の冬、敏達の皇后広姫が死去し、皇后（当時大后と呼んだ。七世紀以前、大王のキサキのうち最も重要な妻を大后という）に立てられた。

記紀によると、額田部王女は非常に美しい女性で、三四歳のとき敏達が死去するまでの間、二王女一王子を生んだ。すなわち菟道貝蛸《うぢかいだこ》王女（のち厩戸王子の妃）、小墾田《おはりだ》王女（のち彦人王子の妃。なお彦人とは異母兄妹）、田眼《ため》王女（のち田村王子の妃）、竹田王子である。三九歳のとき、記紀系譜上第三二代崇峻天皇が蘇我馬子に殺害されるに至り、「天皇位」に就く。

これより前、夫の敏達が死去すると、同母兄の用明天皇が即位した。敏達と広姫の息子で、すでに大兄（皇太子）であった押坂彦人大兄王子をさしおいての即位であった。大臣蘇我稲目（馬子はその息子）が、その娘堅塩媛の生んだ王子をはじめて大王（天皇）に立てるのに成功したわけである。

額田部より一四歳上の用明は病弱で、わずか数年後の五八七年に死去すると、政界は激震に襲われた。いわゆる丁未の変といわれるもので、父稲目についで大臣となっていた蘇我馬子が、大連物部守屋の一派を滅亡させるに至る。

この「変」の発端は、先の門脇氏の「古代の女帝」によれば、この年五月、物部守屋と結ぶ中臣勝海は家に軍勢を集め、大兄彦人王子と、額田部のただ一人の王子、竹田王子の人形をつくって呪殺を図った。彼らは両王子を呪い殺すことで、穴穂部王子（用明の異母兄弟で、母は堅塩媛の妹小姉君。系図4参照）の擁立を図った。穴穂部は、先に敏達死後の喪に服す額田部が入った殯宮《もがりのみや》に押し入り彼女を犯そうとしたとも記されている。

しかし、両王子の呪殺は失敗に帰し、一転して中臣勝海は、大兄彦人王子に大臣蘇我馬子に対する決起の挙兵を勧めた。しかしこの誘いも失敗し、中臣は王子の舎人に惨殺された。この緊迫状況のなかで軍勢を整えた馬子は、六月に穴穂部王子、翌七月に物部守屋をその本拠地河内に攻め込んで一挙に壊滅させた。系図4にみられるように、馬子は、守屋の妹を妻としていた。蘇我氏と物部氏の間の姻戚関係があったわけだが、この「丁未の変」では、王族・豪族の姻戚を巻き込んでの抗争において、蘇我氏は主導権を掌握したわけである。

丁未の変後、額田部は、次の大王に自ら腹を痛めた竹田王子でなく、穴穂部王子の同母弟である泊瀬部王子（崇峻天皇）を強く推挙した。このことについて先の門脇氏の論稿は、次のように論及している。一つは慣例として先王（用明天皇）の大后（皇后）である穴穂《あなほ》部《べ》間人《はしひと》王女が次の大王を推挙するのが普通であったが、穴穂部間人王女（穴穂部王子はその同母弟になる）は、大后となって、厩戸王子ら四人を生む前にすでに田眼（多米）王子との間に一女を儲けていた。そこで額田部は、次の大王推挙に間人王女に容易には委ねなかったのだという。

もう一つは、額田部が推した泊瀬部王子は自分たち母子を苦しめた穴穂部王子の同母弟であったが、額田部らの母

系図4　蘇我氏関係系図

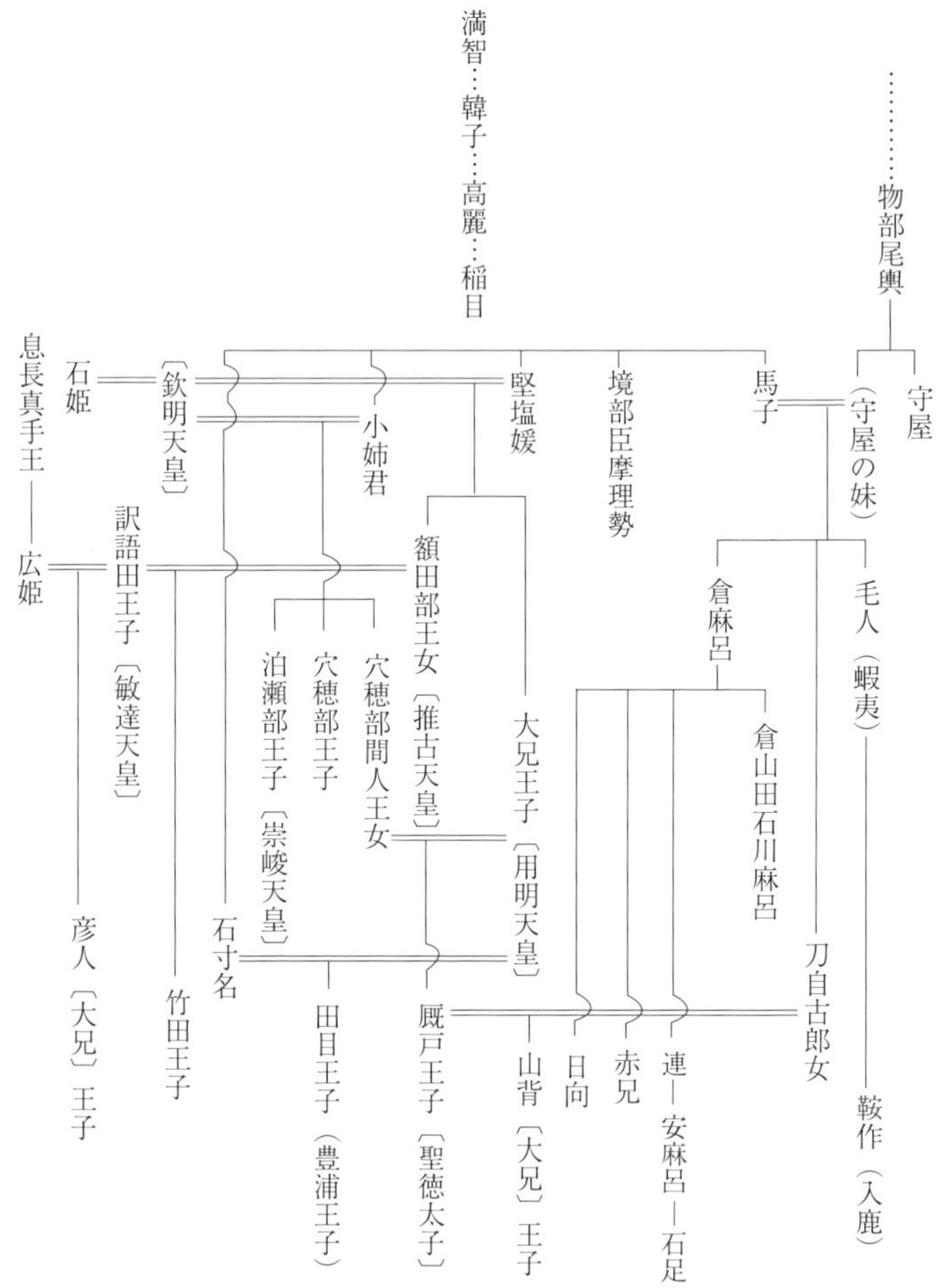

〔備考〕前掲「古代の女帝」から

堅塩媛の系流と穴穂部・泊瀬部両王子らの母小姉君の系流とのいわば蘇我一族のこれ以上の内部抗争の激化を憂慮したためといわれる（系図4参照）。

この額田部王女の判断に、彼女の叔父に当たる当時の実権者、大臣蘇我馬子も同意したものといえる。しかし泊瀬部王子（記紀系譜上第三二代崇峻天皇）は、即位後およそ六年にして、前述のように馬子から刺客を放たれ、暗殺される。

バランス感覚を持つ政治家天皇

額田部王女とその子どもらを取り囲む状況はかくも激しく、彼女が女帝として位を継いだのちも、馬子に対しては相当の心配りを怠らなかった。前述したように「朕《ちん》は蘇我より出でたり。大臣は亦朕が舅《おじ》たり。故に、大臣の言をば、夜に云《もう》さば夜を明さず。旦《あした》に云さば日も晩《くら》さず、何れの辞《こと》をか用ゐざらむ」（「推古記」三二年一〇月　卯朔条、門脇「古代の女帝」一三頁）というように。

丁未の変に典型的に示されたように、額田部が大后（皇后）、前大后（皇太后）、大王（天皇）として生きた時代は、皇親族、諸豪族入り乱れての「天下大乱」の相を呈していたようである。そのなかで額田部は、絶妙のバランス感覚をもつ政治家天皇として、蘇我一族を牽制し、皇親族間の覇権争いへの兆しを抑制していたように思われる。

しかし、権力内部に孕まれていた抗争の芽は決して摘まれてはいなかった。相変わらず王位（皇位）への跡目相続をめぐっての紛糾が続く。大臣蘇我馬子が死去した翌々年の六二八年、在位三六年余で死期を察した額田部は、後継者を定める必要に迫られ、田村王子（敏達を父とする異母きょうだい同士の彦人王子と糠手姫《ぬかでひめ》王女の間に生まれる。妃は蘇我馬子の娘の法堤郎女）と、山背大兄王子（父は厩戸王子、母は蘇我馬子の娘の刀自古郎女）を招いて次のように遺詔したという。

「田村王子を召し謂ひていはく、〝天位《たかみくら》に昇りて鴻基《あまつひつぎ》を経《おさ》め綸《とと》へ、万機《よろづのまつりごと》を馭《しら》して黎元《おおみたから》を亭育《やしな》ふことは、もとより輙《たやす》く云ふものに非ず。恒に重んずる所なり。故に汝《いまし》、慎みて察《あきらか》にせよ。軽々しく言ふべからず〟とのたまふ。

即日に山背大兄を召し教へていはく、〝汝は肝稚《わか》し。もし心に望むと雖も、諠く言ふこと勿れ。必ず群《まえつきみたち》の言を待ちて従ふべし〟とのたまふ」（高橋紘・所功『皇位継承』文春新書、一九九八年、七一～七二頁）。

しかし、後継は額田部の在世中には決定をみず、結局、大臣蘇我毛人（蝦夷）は、山背王子を強硬に推す叔父の境部摩利勢を滅ぼし、田村王子（記紀系譜上第三四代舒明天皇）を次の大王に立てた。山背を大兄として次の大王に据える形をとって事態は一応収拾された。

右に述べたような経緯からごく掻い摘んでいうなら、額田部王女すなわち推古女帝は、王族や蘇我氏をはじめとする諸豪族がしのぎを削りあう動乱期にあった、いわば拮抗する権力関係の上に立って平衡感覚を保ちつつ緩衝的役割を演じた大王であったと思われる。

2 宝王女（皇極・斉明天皇）――母と子（中大兄皇子）で王権への集中形態を図る

皇極天皇の登場

額田部に続く二人目の女帝は、宝王女《たからのひめみこ》であった。宝は和風諡号を「天豊財重日足姫《あめのとよたからいかしひたらしひめ》」天皇という。記紀系譜上第三五代皇極、再祚して同第三七代斉明天皇である。宝は五九四年、茅渟王《ちぬ》（敏達天皇の孫）と吉備姫王（欽明天皇の孫）との間に誕生した（系図5参照）。

いったん高向王（用明天皇の孫）と結婚したが、六二三年ころ田村王子と再婚。その間に間人王女《はしひと》、葛城＝中大兄王子、大海人王子を生んでいる。田村が大王の位につくと、先に入内していた蘇我法提郎女（蘇我馬子の娘。田村との間に古人王子を生んでいた）をさしおき、大后（皇后）に立てられた。

六四一年、田村王子（舒明天皇）が死去すると、宝王女は記紀系譜上第三五代の天皇に就いた。大兄として山背王子や古人王子がいたのにもかかわらず、皇后自ら大王の位に就いた。右の点について所功氏は「夫の舒明天皇が四十九歳で崩ずるに及び、後継の有力候補者としては、皇后所生の中大兄王子（十六歳）をはじめ、異母兄の古人大兄王子（二十歳ぐらいか）や山背大兄王（四十歳代か）などがいたのにも拘わらず、皇后の彼女（四十八歳）が擁立されて、三五代皇極天皇となり、翌年正月早々に即位している。これは中江大兄王子がまだ十六歳で若すぎるため、しばらくは母后の彼女が中継ぎ役を務めることにしたのかと思われる」（前掲『皇位継承』七三頁）と述べているが、これはやや単純・皮相な見方ではあるまいか。

先の丁未の変のときと同様、政局の混迷・構想が背景の一つにあったこと、さらに蘇我系の排除が目的の一つと考えられるのではないだろうか。門脇氏も、前掲「古代の女帝」のなかで、「大王田村王子（舒明天皇）の十三年の治世の間に、政界に深まった隠微な混迷の底流は、この大王が死ぬと、ようやく時代の展開を速めた」とし、六四一年

系図5　宝王女（皇極・斉明天皇）関係系図

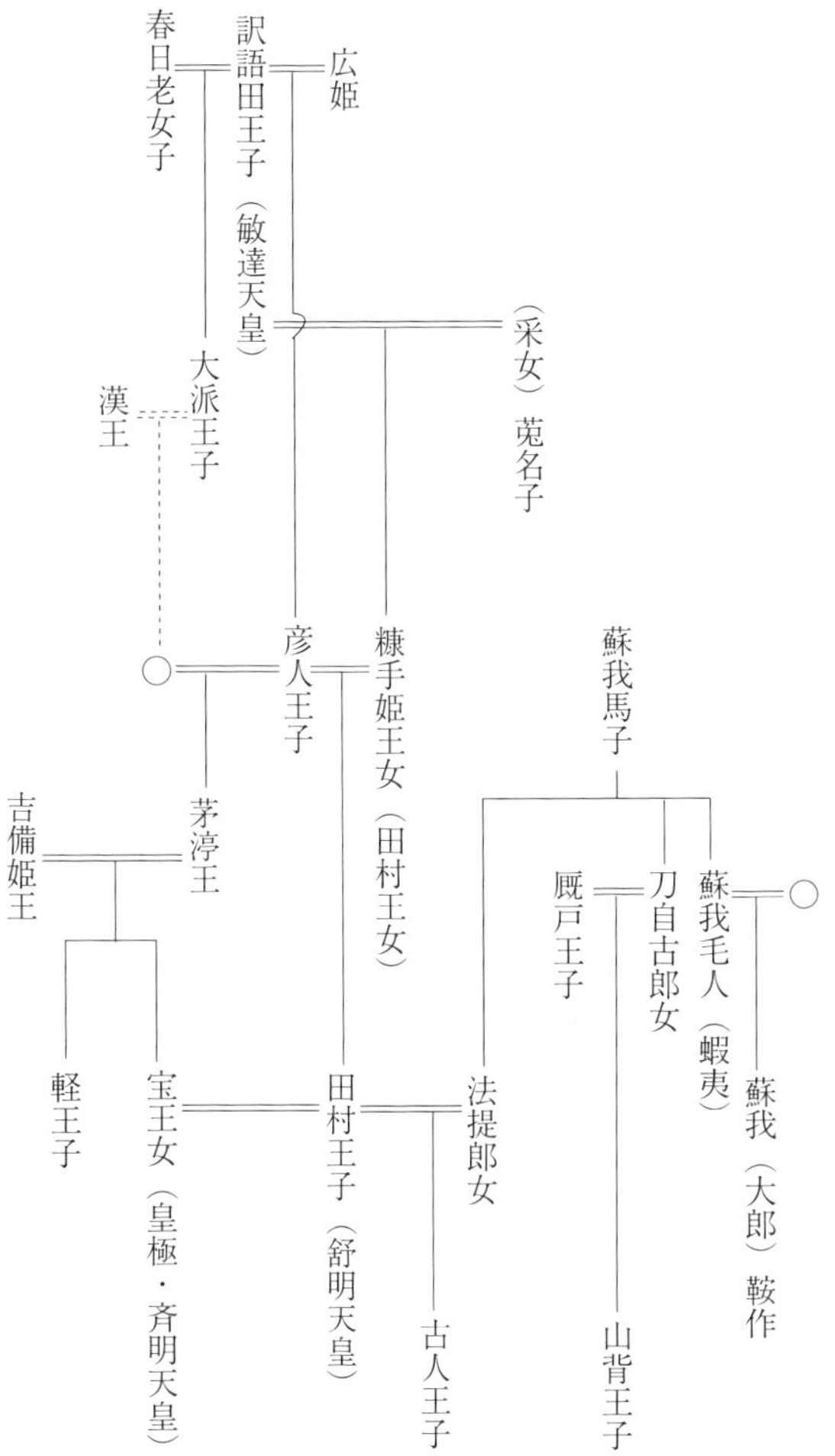

〔備考〕前掲「古代の女帝」から

一〇月、舒明が死去すると、皇位は大后（皇后）であった宝が継いだ。翌年三月にはこの新大王への賀騰極使を先王への弔使とともに新羅が送ってきたことからも、この女帝の出現はまず疑う必要はない。

しかしながらかねてより大兄として山背王子がいたのにそれを差しおいて、大后宝王女が大王になったことは甚だ注目すべきことと門脇氏は述べている。女帝出現の直接の前史として、たんに王統の血脈の違いという以上に、大兄山背王子とその上宮王家一派の官人らの所業があり、大臣蘇我毛人（蝦夷）の、彼らに対する怒りが募っていたことを見逃せない。

その際、先王田村王子の晩年には、蘇我毛人との間の対立——たとえば百済大宮、百済大寺の造営事業をめぐって——も生まれていたが、その対立以上に大兄山背王子とその一派の官人らに対する大臣毛人の怒りは高まっていた。このことが大王宝王女の即位を現出させた事態であり、前大后が大王に就くということでは蘇我氏が主導してきたのちにおいても、すでに推古女帝の即位が先例となっていた（門脇「古代の女帝」三六～三七頁）。

加えて、門脇氏は、額田部と宝を比較して、こういう。大臣蘇我毛人は、女帝皇極を認めても、次は「蘇我腹」の山背王子の即位を見通していた。自ら朝廷の中枢にいて、山背大兄王子と上宮宮家の一族に先王時代の反抗的態度を改めさせる所存であった。しかし、宝王女は、毛人と違い先王田村の政治を継ごうとしていた。

系図4及び5にみられるように額田部と宝では血脈の違いも大きく（宝は両親とも王族だが、額田部は、母方が蘇我氏の出）、大臣蘇我氏への遠慮は、額田部が蘇我馬子に抱いていたものとはおよそ違っていた。蘇我毛人とは馬子の子息蝦夷のことである。

宝の「嫡子」である葛城（のちの中大兄）王子も同じく、巨大化した蘇我氏を滅ぼし、王権の権力集中の統治形態（皇親政治）を胸に描いていた。事態は毛人の思惑を超えて展開する。毛人の子、蘇我鞍作（入鹿）は、軽王子（宝の同母弟。のちの孝徳天皇）や巨勢臣徳陀、大伴連馬飼、中臣塩谷連枚夫、土師連娑婆、倭馬飼首らとともに決起し、たちまちのうちに大兄山背王子ら上宮家の一族を殲滅し、次の大王候補に大兄古人王子を立てる。

古人は先にみたように田村と蘇我法提郎女の間の子であって、これは女帝宝王女にとっては決定的なことであり、直接、王統の女帝の「嫡子」への継承を否定すること、より巨視的には蘇我系大王の継続を宣言したこと」（前掲「古代の女帝」三九頁）を意味するものであった。

蘇我本宗家の打倒——乙巳の変、大化の改新

このため宝・葛城（中大兄）王子の反撃が、六四五年六月一二日、三韓の使節を迎えるというその日、葛城と中臣（のち藤原の姓を賜る）鎌足によって起こされた乙巳《いっし》の変であった。宮廷で着座した諸貴族らの面前で、葛城は自ら剣を振って蘇我入鹿を襲い、入鹿の父蝦夷も自身の手で屋敷に火を放ち、自殺した。これにより蘇我本宗家は打倒された。同年、宝の実弟軽王子（記紀系譜上第三六代孝徳天皇。以下、原則として「記紀」系譜上を省く）が即位した。この年、一一月、前大兄古人王子も滅ぼされた。またもや田村の血を引く血族の排斥であった。王権の確立を目指してクーデタを主導した中大兄は、宮廷内外の反対勢力の動きを慎重に考慮して、古代における専制主義を充実して、それ自身に体現するようになった天皇の地位に就くことは避け、皇太子にとどまり、功臣の鎌足も内臣としてはっきり立たなかった。

こうした複雑な組み合わせは、確かにいま成立の緒をつかんだ天皇の専制主義にしっくりしたものではないものではなかったが、そこに、改新派の脆弱点が、まさにその権力構造の最高部にあらわれていたものという。孝徳天皇は即位五日後、群臣を会して新政治の目標を宣示。蘇我氏打倒が権力の集中を意味し、諸氏族は、天皇の権威の優越に服し、専制国家の官人として奉仕するという大きな転換を承認せざるを得なかった（北山茂夫「壬申の乱」同『日本古代内乱史論』所収、岩波現代文庫、二〇〇〇年。なお同論文の初出は、一九五一年、『日本古代政治史の研究』岩波書店、一九五九年刊にも所収されている。七〜八頁）。

孝徳天皇は、天皇家とゆかりの深い直轄領すなわち「倭国の六県」と数世紀にわたって勢力を扶植してきた東国地方の行政改革に着手した。精密な人口調査に基づき戸籍が新しい官人の手でつくられ、耕地はことごとく国司の管理に移された。こうして天皇の権力の基礎は旧来の直轄領を中心にしっかり固められた。天皇のもとに集中した権力は、これまでの錯綜した政治支配の諸関係を専制的規模に整合し、それによってごく一部の人口を除く他の大多数の生産

者を統一的にかつ直接的に支配するようになった。家族ぐるみで天皇の公民に編成された。続いて北山氏は「権力の根源は、ひとり天皇から発し、族長は、官人」として「官人組織」にくみいれられて、権力に連なり、そうした体系のもと、天皇は、唯一最高の権力者として、公民―公地の基本関係を一身に体現していた。「公家」「国家」「ミカド」は天皇そのものと同一内容であり、「オオミタカラ」は、天皇の「隷属民」にほかならない（同右八～一〇頁）。

公民たちは、田租、調・庸、徭役・人頭税の負担を課せられる。これらを基軸に、「調庸の手工業的貢納」も「一定の強制労働の特質を帯び」、公民の労働力の自由な処理をひどく制約し、総じて「奴隷的収奪の特殊形態」と規定するほかない。「この点に、公民の歴史的性格が浮彫的にあらわれ」これに「天皇を中心とする古代専制機構が対応」。さらに「徭役」そのものは「古代天皇制存立のもっとも重要な条件」の一つであり、直接的生産者の立場からいうなら「大家族の形態をもって経営する生産の維持ないし発展」にとっては厳しい「桎梏」であり、再生産さえ脅かし、危うくする「人身的収奪」にほかならず、天皇のもとに国家的統一はあっても「公民のあいだに孤立とそれにともなう禁忌の習俗が強く」、「同胞意識」がまるっきり出ていなかったとして、北山氏は「孝徳紀」から引用する。「復た役はれたる辺畔《ほとりのくに》の民あり、事了へて郷に還る日、忽然に得失《やまい》して道の頭《ほとり》に臥死《し》ぬ。……是に由りて兄臥死《し》ぬと雖も、その弟収めざる者多し……」（同右一四～一七頁）。

天皇は、百官人を従え、その権威を極上まで高めたが、「公民」は自己を支える独自の組織を持たず、天皇との関係において、政治的にも、まったく「裸身」に等しい無権利であった。古代国家の確立期におけるこの対立、すなわち天皇の専制権力につらなる諸階級と、直接的生産者とのあいだの基本的対立、これらの上に成立していた貴族官人層内部の権力をめぐる彼らだけの二次的対立関係、これらを原則的に峻別するとともに、その微妙な相互関係を見失ってはならず、これまでの古代国家の政治史が貴族上層の関係ないし対立争闘の記述に終始しているありきたりの慣習をいまなお脱し切っていないのは、さきの基本的関係がほとんど捨象され、ために、二次的側面だけが全体から切りはなされて取り上げられているからと指摘する（同右一九～二〇頁）。いまも傾聴すべき指摘であろう。

さて、孝徳の治世は、約一〇年に及ぶが、この間も政局は必ずしも安定的ではなかった模様である。蘇我本宗家滅亡後のいわゆる「大化改新」政権が難波に出てからのおよそ一〇年間、二つの朝廷の併立状態に近かったのではないかという説さえもある（前掲「古代の女帝」三九〜四〇頁）。不安定な政局、分裂模様の統治状況を裏書きするかのように、軽王子＝孝徳の朝廷は難波に出てから六五一年に完成の長柄豊埼宮に移ったものの、翌々年、中大兄は、母の宝、妹の間人王女（孝徳の后）、弟の大海人《おおあま》王子とともに、ほとんどの官人を率いて大和の飛鳥に引き上げてしまった。このため孝徳は六五四年に憤死したという。

宝の再祚、中大兄（天智）が実権を掌握

六五四年、宝は再祚して斉明天皇となった。六二歳での再登板である。大兄である葛城王子は二九歳の壮齢を迎えていたのに、高齢の宝がなぜ再び登板したのであろうか。先の所氏は「当時、なぜ三十歳近い皇太子がしいて即位せず、なぜ六十歳過ぎの前女帝があえて重祚したのであろうか。この疑問には様々の憶説が出されている。おそらく中大兄皇子は、大化以来の内政改革を更に続行し、また対外問題にも迅速な対策をとろうとすれば、もっとも信頼できる実母を再び奉じながら、皇太子として自由な立場で存分に活動するほかない、と考えて踏み切ったものとみられる。ちなみに『藤氏家伝』は『皇太子ことごとに諮決して、然る後に施行せり』と記している」という（前掲『皇位継承』七六頁）。

問題は、実質的に天皇の仕事を果たしている中大兄皇子が何故正式に天皇に即位できなかったかではなかろうか。乙巳の変での蘇我入鹿殺害の記憶はまだまだ生々しく、とくに実母の皇極の前で繰り広げられた惨劇であった。宮廷で忌み嫌う血の惨劇に、いかにも豪胆そうである中大兄にしても登極するのが憚れたのではなかったか。

この点に関して、正確さを期する力量は、いまのところわたくしにはない。ただ斉明―中大兄の体制は「王権の権力集中の形態」としては、天武天皇による皇親政治が有名であるが、じつはその前史に、すでに母子による女性の大王と大兄（斉明と中大兄）という形で、権力の集中形態が実現していたという説（前掲「古代の女帝」四七頁）にわたくしも同意する。斉明は、百済救援に向かう途中、福岡の朝倉橘広庭宮で急逝、いよいよ中大江皇子が皇位を継ぐ。天智天皇の誕生である（天智については、遠山美都男氏の『天智天皇　律令国家建設者の虚実』ＰＨＰ新書、一九九九年、

同『天智と持統』講談社現代新書、二〇一〇年、参照。ちなみに遠山氏によれば、乙巳の変の首謀者は、中大兄ではなく、皇極の弟・軽皇子のちの孝徳天皇であったという。遠山『大化改新　六四五年六月の宮廷革命』中公新書、一九九三年、参照）。

天智の母后の皇極・斉明は、大規模な寺院や宮殿、庭園や土木工事を大がかりに行うなど、当時の民衆を苦しめた。そのあげく朝鮮への出兵により、防人に徴用される民衆も多数いたであろう。宮の東の山に石を積んで垣を作らせたが、積むそばから崩れたので、人びとが「狂心の渠《たわぶれ》」と呼んで嘲笑ったという（西野悠紀子「古代――皇女が天皇になった時代」服藤早苗他著『歴史のなかの皇女たち』小学館、二〇〇二年、所収）。

壬申の乱――叔父と甥の跡目争い

天智が死去すると、その子の大友皇子が即位する（弘文天皇）。大友の妃は大海人皇子（天武）と額田王との娘十市皇女であった。ところが、大海人は大友の近江朝に反旗を翻し、近親間、すなわち甥と叔父とでの跡目相続の抗争が展開された。いわゆる六七二年の壬申の乱の勃発である。この古代最大といわれる内乱で、政略・戦略ともに長けていた大海人が勝利する。これより前、天武の愛娘の十市皇女は、母額田王《ぬかたのおおきみ》のもとを離れ、天智の計らいで大友の妃となっていたのであった。大海人が受け入れた政略的な婚儀であったが、十市は大友の愛を受け入れ、葛野王を出産。壬申の乱で大友は自害に至らしめられる。十市の母の額田王は、天武との別離後、天智の、あとに残された妻の一人として、その後半生を辛く生きたであろう。

壬申の乱後、十市は、近江の都から飛鳥の父のもとに帰ったが、六七五年、父の命を受け、阿陪皇女とともに伊勢神宮に赴き、さらに三年後の六七八年、倉梯川の河上の斎宮に赴くことになっていた。父天武は皇女を見送るべく、宮中では用意万端準備が整っていたが、十市皇女は宮中で急死。これを北山氏は自害だとして断言して誤りあるまいという。

高市皇子は「山振《やまぶき》の立ち儀《よそ》ひたる山清水酌みに行かめど道の知らなく」など、十市皇女の死を悼み、三首の歌を詠んだ。これは高市の異母妹である十市への思慕ではあるまいかと、北山氏は指摘する（北山前掲書一七三～一八二頁）。

制覇を競う抗争の狭間に幾多もの悲劇があったことが窺い知れる。また乱脈とも見られる血脈関係の闇を見出すこともできるかもしれない。

3　女帝持統の血脈・血統保持への執着

持統天皇——嫡々相承主義に固執

推古、皇極（重祚して斉明）に続く古代三人目の女性は持統天皇であった。持統は鸕野讃良《うのささら》皇女として天智天皇（当時、中大兄皇子）を父、蘇我倉山田石川麻呂の娘、遠智娘を母とし、同母姉に大田皇女がいた。祖父石川麻呂は、のち中大兄に殺害された。長じて天智の同母弟の大海人皇子（天武天皇）と結婚。叔父と姪との結婚で、やはり血族結婚であった。天智は先にみたように武張った天皇であると同時に、策略に富んだ天皇でもあり、中臣鎌足が全面的に天智を支えた。鸕野、のちの持統天皇は、天智の娘として生まれ、父の気質を受け継いでか、これもまた策に長けた女性であった。なお、この父娘については詳しくは前掲遠山美都男『天智と持統』がある。

天武天皇には、表6にみられるように兄の天智天皇の娘四人が妃になっている。皇后はじめ少なくとも一〇人の妻がいた。これはすべて皇女・皇子を生んだ女性のみで、天武はそれ以外に宮廷で天皇が関係した女性は多数にのぼったであろうとされている（北山茂夫『天武朝』中公新

表6　天武天皇（大海人皇子）の妻たち

	その父など	皇女・皇子
鸕野皇女（皇后）	天智天皇の娘	草壁皇子
大田〃（妃）	〃	大来皇女・大津皇子
大江〃（〃）	〃	長皇子・弓削皇子
新田部〃（〃）	〃	舎人皇子
氷上娘（夫人）	藤原臣鎌足の娘	但馬皇女
五百重娘（〃）	氷上娘の妹	新田部皇子
太蕤娘（〃）	蘇我臣赤兄の娘	穂積皇子・紀皇女・田形皇女
額田王	鏡王の娘	十市皇女
尼子娘	胸形君徳善の娘	高市皇女
檝媛娘	宍人臣大麻呂の娘	忍壁皇子・磯城皇子・泊瀬部皇子・託基皇女

〔備考〕北山茂夫『天武朝』（中公新書、1978年）参照

書、一九七八年、一七四〜一七六頁)。

天武は、地方の民情を顧慮して公出挙稲の運営を若干改めているものの、天皇専制と公民の基本的矛盾から生み出されてくる逃亡、浮浪に対しては、前後にその比を見ない苛酷な抑圧を加えた。天皇を中枢とする宮廷の、空前の繁栄の陰に地方では農民がひとたび凶作に合うと、その子を売る惨苦を避けるわけにはいかなかった(北山茂夫「萬葉の盛期としての白鳳」同『女帝と詩人』岩波現代文庫、二〇〇〇年、一七頁)。

天智と弟天武――天智の四皇女が天武の妃となる

これより前、天武の兄、天智天皇は、母斉明天皇のもとで皇太子の地位にあった中大兄の時代、「改新政治」の強行の陰におおわれていた諸矛盾が政治不安の底流となり、宮廷不平派を媒介として著しくなり、口分田耕作民の相次ぐ過重な徭役等の誅求に惹き起こされた疲弊、聚楽の内部に発する彼らの怨嗟が示すような、無気味な不穏がはっきりと見られた。皇太子中大兄は、このただならない事態を敏感に嗅ぎ取り、とくにその警戒の目を不平派の策動に注いだ。皇太子一派が宮廷の氏族から浮きあがっては危ないとし、このためには事情如何では彼の敵手にもなりうる実弟の大海人との関係を一層緊密にするほかないという決断に達していた。

この前後、父中大兄(天智)の政略のコマは、鸕野皇女のみならず、姉の大田皇女、少し後に異腹の姉妹大江皇女、新田部皇女も大海人に嫁がされた。いうまでもない叔父と姪たちとの結婚である。これらについて北山氏は「王権の正当性を、血の関係のみが保障するものであってみれば」「叔父・姪のあいだの婚姻」は、最も有効かつ「排他的な政治手段」であろう。一人の叔父と四人の姪が同時に結婚関係(血族結婚である)を保つという「古代皇族の奇異」は、「王権そのものが、いかにたえず不安定であり」、それを維持するために、専制的な関係において、ますますエゴイスティックにならざるをえないかを物語るものに他ならないと指摘する(「持統天皇論」同『女帝と詩人』五二〜五三頁。なお「持統天皇論」は、北山『日本古代政治史の研究』岩波書店、一九五九年、にも所収)。

その人についていうなら、大海人との結婚、草壁皇子の誕生が、鸕野をこれ以降の生涯において、世襲王権のためにすべてを賭ける人間に鍛え上げていく。この女帝の性格を「深沈にして大度あり」と「日本書記」の編者が記しているのは「古代の王権に固有な非情性がこの女の賦質にもたらしたものにちがいあるまい」と北山氏はいう（同右五三〜五四頁）。

天武には息子だけでも一一人おり、皇位継承の有資格者を多数抱えていた。けれども多きがゆえに天武は苦慮することになる。とりわけ天智の同母姉妹である大田皇女（鸕野より早く大海人の妃となる）の産んだ大津皇子（姉は、大来《おおく》ないし大伯《おおく》皇女）と、鸕野の産んだ草壁皇子は天武の後を襲う最有力候補で、それだけに両者の関係は緊張に満ちていた。大津は、草壁より一歳年下であったものの、祖父天智に寵愛され、将来を期待されていたが、大津が九歳の時、天智が死去、有力な後ろ盾を失った。母大田皇女もすでに他界していた。

天武の死と大津皇子の横死

先に見たように母大田を早く亡くした大津は、祖父天智天皇によりたいそう慈しみ育てられ、天皇のじきじきの指図によって亡命百済人を家庭教師に迎え、幼少時より学問を始めた（北山茂夫『万葉群像』岩波新書、一九八〇年、二四頁）。六八一年、天武は鸕野皇后の懇請を受け入れ、一大決意をもって草壁を皇太子に立てた。しかし二年後、大津皇子をも朝政に参加させた。このことについて北山氏は、大津を外においておく危険を避けて、おのれの前に抱え込むこととした。しかしそこに直ちに矛盾を孕んできた。人格・識見ともに優れていたという大津の声望はいっそう高まり、その結果、鸕野皇后（大田皇女とは実の姉妹）は憂慮にとらわれた（前掲『万葉群像』二八頁）。天武は、もう一人の息子、大津の才能を愛し、大津もまた病んでいた父の回復を切に念願していた。父亡きあとの自らの運命に思いを致すと暗然とならざるを得なかったであろう。

六八六年、祖父天智天皇亡き後の大津にとっての庇護者であった父天武の病が篤くなり、方々での祈祷読経はもとより、百済から渡来の侍医億仁たちによる投薬医術のすべてを尽くして天武の治療に当たった。薬石の多くは新羅王朝から進上されていたものの効なく、九月九日ついに没した（『天武朝』二三一頁）。

鸕野皇后は直ちに称制として天皇大権を握り、大津排除の行動に入った。大津はひそかに都を出て、伊勢の神宮に血を分けた姉の大来皇女を訪ねた。別れに際し、姉は弟に次の歌を与えた。天武朝で初めて伊勢斎宮の制度が始まり、天武の皇女である大来が伊勢に移り、天皇の祖先神を祭祀した。

わが背子を大和へ遣るとさ夜深けて暁《あかとき》露にわが立ち濡れし
二人行けど行き過ぎ難き秋山をいかにか君が独り越ゆらむ

叔母鸕野に機先を制せられた大津は、その邸宅を鸕野の派遣した軍勢に包囲され、自害のやむなきにいたった。その死に臨んで大津が詠んだ歌は以下のようなものであった。

大津皇子、被死《みまか》らしめらゆる時、磐余《いはれ》の波の陂《つつみ》にして涙を流して作りましし御歌一首
百伝ふ磐余の池に鳴く鴨を今日のみ見てや雲隠りなむ

父天武死して二四日目にして、大津は二四歳を一期としてその生涯を閉じた。妃の山辺皇女（これも天智の娘。大津は叔母を妻にしたことになる）も殉じて死去した。大津の横死後、『日本書紀』巻三十（持統天皇の巻）は、大津が「尤も文筆を愛みたまふ。詩賦の興、大津より始れる」*とまで特記している（『天武朝』一七四頁）。

*ちなみに宇治谷前掲書『日本書記（下） 全現代語訳』から、この部分を引用すると、次のようである。「〔持統天皇は〕三日、皇子大津に訳語田《わさだ》の舎で死を賜わった。時に年二十四、妃の山辺皇女は髪を乱し、はだしで走り出て殉死した。見る者は皆すすり泣いた。皇子大津は天武天皇の第三子で、威儀備わり、言語明朗で天智天皇に愛されておられた。成長されるに及び有能で才学に富み、とくに文筆を愛された。この頃の詩賦の興隆は、皇子大津に始まったといえる（同右三一三頁）。

鸕野皇后、殯宮儀礼を政治的に「利用」し、実権を掌握

ちなみに大津の異母兄草壁の妃も天智の娘安陪《あへ》（閇）皇女であった。鸕野は、わが子草壁の最大のライバルの甥大津をこうして排除したが、天武の死と大津の事件で生じた朝廷の動揺はなお大きかった。廷臣の忠誠心を奮い立たせ、結束を固めさせるのが焦眉の課題であった（直木孝次郎『持統天皇』吉川弘文館、一九六〇年、一九〇頁）。

まず天武の葬礼を政治的に活かすことを計画し、二年三か月という未曾有の長期にわたって、これを営んだ。葬礼行事の中心は、死去した天皇に殯宮で誄《るい》（しのびごと）を奉ることで、それは「諸臣各々己の先祖等の仕へ奉れる状を挙げて、互いに進み誄たてまつる」というがごとく、要は天皇への忠誠を誓わせるものであった（前掲『持統天皇』一九〇～一九三頁、参照）。

天武の殯宮の大儀が行われ、皇后がその狙いとした政治的効果を見届けたのを見定めて、翌一〇月二日に大津とその周辺の人びとの逮捕が始まり、三日、大津に自害を強いた。翌一一月、大津の姉大来皇女が伊勢の斎宮から都に戻った。以下は、大津を悼む挽歌である。皇太后は、死後も大津を敬慕する宮廷人の動向を考え、墓所として飛鳥を選び、近傍を避けたという（北山『天武朝』二四四頁）。飽くまでも冷徹な女帝であった。

大津皇子の屍を葛城の二上山に移し葬る時、大来皇女の哀しび傷む御作歌二首
うつそみの人にあるわれや明日よりは弟世《いろせ》とわが見む
磯のうへに生ふる馬酔木《あせび》を手折らめど見すべき君がありと言はなくに

鸕野の打った手は殯宮儀礼にとどまらず、老人・病人・貧民への施し、罪人の赦免、税の軽減措置など、民衆への宥和政策も巧みに取り入れた。これらの「緩急よろしきをえた政策によって、天武死後の難局は、見事に打開された」（『持統天皇』一九三～一九四頁）と称されるゆえんである。しかし天武死後わずか三年にして、鸕野は最愛の息子草壁

を失う。鸕野四五歳で迎えた愛児の死である。草壁妃の阿陪皇女（天智の娘。のち元明天皇）との間に儲けた七歳の軽皇子（のちの文武天皇）と氷高皇女（のちの元正天皇）が遺された。

今日のように、当時の皇位継承は「嫡流」男子最優先ではなく、兄弟（姉）相承は広く見られた事象であった。まして天武には皇子が多く、憤死した大津皇子は別にしても、天武の皇子中、最年長で壬申の乱で功績を挙げた高市皇子をはじめとし、後継者には事欠かなかった。

鸕野皇后は自ら皇位に就く

天武と鸕野皇后は、いわゆる専制的な共治体制の下で、有力な氏族から一人の大臣をも任命せず、天武の専制を一層助長する役割を果たした。天武没後、鸕野は皇太后となったが、皇権をゆるがぬものにするためには、流血の凄愴をもおそれず、廷臣のがわからの反作用が起こったわけではないものの、全宮廷を領した諒闇の沈黙は、天武没後の間隙が埋められたことを意味せず、政治的安定の回復からはほど遠い様相を呈した。そういう状況のもとで、前代以来の共治体制を、おのれとその息子草壁太子とのすっきりした関係に切り替えたあとの皇太后は、その孤独と、亡き夫帝への回想と悲傷とによって満たさねばならなかったとし、北山氏は次の挽歌を引いている（北山「持統天皇論」一〇五〜一〇八頁）。

やすみしし　わご大君の　夕されば　見したもらし　明け来れば　問ひたもうらし　神岳《かみおか》の　山の黄葉を今日もかも　問ひたまはまし〔中略〕あらたへの　衣の袖は　乾る時もなし

しかし、鸕野の期待の実子草壁太子は、先に述べたように六八九年、急死し、予期せぬ事態が生じた。北山氏は前掲書で、「母后としての背信の所業は異腹の諸皇子の胸裡に、草壁の皇子の夭折にふれて想起されたに相違ない」とし、少なくとも最年長の高市皇子をはじめ忍壁・芝基の二皇子と女婿の河島皇子は、吉野における誓盟の場に列していた。が、彼らは完全に排除されていた。草壁の死は、皇太后が称制の関係をそのままに保持し続けるなら、しぜん諸皇子の間に皇位をめぐる争闘が激化するであろう。草壁には幸い七歳になる軽皇子がおり、鸕野は時機を見て皇儲にしようと心中深く期するところがあった（北山「持統天皇論」一一二〜一一四頁）。

持統は、あくまで「嫡流の血統」維持を図った。自ら皇位に就き、孫の軽皇子（のちの文武天皇）への「嫡流」への血統承継に断然、打って出たのである。皇太后には、古代天皇制を領導した天智・天武の二人の「血」が一つのものとして生きていた。女帝の背後に負う権威が想像を超えて重かったといえる。六九〇年、即位の庭で、皇位を踏んだ女帝を「公卿百寮羅列りて匝拝みまつりて手を拍つ」（持統紀）とあるのは、持統を現人神としたものだが、天武・天智に連なることを感得したからだろうと北山氏は説く（同右一一九〜一二〇頁）。次いで天皇制への階級的批判的分析を次のように示す。藤原宮造営に絡んで、以下のように記述されている。

藤原京の造営——民の立場に立つと、俗悪の詞章

藤原宮造営にあたり、「女帝は、王者としての巨大な力を現人神のそれと観る、天皇現人神思想の熾烈さ」「宮材の運搬に弄する諸国の民をこのようにしか描かなかったのは、天皇現人神史観にもとづく構想からきた必然の帰結」、もともと労役の場における公民は、中央政庁の直接の命令によるか、国郡司を介して召役されて、労役に服しているのであって、彼らの実生活の営みにはかかわりないどころか、まったく関知しない遠い世界の出来事であった（同右一三九〜一四一頁）。

白鳳・奈良・平安朝と続く古代日本の歴史は、天皇や貴族官人たちの視点からすると、優美で閑雅という時代相を想起させるが、実際は民が大部分を占めるなかで、彼ら権力者の繁栄や優雅な生活がこれら民の犠牲の上に保障されていたことを人びとは忘れがちである。

これより前に即位の式を挙げた鸕野皇太后、すなわち持統天皇は、七年後の六九七年、孫の軽皇子に位を譲り、文武天皇が誕生した。持統天皇は太政天皇（上皇）として君臨する。持統の執念が実り、ようやく自分と夫の天武の血

脈（実は天智の血脈も入る。持統のみならず文武の母安陪も天智の娘である）を伝えるという願望が実現したのである。

ところで北山茂夫氏は、さきの著書『女帝と詩人』において、持統が六九二年、庚寅年籍をつくったことに触れ、以下のように指摘している。肝腎なことは庚寅年籍の実物が残されていないことである。しかし、持統女帝は造籍事業において国司らに命じて浮浪人の狩り出しに力を入れさせたことは疑う余地がない（同右一六〇〜一六一頁）。

重ねて北山氏は、藤原京の造営で動員された民たちの歌の場面で、藤原京の用材を運搬するために「家忘れ身もたな知らず　鴨じもの　水に浮きゐて」と紹介し、「日々辛苦の労役に従っていた幾百幾千の、長年にわたる造都に要した延数百万の、公民は、多くは畿内から、あるいは遠隔の地方から徴発」されてきた、と述べ、その事業は年がら年中おこなわれていたので、働き手を奪われた農民家族は農時には労働力の不足に堪えなければならず、「役民の実状からいえば、『藤原京の役の民の作る歌』における、天皇の、すべてのものの上に君臨する力の発現の謳歌はあまりにも空々しく、ずいぶんいい気なもの」「地方の農民の暮らしからするとすっかりかけはなれた世界の存在である貴族の宮廷人気質をさらけだした俗悪の詞章というほかかない」と指摘している。

右のような労役のほか、「防人」として軍役に従わされた民の苦痛は大きかった。「行先に浪音ゑらひ後方には子をと妻をと置きてとも来ぬ」と、二度と会うことも叶わないかも知れない、その辛さを率直に吐露している（同右一五一〜一六五頁、参照）。

このような民の気持ちを顧みることなく、天皇や朝廷人たちは、詩歌をつくり、愛でた。さて、持統天皇には人口に膾炙されている有名な歌がある。

春過ぎて夏来るらし白妙の衣ほしたり天の香具山

というのがそれである。いかにも澄み切った、そのうえしごく絵画的な、印象鮮やかな名歌である。

とはいえ、彼女は決して丹《あか》き心をもった慈愛の詩人ではなく、あくまでも権謀術数にたけた政治家天皇であり、権力者であった。持統が重用した歌人、柿本人麻呂に天皇や皇族を讃える歌や挽歌などを作らせたのも、人麻呂の詩才それ自体を愛したというより、皇室を飾ることの方に大きな目的があった、とする直木氏の見解にわたくしも同意する（『持統天皇』一三一～一四〇頁参照）。ちなみに直木氏も歌を詠む歴史家である（一九八七年、宮中歌会始召人）。

4 「中継ぎ」女帝――元明・元正両天皇

七〇二年、持統は没し、五八歳の波瀾に満ちた生涯に幕を閉じた。それから五年後、持統の孫文武が在位一一年目にして二五歳で死去した。持統は、自分の血統を繋げるため、強力で強引な手法で政治力を発揮した女性天皇であった。しかし、文武没後、誕生した元明・元正の母子二代にわたる両天皇は、男帝へ皇位を引き継ぐための典型的な「中継ぎ」女帝であったと位置づけられる。

文武亡き後、その皇子、首皇子《おびと》（のちの聖武天皇）は、まだ幼弱であったため、文武の母で草壁の妃であった阿陪皇女は、中継ぎとして皇位に就いた。これが元明天皇であった。七一五年、首皇子を皇太子に立てた年の翌年、元明はその娘で未婚の氷高皇女に譲位し、ここに元正天皇が誕生する。

元正は、文武とは同母のきょうだいで、首の伯母に当たる。七二四年、元正は甥の首皇子の成長を見届けて譲位、中継ぎ天皇の役割を果たした。ここに聖武天皇が位を継いだ。聖武即位の詔に引用されている元正の言葉に「嫡流」男子相承の正当性がこう謳い込まれている（要約）。

一　この天下は、文武天皇が汝（首皇子）に賜わるはずのものであったこと
二　しかし首皇子が年少のため、重大な任務にたえられないと思い、朕（元正）の母元明に授けられたこと
三　その元明天皇が朕（元正）に最後は、皇位を「不改常典」に従って間違いなく首皇子に授けるように教え命じられたこと

（瀧浪貞子『最後の女帝　孝謙天皇』吉川弘文館、一九九八年、一五頁）

「女帝」自らが、男系男子への皇位継承の正当性を謳っている。わたくしたちは、ここに父系原理（家父長制原理）を見出すことができよう。

5　異例の女性皇太子から天皇へ――孝謙（称徳）天皇

弟が早世し、女性皇太子誕生

聖武の父、文武天皇の妻は、藤原不比等の娘宮子であった。聖武は、いわゆる「内親王」腹でなかったのである。聖武が祖母元明から直接、譲位されず、伯母元正をさらに中継ぎとしてようやく「皇統」を継いだ背景は、男系が虚弱であった故であろう。血族結婚のゆえでもあろうか。そして曾祖母持統の強い血脈への執着振りを指摘できよう。

聖武は、藤原不比等の後妻、県犬養《あがたいぬかい》橘三千代との間に生まれた安宿媛《あすかべひめ》（光明子）と結婚し、七一八年、阿倍内親王を儲けた。のちの孝謙女帝である。聖武・光明子ともに一八歳の時の子であった。ちなみに前年、聖武はもう一人の妻である県犬養広刀自との間に井上内親王を儲けていた。

聖武は、不比等の娘宮子を母とし、不比等の娘光明子を妻としたわけ（聖武の母は宮子、光明子の異母妹という関係）で、藤原氏（中臣鎌足を祖とする。不比等は鎌足の息子）との因縁は浅からぬものがあった（系図7）。

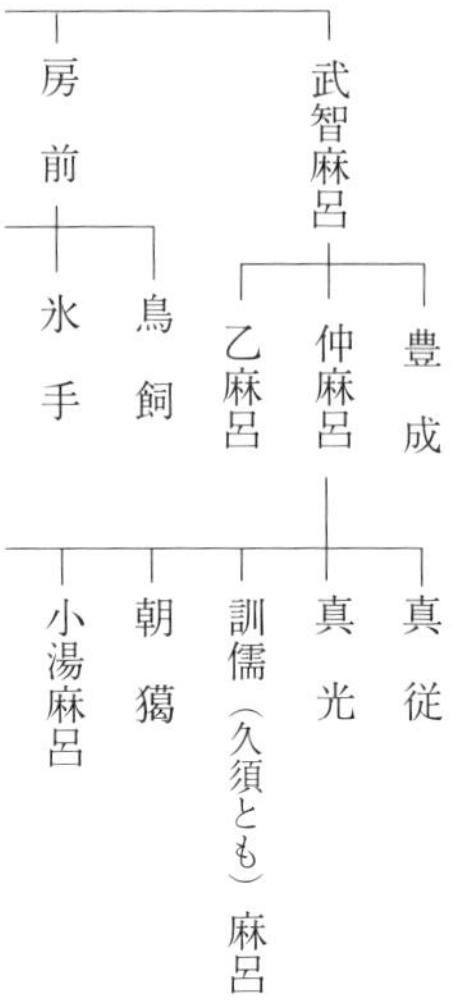

七二七年、光明子と聖武の間に待望の皇子が誕生した。阿倍内親王の弟基王である。しかし基王はわずか二歳で夭逝し、聖武と光明子はもとより藤原氏の受けた打撃は大きかった。同年、聖武と県犬養広《あがたいぬかいひろ》刀自《とじ》との間に安積親王が生まれ、藤原氏の焦燥感はい

系図7　藤原氏関係略図

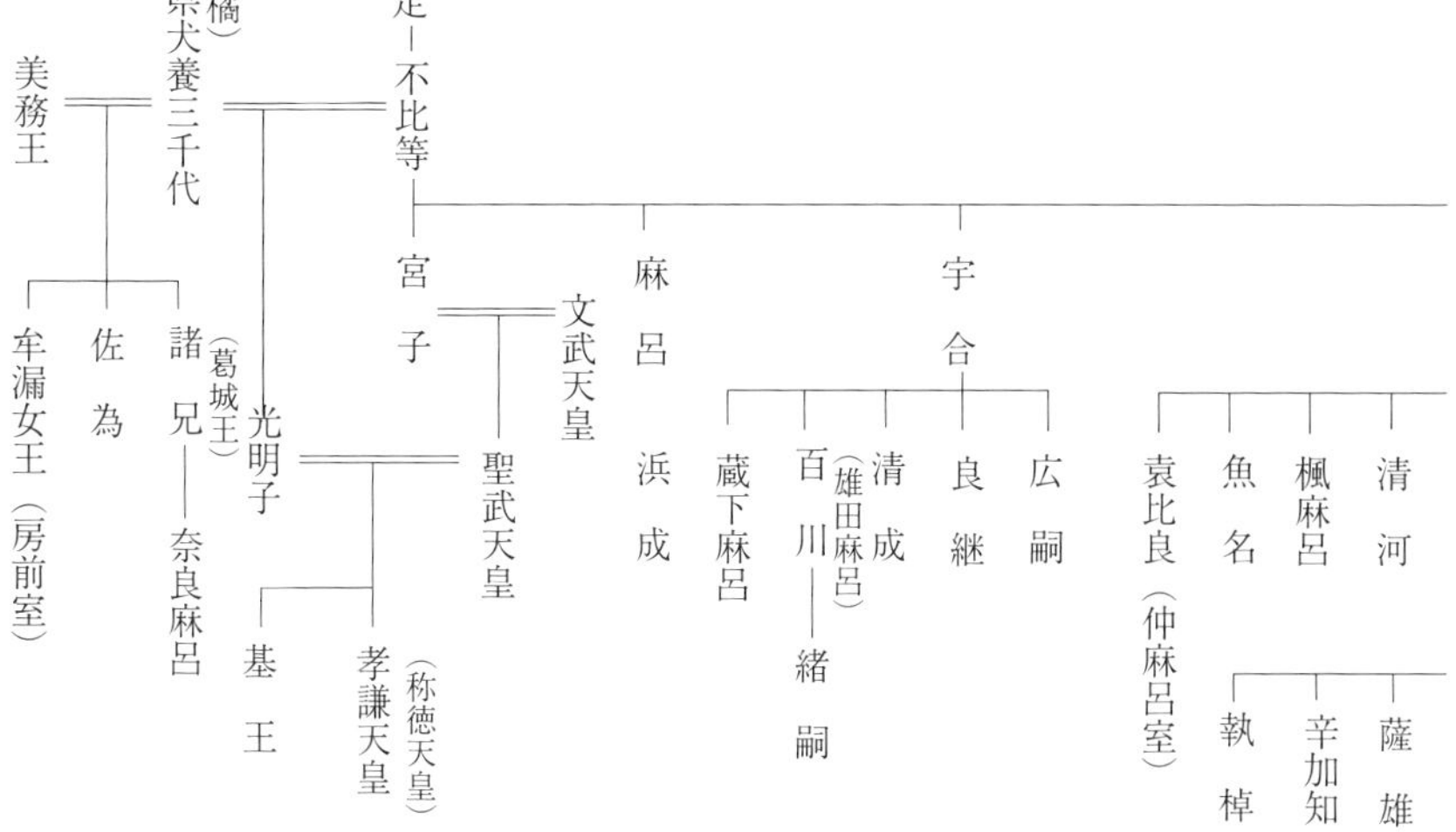

〔備考〕瀧浪貞子『最後の女帝　孝謙天皇』（吉川弘文館、1998年）より

や増した（野村忠夫『後宮と女官』教育社〔歴史新書〕、一九七八年、一〇二頁）。

七二九年、藤原氏は皇親勢力を代表する左大臣長屋王を自害に追い込み（長屋王の変）、光明子の皇后立后に成功するが、七三七年折からの天然痘で、不比等の息子・武智麻呂ら藤原四兄弟が相次いで世を去った。

翌七三八年、阿倍内親王が初の女性皇太子として立太子した。前掲『最後の女帝　孝謙天皇』は、阿倍の立太子について、聖武が熟慮の末、打ち出した継承構想であったとして次のように述べている。

「安積は嫡系ではないが唯一の直系皇子である、未婚の女帝となるであろう阿倍のあとを考える時、聖武にとって次なる皇位継承者の〔中略〕候補としては安積以外に存在しなかった。〔中略〕阿倍の立太子は、そのあとの安積の皇位継承を見すえての措置であり、安積の将来について貴族たちの理解を得る政治的手続きという意味合いもあったのである」（前掲書五一頁）。

この瀧浪氏の説によると、阿倍の場合も、異母弟安積への皇位継承も一種の「中継ぎ」であったという側面があったといえなくもない。しかし、七四四年、安積親王は急死した。藤原氏による暗殺説（前掲書五五

〜六六頁参照）もあながち否定はできまい。

いずれにしても光明子の立后に続き、皇親でない、藤原氏の娘を母に持つ、未婚の阿倍の立太子は前代未聞のことであった。藤原氏の権勢を背景に、七四三（天平一五）年五月五日、詔して「君臣・親子の理を忘れることなく仕え奉れ」と強調したのは異例の女性皇太子を貴族たちに認めさせることであった。

藤原氏が政治的舞台に登場

同時に橘諸兄が左大臣、藤原豊成（武智麻呂の長子）が中納言、豊成の弟仲麻呂が参議に登用され、政界の表舞台に登場する。この月の末には墾田永年私財法が発令、公地公民制が崩壊する切っ掛けになり、同法による開墾予定地の占定の許可権が中央から派遣された国司の手に掌握された。これまで王臣家や法隆寺など大寺院の田地はほとんど畿内とその周辺に限られていたが、この法の施行により、国司を媒介にして中央の貴族や寺院が地方に墾田を開発していくのが容易になり、地方の社会のなかに畿内の支配層の力が浸透していくことになった（吉田前掲書二七四〜二八一頁）。

七四九年、聖武は阿倍に皇位を譲り、ここに女帝孝謙天皇が誕生する。聖武・光明・孝謙朝は、聖武自ら「三宝（仏法僧）の奴」と称するように、大仏や寺院（国分寺国分尼寺）の建立に力を注ぐが、同時にそれは民衆に大きな負担を強いるものになった（なお古代の女帝については、前掲水谷千秋『女帝と譲位の古代史』も参照）。

光明皇后伝説

奈良の法華寺は光明皇后が建立させたもので、そこにはいわゆる「癩病」患者の身体を皇后が手ずから洗い、体液（膿）を吸ったとかいう伝説があるが、真偽のほどは分からない。いまでもその浴室風（からふろ）のものはある。しかし思った以上に小さな風呂場であった。右のように述べられた説明書きがあったと記憶するが、にわかには信じ難く、多分に光明皇后の事績を美化したものではなかろうか。また中国の武則天が行った悲田養病坊の事業を見習ったかもしれぬ（原武史『〈女帝〉の日本史』ＮＨＫ出版新書、二〇一七年、六〇頁）という悲田院、施薬院を立てたことでも知られるが、どのようなものであったのだろうか。これらの美談伝説は、遥か後年、大正天皇の后である節子皇太后（貞明皇后）のハンセン氏病患者への「慈愛」が強調される際、しばしば言及・利用された。

重祚した孝謙天皇（称徳天皇）と僧道鏡

孝謙女帝は、七五八年譲位したものの、七六四年、淳仁天皇を廃位させ、重祚し、称徳天皇となった。孝謙―称徳治政下で賑々しく取り上げられるのが、彼女と僧弓削《ゆげ》道鏡との関係である。多分に歪んだ視点から論及される場合が多いが、これについては本論のテーマではないので、詳しくは瀧波前掲書や、北山茂夫『女帝と道鏡　天平末葉の政治と文化』（中公新書、一九六九年）を参照されたい。

再び天智系へ

七七〇年、称徳は五三歳で没し、ここに天武・草壁の「嫡流」は途絶え、皇位は天智系の白壁王（天智の孫。光仁天皇）へと受け継がれる（次頁、系図８）。聖武天皇の妃には、光明以外に縣犬養広刀自がおり、その間に井上内親王がおり、白壁王と結婚、他戸親王、酒人内親王を産んだ。光仁が即位できたのは、井上内親王が聖武の娘であったといわれ、彼女は皇后に立后される。

さらに光仁には、夫人高野新笠《たかののにいがさ》との間に誕生した山部親王（桓武天皇）がおり、桓武は異母姉妹の酒人内親王を妻とする。ここでも血族結婚がなされた。いくらか下り、井上内親王の娘酒人内親王は伊勢の斎宮となり、帰京後、前述したように桓武の妃となり、朝原内親王を産んだ。朝原も伊勢斎宮となり、のちに異母兄弟の平城天皇の妃となるが、子どもには恵まれず、ここに聖武の血統は途絶えた（川尻秋生『平安京遷都』岩波新書、二〇一一年、参照）。

系図８　孝謙天皇関係略系図

（＊印は斎宮）

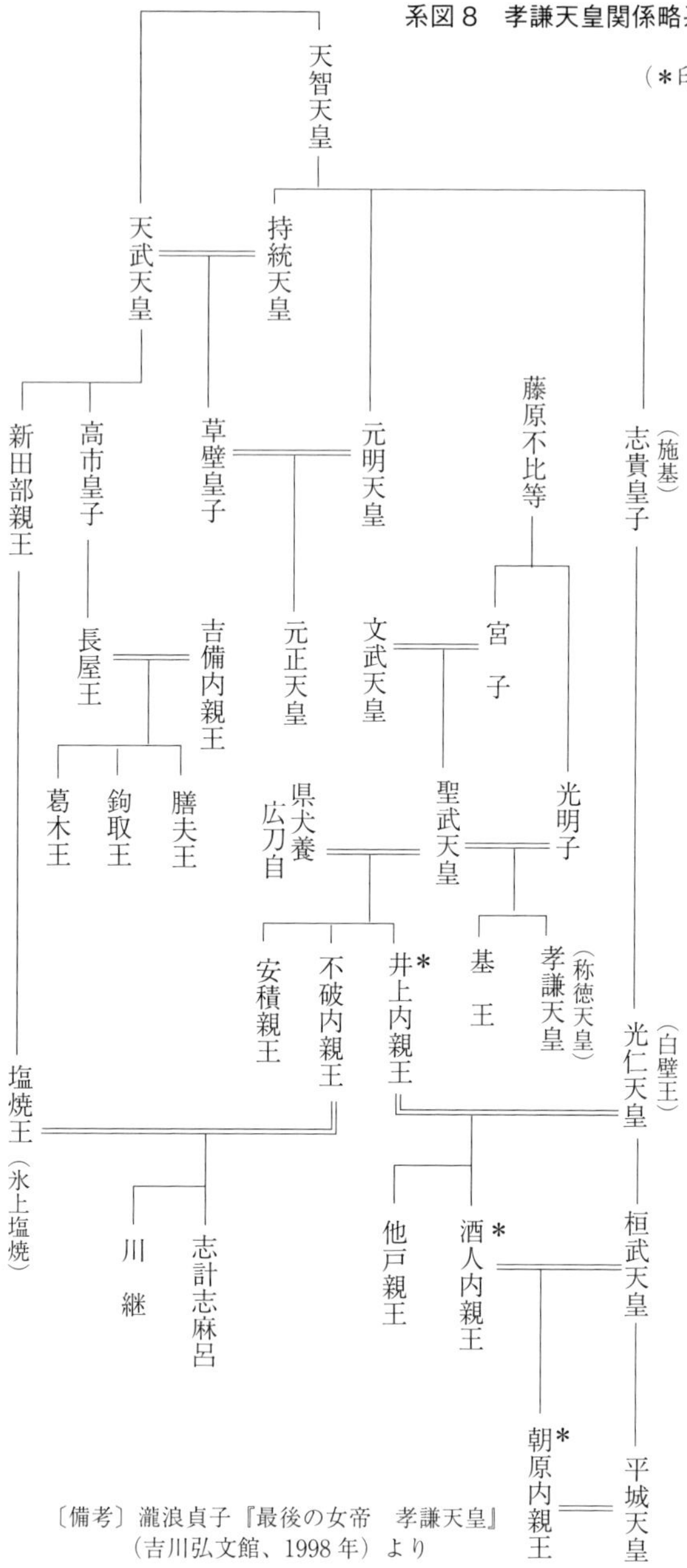

〔備考〕瀧浪貞子『最後の女帝　孝謙天皇』（吉川弘文館、1998 年）より

第2章　キサキ（後宮）制度の確立

1　後宮官員令の整備

後宮官員令

七〇二年、大宝令が公布され、古代律令国家が完成をみた。このなかで後宮官員令《ごくかんいんりょう》が整えられ、キサキたちや後宮の女性職員の定員や身分、組織、職務内容などが定められた（野村前掲書。なお本節の記述は同書に多く負った）。

令制に用いられる「後宮」の字句には、二つの意味がある。一つは、御所の裏にあるという場所を示す意味で用いる。もう一つは、天皇のキサキたちを指す場合である。先の官員令によると、妃・夫人・嬪という三段階の「身分」をもつ天皇の配侍者たちを「後宮」という。その上に天皇の「正室」である皇后が立てられるわけである。

この三色（三段階）のキサキたちは、「妃二員　右、四品以上　夫人三員　右、三位以上　嬪四員、右、五位以上」と規定されているが、もとよりこの定員通りではない。また「妃」は四品以上とされているので内親王であるキサキを規定し、「夫人」は従三位以上の上級貴族官僚、「嬪」は五位以上の中級・下級貴族としての地歩が与えられる。この三色の後宮たちが生んだ皇子が将来、皇位に就き得る候補の資格を与えられ、ことに妃、夫人にその資格が濃いという。

後宮と十二女司

この他「宮人」と総称される女性たちがいて、その主な者たちは十二女司に勤務する十二女司たちが奉仕するのは天皇であって、キサキたちに対してではない。ちなみに十二女司の仕組みと定員は表9の通りである。

表9　十二女司の仕組みと定員

①内侍司	尚侍2人	典侍4人	掌侍4人	女孺100人
②蔵司	尚蔵1人	典蔵2人	掌蔵4人	女孺10人
③書司	尚書1人	典書2人		女孺6人
④薬司	尚薬1人	典薬2人		女孺4人
⑤兵司	尚兵1人	典兵2人		女孺6人
⑥闈《かぎ》司	尚闈1人	典闈4人		女孺10人
⑦殿司	尚殿1人	典殿2人		女孺6人
⑧掃司	尚掃1人	典掃2人		女孺10人
⑨水司	尚水1人	典水2人		女孺6人
⑩膳司	尚膳1人	典膳2人	掌膳4人	女孺60人
⑪酒司	尚酒1人	典酒2人		
⑫縫司	尚縫1人	典縫2人	掌縫4人	
計	13人	28人	16人	女孺152人・采女66人

〔備考〕野村忠夫『後宮と女官』（教育社、1978年）より

2　桓武天皇の純血政策

桓武天皇の後宮たち――驚くべき数のキサキ

さて、時代はややくだって桓武天皇（七八一～八〇六年在位）の後宮たちに言及しよう。桓武の母はすでに述べたように百済王家子孫の高野新笠であった。高野新笠は百済系の移住民・和乙継《やまとおとつぐ》の娘であった（吉村前掲書『女帝の古代日本』一九八頁）。宇治谷孟前掲書『続日本紀（下）現代語訳』によれば、桓武の生母高野新笠は、父光仁の妃の一人で、七七八年一月二九日、従四位下から従三位を授与された（同右一八二頁）。七八一年四月、山部親王は、父光仁から皇位を譲られ、桓武天皇が誕生した。その詔にいわく、「およそ人の子が幸福を被りたいと願うのは、親に対してであろうと聞いている。ゆえに朕の母高野夫人（高野朝臣新笠）を皇太夫人と称し、位階をお上げするように取り計う」（同右二六一頁）の一節がある。

すなわち桓武の母は百済王家の子孫で、桓武の血統には百済人の血が混じっていることになる。高野新笠は、そ

の後、中宮を経て、皇太后となり、七八九年死去する。桓武の治世は、京都への遷都ほか重要な政策が展開されるが、ここでは割愛（詳しくは、川尻前掲『平安京遷都』、保立道久『平安時代』岩波ジュニア新書、一九九九年、などを参照）するが、一点のみ強調したい。

高野新笠は百済王家出身で、その本拠地河内国交野は淀川の対岸にあり、長岡と至近の距離にあった。古くから山背国には新羅系渡来人の秦氏が居住、土木技術に優れていた。桓武は渡来人に親近感を持ち、彼らの技術力を造都に利用することを考えていた（川尻前掲書一一一頁）。

その故もあってか桓武には百済系のキサキたちも少なからず存在する。桓武朝においては、因幡国高草郡采女として「貢進」され、天皇のとくに寵愛を受け、顕位にのぼった正四位上因幡国造浄成女のように、一地方豪族の娘として出仕し、中級貴族階級官僚の最上部に昇ったキサキも少なくないという。

桓武の後宮は氏名が確かめられるだけでも三二人いた。前掲『後宮と女官』からその名を列挙する（二一六～二一八頁）。

一　皇后藤原朝臣乙牟漏（平城・嵯峨天皇、高子内親王の母）
二　贈妃藤原朝臣旅子（淳和天皇の母）
三　夫人藤原朝臣吉子（伊予親王の母）
四　坂上大宿禰又子（高津内親王の母）
五　女嬬多治比真人豊継（女）（長岡朝臣岡成の母）
六　多治比真人邑刀自
七　藤原朝臣数子
八　紀朝臣若子（明日香親王の母）
九　多治比真人真宗（葛原・佐味・賀陽・大徳親王、因幡・安濃内親王の母）
一〇　酒人内親王（朝原内親王の母）

一一　嶋野女王
一二　百済王《くだらのこにしき》教法　（大田親王の母）
一三　百済王恵信
一四　和気朝臣広子
一五　橘朝臣常子　（大宅内親王の母）
一六　紀朝臣内子
一七　紀朝臣殿子
一八　藤原朝臣川子　（仲野親王、大井・紀伊・善原内親王の母）
一九　錦部連真奴　（のちに川上朝臣賜姓　坂本親王の母）
二〇　弓削宿禰美濃人
二一　藤原朝臣名子
二二　丸朝臣氏　（布施内親王の母）
二三　明口女王
二四　藤原朝臣上子　（滋野内親王の母）
二五　橘朝臣御井　（賀楽・菅原内親王の母）
二六　紀朝臣乙魚
二七　坂上大宿禰春子　（葛井親王、春日内親王の母）
二八　藤原朝臣小屎　（万多親王の母）
二九　藤原朝臣東子　（甘南備内親王の母）
三〇　百済宿禰永継　（のち賜姓された藤原良峯朝臣の母）
三一　百済王貞香　（駿河内親王の母）
三二　橘朝臣田村子　（池上内親王の母）

桓武の血脈政策

驚くべきキサキたちと皇女・皇子の多さに言葉もない。その息、嵯峨天皇も多妻妾多子の天皇であった。天智天皇の曾孫として即位した桓武は天智系の皇位継承を安定させるために、天智系の「純血」政策を行った。天智・天武の場合が想起されよう。父を同じくする兄弟姉妹の結婚である。朝原内親王は異母兄弟の平城天皇と結婚、平城にはもう一人の異母妹大宅内親王が妃になっている。桓武の息子嵯峨天皇には高津内親王を配する。高津も桓武の娘で、二人とも桓武の子である。さらに淳和天皇には高志内親王を配する。

淳和は桓武と藤原旅子との間の子であり、高志内親王は、桓武寵愛の皇后藤原乙牟漏との間の皇女であった。桓武は三人の皇子に四人の皇女を配したのである。つまりは父からも母からも桓武の血を引く天皇の誕生を期したものといえる（服藤早苗「平安時代――王朝を支えた皇女」服籐他著、所収）。

桓武が多妻妾多子であったことは、自らの血統固めもあったことでほぼ間違いのないものと考えられる。異母の皇子と異母の内親王との結婚により誕生する「純血の孫」に将来の皇位を継承させようとする桓武の執念を見るべきとの指摘（保立前掲書一五頁）はもっともである。

3　皇統・血脈の保持と宮家創設

「血の継承」――侍妾（女官）と宮家創設

先に見たように桓武天皇の後宮は、その名が知られている限りでも三二人の多数に上った。桓武ほどではないにしても、歴代天皇は、多くの妻妾を抱え、血の継承に励んだ。まさに君主が「君主として行う最高の組織活動は、その生殖活動である。されば君主の性交こそが国家の現実的統一なのだ」といったマルクスの言のごとく、わが天皇家もこれを地でいったのである（角田三郎『新天皇系譜の研究――万世一系の演出と実態』オリジン出版センター、一九八〇年、二七四頁参照）。

だが、それでも皇嗣が得られなかったり、折角生まれても夭死したりして、「血」の存続の危機にしばしば見舞われた。この危機を救うためにすでに見たように、時に「男系」の中継ぎ女帝が立てられ、一時凌ぎの措置が取られた。

宮家の創設

さらに下ると宮家が創設され、時として天皇家とは別に「准天皇家のような形」で半ば独立し、天皇家と競争の立場に立つことも珍しくなかったという（大宅壮一『実録・天皇記』鱒書房、一九五二年、二五〇頁）。

宮家の創設は、もし天皇家に直系の跡継ぎが得られなかった場合を想定してなされたものであろう。ここでいささか主に大宅前掲書に従い、述べておきたい。古くは大炊御門宮家で、高倉天皇（一一六八年即位）の皇孫から出て、まもなく絶家。続いて六条宮で、後鳥羽天皇（一一八三年即位）の息子から始まり、二代で絶えた。その他に岩倉宮、鎌倉将軍宮、常盤井宮、木寺宮などいろいろ創設されたが、いずれも長続きしなかった。

後世まで生き残ったので、最も古いのは伏見宮家で、崇光天皇（北朝第三代。一三四八年即位）の息子栄仁親王から始まり、最後の博恭王まで二三代続いた。

次の桂宮は、初め八条宮といい、正親町天皇（一五五七年即位）の皇孫であった。豊臣秀吉の猶子（養子みたいなもの）になった智仁親王から出た。桂離宮は、秀吉が智仁のために贈った邸宅（御殿）であった。だが、この桂宮家は、仁孝天皇（一八一七年即位）の皇女淑子内親王で絶えた。

有栖川宮は、後陽成天皇（一五八六年）の皇子の高松宮が初代で、その後、天皇家との間に血縁関係をもち、直宮が横滑りするごとに名前もしばしば変ったものの、一九一三年威仁親王で絶えた。同年、大正天皇（一九一二年即位）の第三皇子の宣仁親王（昭和天皇の弟）が後を継ぎ、高松宮家を再興した。

閑院宮は、東山天皇（一六八七年即位）の皇子直仁親王から始まり、五代目の愛仁親王で途絶える。が、この間、後桃園天皇（一七七〇年即位）が死去し皇嗣がいなかった時、直仁の孫が皇位に就いた（一七七九年即位の光格天皇。父は閑院宮典仁親王）。愛仁で一旦途絶えた閑院宮は一八七二年に至り、伏見宮から載仁親王が入り、これを再興した（大宅前掲書二五〇～二五二頁参照）。

4 「明治」宮廷にも続く後宮制度

新宮家創設が相次ぐ

「明治」維新前には一一の宮家が存在したが、「明治」まで残存したのは、伏見・有栖川・閑院・山階（一八六四年）の四宮家にすぎなかった。そこで睦仁親王＝明治天皇（一八六七年即位）と「明治」政府は、「皇統」の保持を図るためにさらに新宮家を創設することになる。

まずは一八六八年、華頂宮家が創立され、伏見宮邦家の第一八子博経が就いた。次に一八七〇年北白川宮家が創設され、伏見宮邦家の第一三子智成が初代になった。さらに梨本宮家で、初代は伏見宮貞敬の第一三子守修が就いた。守修没後、久邇宮朝彦の第四子守正（守修の甥）が相続。ちなみに守正は、鍋島藩の旧藩主の娘伊都子と結婚、長女方子女王が誕生するが、のち大正天皇の「思召し」で、日韓友好の象徴として、李王世子（皇太子）垠と結婚する。

続いて一八七五年創立の久邇宮家で、初代は伏見宮貞敬の第一九子の朝彦が就いた。朝彦は、かつて青蓮院宮・中川宮として知られ、幕末期にあって皇族としては異例の活動をした。賀陽宮といった時期もある。久邇宮も、前述したように他の宮家と同様、多産で多数の王子が生まれている。側室制度が多産を支えたことはいうまでもないだろう。ちなみに朝彦の子邦彦《くによし》王の娘良子《ながこ》女王は、のちの昭和天皇裕仁親王の妃となる。

一八八二年、小松宮家が創設、伏見宮邦家の第一三子彰仁が初代に就く。もとは仁和寺宮ともいったが、一九〇三年廃家。一九〇〇年代に入ると立て続けに五つの宮家がつくられる。一九〇〇年に賀陽宮家が創設、初代は久邇宮朝彦の第三子邦憲。一九〇三年東伏見家が創立、初代は伏見宮邦家の第二九子依仁が就く。一九〇六年には・朝香・竹田・東久邇の三宮家が一挙につくられる。朝香宮の初代は、久邇宮朝彦の第一七子鳩彦《やすひこ》。竹田宮の初代は北白川能久の第一子恒久。東久邇の初代は、久邇宮朝彦の第一八子稔彦であった。

以上からも明白のように多くの宮家の当主たちは、多数の妻妾、多子をもった。古代に始まった後宮（キサキ）制度は、近代に至るまで存続・継続していたことが理解できる。「明治」初期における宮家の創設がなされた背景は後述することにして、ここでは幕末・「明治」初期の天皇家の側室制について少し述べておこう。

古代の歴代天皇は、今までみてきたように多くの妻妾を持った。しかし天皇家の権力の衰えとともにかつての桓武や嵯峨のように多くの妻妾をもつことは、中世から近世以降は難しくなった。権力を武家が奪い、経済力も逼迫し、困難になったからである。このため皇嗣を確保するためにも新宮家設立が必要であった。

しかしこの場合にも秀吉の場合にみられたように智仁親王のごとく武家の助力が不可欠であった。徳川時代においても同様、幕府の経済的支援を不可欠にしたのであった。

東山天皇以降、短命の天皇、皇子女の多死――皇統の不安定

やや時代を遡り、一六六五年生まれの東山天皇は、一三歳で皇位につき、三五歳で譲位、半年後死去した。その第五皇子の中御門天皇は九歳で天皇となり、三五歳で譲位、二年後に死去、桜町天皇は一六歳で天皇となり、二八歳で譲位、三年後に死去。桃園天皇は七歳で天皇になり、在位中の二二歳で死去（藤田覚『江戸時代の天皇』（講談社学術文庫、二〇一八年、一六〇～一六一頁、初刊は、講談社、二〇一一年）というように、おしなべて短命であった。

皇位は閑院宮典仁親王の子である光格天皇へと移り、仁孝へと続く。明治天皇の父孝明天皇（統仁《おさひと》親王。一八四八年即位）は、仁孝天皇の第四皇子として誕生するが、いわゆる「側室腹」であった。父仁孝には皇后のほか五人の侍妾がおり、合わせて一五人の子が生まれた。しかしそのうち一二人もが三歳以下で死去し、孝明と和宮親子内親王（の

ち徳川第一四代将軍・家茂と結婚。幕府と皇室の和合のために政略結婚）と前出の淑子内親王の三人しか成人しなかった。

　明治天皇は、幼名を祐宮《さちのみや》といい、睦仁親王という。孝明天皇の第二皇子として誕生（一八五二年）。父孝明には准后（九条夙子《あきこ》。のち英照皇太后）はじめ四人の妻妾がいた。六人の皇女・皇子が生まれたが、五人が三歳以下で死に、ただ一人生き残ったのが祐宮で母は公家の娘、典侍中山慶子といい、女官出身の側室であった。その睦仁親王にしても、幼時は、至って病弱で成長を危ぶまれた（飛鳥井雅道『明治大帝』筑摩書房、一九八九年。のち講談社学術文庫として再刊）。

　なお、飛鳥井氏（氏自身が「由緒」ある公家の生まれで、蹴鞠と歌道を「家芸」としていた）によれば、一八五六（安政三）年、祐宮は中山家から内裏へと移り住む。祐宮は病気がちで、熱を出したり、下痢をしたりだったが、祖父中山忠能にはもう一つの悩みがあった。祐宮は外出の時、輿に乗るのを嫌がり、「還宮の儀」ではどうしても輿に乗らねばならない。実際は乗らずに、乗ったこととしてすましたという。宮中では生母中山慶子の局に住んだ。

　祐宮が病弱であったことは、朝廷内にかなりの不安を呼び、一宮死後の「二宮」であったが、まだ「儲君」とも決まらず、親王宣下も受けていなかった。親王となったのはようやく九歳であった。育つかどうか危ぶまれていたためという理由もあったという（飛鳥井前掲書・学術文庫版七九〜八一頁）。

系図10　孝明天皇と鷹司政通の関係

ともに閑院宮家の血筋だった。

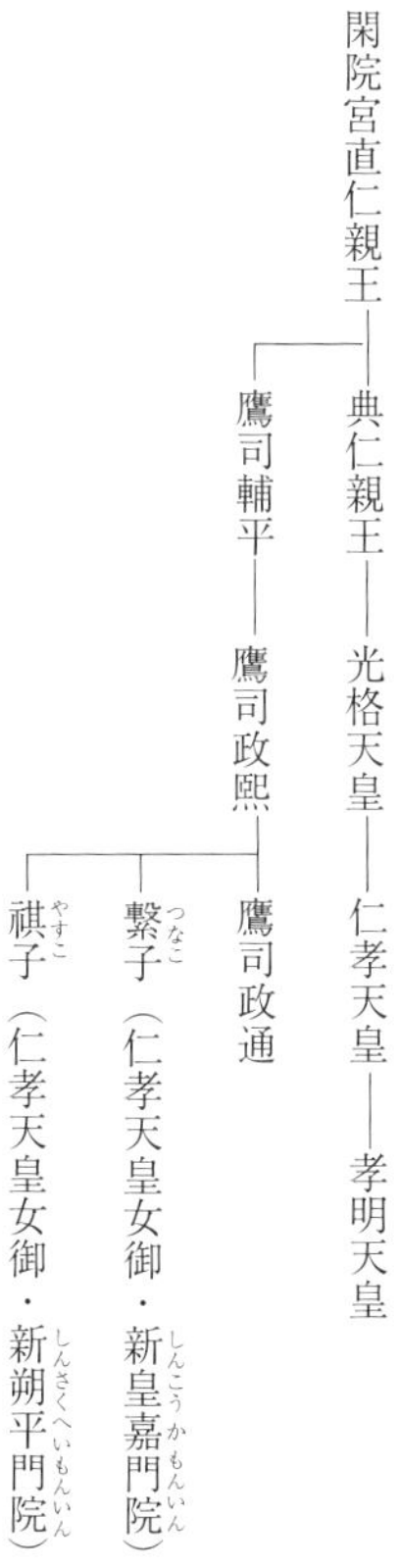

〔備考〕藤田覚『江戸時代の天皇』161頁

三条実万《さねつむ》（三条実美の父。三条家は清華家）は、「色を盛にせらる、筋に落ち申さず様、肝要」と書き記しているが、孝明天皇の「色」はなかなか盛んであったらしい。が、皇胤・「皇統」の危機は確実に存在し、天皇の四人の妻妾から六人の皇子女が生まれ、五人が三歳以下で死去、生き残ったのは祐宮のみで、先にみたようにその成長も危ぶまれていた（同右八三頁）。

一八六七年、孝明天皇は前年の一二月、突然発病し、当初は感冒とされたものの、のち天然痘とされ、一時、回復に向かったとされたが、病状は急変し、一二月二五日死去。飛鳥井氏は前掲書で、「暗殺説が消えない」のは「王政復古派にとって、政治的に孝明天皇が健在であれば維新にむかって不可能であったことだけは確認しておきたい」と指摘する（同右一一七～一一八頁）。睦仁親王は、父の突然の死を受けて践祚し、間もなく一条美子と結婚。この時一六歳。まだ元服も済んでいなく、「童形践祚」の形式がとられ、関白の二条斉敬が摂政に就任。一条美子（初名は勝子）は三歳年長の一九歳であった。

睦仁天皇は、皇后となる美子（のち昭憲皇太后）との間には子女に恵まれず、五人の側室（女官）との間に一〇人の皇女、五人の皇子が生まれた。このうち皇子で育ったのは一八七九年、側室の典侍・早蕨《さわらび》典侍と呼ばれ、明治天皇に寵愛された柳原愛子《なるこ》との間に生まれた第三皇子嘉仁親王（のちの大正天皇）のみであった。皇女たちは女官で側室の園祥子が生んだ四人の内親王が成人した。次表は明治天皇の皇女・皇子たちとその生母の一覧表である。

表11　明治天皇の親王内親王一覧

一八七三年九月一八日	第一皇子	稚瑞照彦尊《わかみずてるひこのみこと》	葉室光子	即日死去
一八七三年一一月一三日	第一皇女	稚高依姫尊《わかたかよりひめのみこと》	橋本夏子	即日死去
一八七五年一月二一日	第二皇女	薫子	柳原愛子《なるこ》	脳疾で七六年六月九日死去
一八七七年九月二三日	第二皇子	敬仁《ゆきひと》	柳原愛子	脳水腫で七八年七月二五日死去
一八七九年八月三一日	第三皇子	嘉仁	柳原愛子	のち大正天皇
一八八一年八月三日	第三皇女	韶子《あきこ》	千種任子《ことこ》	脳膜炎で八三年九月一六日死去
一八八三年一月二六日	第四皇女	章子《ふみこ》	千種任子	慢性脳膜炎で八三年九月八日死去

一八八六年二月一〇日　第五皇女　静子　園祥子　慢性脳膜炎で八七年四月四日死去
一八八七年八月二二日　第四皇子　猷仁《みちひと》　園祥子　脳膜炎で八八年一一月一二日死去
一八八八年九月三〇日　第六皇女　昌子　園祥子　のち竹田宮恒久王妃
一八九〇年二月三日　第七皇女　房子　園祥子　のち北白川宮成久王妃
一八九一年八月一三日　第八皇女　允子《のぶこ》　園祥子　のち朝香宮鳩彦王妃
一八九六年五月一七日　第九皇女　聰子《としこ》　園祥子　のち東久邇宮稔彦王妃
一八九七年一〇月一日　第一〇皇女　多喜子　園祥子　脳膜炎で九九年一月一一日死去

〔出典〕片野真佐子『近代皇后像の形成』（富坂キリスト教センター編『近代天皇制とキリスト教』新教出版社、一九九六年、九四頁）

皇子でただ一人生存した嘉仁親王も周知のようにきわめて病弱で、ドイツ人医師ベルツらの西洋医学者の力でようやく成長（詳しくは、飛鳥井『明治大帝』参照）した。それに比して権典侍園祥子の産んだ内親王たちは総じて健康で、第六皇女昌子、第七皇女房子、第八皇女允子、第九皇女聰子《としこ》が無事成長した。先の新三宮家の朝香・竹田・東久邇家が一九〇六年に揃って創設されたのはこの内親王たちの将来の「降嫁先」を考慮してのことであったろう。

右のように明治天皇の側室たちが、皇嗣や皇女たちを生んだ典侍や権典侍などの女官（後宮）たちであったことは、取りも直さず、古代につくられた女官（後宮）制度が、明治宮廷に至るまで続いていたことを意味する。話が近代まで及んだが、ここで再び古代へと戻る。

第3章　采女——天皇に「献上」された女性たち

1　采女の起り

性奴隷として献げられた女性たち

右にみたように、男系の「血」の継承が天皇家にとっていかに重要であったか、またあるかについて、いささか述べたが、再び古代に戻り、天皇にいわば「性奴隷」として献げられた女性たちについて瞥見する。「采女《うねめ》」については、すでに門脇禎二氏の『采女——献上された豪族の娘たち』（中公新書、一九六五年）によって、鮮やかに描かれている。本節での記述は多く同書に負っている。

門脇氏によれば、采女が大和朝廷の大王（天皇）に貢進され始めたのはそう古い時代ではなく、五世紀後半以降で、反乱を起したり、特に重要になってきた特定地域の豪族について、まず采女を献上させた。宮廷に出てからの采女は「大王のもとに直接かつ全人格的に隷属させられた食事の世話をした性奴隷でさえもあった」（同書一三〇～一三一頁）という。

また采女の献上をめぐる天皇と地方豪族との関わりについて、門脇氏はきわめて明確な支配と隷属の関係が底に横たわっていたとし、次のようにいう。「采女は、まさに彼女の郷里《くに》もとの父兄たる豪族の隷属の関係を一身に背負って貢ぎ出され」、天皇と豪族の支配と隷属の関係の厳しさのゆえにこそ「宮廷では、これまでのいくつかの例にみてきたような惨めさと悲哀を語る伝承が生きつづけ」ていた。「采女の起りは、天皇と豪族とのあいだの支配・隷属の関係とその歴史的な形成過程のうちにしか考えられない」（同右二〇～二一頁）という。

采女の起源を、地方豪族の、天皇家への服属過程に位置づけ、采女を「女の人質」、貢物と捉える指摘は、いまなお新鮮である。地方豪族にとって、娘や姉妹たちを服属のしるしとして天皇に「献上」すること、そこには彼女たちを呪縛する家父長制の存在があったことも示唆されている（同右三〇、一三一頁）。

三重采女と雄略天皇

古代宮廷の采女は、まさしく天皇の「私物」であり、生殺与奪の権を握られている存在であることを、三重采女の例をとってみてみよう。記紀系譜上第二一代の雄略天皇は、血で血を洗う抗争を繰り返した古代天皇家においても特に暴虐をもって知られた大王であった。すでに述べたように雄略の兄安康天皇は、叔父大草香皇子を殺し、その妻中蒂姫《なかしひめ》を自分の皇后とした。しかし安康は酒に酔って皇后の膝を枕に寝ているところを大草香と皇后の息子である七歳の眉輪王に殺害される（『古事記』の「安康紀」参照）。

安康の皇后の妹幡梭媛《はたひひめ》は、もともとは安康の異母兄、履中天皇の皇后であったが、雄略（大泊瀬皇子）は、幡梭媛を妻とし、兄安康が殺されたと聞くや、他の兄たちも共謀を図ったとし、二人の兄八釣白彦皇子・坂合黒彦皇子ともども甥の眉輪王も攻め滅ぼした。そのあげく安康が皇太子に予定していた市辺押磐皇子を狩りに誘き出し殺害、皇権を簒奪した（前掲『采女』及び松川二郎「天皇退位の歴史」新日本歴史学会編『天皇の歴史』福村出版、一九七一年、参照）。

その雄略天皇がある日、南大和の初瀬で催した宴での出来事について、前掲『采女』で門脇氏は、こう描いている。「槻の大樹のもとで酒が振るまわれ、宴もたけなわになろうとするころ天皇も上機嫌であったであろうか」「風にあおられてか天皇が手にしていた大盃のなかに槻の葉がひらと舞い落ちた」「天皇のそばに侍っていたのは三重采女であったが、彼女はそれに気づかずか、たとえ気づいたとしてもいきなり郷里もとから貢ぎ出され、恐れつつ酌をする年若き采女」にとって、心にゆとりも才覚も浮かばなかったのであろう。雄略は忽ち怒りを発して「その采女を打ち伏せ、刀をその頸に刺し充てて」、まさに切り殺そうとした。その時、わずかに三重采女は「吾が身な斬りたまいそ、曰すべき事あり」といって、天皇を讃め称える歌を必死に謳いあげ、命乞いした（『采女』四頁）。その歌とは以下のようなものであった。

纏向の　日代の宮は　朝日の　日照る宮　夕日の　目がける宮　竹の根の
根垂る宮　木の根の　根蔓ふ宮　八百土よし　い築きの宮　真木さく　檜の
御門　新嘗屋に生ひ立てる　百足る　槻が枝は　上枝は　天を覆へり　枝の
中つ枝は　東を覆へり　下枝は　鄙を覆へり　上枝の　末葉は　中つ枝に　落ち触らばへ
中つ枝の枝の末葉は　下つ枝に　落ち触らばへ　中つ枝の　枝の末葉は
下つ枝に　落ち触らばへ　下枝の　枝の末葉は　あり衣の　三重の子が　指擧せる
瑞玉盞浮きし脂　落ちなずさひ　水こをろこをろ　是しも　あやに恐し　高光る　日の御子
事の　語り言も　是をば　（門脇前掲書一九三頁）

という歌を咄嗟に口にした。この歌により三重采女は許されたばかりでなく、褒められたあげく多くの物を贈られたという（同右一九四～一九五頁）。

2　天皇の「私物」扱い

天智天皇から藤原鎌足に「下賜」

古代宮廷の采女はまさしく「天皇」の「私物」であり、それ故に他の者は一指だに触れ得なかった存在であった。

六四六年正月の詔、「大化の改新の詔」には「凡そ采女には郡少領以上の姉妹及び子女の形容端正なるものを貢げ。従丁は一人、従女は二人、一百戸を以て采女一人之粮に充てよ。庸布・庸米は、皆士丁に准ぜよ」とあり、郡司の大領か小領すなわち郡の長官か次官の子女・姉妹の見目麗しい娘たちの貢進を命じた（『采女』四四〜四六頁）。采女や仕人たちの生活に要する食糧や費用は、郷里もとの農民一〇〇戸に負担させせよ、という朝廷の費用は一切出さぬという身勝手なものであった。

地方豪族の娘である采女が天皇に「献上」されるその背後には多くの農民たちの血の出るような汗と犠牲があった。角田三郎氏は、前掲『新天皇系譜の研究』のなかで奈良朝の頃の民衆生活を左のように記している。

租庸調をあわせると、ようやく一家の食糧をみたす収穫の中から二割とられてしまいます。その上に、一人が兵にとられると一家が滅びるといわれた食糧・兵器自弁の兵役があり、雑役—正丁は一年に六〇日、五〇戸につき二名が仕丁として三年間朝廷に仕えねばなりません。また庸調の品々を都に運ぶすべての労役も牛馬もただ働きで、その民衆は、あるいは帰路に斃れ、あるいは京洛の集辺にとどまるほかなく、三分の一がようやく帰り得たといわれます。

草枕　旅のやどりに　誰が夫《つま》が　国忘れたる家　待たなくに

（同書一九八頁）

このような行き倒れの惨状は、いたる所にみられるものでした。

右の指摘のように、宮廷や朝廷の華美な生活は、無数の民の血と汗の結晶によるものであった。一人の采女が「献上」される背後には、かくも大きな犠牲が民衆に覆いかぶさっていた。采女は「天皇」の私物であり、周辺の貴族たちたちさえ手を触れ得ない存在であることは門脇氏が指摘している通りであった。

鎌足の「安見児得たり」の歌

時移り、采女が大化改新の功臣中臣鎌足《なかとみのかまたり》（死の直前、藤原の姓を賜る）に対し、天智天皇は、一人の采女を鎌足に「授け」た。この時の喜びを鎌足は次のように謳った。

内大臣藤原卿、采女安見児《やすみこ》を娶《え》し時に作れる歌一種
吾はもはや　安見児得たり　皆人の　得かてにすとふ　安見児得たり
（『万葉集』巻二　佐佐木信綱編『新訂新訓　万葉集　上巻』岩波文庫、一九九五年版、七三〜七四頁）

鎌足は、誇らしげに、天智天皇から「下賜」された采女を得て「自分はマア、采女の安見児《やすみこ》を得た。皆の人が手に入れかねるという安見児を得た」と手放しでその喜びを謳ったのであった。この歌をめぐって前出の門脇氏は、鎌足が天智から采女を与えられた動機や事情を「すぐれて政治的な配慮と意味合いが含まれていた」とし、次のように指摘している。

「鎌足がこの歌をよんだのはいつか。またとくに采女を与えらえた動機はなにか。ところがこのように問題をたてると、歌の鑑賞や意味合いは、従来と意外にちがったものになってくる」として、もとより鎌足には、正妻の鏡女王がいた、鏡女王は舒明天皇の皇女か皇妹であろうとされている。中大兄皇子が称制ないし六六八年に正式に即位して天智天皇となった時の鎌足は、五〇歳直前か五〇歳も半ばである。

「彼は年甲斐もなく若き采女を見染め、それをみた天智天皇が采女の一人を分かち与えたのであろうか。こうなると、この歌はその表現性から、ただ作者の真率な人間力とか明澄な人間性とかという面の鑑賞では終わらせにくい。むしろこの歌は天智が大津京に移ってからの歌と思うから、鎌足が五四〜五五歳ころの歌と思う。また特にその頃になって采女を与えられる事情も生じていた。歌は、采女を与えられたことを天皇の恩寵として天皇に謝意を表すべく、

天皇と宮廷の廷臣に向かって歌いあげたもの」という。采女自身がそういう表現の素材として利用され得る立場におかれ、天皇に関わる尊貴な存在としての意味が強く付け加えられていく過程の一つを示すという。

語を継ぎ、門脇氏は「この歌がよまれたときは、内には、とかく天皇と皇弟大海人皇子との対立もあったし、改新政治にたいする地方豪族の不満が高まっていた。外にも、白村江の敗戦を機に緊張がただよっていた。そういう七世紀後葉の廟堂に身をおいていた鎌足とともに、いま一度うたってみよう。この動乱期の英傑の歌から、恋の謳歌としての率直な人間性のひびきがどれだけ感じられるであろうか」（『采女』五六～五八頁）。

右のように鎌足の歌はすぐれて政治的な意味合いを持ち、采女は王朝支配のための政治的道具として「供」された。天皇の「性奴隷」として、のみならず宮廷貴族、地方豪族に対する統制・支配の政治的道具としても、采女はその性を蹂躙される存在であった。

3　後宮制度に組み込まれる

大宝律令制下で「下級宮人」に

律令制下で整えられた後宮制度については、すでに記したので繰り返さない。古代天皇制度のもとで天皇に「献上」された采女は、大宝令制下では「下級宮人」として後宮のなかに組み込まれ、十二女司などの下級職員である女嬬や采女の職に就いた（野村忠夫『後宮と女官』参照）。

かつて皇女・皇子を生んだ采女（ちなみに壬申の乱で、叔父大海人皇子と皇位を争った大友皇子は天智天皇と采女の伊賀采女《うねめ》宅子娘《いらつめ》との間に生まれた皇子）が「宮女」と立てられるような事態はなくなり、「宮人」という呼び名も後宮に仕えた女官の総称を指すようになった（前掲『采女』および『後宮と女官』参照）。

後宮は、天皇のキサキたちと皇女・皇子に加え、内命婦《うちみょうぶ》、尚侍《ないしのかみ》・典侍《ないしのすけ》などの位階をもつ女官と種々の雑役に従う女嬬、采女などで構成された。ここで再び後宮制度のもとの職員制度ともいうべき十二司の職種とその内容を改めて紹介する。

十二女司の職種

内侍司《ないしのつかさ》は、女官長の尚侍が政治や儀式以外のときの天皇に常に付き従い、下から天皇への奏請、天皇から下への宣命を伝えた。また女嬬を検校し、五位以上の女官である命婦の朝参、および後宮での礼式を取り仕切った。

蔵司《くらのつかさ》は重い役目で、神爾《じんじ》・関契《かんけい》、天皇の衣服、巾櫛《きんしつ》・装身具の類および珍宝・いろいろな染の綾絹や白絹、別勅で出される賞賜に関することなどを司った。

書司《ふみのつかさ》は、天皇の用いる法令・経典・書籍および紙墨筆・机・字を書く竹の札やそれを綴じる糸などを扱った。

薬司《くすりのつかさ》は、医薬のことを奉仕した。

兵司《つわもののつかさ》は、天皇の用いる兵器や弾弓の類いを扱った。

闈司《かぎのつかさ》（御門司）は、宮城内の諸門の鎰《かぎ》や出入を司った。

殿司《とのもりのつかさ》は、天皇の乗る籠のきぬがさ、殿舎で用いる膏・火燭・薪炭などのことを司った。

掃司《かにもりのつかさ》は、天皇の寝床・寝具を整えたり、掃除したり、また種々の設営のことを担当した。

水司《もいとのつかさ》は、飯汁や雑粥を進めた。この司には六人の采女が配属された。

膳司《かしわでのつかさ》は、御膳を整え吟味した。この司には六〇人の采女が配属された。

酒司《みきのつかさ》は、宮廷で用いる酒を醸造した。

縫司《ぬいのつかさ》は、衣服の裁縫のことにあたった。


（前掲『采女』八二～八三頁参照）

こうして采女たちは天皇の「性奴隷」から後宮の下級女雑役人へと最下層の宮人に位置づけられることになる。しかし、それ以降も天皇の寵愛を受けた采女が昇進し、位階を授けられる場合もあった。桓武朝の因幡国造浄成女《いなばのくにのみやつこきよなりめ》のように正四位まで昇った采女もいた。最後に「後宮女官と采女」の位階・職階を表として掲げる。

表12　後宮女官と采女

准位＼司	内侍司	蔵司	書司	薬司	兵司	闈司	殿司	掃司	水司	膳司	酒司	縫司
正三位		尚蔵										
従三位												
正四位										尚膳		尚縫
従四位		典蔵										
正五位												
従五位	尚侍									典膳		典縫
正六位											尚酒	
従六位	典侍		尚書	尚薬			尚殿					
正七位					尚兵	尚闈						
従七位	掌侍	掌蔵						尚掃	尚水			
正八位										掌膳		掌縫
従八位			典書	典薬	典兵	典闈	典殿	典掃	典水		典酒	
大初位												
小初位	女孺	女孺	女孺	女孺	女孺	女孺	女孺	女孺				
									采女	采女		

［出典］禄令官人給禄表による。女孺には無位もあった。八〇七（大同二）年一二月一五日には内侍司の尚侍は従三位、典侍は従四位、掌侍は従五位に進んだ。（出典・門脇禎二『采女』中公新書、一九六五年、八四頁）

第4章　藤原氏の女たちと天皇家

1　藤原氏の隆盛は、天皇家との姻戚関係

藤原道長の歌

天皇家と姻戚関係を繰り返し結ぶことで権門勢家となり、天皇・皇族に続く「貴種」にのし上がっていったのが、藤原氏であった。藤原氏の氏姓は、天智天皇の功臣であった中臣鎌足が死の直前、藤原姓を「賜った」ことに由来する。鎌足の息子不比等が事実上の始祖である。藤原氏は不比等以来、天皇家との血脈関係を続け、多くの子女を後宮に入内させ、その「腹」に多くの皇女・皇子たちを生ませていった。

天皇の外祖父として、摂政・関白（摂関）となり、実権を掌握し、中央貴族や官人・地方豪族から金品の供与（これを「寄進」といった）を受け、巨大な富を蓄積していった。その頂点に立ったのが「平安貴族」のトップ・藤原道長であったろう。道長の祖は、いうまでもなく藤原不比等であった。

藤原不比等には四人の息子、武智麻呂・房前《ふささき》・宇合《うまかい》・麻呂がいて、それぞれ南家・北家・式家・京家を興した。道長は、北家の系譜に連なるが、彼は源倫子との間に生まれた彰子・妍子・威子・嬉子をそれぞれ一条、三条、後一条・後朱雀の各天皇の後宮に入内させ、妃とした。源明子との間に生まれた寛子は、敦明親王の妃とした（系図13参照）。

三女威子が元服を済ませたばかりの後一条天皇に「娶わ」せられたのは、天皇一一歳、威子二〇歳の時で、二人は

甥とおばの関係であった。二人が結婚した年の初冬、威子は女御から中宮に上り、道長はしごく満悦であった。その喜びの大宴会が連夜、道長邸で開かれた折り、彼が歌った有名な歌がある。

この世をば　我が世とぞ思ふ　望月の　欠けたることも　なしと思へば

威子が中宮となったことで次女妍子が皇太后、長女彰子が大皇太后となり、わが娘三人が三后を独占した。道長は、さらにこののち、四女の嬉子を元服後の一三歳の皇太子の妃とした。この二人の場合も、嬉子が二歳年上のおばと甥で、四年後、嬉子は皇子のちの後冷泉天皇を産んだ。

藤原道長に典型的に見られるように、藤原氏は天皇家の血脈と幾筋にもわたって繋がり、天皇・皇太子の外祖父となり、天皇が幼時の折りは摂政に、長じてからは関白となり、廟堂の権力を一手に握り、権勢を振い、莫大な富を築いていった（以上、主に朧谷寿『藤原氏千年』講談社現代新書、一九九六年参照。なお、前掲服藤論文も参照）。

五摂家の誕生

さしもの藤原氏も、道長から数えて六代目になる忠通あたりから影をさし始める。それまで摂関の決定が摂関家で留まっていたのが、上皇や武家が介入してきたことと、摂関家内部の争いも重なった（前掲『藤原氏千年』一七二頁）。

摂関家内部の争いは、近衛・九条・鷹司・二条・一条の五つに分家させるに至る。いわゆる五摂家の誕生である。この頃から摂関への執着は以前ほどではなくなり、交互に就くというルールが生まれた（『藤原氏千年』一七四〜一七六頁）。

天皇家は、戦前までこの五摂家との間に密接な血脈関係を維持してきた。藤原氏と天皇家はしごく長期にわたり濃密な親戚関係にある。近代に入ってでも、明治天皇の妃は一条家出身の美子であり、大正天皇の妃は九条家出身の節子であった。評論家大宅壮一氏の言葉を借りれば、「ほんとは大部分皇族の分身」とさえいえる。

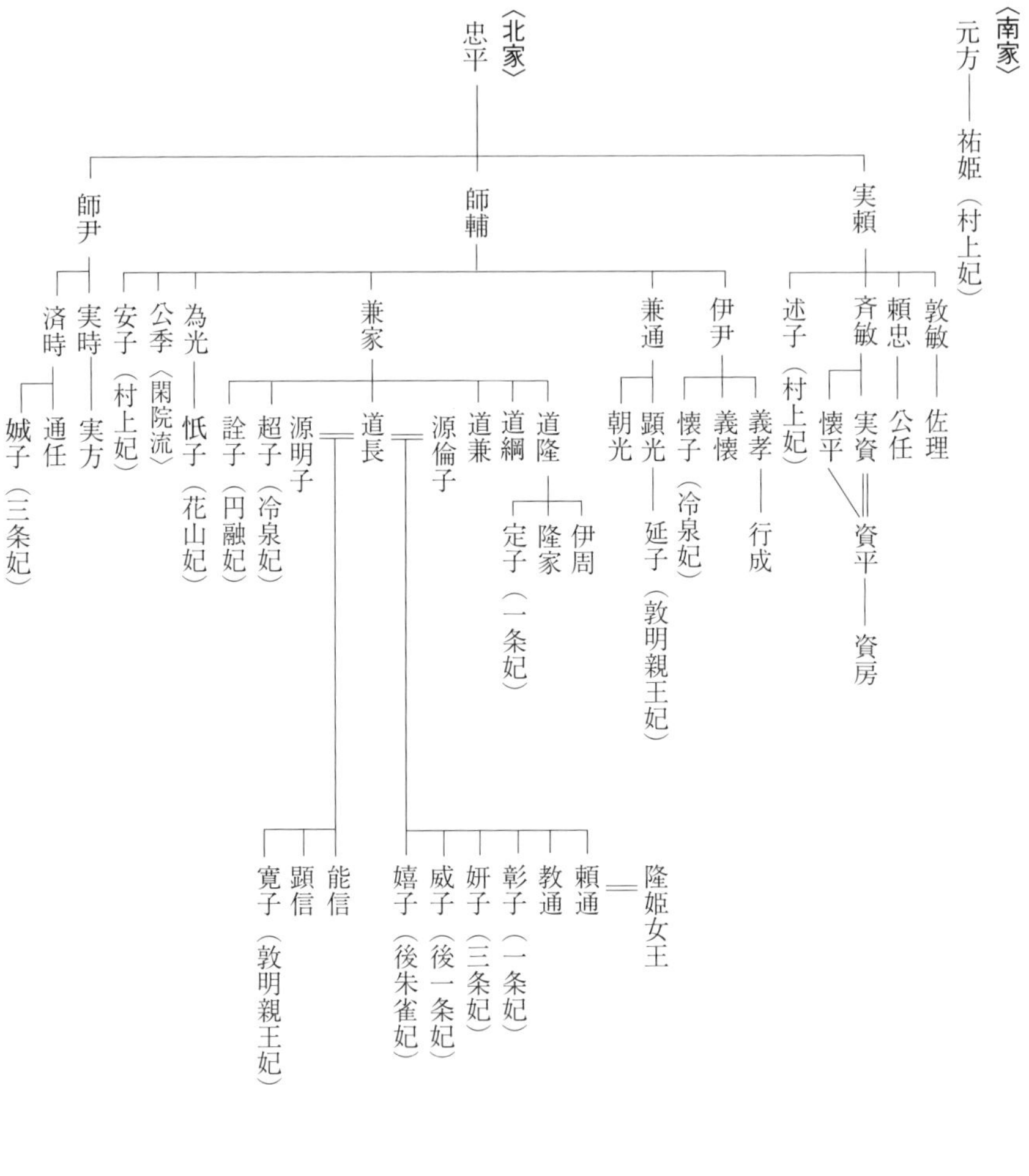

〔出典〕朧谷寿『藤原氏千年』88～89頁

系図13　藤原氏と天皇家連関系図〈その１〉

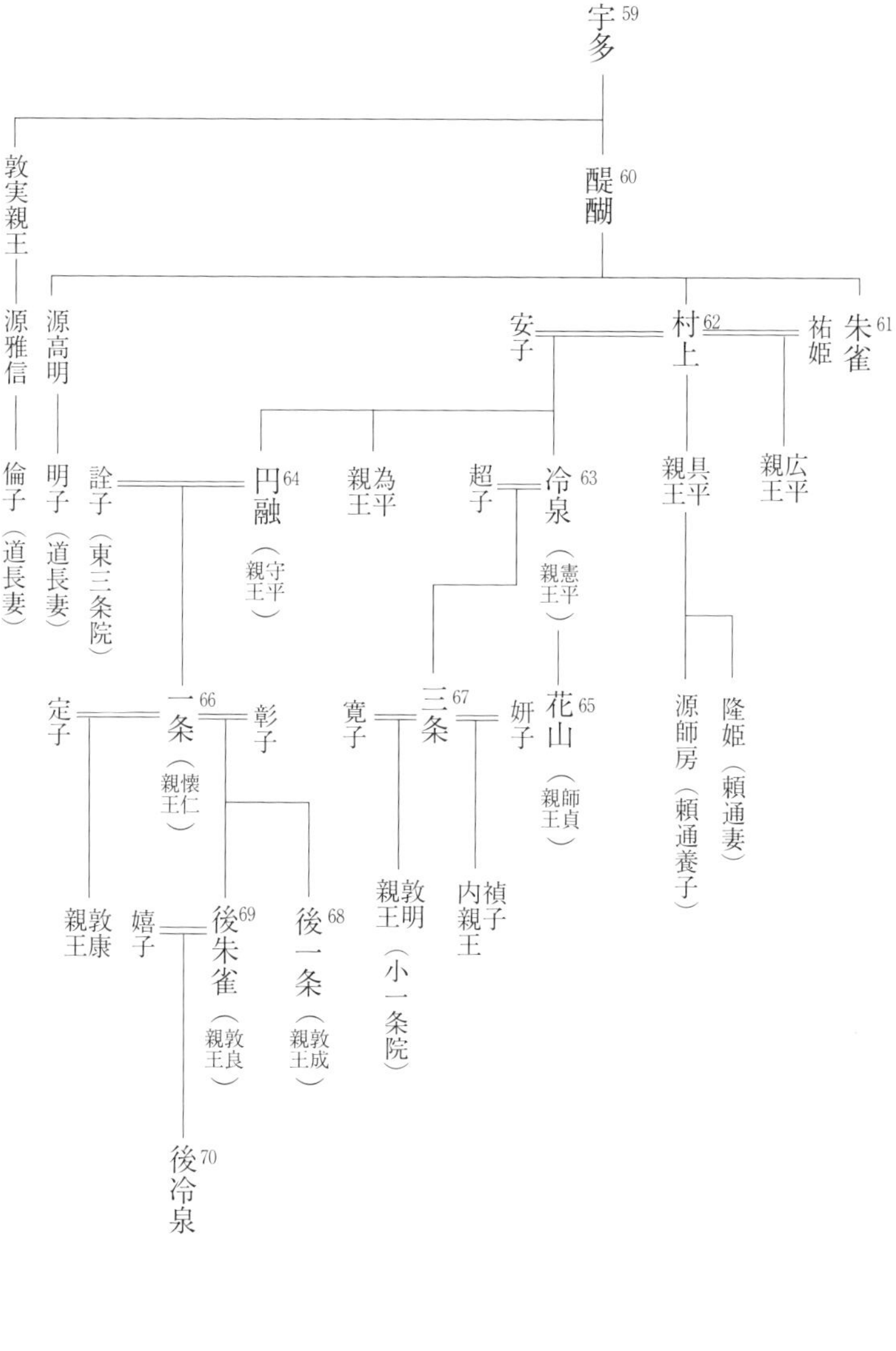

系図14　藤原氏と天皇家連関系図〈その2〉

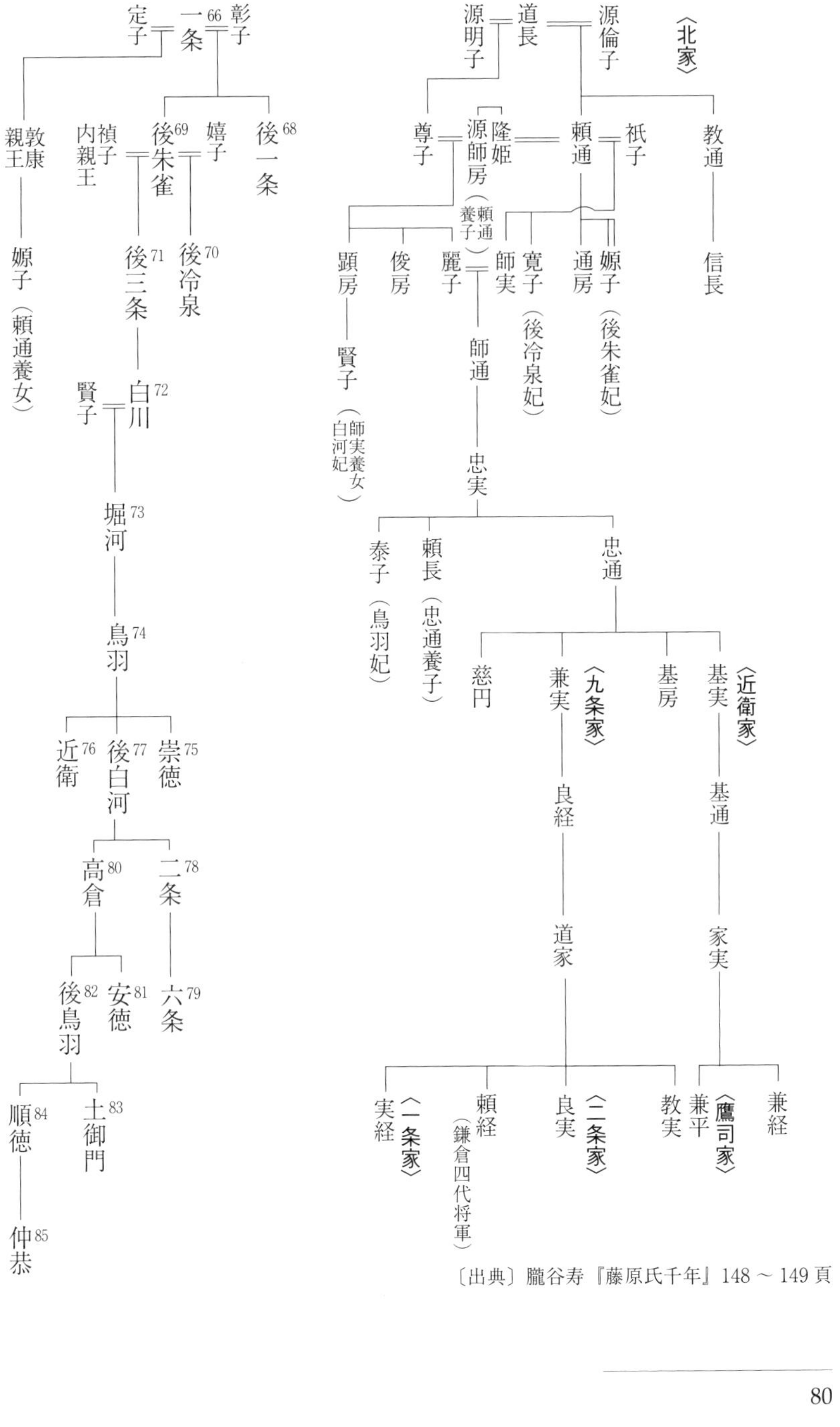

〔出典〕朧谷寿『藤原氏千年』148 ～ 149 頁

たとえば近衛家第一九代の信尋、一条家第一四代の昭良は、いずれも後陽成天皇（一五八六年即位）の皇子である。一条家ではこの皇子の血統は中絶したが、近衛家はその後も続いたので、一五年戦争中の首相近衛文麿は王孫になる。鷹司家の第二〇代輔平は東山天皇（一六八六年即位）の孫になる。九条家の系図も辿っていくと天皇家に突き当たる。平安朝以後において天皇家の血を交えた形跡のないのは二条家くらいで、同家が徳川将軍家との関係においてとくに親密だったのはこの点に基づいていると大宅氏はいう（『実録・天皇記』八一頁）。

五摂家に次ぐ清華家――西園寺・徳大寺家など

右のように五摂家はその誕生以来、天皇家のもとで「臣下」として最高の「家柄」を誇ってきたが、これに次ぐ公卿の「家柄」として「清華家」がある。久我・三条・西園寺・徳大寺・花山院・大炊御門・菊亭・広幡・醍醐があり、これらも相互の「血」が網の目のようにからまりあい、どこかで天皇家とつながるという。

再び大宅氏の表現を借りれば「狭い場末のマーケットを歩いていると同じところへ何度も出てくるようなもの」（同右書一八二頁）ということになる。

武家の時代に入ると、天皇家・公家とも逼迫

先述のように桓武天皇の例を引くまでもなく、天皇家はその存続のために歴代天皇は「血の継承」に励んできた。「第五〇代」の桓武（七八一年即位）から「第六〇代」の醍醐（八九七年即位）に至る一一代の間に、一人当たり天皇が儲けた子どもたちは、トップが嵯峨天皇の五〇人（皇女二七人、皇子二三人）はじめ、光孝四六人、醍醐三八人ともいうように驚くべき多さである。また右の期間に天皇一人当たりが儲けた子どもは平均二七・一人で、「後宮（侍妾）」＝皇后・妃・嬪・夫人・女御・更衣・女嬬をはじめ氏名不詳の侍妾も含んで、その数は、平均一八・七人に上っている（同右書一八一～一八二頁）。

このような「血の継承」への執着は、天皇・貴族階級の勢力が後退し、武家が覇権を握る世になっても変わらなかった。それまでの豪奢な生活を謳歌してきた彼らも経済的に逼迫し、皇位を継ぐ皇子は限られており、それ以外は出家して僧侶となるか、他家の養子として迎え入れられるしかなかった。次に掲げる表は、後陽成（一五八六年即位。生母は藤原晴子）・後水尾（一六一一年即位。生母は藤原前子）・後西（一六五四年即位。生母は藤原隆子）・霊元（一六六三年即位。生母は藤原基子）の各天皇の子どもたちで出家した人たちの一覧表である。

表15　天皇の子どもたちで出家した者たちの一覧表

天皇名	出生順位	出家者名	出家年齢（歳）	出家の年	生存年数（歳）
後陽成	1	覚深法親王	十四	慶長六年	六十一
〃	3	承快法親王	十一	〃	十九
〃	6	文高女王	八	慶長七年	五十
〃	8	尊英女王	＊一	慶長三年	十四
〃	10	尊性法親王	十二	慶長十九年	五十
〃	11	堯然法親王	十五	元和元年	六十
〃	13	良純法親王	十六	元和五年	六十六
〃	16	尊覚法親王	十一	元和四年	五十四
〃	17	永宗女王	十六	寛永元年	八十二
〃	20	道晃法親王	十八	寛永二年	六十八
〃	21	道周法親王	＊一	慶長十八年	二十二
〃	23	尊清女王	三十	寛文十九年	五十七
〃	24	慈胤法親王	四	元和七年	八十三
後水尾	7	理昌女王	十六	正保三年	二十六
〃	12	光子内親王	四十七	延宝八年	九十四
〃	13	宗澄法親王	十一	正保元年	四十七
〃	16	性承法親王	十一	正保四年	四十二
〃	17	元昌女王	十三	慶安二年	五十八
〃	19	宗澄女王	十六	承応三年	四十
〃	20	性真法親王	十一	慶安二年	五十八
〃	22	堯恕法親王	十一	慶安三年	五十六
〃	24	理忠女王	十六	明暦二年	四十九
〃	28	尊光法親王	十二	〃	三十六
〃	30	道寛法親王	十	〃	三十
〃	31	真敬法親王	十一	万治二年	五十八
〃	32	尊證法親王	十	万治三年	四十四
〃	33	盛胤法親王	十	〃	三十
〃	35	尊賀女王	九	寛文二年	三十
〃	36	永享女王	十一	寛文七年	三十
後西	5	宗栄女王	二十二	延宝七年	六十四
〃	6	永悟法親王	十一	寛文九年	十八
〃	7	尊秀女王	九	寛文七年	六十二
〃	9	義延法親王	十	寛文十一年	四十五
〃	11	天真法親王	十	延宝元年	二十七
〃	14	聖安女王	十一	延宝六年	四十五
〃	16	公辦法親王	十	〃	四十八
〃	17	道祐法親王	十一	延宝八年	二十一

〃	19	理豊女王	十二	天和三年	七十四
〃	21	瑞光女王	十	〃	三十三
〃	22	尊杲女王	十二	貞享三年	四十五
〃	23	道尊法親王	十二	〃	三十一
〃	24	尊勝女王	九	貞享元年	二十八
〃	26	良応法親王	十	貞享四年	三十一
霊元	3	済深法親王	十二	天和二年	三十一
〃	4	寛隆法親王	十二	天和三年	三十六
〃	10	堯延法親王	十一	貞享三年	三十二
〃	11	永秀女王	十二	貞享五年	四十九
〃	18	性応法親王	十一	元禄十三年	二十三
〃	21	元秀女王	十二	宝永四年	五十七
〃	24	永応女王	九	宝永七年	五十三
〃	29	吉子内親王	十九	享保十七年	四十五
〃	30	尊胤法親王	十三	享保十二年	二十五
〃	31	堯恭法親王	十一	〃	四十八

〔出典〕大宅壮一『実録・天皇記』鱒書房、一九五二年、一九四～一九七頁。なお＊印は、記録に「誕生、尋いで落飾」となっていて年齢不明の場合、一歳とした。

加えて前記天皇の子どもたちが出家せずに、天皇家・宮家・五摂家その他を相続ないし結婚したりした場合も一覧表で示す。

表16　出家せずに天皇家・宮家・五摂家その他相続、結婚した者たちの一覧表

天皇名	皇子・皇女名	出生順位	性別	婚姻又は相続年齢（歳）	生存年数（歳）	摘要
後陽成	清子内親王	5	女	九	七十二	慶長六年鷹司信尚（関白）と結婚
〃	後水尾天皇	7	男	十六	八十五	慶長十六年後陽成天皇の後を襲祚
〃	近衛信尋	9	男	（不明）	五十一	近衛信尹（関白）の養子となりその姓を冒す
〃	好仁親王	13	男	十三	三十六	元和元年高松宮となる
〃	一条昭良	15	男	四	六十八	慶長十四年一条内基（関白）養子となる
〃	貞子内親王	16	女	（不明）	七十	二条康道（摂政）と結婚
後水尾	文智女王	1	女	（不明）	七十九	鷹司教平（関白）と結婚
〃	明正天皇	2	女	七	七十四	寛永六年後水尾天皇の後を襲祚
〃	昭子内親王	3	女	（不明）	二十七	近衛尚嗣（関白）と結婚

〃	賀子内親王	8	女	十三	六十五	正保元年二条光平（摂政）と結婚
〃	後光明天皇	9	男	十一	二十二	寛永二十年明正天皇の後を襲祚
〃	後西天皇	18	男	十八	四十九	承応三十年後光明天皇の後を襲祚
〃	常子内親王	25	女	（不明）	六十二	近衛基熙（関白）と結婚
〃	穏仁親王	26	男	十二	二十三	承応三年智忠親王養子となり八条宮を相続
〃	霊元天皇	34	男	十	七十九	寛文三年後西天皇の後を襲祚
後西	長仁親王	2	男	十二	二十一	寛文六年八条宮を相続
〃	幸仁親王	3	男	十二	四十四	寛文七年高松宮を相続
〃	益子内親王	15	女	十八	七十	貞享三年九条輔実（摂政）と結婚
〃	尚仁親王	18	男	五	七十四	延宝三年八条宮を相続
霊元	憲子内親王	2	女	十五	二十	天和三年近衛家熙（摂政）と結婚
〃	栄子内親王	5	女	十四	七十四	貞享三年二条綱平（関白）と結婚
〃	東山天皇	7	男	十三	三十五	貞享四年霊元天皇の後を襲祚
〃	福子内親王	9	女	十一	三十二	貞享三年伏見宮邦永親王と結婚
〃	文仁親王	13	男	九	三十二	元禄九年常盤井宮を相続
〃	職仁親王	28	男	四	五十七	享保元年有栖川宮（後に高松宮）を相続
				（平均一一・三）	（平均五一・六）	

〔出典〕前掲『実録・天皇記』一九八～一九九頁。

表16を見ても、不比等を祖とする藤原氏と天皇家の血統の濃さが窺えるというものである。不比等の娘宮子が文武天皇の夫人となって聖武天皇を生み、聖武が不比等の娘光明子と結婚し、孝謙天皇を生んだのを先途として、以来、歴代天皇の多くがその生母を藤原氏出身の女たちによって多数、占められてきた（前掲新日本歴史学会『天皇の歴史』二九九～三〇六頁）ことを併せ考えると、両者の血の濃さが分かるというものである。

ちなみに現天皇（明仁親王）の曾祖父明治天皇の父は孝明天皇（妾腹）だが、その妃は九条夙子《あさこ》（英照皇太后）であり、明治天皇の生母は、孝明天皇の女官・側室であった中山慶子であった。大正天皇の生母は女官・側室の柳原愛子であった。いわゆる「側室腹」でないのは、昭和天皇以後である。

敗戦後においても天皇家と旧五摂家（藤原氏が基）との結婚・血縁関係は保たれている。昭和天皇の娘和子（孝宮）は鷹司平通と結婚し、昭和天皇の末弟三笠宮崇仁の娘甯子《やすこ》は近衛忠煇（日本赤十字社長）と結婚した。なお忠煇（元々の名前は、護煇）は、養子で、実父は旧熊本藩主家の細川護貞である。護貞は戦時中、首相を務めた近衛文麿の娘婿で秘書でもあった。忠煇は、日本赤十字社長である。

護貞の息子には、元首相の細川護熙（母は、近衛文麿の娘）がいる。護熙と忠煇は兄弟である。忠煇は近衛家に養子に入り、三笠宮の娘を妻としたわけである。忠煇とともに細川護熙元首相も近衛ファミリーの一員で天皇家と繋がっているわけである。右にみるように天皇家と藤原氏（五摂家）との血縁関係は脈々と継がれているのである。

藤原不比等のお妃政策

さて、ここで再び古代に遡り、上のような天皇家との深い結びつきを編みだした藤原不比等のお妃政策について見ておこう。不比等は父鎌足と自身が天智・天武の両天皇との間に培った関係を基盤にして、父に倣って娘たちを後宮に入れ、自らの地位上昇と藤原氏の地歩を確固たるものにすることを図った。

鎌足はその娘氷上娘《ひかみのいらつめ》と五百重娘《いおえのいらつめ》、すなわち不比等の姉妹である二人を天武の後宮に入れ、但馬皇女、新田部皇子を儲けさせた。それは不比等にとって姉妹たちが「ディスポット天武のキサキとして皇子・皇女を儲けたことが、鎌足の無形の遺産とともに、その氏〔藤原氏〕の地歩上昇にとって大きな条件になった」（前掲『後宮と女官』三七頁）といえる。

不比等は六五九年に誕生し、六六九年、一一歳の時、父鎌足を失った。六八九年、三一歳の時、判事となった。この年四月持統天皇の子、草壁皇太子が没し、草壁遺愛の黒作懸佩刀を授与された。六九七年持統が孫の文武天皇に皇位を譲ると、不比等は黒作懸佩刀を文武に献呈。同年八月、娘の宮子を文武の後宮に入れるのに成功した。この間、

系図17　藤原不比等の妻妾と子女・子弟

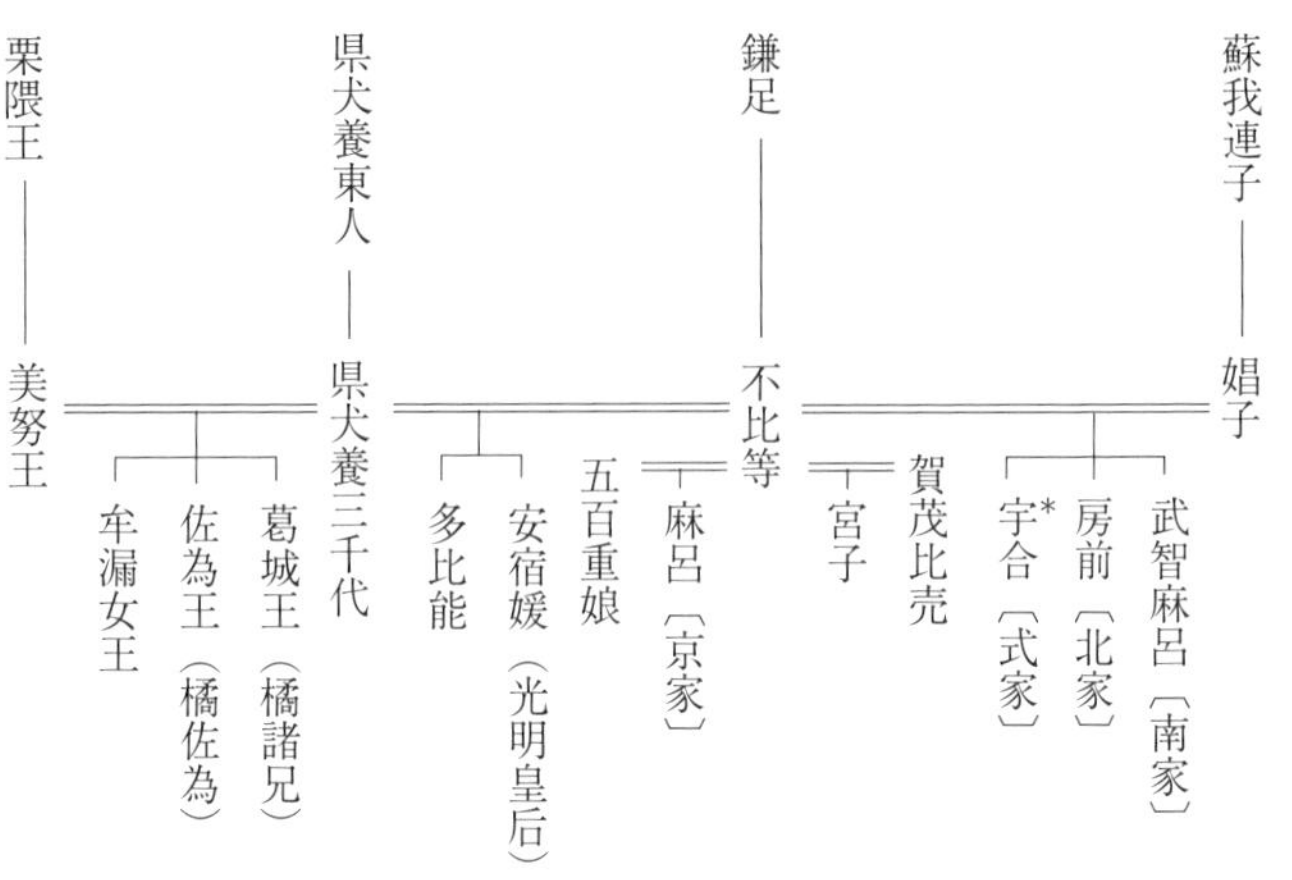

＊ただし、宇合の母については疑問がある。

〔出典〕上田正昭『藤原不比等』97 頁

不比等は、宮子とは母の違う息子の武智麻呂・房前・宇合・麻呂を儲けた。

　武智麻呂・房前の母は、蘇我臣連子の娘娼子であった。蘇我臣連子は蘇我石川麻呂の弟で、石川麻呂の娘を母とした持統天皇（皇女）、阿陪（閇）皇女（草壁皇子の妃。天智の皇女。持統とは姉妹であり、姑と嫁の関係にある。のち元明天皇）と不比等の妻娼子とは母方の血脈において同系で、持統らの不比等に対する信任は、こうした血脈においても倍加されたという（上田正昭『藤原不比等』朝日選書、一九八六年、九六頁）。なお不比等と持統については土橋寛『持統天皇と藤原不比等』（中公新書、一九九四年）もある。

　明敏な不比等は、もとよりそのことを十分に承知したうえで娼子を妻にしたのであろう。ちなみに四男麻呂の母は、『尊卑分脈』によれば、父鎌足の娘で、不比等の異母妹である五百重娘であったという。もしそうであるなら、五百重娘は天武の子新田部皇子を儲けたあと、異母兄である不比等と結婚したことになる。これは何故の結婚であったのだろうか。

　不比等の妻にはこのほか宮子（文武天皇の妻）の母になる賀茂比売、及びのちの光明皇后の安宿媛を生んだ県犬養三千代がいる。三千代（のち橘姓を賜わり、県犬養橘三千代）は、先夫美努《みぬ》王との間に葛城王（橘諸兄）・佐為王（橘佐為）・牟漏女王を生んでいるが、どうやら三千代はうだつのあがらない美努王を見限って、不比等との結婚に踏み切ったようである。

三千代と美努王との間に生まれた牟漏女王は、のちに不比等の次男房前と結婚し、永手を生んでいる。上田正昭氏によれば、三千代と美努王との関係は、持統天皇の末年まで続き、三千代は天武の後宮の女官として出仕し、草壁と阿陪との間に生まれた軽皇子（のち文武天皇）の養育に携わり、さらに文武に命婦として仕え、文武の後宮にあって重きをなした。

三千代が不比等との間に安宿媛（のちの光明皇后）を生んだのは七〇一年であったが、不比等が娘の宮子を文武の「夫人」として入内させたのは六九七年であり、その前後に三千代と不比等の間柄が密接になってきたのではないかという。不比等は後宮で重きをなす三千代の力を利用し、また三千代も前途有望な不比等に魅かれ、二人の結びつきが深まっていったのではないかと、上田氏は推測される（前掲『藤原不比等』一一三～一一四頁）。

ちなみに三千代に見限られた美努王は七〇八年まで生存していた。七〇一年、宮子は待望の皇子・首を生む。同年、不比等と三千代の間に娘の安宿媛が誕生する。後年の聖武天皇と光明皇后の誕生である。

ここに将来の天皇の外祖父・岳父、外祖母・岳母？としての第一歩を二人は踏みしめたのである。それにしても何という複雑、錯綜を極めた婚姻関係・親族関係といえようか。

2　藤原氏と天皇家の「抱合」関係

「典雅・栄華」のうらに腐敗・汚職あり

わたくしたちは古代日本の王朝時代を美しい絵巻物が綾なすような典雅の世界と思っているかもしれない。あるいはまた清少納言や紫式部のような傑出した女性文学者が台頭し、花開いた王朝文化の時代と思っているかもしれない。特に紫式部の描いた『源氏物語』の世界は、近現代の女性作家たちによって潤色され、王朝文化の美化や憧れに大きく寄与しているように思えなくもない。

しかし、この華やかさや典雅さは、いうまでもなく農民大衆の血と汗と涙の上に成り立っている。朝廷と貴族たちの栄華は、すべて民衆が身をすり減らして働き、つくりあげた果実を搾取・横領して築いたものである。

唐の律令制に倣い、古代天皇制国家は律令制をしき、民衆支配・統治の官僚制度を確立させていった。天武や桓武の時のように名実ともに天皇が政治の実権を掌握した「親政」も見られたが、時代が下るにつれ天皇に代わり、権門勢家が政治の実権を握るに至る。政治的権限の第一は、ありていにいえば人事権の掌握・行使である。

しかるべき官位・職位にありつくためには官僚たちは普段から顕官に対し猟官運動に精を出す。彼らの目にはもとより民衆の困窮・疲弊した姿など毛頭ない。彼らにとって民衆は搾取・収奪の対象としか映じていなかったであろう。

権門勢家として貴族のトップに立ち、天皇の外祖父として摂政関白を務め、栄華を極めた藤原道長にまつわる一つのエピソードを紹介する。道長の邸宅・土御門殿が隣家の失火で全焼した時のことである。道長邸がすわ一大事と聞くや、京内に住む公卿以下、貴族たちは続々と見舞いに駆け付けた。ついで受領たちがそれぞれの任地の名産物をもって見舞いに訪れた。

土御門殿の再建は、この受領たちの「自主的」な申し出によってなされる。もとより受領その人が自ら材木や資材を運び、鋸を引き、槌を振い、鉋で削ったりしたわけではなかろう。彼らが支配するその地の民の無料奉仕があってこそのことであろう。寝殿は播磨と備前、東の対は尾張、回廊は伊勢、庭園は丹波の受領たちが担当、家具調度類の一切は伊予守というように賄われた（前掲『藤原氏千年』一二九～一三〇頁）。

これ、ひとえに権力者道長の覚えをよくして次の除目（任官）で手心を加えて貰いたいがためである。今日の言葉でいえば、贈収賄が堂々と罷り通っていたわけである。右に見たように一見、華やかな栄華の舞台裏には腐敗が渦巻き、貪官汚吏が蝟集していた。その腐敗・汚職の陰に苦汁に満ちた農民たちの暮らしがあったことをわたくしたちは心しておかなければならない。

藤原冬嗣と嵯峨天皇との「抱合」関係

権門勢家の筆頭は前述したように何といっても鎌足―不比等父子を祖とする藤原氏である。藤原氏が政治権力を掌握し得たのは天智―天武と続く天皇家との結びつきの強さであった。鎌足―不比等以来の「遺産」をもとに、前期摂関時代といわれる、藤原氏にとっての最初の黄金時代が訪れた。これを築いたのは藤原北家の良房・基経父子（良房には男児がいなく、基経は良房の兄長良の子であり、良房の養嗣子になる）である。

前期摂関時代について述べる前に、良房の父冬嗣について見ておかねばならない。冬嗣は、八一〇年、新設の令外官である蔵人所の長官（蔵人頭）となり、翌年、参議に昇任。一〇年後には右大臣となり、さらに四年後、長らく空位にあった左大臣職に上り詰めた。平安時代における初例だという（『藤原氏千年』五九頁）。

朝廷側における冬嗣のパートナーは嵯峨天皇（上皇）である。嵯峨は、その父桓武に劣らず「女色を好み、多数の妻を擁し」、五〇人くらいの子女を儲けていた。「身分」の高くない女性との間に生まれ子には源姓を与えて「臣籍」に移していた（北山茂夫『日本の歴史　平安京』以下、『平安京』と略記。中公文庫版、一九七三年、一三五～一三六頁）。

嵯峨天皇は血族によって王権を固めると同時に権臣藤原氏との結託も怠りなく行った。特に冬嗣との関係を深め、自らの娘である源潔姫を冬嗣の息子良房に「与え」た。天皇の娘が「臣下」に「嫁する」のはまったく異例のことであった（『平安京』一三五～一三六頁）。

嵯峨は、もともと「山水に詣でて逍遥し、無事無為にして琴書を玩」ぶことを楽しみとする風雅に憧れる天皇であった。よくいえば文人天皇といえるが、同時に多くの妻妾を抱え、俗人ぶりをも発揮する。なお、嵯峨の皇后は、敏達天皇の血筋を引く橘嘉智子で、嵯峨との間に仁明天皇を産んだ。仁明（正良親王）が即位すると、大皇太后となり、嵯峨上皇死去後も、宮廷内での権力を保ち続ける。

政治は勢い、公卿グループに委ねられた。治政一四年にして嵯峨は、弟の淳和に譲位し、冷然院という離宮に移り、愉楽に耽ることになる。近年の度重なる凶作による民の疲弊には目もくれず、一天皇二上皇の負担に耐え難いという諫言にも耳を傾けることなく、文雅風流の道に遊ぶため、嵯峨は退位を強行した（『平安京』一三三頁）。

他方、冬嗣はといえば、嵯峨の信任を得て右大臣、左大臣へとトントン拍子で出世を果たし、一族の長者としての地位を固め、嵯峨の皇女源潔姫を「貰い受け」て閨閥関係を通し、嵯峨を大家父長とする皇室グループに食い込んでいった（『平安京』一四一〜一四二頁）。

3　藤原氏による摂関政治

「閨閥」を張りめぐらして初の「人臣摂政」に――藤原良房

嵯峨天皇・上皇による大家父長的支配は三〇年近く続く。その間、すでにみたように天皇の位は嵯峨の弟淳和、嵯峨の息子仁明へと継がれた。仁明の皇太子には淳和の息子恒貞親王が立てられた。異変は、淳和上皇の死に続いて、嵯峨上皇が没するや起った。変事はすでに予測されていた。

仁明には故冬嗣の娘藤原順子との間に息子道康親王がおり、おじ良房によって擁せられていた。恒貞皇太子に仕える伴健岑《とものこわみね》やその盟友橘逸勢《はやなり》らは深い危惧の念を抱いていた。嵯峨上皇没後八日目にして、仁明天皇は詔勅を発して伴・橘二氏を謀反人と断じ、その責めを恒貞親王にもかぶせ、廃太子とした。このほか大納言藤原愛発（良房のおじ）、中納言藤原吉野、参議文室秋津らも連座、失脚させた。東宮坊の官人らで流刑の憂き目にあったものは実に六〇余人の多きに及んだ（『平安京』二〇八〜二一〇頁）。

世にいう承和の変がこれである。この事件の背後にはすでに容易に推測できるように藤原良房がいた。彼は存分に計略をめぐらした。北山茂夫氏は、良房を「承和の変の狡猾きわまる演出者」だったとし、こう記している。

良房は、「第一に、天皇に迫って太子の廃退を断行させた。かれはこのことによって、いまは嵯峨の遺産というほかない皇室の大家父長制にクサビをうちこんで、みずからそこに入りこみ、同時に嵯峨源氏との結託を一段と深めるにいたった」「第二に同族の高官で競争相手の二人を政界のそとに追い出した」「第三に、古い名門である伴・橘の両氏に一撃をくわえ」ることができた。「良房は、仁明の胸裏に秘められていた父としての願いをみたしてやることによって、おのれの権勢へのかぎりない野望の道を大きく開いた」（『平安京』二一一頁）。

ちなみに保立氏の『平安時代』によれば、承和の変は、王家内部に存在していた嵯峨系―淳和系の王統の迭立《てつりつ》を解消し、仁明―文徳という父子直系王統の成立をもたらした。良房が天皇の義兄、皇太子の伯父という地位につき、藤原氏の北家が桓武の時代の式家にも勝る権威を確立したのはこの王統の直系化の結果であったという（二五頁）。

ここで良房と宮廷の閨閥関係を振り返っておこう。良房の「正室」は、嵯峨の皇女源潔姫であった。良房の母は美都子といい、藤原三守（八三八年右大臣就任）の姉で、嵯峨の宮廷において、尚侍として天皇・皇后から厚く信任されていた。ちなみに三守の妻安子は、皇后橘嘉智子の姉であった。嘉智子皇后は仁明の生母である。

良房と潔姫の間に生まれた娘が明子で、やがて仁明朝の末年近く、皇太子道康親王の宮に入内させられる。道康親王、のちの文徳天皇の生母順子は、良房とはきょうだいである。明子は良房の期待通り、皇子惟仁親王（のちの清和天皇）を生んだ。良房は、姉妹・妻・娘という血縁に繋がる女性たちを切り札にして、二重三重に天皇家との閨閥関係を張り巡らすことに成功したのである。

仁明天皇が死去し、皇太子道康親王が即位（文徳天皇）すると、良房は強引にも誕生後わずか九か月の惟仁親王を東宮（皇太子）に立てさせた。文徳天皇には更衣紀静子との間に生まれた第一皇子惟喬親王がおり、まずこれを皇嗣に立てることを文徳は内心望んでいたものの、良房に押し切られたのである。

良房の「外舅」への道は一歩一歩と踏み固められ、八五四年左大臣源常が死去すると、右大臣良房は台閣の首班に躍り出た。三年後、良房は左大臣を経ることなく太政大臣の地位に昇った。文徳天皇の叙任の宣旨にいわく、「右大臣正二位藤原朝臣は朕の外舅なり。また稚き親王と大坐す時より助け導き供え奉れるところもあり。〔中略〕古人いえるあり、徳として酬いざることなしとも聞召す、今あるところの官は、かけまくも畏き先帝の治め賜えるところなり、朕まだ酬ゆるところあらず、ここをもて殊に太政大臣の官に上げ賜い治め賜う」。

良房が太政大臣に就任して一年後、文徳天皇は急病で死去。享年三二歳であった。皇位を継いだのはわずか九歳の皇太子惟仁親王である。幼帝の外祖父はもちろん太政大臣良房であった。良房は、惟仁親王（清和天皇）がまだ皇太子であった頃に兄長良の娘高子を「娶せる」。高子は良房の養嗣子基経の妹に当たる。清和より九歳の年長で、東宮妃になる前より、高子は、色好みで有名な歌人在原業平と出会い、恋愛に陥った。業平は平城天皇の孫にあたる「貴公子」であったという（前掲『平安時代』三〇頁）。が、明子のほかに娘を持たない良房にとって高子は「第二の外戚関係をつくるため」のかけがえのない「切り札」であった（『平安京』二二三頁）。先にみたようにわずか九歳の幼子の天皇のもとで、実質的に大権を行使したのは太政大臣であり、外祖父であった良房である。ここに「人臣摂政」の足固めがなされた。まことにこれは北山氏が述べるように古代日本の「貴族政治が天皇の大権に依存し、それを利用しながら展開するという特質と方向」を一層明確にしたものであった（『平安京』二二四頁）。

政敵を倒す――伴氏と紀氏の追放

八年後、応天門の変の直後に藤原良房は名実ともに摂政となる。変事の真相はいまだ闇の中だが、その経過を簡単に辿ると次のようである。八六六年晩春の夜、内裏の朝堂院真南の応天門が炎上し、火はその東西に立つ棲鳳・翔鸞の両楼へと燃え広がり、灰塵に帰せしめた。この炎上の直後に大納言伴善男は、右大臣藤原良相に対して失火は左大臣源信の所為であると告発した。

右大臣は左大臣逮捕の命を下すが、このことを養嗣子基経から知った良房は源信を難から救った。五か月後、伴善男はその息中庸とともに共謀して応天門に放火したと密告され、厳しい詮議の末、遠流の刑に処せられた。「天災か人災か知れず」」、決め手になる自供や証拠もなく、良房らは承和の変の時と同様、伴氏、それに共謀したとして紀氏という古来から続く「名門」を放逐したのである。ちなみに伴氏は、大伴親王（のち淳和天皇）の名と同じなので、これを避け、大伴から伴へと改めた。前出の北山氏はこう指摘している。

「応天門の炎上は、朝廷のおとろえを万人の胸に刻みつけたのであろうが、ひとり藤原氏の長者良房にとっては政治的な意味で大きなプラスであった。のみならず、左大臣源信をはじめ嵯峨源氏の大官たちも露骨きわまる良房の計略に、いまはそれほどの反発は感じなかったであろう。源信のごときは、さきに一身の危急をかれに救われたという因縁もあったのではないか」（『平安京』二三四～二三五頁）。

まことに良房は権謀術数に長けた当代随一の政治家であった。さて、遠流の刑に処せられた伴善男が国庫に没収された「多様で豊富な家産」は、当時の貴族政治家の資産形成を物語っている。前掲『平安京』によれば「庶人」伴善男の「墾田陸田、山林庄家稲。塩浜塩釜等諸国にあり」「没官地一町右京二条四坊にあり」「没官墾田三町一段五十歩、山城国葛野郡上林郷にあり」といった記述が『日本三代実録』にある（二三六〜二三七頁）。このほか善男は大納言として食封八〇〇戸を給与され、また国庫からさまざまな給付を受け、既述したように庄・墾田・稲・塩浜・山林を領有して富を蓄え、貴族政治家として栄華を享楽していた。

富の蓄積や栄華かつ豪奢な生活は伴大納言家に限らない。北山氏は続けてこう指摘している。「これが家産の見地からのぞいた伴大納言の生態である。同時に、貞観年代の貴族の上層は、おおよそこうした経済的基礎にたっていたとみなして大過あるまい」。嵯峨から仁明への親政三代の間に上皇あるいは天皇らは、諸院・新王家（諸宮）のために厖大な家産をつくりあげた。おもに国家・人民の土地を私領に転化したのである。保立前掲書においても、九世紀の荘園の起点は従来の氏族・氏姓制度にかわって、王族・貴族が個別の「家」を持ち、地方の所領を集積するようになる。

王家自身に言えば、桓武天皇以来、大規模な「勅旨田」開発を各地で行い、特に嵯峨・淳和の上皇は競うようにして勅旨田を設定した。これらの相当部分は多数の親王・内親王などを含む王族領荘園に化していった（『平安時代』四〇頁）。換言すれば、嵯峨・仁明の血統をひく源氏の諸流についてもまったく同様のことがいえる。それらは伴大納言の家産をはるかに凌駕したものであったろう（『平安京』二三八頁）。

国家財産ないし土地を含む公的資産を「合法的」に私的財産や皇室財産へと組み替えることは、「王政復古」後の「明治国家」においてもなされたことである（詳しくは後述）。「明治」の国家官僚たちは、そうして皇室の私領にせしめた土地や資産・山林などをあざとくも「御料地」とか「御料林」「御料牧場」などと呼んで、あたかもそれらが古来からの皇室財産であることを演出し、民を欺いた。

さて話が脇道に逸れた。八七二年、平安時代における最初の太政大臣にして「人臣摂政」の先例を開き、藤原氏における摂関政治の緒をつくった良房が死去した。彼の外孫である清和天皇は「忠仁」公の名を贈り、その「恩義」に報いた。

もちつもたれつ――摂政本位の王位継承

良房の後を継いだ養嗣子基経についてもいささか述べねばならない。基経もその所生から始まって天皇家との浅からぬ縁がある。彼の実父は長良といい、良房の実兄であった。長良の妻であり、基経の母である藤原乙春は、仁明天皇の寵愛する女御沢子とは姉妹であった。さらに基経の「正室」は仁明と沢子との間に誕生した人康親王の娘であった。加えて基経の妹高子は清和天皇との間の皇子貞明親王（のちの陽成天皇）を生んでいる。高子を北山氏は「したたかもの」と記しているが、同時に基経の「掌中のコマ」でもあったという（『平安京』二六〇頁）。

基経もまた父に倣い身内の女性たちを「コマ」にして政権掌握、政局運営のカードとして巧みに使っていく。清和は、兄たち三人を飛び越えて皇位に就いたのを気に病み、それが理由の一つで二七歳の時、皇位を皇太子貞明親王に譲った。貞明はこの時、父清和が天皇の位に就いたのと同じ九歳であった。

清和は退位の詔のなかで右大臣基経について「内外の政を取り持ちて勤仕え奉ること夙夜懈らず、また皇太子の舅氏なり、その情操をみるに、幼主を寄託すべし」と述べ、基経に摂政になるように命じている。右の点について北山氏が次のように指摘しているのはすこぶる適切であろう。

「清和と基経の談合によって、良房の先例にもとづき、早くも幼帝の即位と人臣の摂政が慣行化への第一歩をふみだしている」「このたびは基経の摂政をあてにして清和が退位したわけで、事情はすこぶる異なっている。ありていにいって、摂政本位の王位継承という臭みはぬぐいきれないのではなかろうか」（『平安京』二四六頁）。

清和の後を継いだ貞明親王（陽成天皇）は、その天衣無縫ぶりというより傍若無人な振る舞いが基経に嫌われ、一七歳にして退位に追い込まれる。ちなみに陽成は八二歳まで長寿を保った。かわって基経により擁立されたのが五五歳の老天皇光孝天皇であった。光孝は常康親王といい、仁明天皇とその寵姫藤原沢子を父母としていた。前述したように基経の生母乙春と沢子は姉妹関係にあった。

光孝は、勅を発して基経に太政大臣の地位を与え、万機の決済を基経に委ね、親政復活を最初から放棄したようである。基経の「嫡子」時平の元服に当たっては、光孝みずから加冠の役を務めるほどであった。まことに基経は「仁寿殿というはれがましい舞台で、天皇加冠の元服式をおこなうことによって、その年少の後継者に箔をつけようとたくらんだ」。このように太政大臣家と天皇家とは「もちつもたれつの関係で、その伝統的権威を保持」(『平安京』二六七〜二七〇頁)したのであった。

藤原氏における摂関的生理の発現

老齢の父、光孝の後を継いだのが「臣籍」に降下していた第七皇子源定省であった。光孝は死の床にあって内心密かに定省を皇嗣に望んでいたのを、太政大臣藤原基経を憚って言葉にすることができなかった。基経は、光孝の意向を察知して定省推戴の主導権を取り、これを廟議に図った。しかるべき手続きが踏まれ、定省は親王に列し皇太子となった。

立太子の日、光孝は死去。宇多天皇が誕生した。即位したての宇多が迎えたのが「阿衡」の紛争であった。基経は宇多の勅書の一節「宜しく阿衡之佐を以て卿の任と為べし」の文言を捉えて、憤然、ストライキを起したのである。基経は、「阿衡には典職なし」と批判し、基経が一切の政務から手を引いたことで国政が渋滞した事件である(この事件について詳しくは、滝浪貞子「阿衡の紛議――上皇と摂政・関白」京都女子大学『史窓』第五八号、二〇〇一年、など参照)。

この時の基経の心理を探って、北山茂夫氏は「かれの心理の底をさぐれば推戴のときから外戚ならざる成年の天皇宇多のでかたを警戒していたのである。それがいま憤怒となって爆発」したという(『平安京』二七五頁)。

この紛議は、結局、宇多が阿衡の言葉の失当を認める宣命を下すことで収束した。宇多には蟠《わだかま》るものが残ったであろうが、さりとて基経のバックアップなしに皇位を保つことは叶《かな》わなかった。基経もまた天皇家との血縁関係を深めるべく、その娘の頼子と佳珠子を清和の、温子を宇多の女御とし、また長子藤原時平には本康新王の娘康子を迎え、関係強化を怠らなかった。

良房・基経の藤原二代にわたる約三〇年間の前期摂関時代は、基経の死でいったんピリオドを打った。儒者出身の学者で寵臣の菅原道真を右大臣、藤原時平を左大臣にして、宇多天皇の親政が暫く続く。宇多の親政は当時の元号をとって「寛平の治」という。北山氏によれば、その治政は、基経没後、一連の行政粛正を行い、ある程度の実績を上げたが、しかし新しい局面を開いたとはいえず、むしろ崩壊に瀕する律令的諸制度を何とか維持させようという守旧的な対策にすぎなかった（『平安京』三三七頁）。

右に述べたように宇多は文人政治家菅原道真を重用した。その寵遇は、一つは藤原時平の権勢を抑制すること、また文事好みの宇多の性格のためという。若い宇多は忠臣道真を頼りとし、多分宇多の求めで道真は娘の衍子を入内させ、宇多の息子斎世親王を道真の娘婿とした。しかし、八九七年、宇多は道真の反対を押し切り三一歳の壮齢で皇位を皇太子敦仁に譲った。一三歳の醍醐天皇の誕生である。菅原道真は、宇多という拠り所を失い、ここに孤立を余儀なくされる。天下の大勢は、藤原氏に向いていたからである。道真に満幅の信頼を有していた宇多はそのことについての配慮をしなかったのであろうか。

醍醐の生母は藤原胤子といい、冬嗣の七男良門の子高藤の娘であった。高藤は藤原氏の北家系とはいえ傍流であった。傍流高藤を外祖父とする敦仁を九歳で宇多が皇嗣に立てたのは、「摂関家という伝統を背負う時平の、外戚ないし外舅への道をひとまず封じること」に成功したことを意味する（『平安京』三三二頁）。

上皇となった宇多は、幼帝醍醐の内覧に道真を時平とともに就任させた。八九九年、時平は左大臣、道真は右大臣、天皇の外祖父高藤は大納言に進んだ。ところがこの年一〇月、宇多は仏門に入った。時平はこの機を逃さず、道真追放の工作を開始した。時平は道真が天皇を廃し、皇弟で道真の娘婿である斎世親王を立てようと企図し、宇多法皇の同意を得ていると、年少の天皇に吹き込み、その不安を巧みについて道真追放の詔を出させた。こうして道真は太宰権帥へと左遷され、宮廷から追いやられた（『平安京』三五二頁）。

道真失脚後の政局は、結局、時平によって牛耳られた。宇多法皇の朝廷への介入を排除して、天皇醍醐を「おのれの腕のなかにおさめ」、クーデタ直後には妹穏子を醍醐の女御に入れた。九〇二年、穏子は醍醐の第二皇子崇象を生み、翌年早くも皇太子に立てられた。若い時平もまた天皇家の次代に対し外舅関係をつくることに腐心した。これを北山氏はいみじくも「摂関家的生理の発現」であったという（『平安京』三五二頁）。

九〇九年、時平が三九歳で没した。摂関家を継いだのが時平の弟忠平だが、彼は「宇多・醍醐の逸楽のふうにただ追随」するだけで、亡兄時平のように国政領導への意欲に欠いていた（『平安京』三六二頁）。時平・忠平兄弟の姉妹である藤原穏子は、保明に続き、寛明（のち朱雀天皇）、成明（のち村上天皇）を産んだ。この成明が一五歳で元服式を執り行った九四〇年、摂政忠平の次男師輔の娘安子がこの成明親王の妃となった。師輔は成明の母后すなわち師輔のおばでもある穏子にも働きかけて、この結婚にこぎつけた（『平安京』四四七頁）。

成明の同母兄の朱雀天皇は多くの妻妾を擁していたが、病弱でまだ皇子を儲けていなかった。師輔は、成明が皇嗣に立てられる公算は大きく、それを見越しての妃政策であった。まことに師輔は、その有力な兄弟たちを出し抜くべく、娘安子を「掌中の切り札」として、自身の栄達への夢を託したのであった（『平安京』四四八頁）。師輔の狙い通り、成明は四年後の九四四年、皇嗣に立てられ、その翌年、兄朱雀から位を譲られた。村上天皇の誕生である。

村上朝にあって、太政大臣藤原忠平は引き続き関白の地位に留まり、四人の子息実頼は左大臣、師輔は右大臣、師氏・師尹はそれぞれ参議に列し、忠平一門は権勢をほしいままにした。それは良房・基経の前期摂関時代の繁栄をも遥かに凌いだものだった（『平安京』四五二頁）。

藤原不比等以来、藤原氏は身内の女性たちをカードにして天皇家との血脈関係を張りめぐらし、勢威を蓄えていった。師輔においてもこの「摂関家的な生理」がみごとに発現された。自らの結婚においても出世・栄達を十分計算しつくしてのことであったらしい。北山氏の『平安京』により、師輔の結婚と彼の子女をめぐる関係についてみておこう（四五三～四五八頁参照）。師輔には多くの妻妾がおり、彼女らの「腹」からは二〇人近い子女が生まれた（系図18参照）。師輔はごく若年の頃には地方で産をなした受領の娘を「娶って」いる。武蔵守藤原経邦の娘盛子や、常陸介藤原公葛の娘がそうである。地方で財を築いた受領層は、権門の「貴公子」に娘を「嫁がせる」ことに執心し、一方、権門の側でも彼らの富にすこぶる魅力を感じていた。なお、いうまでもなく受領層の築いた富や財産は、その地の農民たちから搾取の限りをつくして得たものであった。

師輔の父忠平は、除目（任官、人事）の際にも任官したものから必ず賄賂をとったという話が伝えられていたほど

系図18　師輔の子女とその生母

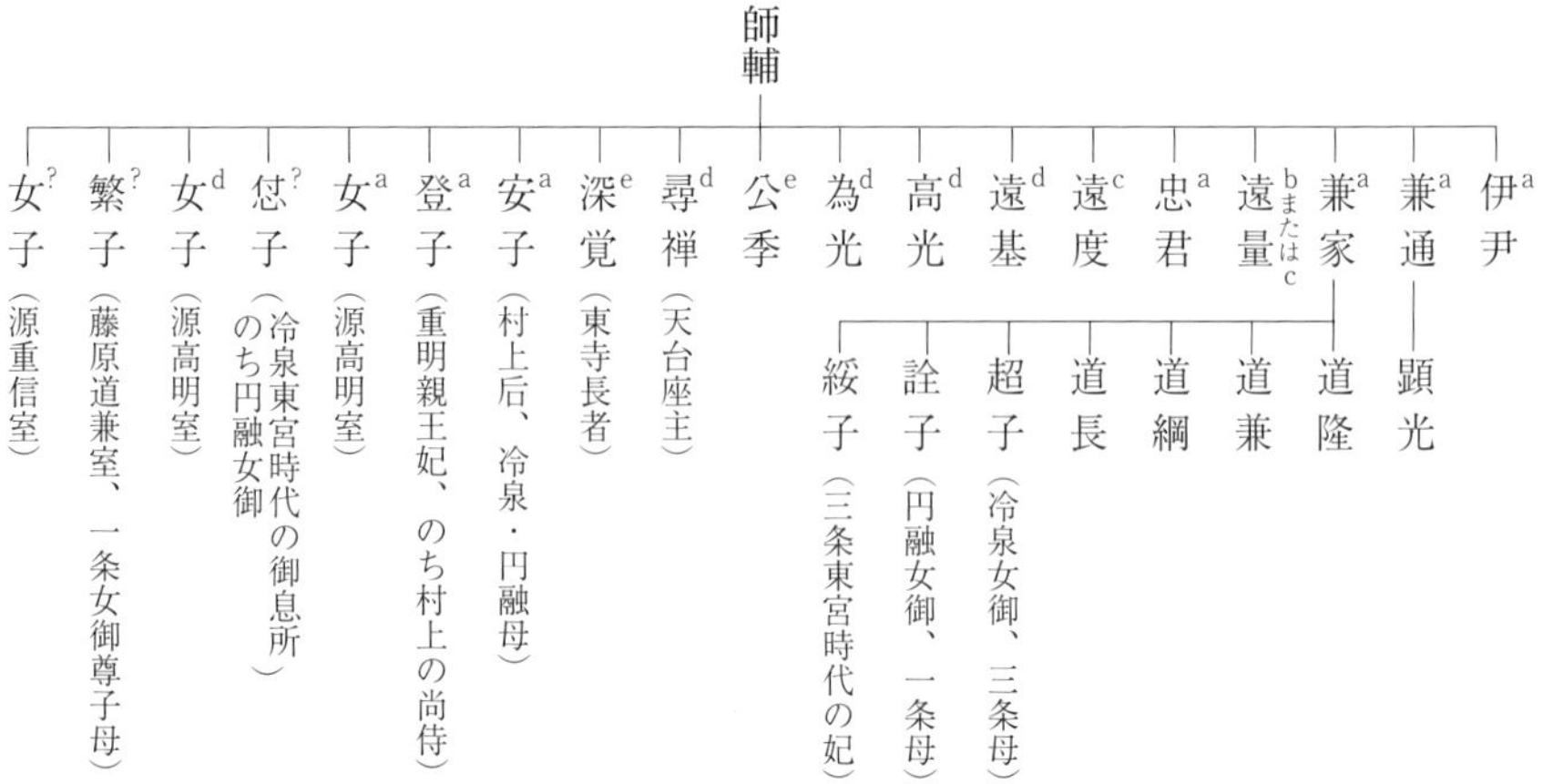

右肩のアルファベットは母の略号
a：経邦の女、b：顕忠の女、c：公葛の女、d：雅子内親王、e：康子内親王、？：不明

〔出典〕北山茂夫『平安京』455頁

系図20　清和天皇と藤原氏

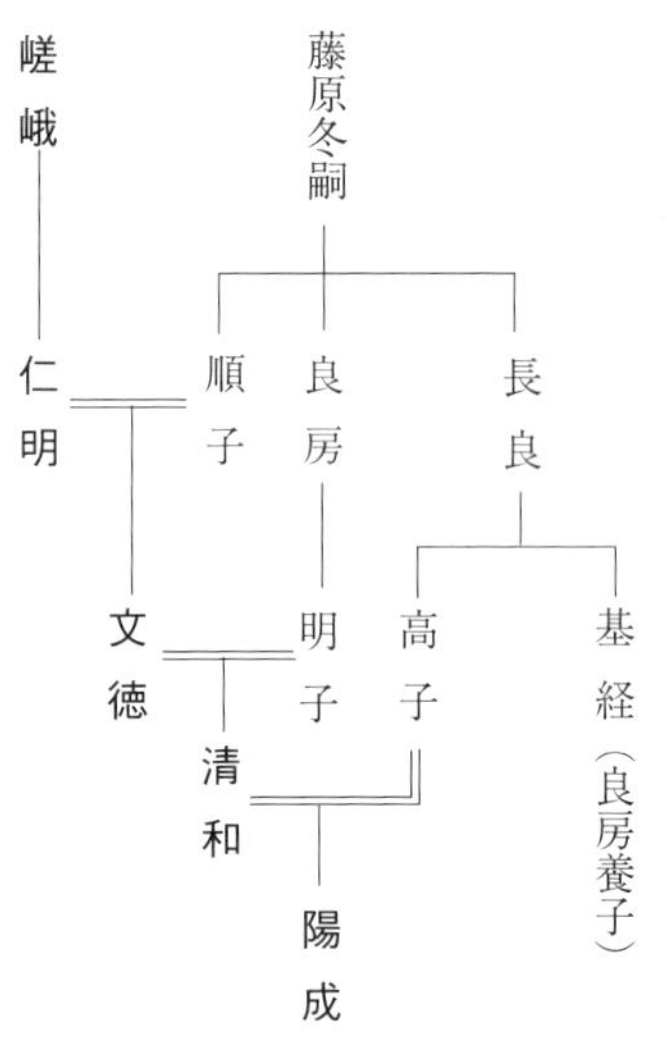

〔出典〕『平安京』223頁

系図19　良房と嵯峨・文徳・清和天皇

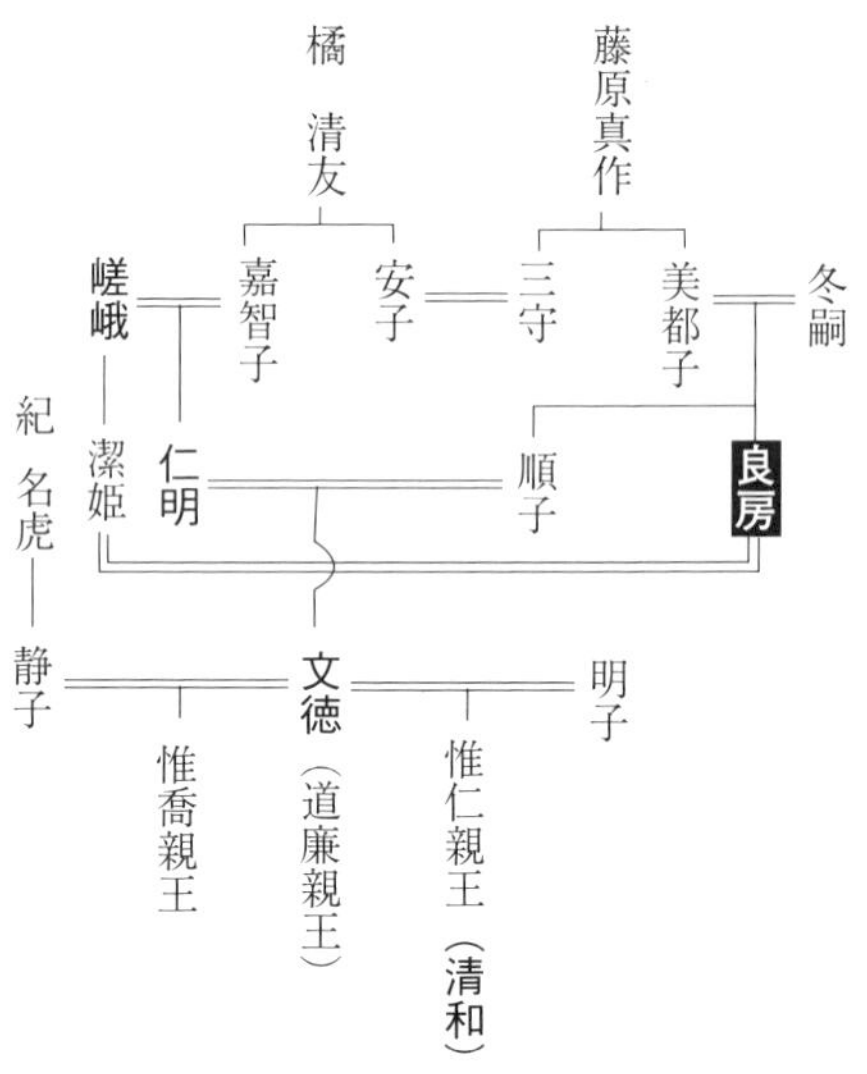

〔出典〕『平安京』213頁

系図21　基経と光孝天皇

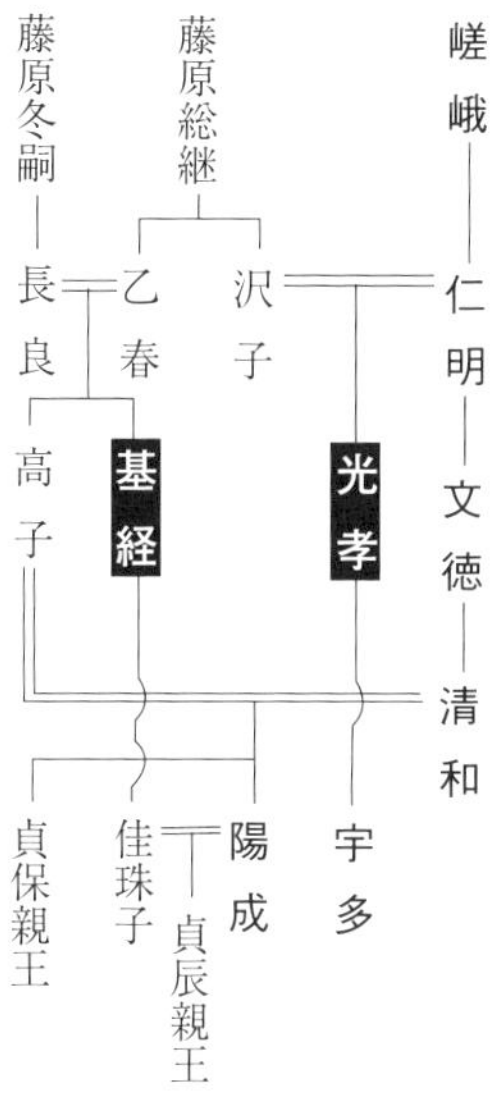

〔出典〕『平安京』265 頁

系図22　藤原氏北家

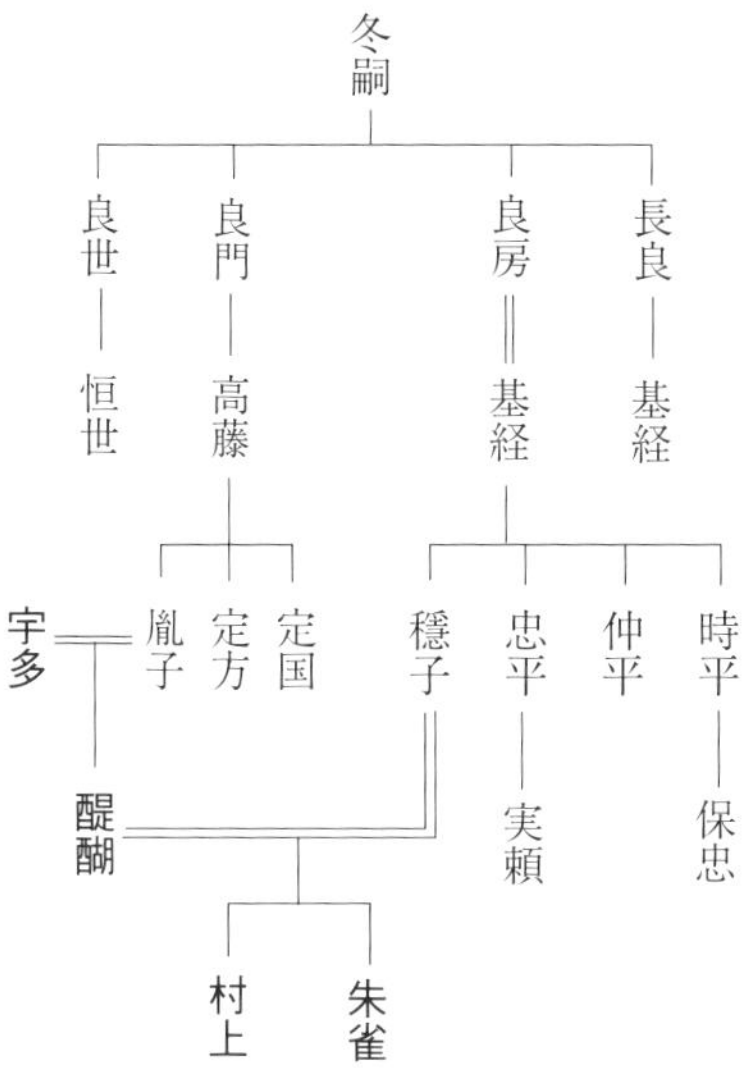

〔出典〕『平安京』333 頁

という。師輔は自身が栄達するのに従って、自分より「身分」の勝る家つまり天皇家の娘たちに近づき、妻にしていった。醍醐天皇の皇女勤子・雅子・康子の内親王がそれである。

それらの皇女たちとの間に生まれた娘たちは、父師輔の「思惑で閨閥をつくるための生きた道具」として、これまた「掌中のコマ」となる。まさに「摂関家的な生理」が貫かれているのである。ちなみに師輔は、あの「望月の～」の人藤原道長の祖父である。良房以来、藤原氏は天皇家との婚姻を繰り返し閨閥関係を続けることで「摂関家」の地位を確固不動たるものにした。系図19～22に示す四つの系図はそのことを何よりも雄弁に物語っている。

4　「延喜・天暦の治」の実像と虚像

風雅に憧れる上皇・法皇たち

天皇家と藤原氏との関係は、確執の時期はあったものの、すでに見たようにほぼ「もちつもたれつ」の関係で、藤原氏の執政のもとに天皇家は専ら文雅の世界に遊ぶことが享受できたのである。宇多・醍醐・朱雀・村上と続く父子三代の王朝政治は親政とは名ばかりで、民の困窮をよそに享楽・逸楽追求に暇がなかった。宇多のごときは「風流三昧の人」ならんがための出家であった（『平安京』三四八頁）。

彼は「法皇として俗塵のそとにたつというスタイルで、ありとあらゆる俗気をむさぼっていた」。宇多は朱雀院、河原院、六条院、宇多院さらに仁和寺「御室」という具合に、その気の動くままに移り住み、風雅を追い求めた。また身近には多くの女性を擁し、現に九二〇年には藤原褒子に生ませた皇子雅明を自らの子息である醍醐天皇の皇子にするというはからいもしている。宇多法皇と彼をとりまく僧俗男女の王朝貴族的生活は「若い醍醐をもすっかりとりこにして、なかば天下の政治を亡失した歳月が宮廷を支配」したという（『平安京』三六〇～三六二頁）。

宇多への北山氏の筆は容赦呵責ない。「宇多は若い上皇であっただけでなく、法衣をまとう自由の人であった。皇族・貴族の出家は俗世にたいして無責任になることを意味した。宇多法皇らは、風流としての勝地への遊幸、漁食、そして仏事への三昧にふけることができた。法皇はじめ権門の人々は、その享楽・社交の場である第・邸のために巨費を投じ、豪奢のかぎりをつくした。古代のあらゆる方面の技術者をよりすぐって、建築・造庭・広場（賭弓や競馬のため）あるいは室内の装飾にあたらせた。それらは、かれらの集合・遊びに適合した設計でなければならなかった」（『平安京』三六四～三六五頁）。

享楽への追求、文事の風流への憧れは、宇多の息子醍醐の王朝にも受け継がれた。さらにその息子朱雀・村上（兄弟）の王朝にも引き継がれる。世にいう「延喜・天暦の治」といわれ、その繁栄ぶりが謳歌される醍醐―村上時代だが、受領たちによる苛斂誅求、権門勢家による利権あさり、売官（除目のとき）といった苛政と腐敗の上に花開いた栄華のひとときといえようか。

村上は、父醍醐の延喜の治といわれる「宮廷的逸楽」の文事の遺風の復活を強く望み、それを理想としていたという。宮廷びとたちもまた延喜の時代を慕い、「そのふうの再興」を願っていた。他方、朝廷の国政指導は、きわめて微弱なものになり、政務への熱意には甚だ欠けるものがあった。右のごとき村上の「天暦の治」のありさまを北山氏は、次のように描く。

「そういうかれらが日に夜をつぐ行事・遊宴となると、むやみに活気づくのである。朝廷での政務の実際、権門の家政の多くは、ひとえに中級以下の貴族・官人の手に委ねられていた。かれらは、都をでては受領として地方民に抑圧を加え、収奪のかぎりをつくしていた」「これらの層が天皇・権門にまだたいへん従順であったからこそ、師輔ら上層の貴族は、宮廷や私邸を場とした四季おりおりの行事や遊宴におぼれひたることができたのである」(『平安京』四五九〜四六〇頁)。

以上にみられるようにすでに政治の実権は藤原一門の掌中にあった。この時期の藤原氏の権勢の一端は親族や一族の娘たちを入内させ、天皇の子を誕生させることにあった。藤原穏子(八八五〜九五四年)は、父の基経の略計により、醍醐天皇の女御・中宮になり、やがて朱雀・村上天皇を産む。醍醐の死去で、皇太后となり、さらに朱雀を譲位させせて大皇太后となり、宮中で権勢を誇ったという。*

*瀧浪貞子『平安建都』(集英社、一九九一年)によれば、醍醐天皇の女御藤原穏子(のち中宮・皇后)は、保明親王以来、二一年ぶりに、兄の右大臣忠平の五条第において出産した。これが寛明親王(醍醐の第一一子)で、のちの朱雀天皇であった。三年後、皇太子保明親王が死去、二一歳の若さであった。『日本紀略』によれば、元右大臣菅原道真の霊がたたったのだという。穏子は、二年後成明親王を産む(のちの村上天皇)。九三〇年、八歳になった寛明親王が即位し、穏子の兄、忠平が外舅として、摂政に就任した。基経以来の摂関政治の復活であった。穏子は、いつも幼帝朱雀と行動を共にし、天皇の生母(国母)の立場から政治にしばしば介入した。穏子が朱雀に「いまは、東宮ぞかくて見きこへまほしき」という、母の言葉を聞いて、心ならずも弟の成明親王(村上天皇)に譲位した。村上も母穏子の勢威に恐れるほどであった。瀧浪氏によれば、女御は、皇太子保明が没して一か月後、皇后となったが、この立后は、淳和天皇の皇后正子内親王以来、約一世紀ぶりの復活で、「女御」から「皇后」となった最初という点で、新しいルート(女御→皇后)のきっかけとなったという。平安初期、女御や更衣が律令のキサキ(皇后・妃・夫人・嬪)のほかに新たなキサキとして登場、そのために本来のキサキが後退、皇后が立てられることも途絶えていた。穏子の皇后への昇格が、親王や公卿を将来の中宮を期して子女たちを競って入内させるようになったという。これを瀧浪氏は「後宮の再編成」という(同書三一九〜三二一頁、参照)。

藤原道長、姉と娘を踏み台に栄華をきわめる

藤原道長の姉詮子（九六二〜一〇〇一年）は、円融天皇の女御となり、一条天皇を産む。九八六年、一条が即位すると皇太后・母后として宮中で一条を支え、円融上皇の死を機に出家をして東三条院と名乗り、息子の一条天皇を動かし、弟の道長を内覧や左大臣へと押し上げる力をもったという。

道長の娘彰子（九八八〜一〇七四年。詮子の姪）は、九九九年に入内して一条天皇の女御になる。すなわちいとこ同士の結婚である。彰子は敦成・敦良親王（のち後一条天皇・後朱雀天皇）を産み、一条没後皇太后になる。一〇一六年、三条天皇が道長から譲位を迫られ、後一条が九歳で即位、彰子は幼帝の「後見」となり、「上東門院」の女院号を宣下される。

彰子は、一条・三条・後一条・後朱雀・後冷泉・後三条・白川の七代にわたり君臨、八七歳の長寿を保った。藤原北家の摂関政治とともに生き抜いた（原・前掲『女帝の日本史』八六〜九二頁）。ちなみに尊仁親王が即位し、後三条天皇になると、母禎子内親王が女院に宣下される。陽明門院である。女院は上皇と同様、経済援助を受け、権限を持つ。陽明門院は、後三条の子たちはもとより、貞仁親王（のち白河天皇）や篤子内親王を養育し、白河の子どもたちにも目を瞠り、成長を見守る（前掲・服藤論文参照）。

余話――森喜朗首相の「神の国」発言

さてここで閑話休題。二〇〇〇年五月一五日、当時の森喜朗首相は、神道政治連盟国会議員懇談会の三〇周年記念祝賀会で挨拶し、「神の国」発言を行った。「日本の国、まさに天皇を中心とする神の国であるぞということを、国民の皆さんに承知していただく」といった、あの発言である。一九九九年の明仁天皇在位一〇年の記念式典の折、当時、森氏は自民党幹事長で、「奉祝」議員連盟会長を務めた。翌二〇〇〇年三月、森氏は記念式典で「君が代斉唱のとき、

沖縄出身の歌手の一人は口を開かなかった」と述べ、沖縄の新聞や教職員組合を非難した。教育勅語にもいいところがあった、と公言もする。その上でのこの「神の国」発言である。

この年の五月二六日の記者会見で「誤解を与え、ご迷惑をおかけした」と陳謝したが、発言そのものは撤回していない。識者のなかには神道関係者へのリップサービスで口が滑った程度と受け流す人もいる（たとえば当時の河合隼雄国際日本文化研究センター所長）が、ことはそんなに単純ではないだろう。

「天皇を中心とした神の国」とは、要するに「国体思想」に基づく国家観である。一八八九年公布の大日本帝国憲法や、翌九〇年渙発の教育勅語は、国体思想・国体観念を国家理念とし、教育勅語による「国体思想」の刷り込みを「臣民」教育の要とした。子どもたちは小学校に入学するや、天皇制教学を強要される。こうなると一種の宗教である。天皇を神（現人神といった）とし、「一旦緩急あれば義勇公に奉」（教育勅語の一節）じ、一命を「大君」（天皇）に捧げても悔いない「臣民」づくりが「公教育」の名のもとで行われ続けたのであった。

「国体」（天皇制）の有難さは、繰り返し子どもたちの頭に叩き込まれる。たとえば戦前の国定教科書第三期、まだ軍部ファシズムが猛威を振るっていない、比較的デモクラシー気運の高かった時期に用いられた尋常小学校修身書巻五の「第一課　我が国」を見てみよう。

まず「天孫降臨」の「肇国神話」から始まり、ついで歴代天皇の臣民への「慈愛」が説かれ、忠孝一致、天皇を大家父長とする家族国家の素晴らしさが左のごとく強調される。「我が国は皇室を中心として、全国が一つの大きな家族のやうになつて栄えてきました。御代々の天皇は我等臣民を子のやうにおいつくしみになり、我等臣民は祖先以来、天皇を親のやうにしたひ奉つて忠君愛国の道に尽しました。……我等はかやうなありがたい国に生まれ、かやうな尊ひ皇室をいたゞいてゐて、又かやうな美風をのこした臣民の子孫でございますから、あつぱれよい日本人となつて我が帝国のために尽さなければなりません」。

天皇を中心とする神の国という思想、すなわち国体思想は、以上にみてきたように、俗臭紛々の天皇・貴族たちが良民を支配・搾取する歴史を隠蔽し、日本人を天皇崇拝、他民族排斥の大日本主義、自民族、自文化中心主義のエスノセントリズムへとマインドコントロールしてきた。一九三〇年後半以降は、「国体思想」はその暴力性を剥き出しにし、自国の反「国体思想」の持ち主には、最高刑を死刑とする治安維持法で厳しく取締まり、外に向かっては、東亜新秩序、八紘一宇、大東亜共栄圏といった美名を纏った排外主義が呼号（ヘイトスピーチともいえようか）され、天皇の聖性・神性が文字通り神がかり的に叫ばれ、天皇の肖像写真や写真（御真影）を祀った奉安殿や、伊勢の皇大神宮といった天皇絡みのものに対してまで、絶対的忠誠と崇拝が要求される。天皇を神とし、国の中心とする「国体思想」は限りなく人びとを畏怖させ、呪縛する。そうした呪縛から解かれてからまだ七〇余年しか経過していない。

天皇・天皇家の実際の歴史は、戦前戦中の「国史」・「国語」・修身教科書、加えて文部省教学局が編集発行した『国体の本義』（一九三七年）、『臣民の道』（四一年）などに描かれたものとは程遠い。本節ですでにみたように宇多・醍醐・朱雀・村上の天皇たちや藤原氏はじめ権門の貴族たちは、民が営々と働き、築きあげた富を収奪・横領し、栄華と逸楽の夢を存分に貪った。

ところが先の教科書や冊子等は歴代天皇の「愛民」や「慈悲」や「大御心」が次のように讃えられた。『国体の本義』の一節を紹介すると次のごとき文言がある。「天皇の、億兆に限りなき愛撫を垂れさせ給ふ御事蹟は、国史を通じて常にうかがわれる。畏くも天皇は、臣民を『おほみたから』とし、赤子と思召されて愛護し給ひ、その協賛に倚籍して皇猷を恢弘せんと思召されるのである。（中略）醍醐天皇が寒夜に御衣をぬがせられて民の身の上を想わせ給ふた御事蹟の如き、後醍醐天皇が天下の飢饉を聞召して『朕不徳あらば天予を一人を罪すべし。……』（中略）。後奈良天皇が疫病流行のため民の死するもの多きをいたく御軫念あらせられた御事蹟の如き、我等臣民の斉しく感泣し奉るところである」（二八〜三〇頁）と。

わたくしたちの記憶の新しいところでは、一九八八年、裕仁天皇が重篤にあった頃、側近に語ったとかいう「稲の生育はどうかね」といったたぐいの言葉が、真偽も問われぬまま、流説されるといったことがある。民（戦前戦中は「民草」といわれた）を慈しみ、愛護するといったソフトなポーズにわたくしたちは惑わされず、民衆支配の装置、権力装置としての天皇・天皇制の実像に迫っていかねばならないだろう。

ともあれ、森氏の「神の国」発言は、突如として飛び出した「失言」とはいえない。一九九九年以降の急速な右傾化・軍事国家化への志向のなかで、権力者側の本音が漏れたと捉えるべきなのではないか。敗戦後、天皇制は、延命のため、神権天皇制から象徴天皇制へと衣替えを余儀なくされた。が、いまや象徴天皇制の下での右傾的潮流が掉さしている。そうしてみると、いまや「象徴天皇制」こそが問題ではなかろうか。

第5章　院政時代・武家の時代と天皇

1　院政時代と皇族の女たちの抗争——准母立后制との絡みで

院政時代の始まりと准母立后制度

宇多法皇時代以降、多くの天皇は早く譲位し、逸楽・享楽の世界へとなびいていった。他方、藤原氏北家の勢威は、道長・頼通時代を頂点に下降していく。引退した上皇が仏門に入り法皇となって院政を始める。院政時代の到来である。後三条天皇（一〇三四～七三年）は藤原北家の外戚を持たない天皇であり親政を行う。次の白河天皇（一〇五三～一一二九年）も引き続き親政を行い、一〇八六年、子息の堀河天皇に譲位し、上皇となり、院政を敷く。一〇九六年には出家して法皇となり、堀河・鳥羽・崇徳天皇の三代にわたり院政を行った。本格的な院政時代の出現である。天皇の母方の藤原摂関家から、父方親族である院への権力移行である。院政を行う上皇は「治天の君」と呼ばれる。院政の始まりとほぼ同時に准母立后が始まる。藤原氏が衰退し、天皇親政—上皇院政時代が開幕すると同時に、保元の乱、平治の乱を経て、平氏ついで源氏が台頭し、武士勢力が飛躍的に延びる（伴瀬明美「時代をみる——中世前期」、前掲服藤他著『歴史のなかの皇女たち』所収、参照）。

准母立后制のはじまり

結婚していない内親王（皇女）が天皇の生母でないにもかかわらず、皇太后になることもあり、最初の例は一〇九二年、白河天皇が譲位したあとの堀河天皇の時、生母はすでに死去していたため、白河の皇女である媞子内親王（一〇七六～一〇九六年。父白河に寵愛された。郁芳門院）が弟堀河の准母として立后し、中宮になった。天皇の妻でない女性が初めて中宮・皇后となったわけである。「准母立后」の始まりという（伴瀬前掲論文）。

続いて同じく生母がいなかった五歳の鳥羽が即位する時、同じく白河の皇女で伯母の令子（一〇七八～一一四四年）が准母立后している。鳥羽は令子に付き添われ、輿に乗り、即位式当日、大炊殿から大極殿まで令子と同輿し、式典ではともに高御座に出御した（栗山圭子『中世王家の成立と院政』吉川弘文館、二〇一二年、七八頁）。さらに一一一七年、白河の養女藤原璋子（待賢門院）が入内し、鳥羽の中宮となり、顕仁親王（崇徳天皇）、雅仁親王（後白河天皇）を産む。鳥羽が崇徳に譲位しても白河が実権を握り続ける。

白河が没し、鳥羽が一一二九年より院政を始めると、璋子に代わって新たに入内した藤原得子（美福門院）が鳥羽の寵愛を最も受け、休仁親王（近衛天皇）と暲子内親王（八条院）を産む。鳥羽は暲子内親王を殊に慈しみ、自らの手元で育てたという。一一四一年、鳥羽は崇徳に譲位を迫り、三歳であった近衛を即位させる。得子は上皇の后、すなわち現代風にいえば上皇后でありながら、皇后に立てられる。その翌年、皇后得子呪詛事件が企てられ、璋子（待賢門院）は出家に追い込まれる。得子の地位はより盤石さを増す。近衛天皇は一七歳で死去し、子女はおらず、鳥羽院は鍾愛する娘の暲子内親王を女帝に立てることを考えたともいう（伴瀬前掲論文）。

保元の乱――武家の進出

鳥羽法皇は一一五六年に死去、直後に保元の乱が起こるが、得子の宮中での権力は依然として保たれ、一一五八年には後白河天皇は、得子を「国母」として拝謁するための「行幸」を行っている。美福門院（得子）は、後白河とも「擬制的な親子」を設定することにより、後白河をも取り込み、のちの二条天皇ばかりか、本来は璋子（待賢門院）が生母であるはずの後白河に対しても生母の役割を果たし、勢力の保持を図ったのであった。

しかし、後白河はそのわずか一か月後、姉の統子（上西門院）を准母に立て、得子と対抗、「後白河による姉の擁立」は、「待賢門院」所生子間の「連帯を復元」するとともに母待賢門院および曾祖父白河の権威を引く皇統を指向する後白河の意図が含まれていたのではないかという（栗山前掲書八六頁）。

一一六〇年、得子は死去すると、後白河上皇は、平清盛の妻時子の異母妹に当たる平滋子（一一四二～七六年）を寵愛する。一一六一年、滋子は憲仁親王（一一六一～八一年。高倉天皇）を産み、後白河の女御になり、高倉天皇即位とともに皇太后となり、一一六九年、建春門院に宣下され、後白河も出家し、法皇となった。滋子は、後白河不在時における政務運営の代行機能を果たしていたともいう（栗山前掲書九〇～九一頁）。

2　平氏政権の栄華と没落

平清盛と後白河法皇

後白河天皇は、政略に富む天皇であった。が、保元の乱、平治の乱で側近を失い、平清盛を頼るようになる。一一六〇年、清盛の妻時子の妹滋子（のちの建春門院）が後白河の後宮に入内、翌年には皇子高倉を出産した。清盛は後白河・二条の両方に忠勤を励むという慎重な態度をとり、王権内部に食い込む。一一六二年に摂関家の藤原忠実、一一六四年に忠通、続いて翌六五年には二条が死去し、六条天皇が即位した。

保立氏によれば、清盛は白河の落胤、嫡子重盛の母は関白忠実の落胤であった。平氏宮廷は、平安王権の退廃の極みに生まれた権力で、強力な軍事力に支えられていただけに安定していた（前掲『平安時代』一六三～一六五頁）。その繁栄の様子は『平家物語』が「すべて一門の公卿十六人、殿上人三十余人、諸国の受領・衛府・諸司、都合六十余人なり……平家知行の国三十四か国既に半国に越えたり」（『平安時代』一六五〜一六六頁）と述べている。ちなみに石母田正『平家物語』（岩波新書、一九五七年）は、後白河について、源頼朝が「日本国第一の大天狗」と呼んだことを紹介している（同右七四頁）ものの、「怪物後白河法皇の一側面も平家物語の作者は伝えていないというべきだろう」と指摘されている。

建春門院・平滋子と後白河

宮廷生活の中心は、高倉の即位とともに国母の地位についた建春門院滋子であった。滋子を寵愛する後白河は、平氏と結合することによって家族と王統を確立した。後白河は、太政大臣までのぼった清盛に支えられながら、今様に熱中する。

一一七一年には清盛の娘徳子（のちの建礼門院）が後白河の養女の資格で一一歳の高倉のもとに入内する。しかし、一一七六年、後白河の寵妃、滋子が腫物を全身に発して死去する。後白河は、滋子の死によって再び院近臣の男色世界に戻ることになる（『平安時代』一六六〜一六五頁）。

清盛の死と平氏の滅亡

平清盛・時子夫妻の娘徳子（一一五五〜一二一三年。建礼門院）は、高倉天皇の中宮となり、安徳天皇を産む。さきに述べたように高倉の母は清盛の妻時子の異母妹滋子（建春門院）であり、高倉即位時は平氏と後白河の関係は良好であり、この段階では両者の一体化を強化する策として盛子（清盛の娘）の准母設定がなされた（栗山前掲書九三頁）。しかし結び手の高倉が若死にし、清盛死去（一一八一年）後、後白河院政が本格的に展開し、高倉の息子安徳の准母を自身の皇女亮子に設定。

後白河にとっては亮子の准母立后は後白河皇統の復活宣言であった。後白河は清盛在世中、外戚平氏を権力の基盤に据える高倉—安徳という皇統の一時的な成立と妥協したものの、自らの皇統保持に心を砕いた。高倉は女房の按察使典侍（藤原頼定の娘）を寵愛し、平氏全盛期の一一七九年に、潔子内親王が誕生した（潔子については、前掲の伴瀬論文に詳しい）。

その前年、高倉の中宮徳子が安徳を産み、清盛は外祖父の地位を得た。清盛絶頂の時であったろう。が、一一八一年清盛が死去し、やがて平氏政権は没落の危機に際した。あわせて後白河の巧みな攻略、さらに源氏の武装蜂起があり、ついに平家は滅亡へと至る。八五年幼い安徳天皇は、瀬戸内海に祖母平時子の胸に抱かれ、西海の藻屑となる（栗山前掲書一七〇～二〇〇頁参照）。

3　王権と遊女・傀儡・瞽女・舞女・歩き巫女たち——王権の多情性

王権男性の性愛対象になることも

勝浦令子氏は「往来・遍歴する女性たち」（『岩波講座　天皇と王権を考える　7　ジェンダーと差別』岩波書店、二〇〇二年、所収。五一～六一頁、参照）で興味深い考察を行っている。日本古代・中世の社会には往来・遍歴する生りわいに携わる女性たちが多くいたとし、その代表として遊女・傀儡《くぐつ》・瞽女《ごぜ》・歩き巫女《みこ》・廻国比丘尼《びくに》がいたとする。彼女たちは芸能者・宗教者として神仏と結ぶつくことが多く、またそのなかには天皇・貴族との交流を伝える者もいたという。

たとえば女性芸能者の場合、芸能だけでなく、王権男性の性愛の対象となることによって、王権と結びついた。後鳥羽院の寵愛を受けた伊賀局亀菊が白拍子出身であったことは有名であった。また女性芸能者は、天皇や院（上皇・法皇）の血筋を引く者も産み出すことができた。後白河院の寵愛を受けた江口の遊女出身の丹波局は、法皇若宮（天台座主承仁法親王）の母であった。加えて後鳥羽院の寵愛を受けた舞女の滝は覚仁法親王（熊野三山検校長吏）の母、姫法師は覚誉（大僧都）・道伊・道縁（仁和寺一身阿闍梨）の母、石は煕子内親王（斎宮）の母となった。ただし母方出自を重視する王権の継承のなかで、女性芸能者を母とする天皇は存在せず、最終的には僧界に入る者が多かったという。

一三世紀には公卿・貴族層、武将の妻妾に白拍子も

これに対し、一三世紀の鎌倉期の公卿・貴族層や武将のなかには、遊女・白拍子・舞女を母とする者が世俗において重要な地位に就いた例は多いという。従一位太政大臣徳大寺実基の母が五条夜叉という白拍子、参議藤原信能の母が慈子という江口の遊女など、多くの例がみられる。なお徳大寺家と西園寺家の親族関係は深い。近代になり、明治天皇の侍従長として徳大寺実則がおり、その実弟が西園寺公望であったことはよく知られていよう。

白拍子・静御前――源義経の愛妾

ちなみに鎌倉幕府を開いた（一一九二年）、源頼朝の異母弟の源義経は、平家滅亡に大いに力を発揮したが、疑い深い兄頼朝によって追われる身となった。義経の妻妾のうちの一人、静御前も白拍子であったことはよく知られていよう（詳しくは、五味文彦『源義経』岩波新書、二〇〇四年、一六〇～一六五頁）。義経が追われたのち、静は固辞しながらも、幾度もの慫慂《しょうよう》に、義兄頼朝とその妻政子の前でも舞を披露している。「よしの山みねのしら雪ふみ分て いりにし人の跡ぞこひしき」と吟じ、さらに「しづやしづのをたまきくりかえし 昔を今になすよしもかな」と、義経を慕う気持ちを隠さなかった。頼朝は、不快感を持ったが、政子がとりなしたという。

さらに『とはずがたり』の三条は、中院大納言久我雅忠を父に持ち、後深草院の宮廷に出仕した女房であり、後深草の性愛の対象となり、また関東中次西園寺実兼（雪の曙）、仁和寺性助法親王（有明の月）とも関係を持ったとさ

れている。しかし後深草院の寵が衰えると、御所を追われ、出家し、尼となり東国、西国へと巡回の旅に出た。一三世紀末から一四世紀初頭に、王権に関わった女性が世俗の性からの解脱を求め、宗教的生活へと傾斜する例は多かった。

右にみたように王権と性的な関わりを持った女房などが、出家して王権の尼寺を復興させたり、遍歴する比丘尼たちがいた。そのなかには遊女・傀儡・巫女などから転回した女性たちが多く含まれていた（勝浦前掲「往来・遍歴する女性たち」参照）。

4　室町幕府と天皇

建武の中興と足利尊氏

院政期を経て、武士が権力を全面的に持つようになると、天皇家や貴族たちは実権を失い、祭儀や短歌や蹴鞠、書道、香道など趣味などの世界に没入するようになる。経済的に困窮し、かつてのように豪奢を極めた生活は困難になった。一三三三年、後醍醐天皇は、東国の王権を滅ぼし、天皇の主導権をもとに日本国の統一を図り、「公家一統」の実現を図った。自らの隠岐配流以前に戻す姿勢で京都に帰還した。最大の功労者の一人、足利高氏（尊氏）を鎮守府将軍に任じ、戦乱に伴い起った所領をめぐる混乱の収拾は、自身の命令、綸旨によって行うことを宣言した。長年にわたる北条氏一門による専制的支配のもとに鬱屈していた不満が、北条氏の滅亡とともに一斉に表面化し、所領確認のため、諸国の人びとは大挙して京都に殺到した。

後醍醐は、貴族や官人を天皇の駆使し得る官僚にしようとする天皇専制体制の確立を目指した。しかしこれまでの歴史を無視した後醍醐の新政に対する不満と失望は、日とともに著しくなり、結局、足利尊氏が、軍事的な統帥権を有し、それを後醍醐も承認せざるを得なくなった。さらに後醍醐によって天皇位を追われた持明院統の光厳上皇の院宣を獲得し、名分とした。

一三三六年、足利尊氏・直義兄弟は、新田義貞、楠正成など後醍醐側の武将を敗北させ、光厳上皇を奉じて「治天の君」とし、尊氏の奏請により光厳の弟・豊仁親王が践祚し、光明天皇が即位した。尊氏は征夷大将軍となり、室町幕府を開き、ここに武家政権が誕生した。

当初、後醍醐天皇を助けて、建武の中興（新政）に協力して、鎌倉幕府を倒した足利高氏は、その功を後醍醐から讃えられ、後醍醐の名前の尊治の一字を貰い、尊氏と改名したものの、後醍醐天皇の天皇専制に不満を抱く武士たちを糾合し、幕府を開いた。後醍醐は光明に神器を渡し、密かに吉野に移り（南北朝分裂）、三九年に後醍醐は死去した（詳しくは、網野善彦『日本社会の歴史（下）』岩波新書、一九九七年、二一〜一二頁、参照）。

後醍醐における性愛の特異性

後醍醐には多くの側室と皇子・皇女がいた。後醍醐の子は三二人おり、同天皇の子を産んだ女性は二〇人いたという。早くから側室になった女性は二条為世の娘為子で尊良親王らを出産するが若くして死去、翌一三一二年秋ごろに西園寺実兼の末娘禧子を「ひそかに盗み取って」妊娠させた。

西園寺家は大臣にまでなれる清華家で、皇后を何人も出している家であった。禧子の存在は妊娠五か月近くになって発覚し、尊治親王の御息所（皇太子妃）となった。尊治親王が天皇に即位すると女御になり、翌年中宮になった。このほか後醍醐の側室には、禧子に仕えていた内侍で、阿野公廉の娘廉子がおり、寵愛し、義良親王（後村上天皇）ら少なくとも五人の皇子皇女を産んでいる。このほか西園寺実俊の娘一条局、民部卿三位、二条為道の娘・権大納言三位局、北畠師重の娘・大納言典侍、勾当内侍などがいた（菅原正子「中世後期――天皇家と比丘尼御所」前掲・服藤他著、所収）。

南北朝分立、足利義満の王権簒奪計画

前述したように、足利尊氏は後醍醐から離反し、再び戦乱となり、後醍醐は吉野に逃れた。朝廷は南朝と北朝に分かれた。南北朝時代の始まりである（近代に入り、南朝正閏論が唱えられるが、現在にいたる天皇家は北朝側である）。一三三九年、後醍醐は失意のうちに死去。五八年尊氏は死去するが、同年三代将軍になる孫足利義満は生まれた。義満は、明との交流を始め、自らを日本国王と自任し、大明帝国（朱元璋が建国。洪武帝という）もそれを認めた。明国は、朝鮮・琉球・安南をすでに朝貢国としていた一大帝国であった。義満は、天皇になることも考えたという説もあるが、急逝で実現できなかった（以上について詳しくは、今谷明『室町の王権　足利義満の王権簒奪計画』中公新書、一九九〇年、参照）。

5　戦国時代と天皇

応仁の乱——戦国の世へ

室町時代後期になると、応仁の乱など戦乱が長引き、民の生活は疲弊し、やがて戦国時代へと突入する。京都は荒れ、朝廷は衰微の一途を辿り、天皇の即位礼を挙げることも困難になってきた。まず乱世の荒くれ者と称される一方、「英雄」とされる織田信長が覇権を掌握する。時の天皇は正親町天皇であった。

今谷明氏によれば、信長が本心から朝廷を重んじていたとは到底考えられないものの、目に見える形では天皇家のために、入京直後の内裏警固、一五六八年一〇月八日には内裏不如意のため百貫の援助、誠仁親王の元服料三百貫の支弁、翌一五六九年四月内裏修理（惣用一万貫）というように貢献した。

しかしこれらの援助が天皇家への崇敬とは言い難く、信長自身の威厳の誇示のための援助という性格が濃厚であるという（今谷明『信長と天皇　中世的権威に挑む覇王』講談社学術文庫、二〇〇二年、五三頁。初版は、一九九二年刊行の講談社現代新書）。

正親町天皇と織田信長

正親町《おおぎまち》天皇は一五一七年の生まれで、一五五七年、父後奈良天皇の後を襲って践祚、四一歳の壮年の天皇であった。父後奈良の時代から戦国大名の動静を知悉している立場にあり、多くの大名に口宣案を与え、官位を叙任してきたことを承知していた。正親町自身の即位礼は毛利元就の献金によってようやく執り行われた。天皇としての事績を記録から見る限り、なかなかの政治家天皇であった。正親町は、一五七〇年以来、信長の敵対勢力とは決して深い関係に入らず、信長の入京、陣立、凱旋のたびに勅使を派遣し、激励、慰労し、信長の機嫌を取ってきた老獪ともいえる知恵で、戦国の時代の天皇家を守ってきた（同右一五一〜一五三頁）。

本能寺の変で信長自害

信長の急速な勢力拡大は諸勢力の警戒を招き、武田信玄、上杉謙信、本願寺、一向一揆、三好氏、浅井長政、朝倉義景らによる包囲網がつくられた。上洛を目指した信玄が病死し、包囲網の一角が崩れ、さらに信長は浅井・朝倉両氏を滅ぼし、北近江・越前に版図を広げた。その間、信長は「公方（足利幕府将軍）まで都から追放し、日本王国を意味する、天下と称せられる諸国を征服し始めた」（村井章介『分裂から統一へ』岩波新書、二〇一六年、一〇二〜一〇五頁）。

しかし一五八二年、信長は、武力制覇を前にして、重臣の明智光秀に隙を狙われ、明智の大軍に襲われ、自害に至る（本能寺の変）。すると、部下の寵臣豊臣秀吉が明智を破り、そのあとを継いだ。秀吉は、尾張の農民の出身であったが、信長に気に入れられ、混沌とする時代のなかを巧みに生き、ついに関白の位を得、武家の棟梁に立った。

6　豊臣秀吉が覇権を掌握

晩年になり、秀頼を得る

秀吉の弱みは、後継者に恵まれなかったことで、後陽成天皇の弟六宮（智仁天皇）を猶子に迎え、天皇家の外戚としての力を延ばそうとした。秀吉の「正室」には糟糠の妻・ねね（北政所）がいたものの、子は得られず、主君であった織田信長の妹であるお市の方と浅井長政との間に生まれた、長女茶々（淀君）をようやく側室に迎え入れた。茶々にとって秀吉は、実父浅井長政を死に追い込み、さらに母・お市の方が再婚した相手、茶々にとっては優しい義父であった柴田勝家（織田信長の重臣）をも滅ばした憎むべき相手であった。秀吉は茶々（淀君）を口説きおとし愛妾とし、自らの晩年近くに、二人の男児を得た。しかし、一人は夭折、あとの男児が生きながらえて秀頼と名乗った。

ちなみに茶々の妹二人のうち、年上の江《ごう》は、のち徳川の第二代将軍となった秀忠と結婚。下の妹・初は京極高次と結婚した。お江の方の娘千姫は、祖父家康の命でのちに秀頼と婚姻する。明らかに政略結婚であった。一六一五年、豊臣側が大阪・夏の陣で敗北すると、淀・秀頼親子は自害。千姫は家康の指示で家来に助け出された。

さて豊臣秀吉はさきの六宮をもって一家を創立することを朝廷に奏請、八条宮（のちの桂宮）の称号を得た。それまでの親王家は伏見宮家のみであった。なお、徳川時代に入ると後陽成天皇の第七皇子良仁親王を祖とする高松宮（のちの有栖川宮）、東山天皇の第六皇子直仁親王を初代とする閑院宮が立てられ、四親王家が誕生した。

秀吉の朝鮮侵略戦争

秀吉は天下統一を成し遂げると、中国・朝鮮への侵略戦争に乗り出した。なかでも朝鮮国は大きな被害を受け、一般人をも含む虐殺、鼻や耳をそぎ捕虜とし拉致・連行、陶工たちも連れてこられ、その優れた技術を日本の地に扶植した。薩摩焼の沈寿官家などが有名である。あまたの女性をも連行し、武士たちに与えたりした。いわゆる文禄・慶長の役で、朝鮮では壬辰倭乱・丁酉再乱という。

この倭乱は朝鮮側に甚大な人的・経済的・物的損害を与え、その苦しみや憎しみは四〇〇年以上たったいまでも語り継がれている。今日、王宮の一つ、徳寿宮《トクスグン》に入ると、韓国人ガイドが、秀吉の行った残虐な行為の跡を示しながら説明しているくらい記憶に刻まれているのである。一五九八年秀吉が病死すると、この侵略戦争は終結。秀吉の没後、大老であった徳川家康が権力を掌握、ただ豊臣側の力も侮りがたく一六一四～一五年、大阪冬の陣、夏の陣で豊臣勢を破り、家康は名実ともに武家の棟梁となった。家康は対外関係の悪化を憂慮し、とりわけ朝鮮との関係の修復を図るため、秀吉の侵略軍が拉致してきた捕虜たちの帰還を求める刷還使を迎え、やがて朝鮮通信使の往来が始まり、とりわけ文化交流に力を注いだ（網野前掲書参照）。

7　徳川時代における天皇と二人の女帝

徳川和子が後水尾天皇と結婚

一六〇五年、家康は次男の秀忠に将軍職を譲り、大御所として権勢を振るった。秀忠と江の五女である徳川和子《まさこ》（一六〇七～七八年。東福門院）は、一六二〇年、時の後水尾天皇（一五九六年生まれ）と結婚、興子《おきこ》内親王（女一宮。一六二三～九六年）が誕生、内親王誕生の翌年和子は女御から中宮になる。興子内親王（のち明正天皇）は、いわゆる「正室」から生れた天皇であった。実に孝謙（称徳）天皇以来、女帝の誕生は八六〇年振りのことであった。「正室」からの天皇の誕生は、一二六七年、亀山天皇の皇后拮子から誕生した後宇多天皇以来のことという（篠田達明『歴代天皇のカルテ』新潮新書、二〇〇六年参照）。かくも長きにわたり、天皇はみな「側室」から誕生したのである。

これより前に公家の四辻公遠の娘（およつ御寮人と呼ばれた）が後水尾の第一皇子賀茂宮（五歳で死去）、第一皇女梅宮を出産した。相次ぐ皇子女の誕生で、徳川幕府は天皇を牽制するため天皇近臣の公家衆六人を処分するという挙に出た（久保貴子「江戸時代の皇女たち」、前掲服藤他著、所収）。二〇年の和子入内で先の六人衆は許される。二三年将軍秀忠と世子家光が上洛、後水尾と和子に対面、前述したようにこの年一一月、女一宮を出産。一年後和子は中宮となり、南北朝以来絶えて久しかった中宮が復活。二五年和子は二人目の皇女を産む。二六年には皇子を出産、待望の皇子誕生で、高仁と命名された。しかし高仁はわずか三歳で死去、続いて第二皇子を産むが、これも夭逝する。皇位を継承する皇子は一人もいなくなった。

後水尾の退位と明正天皇の誕生

後水尾は、腫物の鍼灸治療を理由に譲位の意思を表明、皇子が誕生するまで女一宮に皇位を継がせようと考えた。女一宮は親王宣下を受け、興子内親王となり、七歳で皇位に就くことになった。翌三〇年即位式が挙行され、幕府は朝廷に二五か条の覚えを提示した。後水尾院の院政を牽制し、摂家衆の合議体制を指示するものであった。こうして誕生したのが明正天皇であったが、異母弟の後光明天皇に譲位するまでの一三年一一か月在位した。

譲位後、明正も仏教に魅かれていった。父母との外出が唯一の楽しみであったという。徳川の血筋を引くとはいえ、幕府の統制を受けていたのである（前掲久保論文）。

これより前の一六一五年、徳川幕府は、禁中並びに公家諸法度により、厳格に天皇はじめ皇族・貴族たちを管理しており、朝廷側は、経済的にも困窮度は増し、気の利いている公家たちは、大名たちと姻戚関係を結び、そこから経済援助を得ていた。後水尾―東福門院（和子）の徳川時代初期から一八世紀半ばまでにおいては、比較的皇女が多くいた。これには東福門院和子の力が大きかったからであるという。二代将軍秀忠の娘、三代将軍家光のきょうだいということから幕府からの経済的援助による財力があったからという（前掲久保論文）。

二人目の女性天皇・後桜町女帝

徳川時代における二人目の女性天皇は、一七四〇年、桜町天皇の第二皇女として誕生した後桜町天皇であった。母は、二条吉忠の娘で、女御舎子であった。幼名を以茶宮のち緋宮《あけのみや》といった。翌年桜町の典侍定子が八穂宮（のち茶地宮、遐仁親王）を産んだ。桜町には三人の皇子女だけであった。唯一の皇子八穂宮を舎子の「実子」とし、翌年には親王宣下を済ませた。一八四七年、桜町は二八歳の若さながら譲位し、遐仁親王が即位した（桃園天皇）。このとき桃園は七歳であった。

五〇年には緋宮は親王宣下を受け、智子内親王となったが、同年、父桜町院が死去。皇太后となった舎子は、院号宣下を受け、青綺門院となり、桃園の「実母」として後見した。一七六二年、桃園が二二歳の若さで急死した。そこで異母姉に当たる智子内親王が践祚、翌一七六三年、即位礼を行う。桃園には英仁親王と二宮（伏見宮家を相続）の二皇子がいた。が、英仁はまだ五歳の幼児であった。そこで智子内親王を後桜町天皇として即位させたわけである。六七年、皇儲英仁親王を皇太子に冊立。一七七〇年、英仁皇太子に譲位した。異母弟の息子で甥の男系天皇の成長を見守っての典型的中継ぎ女帝であった（後桜町天皇については、差し当たり、所京子「後桜町女帝年譜稿」京都女子大学『史窓』第五八号、二〇〇一年、参照）。

一七七〇年、後桜町は、甥の英仁親王に譲位し、後桃園天皇は第一皇女を設けたのち、間もなく病死した。そこで閑院宮典仁親王の皇子祐宮《さちのみや》を皇嗣として立てることを内定、後桜町院が宸翰を出し、幕府の許可を得た。九歳の光格天皇の誕生である。後桜町院は、図らずも「皇統」を継いだ光格に対し、「人君」としての心得を教諭していたという。後桜町は、一八一三年七四歳で死去（前掲久保論文）。

以後、天皇の直系の皇子女は少なくなり、光格はみずからを「人君」「君主」と位置付け、天下人民に仁恵・慈悲を施すことを務めとし、強烈な君主意識を吐露している（藤田覚『江戸時代の天皇』講談社学術文庫、二〇一八年、二一三〜二一五頁。初刊は、講談社、二〇一一年）。

系図 23　後桜町天皇関係系図

〔備考〕太田亮『姓氏家系大辞典』巻頭「皇族御系図」などにより作成。所京子「年譜稿」『史窓』第 58 号、2001 年より重引。

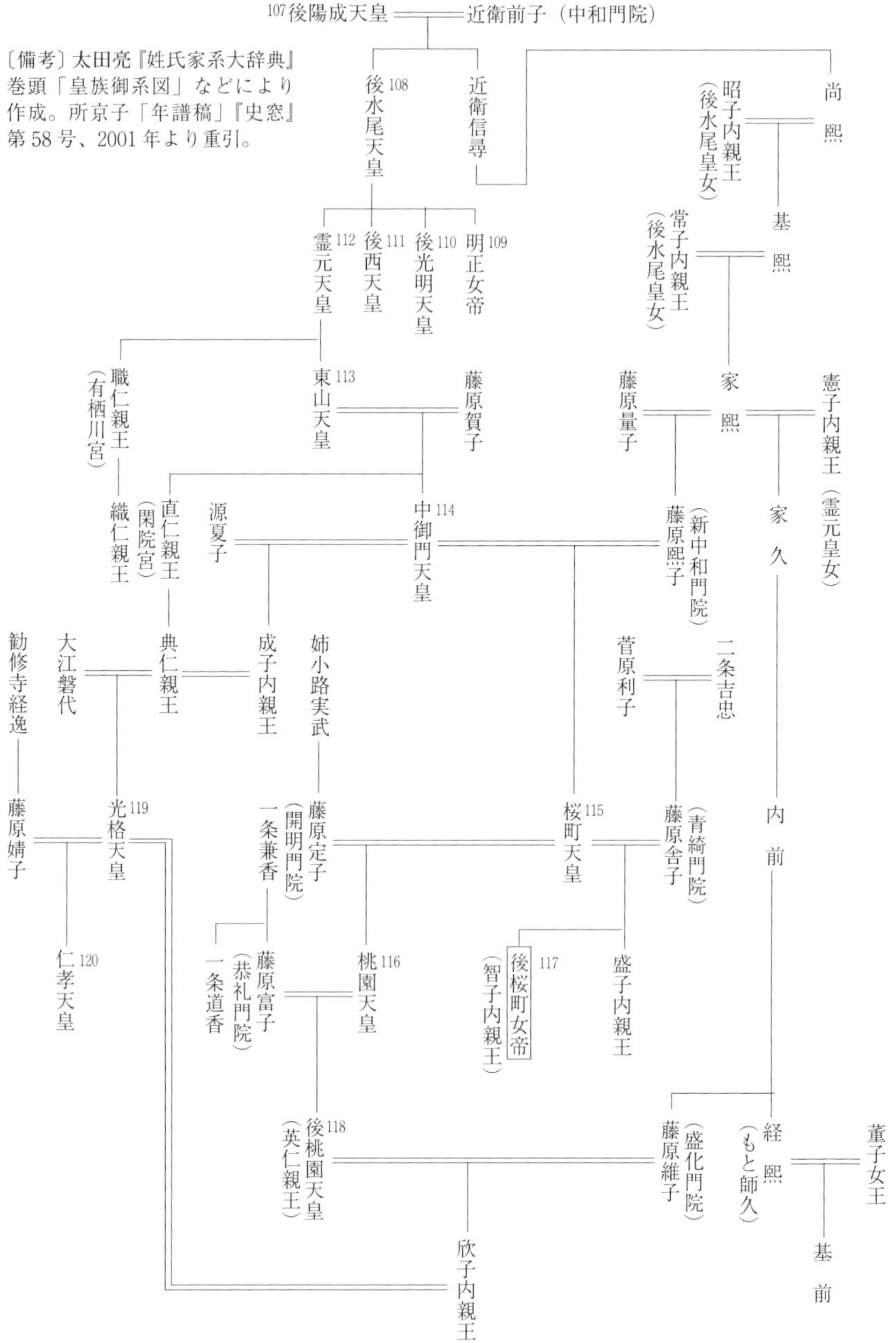

光格・仁孝・孝明と続くが、「皇統」保持の綱渡りが続き、明治天皇へと漸く繋がれた。光格以後、皆、側室から誕生した皇子・天皇であった。睦仁親王（明治天皇）や大正天皇もまた側室から誕生した天皇であった。

江戸時代に新宮家が相次いで創立

日本書紀や古事記、神話で第一代とされる神武天皇以降、すでに述べたように天皇家の歴史は、上代・大和政権時代、皇極（斉明）―天智―天武朝など、親族間で血で血を争う闘いに満ちている。特に上代古代は、その傾向が強い。天皇家に「神性」を与えるために、のちの「国家神道」に収束される、記紀神話などで、神々の創出が図られ、庶民の信仰していた八百万の神々も、結局、国家神道に組み込まれる。

すでに述べたように、中世以降、武家が権力を把握しつつも、天皇家の断絶はあえて行わず、利用する。あの名うての乱暴者の武者、織田信長といえども、天皇家の廃絶は行わなかった。信長の没後、豊臣秀吉が後を継ぎ、関白として、正親町天皇（在位一五五七年～八六年）の孫智仁親王を八条宮家として立てることに尽力した。宮家名はのち京極宮となり、さらに盛仁親王の時、桂宮となる。智仁は当初、秀吉の養子（猶子）となり、秀吉の後継者の一人と目されていたが、晩年に側室の淀君が男児を産んだため、宮家創設に踏み切った。二代目には後嗣がなく、後水尾天皇の皇子穏仁《やすひと》親王が養子となり、三代目を継いだ。

桂宮家は後継者に恵まれなかったため、八代の家仁・九代の公仁両親王が父子だった以外は、天皇や上皇の皇子が入って継いだ。伏見宮家と比べ、桂宮家は天皇家との血縁関係が強いということになるという。さらに一一代目の節仁親王は仁孝天皇（在位一八一七年～四六年）の皇子であったが、後嗣はなく、節仁の姉、仁孝の皇女である淑子内親王が桂宮家を継いだ。淑子は仁孝の息子である孝明天皇（在位一八四六～六六年）の姉に当たり、明治天皇の伯母になる。

桂宮家に次いで誕生したのは有栖川宮家で初代は後陽成天皇（在位一五八六～一六一一年）の皇子好仁親王で、一六二五年に高松宮という宮号を「下賜」された（浅見雅男『皇族と天皇』ちくま新書、二〇一六年、参照）。

これより前に徳川家康が江戸（東京）に幕府を開き、武家の総大将として、一六〇三年、天皇から「征夷大将軍」のお墨付きを貰い、その代わりに天皇家および公家に賄い料を支給し、実際は厳しい管理統制を天皇家・皇族・公家たちになされる。

前述したように、家康の息子の二代将軍徳川秀忠は、五女の和子を入内させた。後陽成天皇の息子・後水尾天皇（在位一六一一～二九年。上皇の座には一六八〇年の死去まであった）の中宮とさせ、その間に生まれた皇女興子内親王がのち明正天皇（在位一六二九～四三年。元明・元正両女帝の一字ずつをとった）となった。徳川家と天皇家は、ここに深い縁戚関係を結んだわけであった。

閑院宮家の創設――朝幕関係の良好化

後水尾が上皇となってから誕生した紹仁親王が明正の跡を継ぎ、一〇歳で即位、後光明天皇となる（在位一六四三～五四年）。後光明は皇子を残さず死去したため、有栖川宮家第二代の良仁親王（後水尾の皇子）が即位し、後西天皇となる（在位一六五四～六三年）。一七一〇年、閑院宮家が創立、中御門天皇（在位一七〇九～三五年）の弟直仁親王を立てる。徳川家宣将軍のブレーンであった新井白石が皇位継承のため、新宮家創立を建言し、それが受け容れられる。

一七〇九年、五代将軍綱吉の没後、甲府藩主徳川綱重の子綱豊が六代将軍家宣となり、林大学頭に代わって前出の新井白石を重用する。綱豊（家宣）は、一六七九年、左大臣近衛基熙の姫熙子と結婚。熙子は、綱豊の将軍就任に伴い、御台所となった。近衛基熙は将軍の岳父になった。この当時、朝廷は近衛基熙の全盛期であった。基熙は関白を経て、一七〇九年当時は、公家では江戸時代で最初の太政大臣となる。

基熙は「朝廷の御為の事はもちろん、大樹様御為」を念じる朝幕協調路線を取った。「大樹様」とは徳川将軍のことである。一七一〇年四月、家宣の招きで太政大臣として江戸神田御殿（かつての徳川綱吉邸）に赴く。滞在中の二年間は、将軍家宣や御台所熙子（実の娘）の歓待を受け、朝幕の交渉が持たれた。新井白石は、天皇家において、伏見宮、京極宮（桂宮）、有栖川宮家の三家に加え、新宮家の創設を建言し、閑院宮家が創設されたのであった（高埜利彦『天下泰平の時代』岩波新書、二〇一五年、一〇二～一〇七頁、参照）。これにより京都の朝廷と幕府との関係は、より良好さを増した。

幕末に二つの宮家を創設――中川宮家と山階宮家

幕末になり、二つの宮家が創立する。中川宮（久邇宮《くにのみや》）と山階《やましな》宮の両家である。中川宮家の初代は、伏見宮第二〇代邦家親王の子朝彦親王であった。山階家は、同じく伏見宮出身の晃親王で朝彦親王より八歳年長の兄であった。幕府・朝廷間にあって、両親王は少なからず悶着を起こしている（浅見前掲書二三一～二五頁）。いずれにしろ宮家創設には、幕府の財政的援助があってのことである。

繰り返すと、徳川時代にはもう一人の女性天皇（智子内親王）が誕生した。後桜町天皇である。後桜町は、きょうだいの桃園天皇が二二歳で死去すると、その皇子英仁親王はまだ五歳で幼なかったため、智子内親王は、二三歳で践祚、八年間在位したのち、甥の英仁親王（後桃園天皇）に譲位した。ところが後桃園も短命で、皇位に就いてから九年後に死去した。そこで九歳であった光格天皇が誕生。光格は閑院宮家の出身で、またいとこにあたり、後桜町が三一歳年上であった。このため、後桜町は光格の後見役としての務めを果たし、文化的な教養をも授けたという（江戸時代の天皇全般については、前掲『江戸時代の天皇』など、参照）。

第6章　王政復古・明治維新・天皇

1　欧米列強の開国要求

欧米諸国艦隊が来航し、開国要求

幕末期に及び、対外危機が襲ってくる。欧米諸国が軍艦を率いて来航、開国を迫った。鎖国政策をとってきた徳川幕府といえども、開国要求を一蹴することは困難であった。当時の天皇、孝明天皇（統仁《おさひと》親王。一八三一〜六六年。仁孝天皇の第四皇子）は強硬な攘夷論者であった。

一八三九年から清国とイギリスとの間に始まったアヘン戦争は、清国の敗北に終わり、南京条約により上海ほか五港の開港、香港の割譲で終わった。日本を含む東アジア情勢は激動期に入った。欧米列強は、資本主義的世界市場に強制的に編入させるための開国・開港等を要求、一八四六年には米国東インド艦隊司令官ビッドルが浦賀に、仏国インドシナ艦隊司令官セシーユが長崎に来航した。

同年、朝廷は突如として幕府へ勅書を下し、海岸防備の強化を命じた。この種の勅書を下すことなどはこれまでなく、朝廷が幕府に対外政策に介入するという点で時代を画した。対外的危機の深刻化が天皇・朝廷の政治的浮上の道を開いたことになる。とはいえ、天皇・朝廷にできることは国家と国土、天皇の安穏を神仏に祈願することのみであった（前掲『江戸時代の天皇』二六三〜二六七頁）。

日米通商条約締結と国内政局の動揺

一八五三年、米国東インド艦隊司令官ペリー提督が浦賀に来航、幕府は、アヘン戦争以来、「清国の二の舞」を避けることを基本方針に据え、欧米列強との紛争、戦争を回避してきた。しかしペリー艦隊の前には、その程度の回避策ではもはや対処できず、米国をはじめとする欧米列強の開国要求を呑むしかない状況におかれた。

問題は、幕府のこの選択を諸大名が支持するかどうかにかかっていた。幕府の独断専行の政治運営から、諸大名との合意、折り合いをつけながらの政治運営へと転換しつつあった。

2　孝明天皇の「公武一和」・攘夷論、倒幕には踏み込まず

天皇、関白鷹司政道に頭あがらず

朝廷内部にも対立があった。当時の関白鷹司政通は、孝明天皇を凌ぐ絶大な力を持っていた。孝明と政通は、同じく閑院宮家の血を引いていた。しかも政通は関白在職三〇年、年齢六五歳、老練、老獪さのうえ、「気魄雄渾、容貌魁偉」と称された豪胆な公家で朝廷内での議論を主導してきた。対外情勢に関する情報にも通じ、もはや開国は免れないと考えていた。幕府は、翌五四年、日米和親条約を締結、下田と箱館の二港を開港。続いて日英和親条約、日露和親条約を結んだ。幕府は国防体制が不備なので、日米和親条約に調印したことを朝廷に報告、一方、朝廷はそれでは条約調印もやむを得ないと同意し、了承した。

しかし、朝廷内部には関白鷹司政通への不満が鬱積し、幕府の措置に納得できない公家たちもおり、反発は強まっていく。しかし、天皇や公家たちには、国体安穏、天下泰平をひたすら祈り、伊勢神宮はじめ各地の神社への祈願と、

幕府への「神州の瑕瑾」なきようにと申し入れするにとどまった（前掲『江戸時代の天皇』二七一～二七四頁）。

孝明天皇は、関白九条尚忠への手紙に対して、「愚身（天皇）もかねての愚存申述べ賢耳（関白の耳）に入れ置き候こと……」といい、関白が下した決定を拒否できなかった（井上清「新政の演出　岩倉具視」『井上清論集1　明治維新』岩波現代文庫、二〇〇三年、二七二頁）という。

幕府は、米国総領事ハリスの通商条約締結の提起を受け、一八五七年、諸大名を登城させ、条約を締結せざるを得ない旨、説明し、「御国内人心一致」「御国内一統気を揃え」の必要性を説き、合意形成を図った。さらに京都所司代から朝廷へ、国勢挽回のため鎖国を撤廃し、「人心の折り合い」が必要であり、「叡慮」を伺う旨、老中堀田正睦を派遣すると伝達。孝明天皇は「私の代よりかようの儀相成り候ては後々までの恥に候や……」と、鎖国を要求、日本の神々と歴代天皇への畏れと責任感こそが孝明の通商条約反対の理由であった。国際情勢と日本のおかれた状況、国内の動向などを認識しての反対ではなかったのである。通商条約反対、広く諸大名の意見の聴取、米国が納得しないなら戦争、これが天皇と公家たちのおおよその意見であった。何たる国際情勢への無知ぶりであったろうか。

朝廷重臣に対する公家の不満・強訴

しかし、「正論」（攘夷論）が貫かれることの困難さを認識する公家もいた。「怜悧円熟」第一の人と称されていた内大臣三条実万《さねつむ》であった。太閤鷹司政通、関白九条尚忠や右大臣鷹司輔熙らが条約に賛成、孝明天皇は太閤に対しては相変わらず「太閤と差し向き応対となり候ては、私なかなか存念のほど一寸も申されず」というように、太閤には弱かった。

これら朝廷重臣に対し、反発する公家たちの動きが急展開する。権大納言中山忠能らが、条約は「神国の汚穢・御瑕瑾」だと主張する意見書を提出、続いて幕府一任の文面（勅答案）削除を要求する願書に署名し、集団で関白邸に押しかけ、勅答案の撤回を要求するという、前代未聞の公家の強訴が起こった。

そこで勅答案の変更を天皇より示唆され、新勅答案として「なお三家以下諸大名へも台命（将軍の命令）を下され、宸襟を安んぜられ候よう、再応衆議これ有るべく仰せ出され候こと」という内容であった。

堀田は、これに対し、「四面海を環らす孤独の国、世界万邦を皆仇敵に引き受け、殺戮絶える間もなく、いつまでも持ちこたえられらるべき筈もこれ無く」と諄々と説いたものの朝廷を翻意させることはできなかった。堀田は「堂上方正気の沙汰とは存ぜられず」として、公家たちの「頑迷固陋」ぶりに呆れ果てたという（前掲『江戸時代の天皇』二七六～二八九頁）。

幕府・朝廷内部でも意見の分裂と争闘——青蓮院宮（中川宮）の存在

やや遡り、標記のことについて、振り返っておきたい。御三家の一つ、水戸藩の徳川斉昭や徳川一門の親藩・譜代大名の多くも、当初は、開国に反対し、攘夷を主張した。またいわゆる天皇の「勅許」を待たず（実のところ、大老井伊直弼は、その必要を認めなかったらしい）、強引に締結したため、尊王派や攘夷派から大きな怒りを買った。

さらに前述したように井伊は、彼の推し進める政策に反対する勢力を抑えつけるために容赦のない弾圧を加え（安政の大獄）、尊王攘夷派の怒りに一層油を注ぎ、一八六〇年、水戸藩の浪士に暗殺された。

朝廷内部でも、錯綜する動きがあり、公家では岩倉具視、三条実美らの動き、皇族の間では青蓮院宮（中川宮）朝彦親王をめぐる動きがあった。長文連氏の『皇位への野望　明治維新の〈魔王〉中川宮』（柏書房、一九六七年）によれば、井伊大老暗殺後、徳川幕府の新指導部や幕閣たちが京都の朝廷対策を、抑圧から融和へと切り替えようとした時期に大きく浮上してきたのが、青蓮院宮（中川宮。のちに久邇宮《くにのみや》と名乗る）朝彦親王の存在であった。

井伊時代には恐ろしい存在と意識され、警戒されてきた青蓮院宮が、一橋（徳川）慶喜らにとって、かえって頼りがいのある、話の分かる大物と評価され、接近の度合いを深めていった。一方、宮中という温室育ちで、女官に囲まれ、一部の側近とのみ接触してきた孝明天皇にとって、青蓮院宮（中川宮）は同じく頼りがいのある親族と見做された（長前掲書一〇二～一一二頁、など参照）。

開国派の暗殺が続く

朝廷でも各藩各地の武士の間にも、尊王攘夷派が力を持ち始める。もともと幕末期には天皇の歴史的権威は、有力大名たちが幕閣の専断を牽制するために利用、幕府側からすれば、その逆手をとって、大名の反対意見を抑えるために利用した。幕閣派も一橋（慶喜）擁立派も朝廷を自派に引き入れるために、金品を天皇、皇族、上級公家たちにばら撒いた。

一方、幕府内でも、一橋派の岩瀬忠震《ただなり》、川路聖謨《としあきら》らの優秀な幕吏たちは開国論者であった。越前藩主松平慶永の腹心、橋本左内は「天慮曖昧にて亡国の患惹出候はゞ、之拠無き義にて、臣子憤りを包むケ所も御座候へ共」と公卿三条実万《さねつむ》を説得した。左内は蘭学を学び、強兵の基は富国にあり、今後「商政」をおさめ、貿易の業をひらくべきとし、人材の登用、兵制改革、諸学校の設置などを主張した。

土佐藩仕置役（家老にあたる）の吉田東洋は、洋式兵器の優秀さを知ってから海外情勢の知識の導入に努め、藩の特産品の輸出によって通商貿易を営み、その利益をもって、外国から艦船を購入する計画を立てた。吉田東洋の塾からは後藤象二郎、福岡孝弟、岩崎弥太郎らの俊秀が育成された。

また長州藩では、直目付長井雅樂《うた》が航海遠略策を唱え、攘夷に反対し、開国進取を国是とすべしとし、海軍を振興し、外国に渡航し、貿易を盛んにし、五大州を圧倒すべしという抱負を示した。いわば公武合体的開国論ともいえた。しかし、左内は安政の大獄により、東洋や雅樂は、自藩の武市瑞山、久坂玄瑞、木戸孝允らの尊王攘夷派から酷く憎まれ、結局、死に至らしめられた。彼らが示した政策は、木戸ら、維新後の尊攘派が開国派へと転じて、取った対外策や政策の先駆けといえた（遠山茂樹『明治維新と現代』岩波新書、一九六八年、一一七～一二〇頁）。

大老井伊直弼の登場と日米通商条約の締結

徳川家の古くからの譜代大名である彦根藩主井伊直弼は、一八五八年、大老に就任し、縺れ合う条約問題と将軍後嗣問題の一挙解決を図るため、強硬策をとることを決意、それを知った孝明天皇は暗い見通しを読み取ったのか、関白と三公に条約問題での決意は不変と伝え、伊勢神宮、石清水八幡宮、賀茂社への宸筆の宣命を持たせ、神の加護による「異国撃攘」を祈願した。しかしながら孝明は幕府への政務委任、朝幕融和（公武合体）を原則としていた。

将軍の継嗣には紀州藩の徳川慶福（のち家茂と改名）が決まった。天皇はいわゆる「戊午の密勅」を発し、水戸藩にもこの「勅掟」を伝え、御三家以下にも伝えるようにと命じた。これを知った井伊大老は尊王攘夷と将軍継嗣問題で対抗した一橋派（徳川慶喜を継嗣に推進する派）への弾圧を開始、水戸藩の前藩主徳川斉昭の国元永蟄居、藩主慶篤の差し控え、慶喜に隠居・謹慎、また公卿たちに対しても多くの謹慎処分を出した。さらに尊王攘夷派に対する大粛清を行った（安政の大獄）。

孝明天皇は、「公武合体して鎖国復帰」が一貫した意見であったが、異母妹和宮親子《ちかこ》内親王と徳川将軍家茂との結婚を「公武合体」の象徴と見做すなかでの公武一和策に掛けた。一八六〇年、大老井伊直弼は桜田門外の変で、水戸藩浪士らの手にかかって殺害された。

徳川斉昭ら、攘夷派らも「開国」やむなしの声

前述したように、幕末期、日本は国家的危機を迎えた。それまでは幕府は、政治の運営において、天皇・朝廷の意向について、一切伺いを立てなかった。水戸藩はじめ親藩といわれた諸侯からも「攘夷」の声があがった。水戸藩は、徳川光圀以来、水戸学が盛んで、天皇に敬意を払ってきた家柄であった。

前藩主の徳川斉昭（烈公）の母は、公家の日野家の娘で、妻は有栖宮織仁親王家の第一二女吉子女王（斉昭の息子、

藩主徳川慶篤と慶喜兄弟の母）であり、殊に天皇家や公家との繋がりが深かった。

徳川幕府は、親藩・徳川松平一門にさえ、攘夷派を抱え、おまけに孝明天皇らの根強い攘夷派も加わり、幕府の舵を握る老中や大老は苦慮に苦慮を重ねたものの、結局、徳川家康以来の有力な譜代大名の筆頭である彦根藩の藩主井伊直弼大老の豪力で、通商条約締結・開国路線へと転じた。

とはいうものの、井伊直弼に反対する一橋派の大名たちもいまや「開国」は避けられない事態であることを悟っていた。水戸徳川家、薩摩・島津家、土佐・山内家などは、摂家（近衛・一条・二条・九条・鷹司）や清華家（西園寺・徳大寺・三条など）など朝廷の上級公家と縁戚関係を結んでいた。摂家は、有力武家と「縁家」と呼ばれる、濃厚な血縁関係を結んでいた。近衛家と島津家、鷹司家と水戸徳川家、二条家と徳川将軍家、三条家と山内家の関係などが有名であった（井上勝生『幕末・維新』岩波新書、二〇〇六年、五六〜五七頁）。

薩摩の島津斉彬は縁家の左大臣近衛忠熙と内大臣三条実万に条約を「速やかに許容これある方が良策」という書簡を送った。攘夷論で有名であった徳川斉昭さえ、縁家の鷹司政道太閤に「いわれなく打ち払いと申す事にもあいなりかね」という書簡を送った。山内豊信も、縁家の三条実万に「戦争の危険がある」。条約締結は「最下策」のようだが、「ここは幕府に任せるように」と伝えた。越前の松平慶永も、側近橋本佐内を京都に送り、条約の承認と将軍継嗣に一橋慶喜の推挙を要請する。

井上勝生氏によれば、「上級貴族と大名の縁家のパイプによって、多様な意見や圧力が朝廷に出入りし、朝議を動かす。このパイプが幕末政治に重要な働きをする」と指摘、一方、上級貴族たち、とりわけ太閤鷹司政道は、ペリー来航時から、アメリカ国書を「甚だ平穏仁慈、憎むべきにあらず」と評価、「交易を為し、利を得る方、上策か」という開国論を述べていたという（同右五七〜五八頁）。

一方、孝明天皇は飽くまでも条約拒否である。攘夷について孝明は、「神武帝より皇統連綿の事、誠に他国に例なく、「日本に限る事、ひとえに天照大神の仁慮」、代々の天皇が「血脈違わざる」にして、日本は中国より優れた「神州」であり、欧米との修好通商条約は、「神州の瑕瑾」で「許すまじき事」と、飽くまでも固執する。自分の意志なら、戦争も辞さぬ勢いである。頑迷な「神国思想」で、エスノセントリズムといえよう。次の井上氏の指摘も正鵠を射ている。天皇（実際は閑院宮家が出自）こそが、神武以来の「万王一系」をつぐ「貴種」であるという「神話」は、この時に生まれた新しい「神国思想」である。こうした「幕末政争の前史」のうえに「明治憲法」で「万世一系」という天皇主義思想が創案される（同右六八〜六九頁、参照）。

第一四代将軍家茂（妻は皇女和宮で、孝明天皇の異母妹）は、一八六六年、若くして病死。そのあとを斉昭の息子徳川（一橋）慶喜が襲った。ちなみに孝明天皇の死去も、家茂と同じ年の一二月であった。公武一和を代表する両者の死は、尊攘派を勢いづけた。

皇女和宮の将軍家茂への「降嫁」——公武一和の象徴

ここでやや遡り、幕府は、井伊直弼暗殺後、融和策へと転じ、六〇年、公武一体をさらに推進するため、第一四代将軍徳川家茂と親子内親王の「降嫁」を求めた。天皇は、皇女がすでに有栖川宮熾仁親王と婚約しているとして、難色を示すが、「公武合体」のためとして漸く承諾、一八六二年、婚儀が挙行された（前掲『江戸時代の天皇』二九五〜二九六頁）。

親子内親王は、仁孝天皇の第八皇女で、孝明天皇の異母妹であった。その結婚のお膳たてをしたのが野心家で、若手の公家の岩倉具視であった。孝明天皇は激しい攘夷論者であったものの、公武一和（合体）派であり、政略家の岩倉具視らの、和宮の「降嫁」策に渋々ながら同意した。

しかし、もともと病弱であった家茂は幕末の激動期に大任を果たせず、一八六六年七月、二一歳で死去、後継に徳川慶喜（斉昭の第七子）が就任した。

以上にみたように徳川幕藩体制が、内においては尊王攘夷、外においては開国要求に押され、家康以来、盤石を誇った幕藩体制が急速に危機に陥った。それを背景に外様大名の雄藩である長州・薩摩・肥後・土佐藩等の武士や、若い公家たちが呼応して、幕府の打倒を目指す。

しかし、孝明天皇は、攘夷論者ながら、倒幕には同調せず、まして妹婿の家茂との争いは好まなかった。こうした天皇の意向は、幕府からの権力を奪還しようとする、若手・中堅公家や長州・薩摩など雄藩武士たちにとっては、目障りな存在であったといえる。

長らく政治圏外にあった天皇を錦の御旗として、事実上のクーデタを敢行、「官軍」を名乗り、徳川幕府を追い詰めていった。最後の第一五代将軍徳川慶喜は結局、形勢を悟って、大政を奉還し、徳川の家の存続を図った（詳しくは、藤田『江戸時代の天皇』参照）。

孝明天皇の死

これより前の一八六六年一二月二五日、孝明天皇は突然死去。この月の一一日、天皇は風邪を押して、出御し、琴の作法につとめたが、翌日発熱し、一四日には疱瘡の疑いが出て、手厚い看護を受けたものの、にわかに容態が悪化し、あまりにもあっけなく死去した。享年三六歳であった。このため岩倉らによる毒殺説まで出る有様であった。

睦仁親王は、孝明天皇と側室の女官中山慶子（中山忠能の娘）との間に生まれた皇子（庶子）で、以後、政治の実権は、孝明時代には排斥されていた公家である三条実美や岩倉具視、および薩長藩閥の武士たちによって、この幼い天皇をお神輿に主導されていく。とはいえ、その道も一直線ではなく、岩倉より格が上の近衛・鷹司・一条・二条・九条のいわゆる摂関家の人びとは長年にわたる徳川家や有力大名と繋がっており、また伏見宮邦家の皇子で朝彦親王（青蓮宮、中川宮ともいう）の存在も見逃しがたい。

朝彦親王は、当初仏門に入り、法親王であったが、もともとは野心的な皇族であり、のち還俗して、中川宮と名乗り、孝明天皇の顧問格として、天皇に影響を与え、皇位への野望さえも、一時は、抱いていたという（長文連『皇位への野望　明治維新の〈魔王〉中川宮』参照）。そののち久邇宮と宮名を替え、昭和（裕仁）天皇の妃・香淳皇后（良子女王）の父久邇宮邦彦《くによし》王や、敗戦後初の皇族内閣を組織する東久邇宮稔彦《やすひこ》王、朝香宮鳩彦王ら、母の異なる皇子たちを次々と誕生させた。この朝彦親王をめぐっても、朝廷・宮中内部に「尊王攘夷」をめぐる様々な動きがあった（長前掲書参照）。

武士階級においても藩主や一般藩士、若い武士や、上位にある老練な武士たちの間、また藩主たち同士でも種々の思惑を秘めていた。当時の天皇は、父孝明天皇の後を継いだ祐宮《さちのみや》睦仁（一八五二年生まれ）で、まだ成年に達せず、大勢の女官に囲まれ、宮廷生活に明け暮れていた。

「草莽の士」と明治維新――王政復古クーデタ

右の一事をもってしても、「明治維新」なるものは、吉田松陰の高弟久坂玄瑞《げんずい》のいう、いわゆる民衆を含む「草莽の士」による国家社会への変革志向はあったものの、こうした純粋ともいうべき「尊王攘夷」、世直し論は排斥され、松陰や玄瑞らは死に至らしめる。このような血塗られた闘争の結果、下級武士を中心とする武家や公家階級による「下剋上」的権力の奪還として「明治維新」があったともいえまいか。

薩英戦争や下関事件などを体験し、欧米列強の力を見せつけられた、のちの維新指導部は、考えを一変させ、いままで掲げていた「尊王攘夷」政策をあっさりと放棄し、一早く「脱亜入欧」への道へと転換を図る。すなわち欧米列強を見倣って、近代化路線・膨張主義・侵略主義を摂取し、中国・朝鮮など東アジアの近隣諸国の侵略への道を驀進、武力大国化への道を探っていった。

幕末までの天皇・朝廷と武家社会と、民・女性の暮らし

ここで、再び、時代を遡ってみておこう。中世以降、武士に権力を奪取された天皇および公家たちは、京都という狭い空間に押し込められ、独自な境域をつくっていた。が、その世界とは、もっぱら歌道、蹴鞠、舞踊、香道、書道、琴など遊興の世界であった。

なかには、かつての、後醍醐天皇、後白河天皇など武士から政権を奪取しようとする天皇も登場したが、彼ら以外のほとんどは、武士の勢力下におかれ、ただその「権威」のみを誇示して生きてきたといえる。敷衍すれば、太閤豊

臣秀吉や、徳川幕府から賂い料を得つつ、なかには酒食に耽り、側室や妾を抱える貴族たちも多くいた。

しかし、酒食に耽るのは、天皇や公家に限らなかった。井上清氏は、「上流武士・大町人・富農等一団の飽くなき奢侈逸楽と、国民大衆の底知れぬ窮乏、こうした武人社会が女性民衆に示した結論は、第一に遊里娼婦制の空前の繁盛である」「一方では、生きるために身を売るも已む」を得ない、飢えに迫った農民や都市細民の女性がいたと指摘。明治維新当時にも、京都の官軍諸藩士、宮・堂上の家来たちが農商婦女を勾引し、あるいは威力をもってするのを厳禁せねばならない始末であった（『太政官日誌』一八六九年三月一二日）という。

さらに氏は、国民は飢饉のために夥しい餓死者を出したのみでなく、どうにもこうにも暮らせなくなった百姓町人たちは、遂に家族の制限を始める。都市では堕胎が、地方では「間引き」すなわち生児陰殺が、日本中の母の心を四苦八苦に苦しめさせつつも行わざるを得なかった（前掲「明治維新と女性の生活」一九二九年。井上前掲書三九〜四四頁）と指摘している。

3　将軍家茂、孝明天皇の死で倒幕派が勢いづく

攘夷論から開国への転換

前述したように、幕藩体制の末期、外国からの侵略という国家的な危機が生じるに際し、幕府は、それまでの鎖国政策からの転換をやむなく迫られる。徳川政権は、代々、鎖国政策を奉じてきたが、一八五三年、米国の提督ペリーが軍艦四隻を率いて神奈川県浦賀に来航、以後、右往左往し（いわゆる「黒船」騒ぎ）、欧米列強の開国の圧力に抗しきれず、五八年、大老井伊直弼の強力な指導力で、開国へと舵を切り、日米修好通商条約、日英修好通商条約を締結した。

当時の天皇である孝明天皇は、欧米諸国の人びとを「夷狄」扱いし、激しく攘夷を主張したものの、日本のおかれ

た情勢を勘案せず、西洋人との直接の接触をも持たず、独断的な攘夷に固執していた。幕閣の面々は否応もなく、欧米の力を見せつけられ、厳しい対応を迫られた。太平の夢を破られた武家政権はもとより民衆も得体の知れない「魔物」の出現に戦々恐々とした。

幕府軍敗退、将軍徳川慶喜、大政奉還を決意

幕府軍の長州戦争での敗北、鳥羽伏見での戦い、戊申戦争の敗北など、雄藩武士と公家・皇族の連合軍の「官軍」による戦争で、幕府軍は敗退した。ちなみに幕府方につく異色の皇族がもう一人いた。輪王寺宮能久親王である。能久親王は、伏見宮邦家親王の第九皇子で、のち北白川宮能久親王と改称。維新後、日清戦争に従軍中、台湾で病没、没後、大将に昇任した。

能久親王は、没後、日本帝国主義が、強引に植民地領有した台湾の台北に台湾神社を創建、祭神として祭られた。台湾住民にとってはまことに迷惑な神社であった。その長子は、恒久王（竹田宮家を創立）で、のち明治天皇の側室の園祥子が産んだ皇女と結婚。すなわち明治天皇は、竹田宮の義父、大正天皇は義兄にあたる。

一八六八年、右のような経緯を辿りつつ、徳川慶喜は、「大政奉還」を決意、ここに徳川幕藩体制は崩壊し、新しい政治体制がつくられる。

4　幼帝を神輿に下級武士、公家たちが権力簒奪

天皇は「お神輿」——大久保利通・木戸孝允らの天皇観

長らく禁中に押し込まれてきた天皇が、なぜ、下級武士たちによるクーデタの錦の御旗に掲げられるにいたったの

であろうか。興味深い書簡類が遺されている。いくつか見ておこう。

右のごとく、「明治維新」は成就したものの、新政府の指導者となった大久保利通（薩摩藩士）の言にみられるように「非議勅命は勅命に非ず」（一八六五年の西郷隆盛宛ての書簡）と言っているように、討幕派武士たちにとって、国家方針を誤るものならば、たとえ勅命、すなわち天皇の命令であっても従う必要はないと断言する。ここに彼らの天皇観の一端が伺える。*

木戸孝允（長州藩士）にしても、「其期に先んじて、甘く玉《うま》（天皇）を我が方へ抱え奉る」というように、天皇は自分たちの正当性を獲得するための神輿であり、国家権力確立の手段であった（鈴木正幸『皇室制度』岩波新書、一九九三年、一二頁）ことをいとも率直に書き残している。大久保も木戸も新政府の指導者として、明治国家・明治政府の礎を築いた中心人物である。

＊鹿野政直『近代日本思想案内』（岩波文庫、一九九六年）は、啓蒙思想家で、明六社同人となる西周《にしあまね》の「就中我カ日本国ニ至リテハ神武創業以来皇統連綿茲ニ二千五百三十五年君上ヲ奉戴シテ自ラ奴隷視スルハ之支那ニ比スルニ尤モ甚シ」（国民気風論）と引きつつ、「天皇の存続してきたこと自体を、日本人の奴隷的心情がいかに深かったかのあらわれとする激しさ」と指摘する（同書四四頁）。

「征韓」論をめぐる政府内の対立で分裂の危機

彼らは「明治国家」草創期にあって、隣国朝鮮への侵略を狙い、相互に議論を凌ぎ合う。岩倉を正使とし、大久保・木戸らが副使となり、欧米諸国に見学調査の使節団を派遣。その留守中の、一八七三年八月一七日、参議の筆頭西郷隆盛・板垣退助らが、西郷を朝鮮への大使として派遣することを決定。大使とはいえ、朝鮮侵略の戦争をする切っ掛けをつくるための挑発に赴く大使であった。太政大臣三条実美（実万の息子）は、公家方の最高実力者、岩倉具視の留守中に国家の存亡にかかわる大事を決定することに反対し、箱根に避暑中の睦仁天皇に報告、決定の引き延ばしの裁可を得た。

遣欧米使節団の副使であった木戸・大久保は、岩倉より早く帰国、この当時の西郷らの「征韓」論には反対でありながら、二人とも、あえて反対の挙に出なかった。岩倉の帰国を待って一挙に粉砕することを狙っていた。木戸はかつて「征韓」論の主唱者であったものの、西郷の「征韓」の背後にある士族救済を主眼とする思想や政策には断固として反対であった。

九月一三日、岩倉が帰国、事態は急進展する。岩倉は、三条と話し合い、その場で「征韓」論に反対することを決めた。「征韓」派は西郷・板垣・後藤象二郎・江藤新平・副島種臣の五参議、反対派は、岩倉右大臣と、大久保・木戸・大隈重信・大木喬任の四参議と三条太政大臣である。大久保が「征韓」を不可とする理由を理路整然と述べ、財政は、膨大な外債を抱え、もしこの上、外征すれば、国民にさらに重税を課し、どのような大乱を引き起こすかしれないことを力説。この説に「征韓」派は反駁できなかった。とはいえ、西郷は、近衛兵（親兵）を暴発させて天皇の賊とすることを避ける唯一の策は、これを外征に用いて新たな手柄を立てさせる他ないと考えた。三条はにわかに脳病を発し、自邸に籠った。

そこで天皇に岩倉を太政大臣代理に任命してもらい、岩倉が天皇に「征韓」不可、西郷大使の派遣無用との私見を提出、天皇に裁可してもらった。天皇が三条を見舞った後、岩倉邸を訪問、岩倉を太政大臣代理に任命した。

これらについて、井上清氏は、「岩倉・大久保が討幕のときに体得した『玉』（天皇）を握ってクーデタをやる秘策」（以上の経緯については、「新政の演出　岩倉具視」井上前掲書二九六〜三〇〇頁、参照）と指摘。ともあれ敗れた西郷は帰郷し、やがて郷里の士族たちに担がれて西南戦争を起こし、政府軍と戦い、自刃するにいたる。明治政府最初の危機がこうして回避される。

七七年木戸は病死、七八年大久保は暗殺（紀尾井坂の変）され、相次いで死去する。あとは長州閥の伊藤博文らが継ぎ、皇室制度や憲法などの法整備に当たった。

睦仁親王の即位と、引き継がれた側室制度

すでに述べたように明治天皇は、幼名を祐宮《さちのみや》睦仁といい、一八五二年、孝明天皇の「庶子」として誕生。生母は、公家の中山忠能の娘中山慶子であった。孝明天皇自身も、仁孝天皇の庶子で、その父光格天皇もまた側室の生んだ天皇であった。光格天皇は、閑院宮典仁親王の第六皇子で、後桃園天皇の養子となり、儲君となり、側室・典侍勧修寺婧子との間の皇子が仁孝天皇となった。言い換えれば、側室の存在抜きに天皇家の血の継承はできなかったともいえる。時代が遡れば遡るほど、妻妾の数は多く存在したことはすでに述べたとおりである。天皇家同様、将軍家や大名家なども多くの妻妾を抱えた。*

＊井上清氏は、前掲書でいわゆる家の思想は、女性に対して底知れぬ屈辱と忍従を道徳の名において強要した。「水戸黄門」で知られる徳川光圀は、家督相続辞退で、有名な「家」の秩序の擁護者とされるが、彼には勿論妾が幾人もあった。しかしその妾たちが妊娠すると、自分に子が出来たなら兄の子が家督を継げないからといって、片端から堕胎させた、という。また井上氏は、光圀から始まる同じく水戸藩の水戸学の儒者、尊王攘夷派の指導者会沢正志斎がその著『廸彝論』の一節に「西洋人は野蛮人である。何故なら西洋人は家を重んじない。だから家の後嗣の子がなくても平気で妾も置かず、一夫一婦で平気である。こんな野蛮人共に神国汚さすな」（井上「明治維新と女性の生活」一九三九年、井上前掲書一六〜一七頁）とある。「家」のために子を堕胎させ、「家」のために妻妾に子を産ませるということに男中心の世界、道徳のもとに女性たちが忍従と屈辱の日々を送らさせられたと記述、男尊女卑の家族観が公然と語られていたことがよく分かろうというものである。

一八六九年、明治天皇は、三歳年上の一条美子《はるこ》皇后と結婚、その間には子女は産まれず、五人の側室との間に皇女一〇人、皇子五人が誕生した。皇子として唯一成人したのが嘉仁親王で、生母は、公家の権大納言柳原光愛の娘愛子《なるこ》であった。一五人の子女のうち、成人したのは、一八七九年生まれの嘉仁親王（明宮。のち大正天皇）と、四人の皇

女で、生母は園祥子で、彼女が生んだ八人の子女のうち成人したのが四人であった。一八八八年生まれの常宮昌子内親王、一八九〇年生まれの周宮房子内親王、一八九一年生まれの富美宮允子内親王、一八九六年生まれの泰宮聰子内親王であった。

柳原愛子、園祥子とも宮廷に仕える女官で、いずれも公家の娘たちであった。二人のほかの三人の側室もみな公家の娘たちで、権典侍たちであった（園祥子は、最初、権掌侍）。ちなみに美子皇后について、「女学」の勧め、製糸（絹）に代表される殖産興業、〈慈恵と博愛〉を説く開明的な皇后像を肯定的な立場から描いた著に小平美香『昭憲皇太后からたどる近代』（ぺりかん社、二〇一四年）や、今泉宜子『明治日本のナイチンゲールたち——世界を救い続ける赤十字「昭憲皇太后基金」の100年』（扶桑社、二〇一四年）がある。

一九〇〇年、皇太子嘉仁親王は、長じて満二〇歳、五歳年下の九条節子《さだこ》（九条道孝の娘で、尚忠の孫）と結婚、四人の皇子を儲けた。第一子が廸宮《みちのみや》裕仁親王（昭和天皇）、第二子が淳宮（秩父宮）雍仁親王、第三子光宮（高松宮）宣仁、第四子が澄宮（三笠宮）崇仁の四子が誕生。「明治皇室典範」では側室制が維持されていたが、結局、大正天皇は、側室を侍らせることなく終わった。

裕仁天皇も、久邇宮邦彦王の息女良子《ながこ》女王との間に五女二男（うち皇女一人が夭折）を儲けたが、皇子になかなか恵まれず、側近に側室を勧められるが、固辞し、側室制を事実上、廃した。さらに敗戦後の日本国憲法と同時に制定された新皇室典範において、制度的にも側室制度を廃止する。

なお、昭憲皇太后を「孤高の女神」とし、大正天皇の后の貞明皇后を「祈りの女帝」として描く小田部雄次『昭憲皇太后・貞明皇后』（ミネルヴァ書房、二〇一〇年）が資料を駆使し、詳細に描いているが、同書もまた批判的分析は避け、肯定的な評価に終始しているといってよいと思われる。

第7章　近代天皇制と皇后像

1 「近代皇室」の誕生へ

美子皇后の指導力で「宮廷改革」を図る

一八六八年、京都から江戸（東京）へ移るに際し、睦仁天皇は、三〇〇人の女官を従えて入京した。明治維新後も、後宮は、従来のように、「宮禁の制度、先例・故格を墨守」し、「先朝以来の女官権勢を張り、動もすれば聖明を覆う状態で、天皇は文字通り女官に囲まれて生活していた。

翌六九年、武士層を中心とする明治政府は、宮廷改革を試み、律令制に倣って尚侍・典侍・権典侍・掌侍・権掌侍・命婦などと続く名称・人員・官位相当を整序し、典侍に次ぐ地位にあって後宮の取締等、事務一切を取りしきってきた勾当内侍を廃止した（片野真佐子「近代皇后論」（『岩波講座　天皇と王権を考える　7　ジェンダーと差別』岩波書店、二〇〇二年、参照）。しかし、数百年来の慣習打破は、至難の業であり、天皇は相変わらず薄化粧に結髪姿で[*]、女官に囲まれていた。

＊一八六八年三月三日、英国公使パークスとともに明治天皇に「謁見」したミットフォードは、当時の天皇の様子を「彼は白い上着を着て、詰め物をした長い袴は真紅で婦人の宮廷服の裳裾のように裾を引いていた。……頬には紅をさし、唇は

赤と金で塗られ、歯はお歯黒で染められていた」と記している。他方、アーネスト・サトウの「謁見記」では、「口の格好はよくなく、医者のいう突顎（プラナグサス）であったが、大体から見て顔の輪郭はととのっていた」とこもごもその容貌を率直に記述している（長岡祥三訳『英国外交官の見た幕末維新』講談社学術文庫、一九九八年、『一外交官の見た明治維新（下）』岩波文庫、一九六〇年。両著とも、八木公生『天皇と日本の近代　上　憲法と現人神』講談社現代新書、二〇〇二年より重引）。

後宮制と側室制度

一八七一年、激震が宮中を走った。女官総免職の方針が打ち出され、まずすべての女官を罷免、次いで六九年に整序された官位に従い任命し直し、睦仁天皇の皇后（正室）となった美子皇后（五摂家の一つ一条家の出身）は、リーダーシップを発揮し、「爾後、皇后の命を奉じて勤仕」すべきこと、「族姓に関せず、女官を登用」すべきことなどを告示、和歌の名手である税所敦子や下田歌子ら、武家出身の女官の道も開いた。のちに女性自由民権活動家として知られる岸田俊子（中島湘煙。夫は自由党幹部で初代の衆議院議長となる中島信行）は、「平民」として女官になり、皇后に進講した。

ついで翌七二年、孝明天皇以来の女房として権力を振るってきた広橋静子と高野房子以下三六人の女官が罷免され、以後、「後宮の権力始めて皇后の掌中」に帰し、軋轢の尽きなかった天皇付女官と皇后付女官の区別がなくなり、「皇后主宰」の実現をみた（詳しくは、片野前掲論文参照）。

美子《はるこ》皇后は、一八四九年、従一位左大臣藤原（一条）忠香の三女勝子として生まれたが、実は忠香の「妾腹」の子であった。睦仁より三歳年上で、当初、女官に囲まれ、何かと気弱であった夫を励まし、大日本帝国の元首として武張った天皇へと脱皮させるのに一役買った。なお、当時は、女性が三歳年上は「四つ目」といって、不吉とされ、美子の生年は、一年ずらし、一八五〇年生まれとされた。いずれにしても二人とも「側室」の子であった。

「正室」たる美子には子は恵まれず、睦仁は、五人の側室を抱えるにいたる。七三年五月、後宮から失火、住まいは炎上し、赤坂離宮が仮皇居とされた。孝明天皇の妃（准后）、九条夙子《あさこ》（英照皇太后）に仕えていた柳原愛子《なるこ》（公家柳原光愛の娘。兄は柳原前光で、その娘は歌人で有名かつ九州の炭鉱王と結婚し、話題となった柳原白蓮。のち社会運動家宮崎竜介と結婚。白蓮は愛子の姪になる）を見初め、愛子は、のち皇太子となる嘉仁親王を生んだ。愛子は一三歳で宮廷に出仕、睦仁は、愛子を「早蕨」という源氏名をつけ寵愛し、権典侍として皇后に認めさせた。

「後宮を総べるとは、単に天皇の妻の役割」を担うことではなく、美子は、入内に際し、一条の家から伴った高倉寿子典侍を使い、天皇の寝所に配する女官（側室）を管理統制する。こうして以後、さきの柳原に加え、権典侍の葉室光子、橋本夏子、千種任子、園祥子の五人の女官を側室とし、一〇皇女五皇子を誕生させた。が、成人まで育ったのは、前述のように皇子では嘉仁親王（一八七九年生まれ）と、園祥子の生んだ四人の皇女たちであった。昌子内親王、房子内親王、允子内親王、聰子《としこ》内親王である。

彼女たちが、結婚する時を慮って、天皇家は、新宮家を創設した。久邇宮朝彦親王の家から分家した朝香宮・竹田宮・東久邇宮がそれである。ちなみに竹田宮の初代は、北白川宮能久親王の第一子恒久、朝香宮の初代は、久邇宮朝彦親王の第一七子鳩彦《やすひこ》、東久邇宮の初代は、同じく朝彦親王の第一八子稔彦であった。

加えて敗戦時の首相東久邇宮稔彦王は、明治天皇の息女聰子内親王と結婚、裕仁天皇の第一子照宮成子内親王は、聰子妃と稔彦王の子息盛厚王と結婚。裕仁天皇にとって、東久邇宮聰子は父嘉仁親王（大正天皇）の異母妹に当たり、裕仁天皇の第一皇女成子の大叔母ともいえた。また自身、稔彦王は、裕仁天皇の義理の叔父でもあった。

いままでにみられるように、天皇家のみならず、多くの宮家の「当主」にもたくさんの妻妾がおり、母の異なる子どもを多く生ませていた。さきの鳩彦王と稔彦王は同年生まれの異腹の兄弟であった。古代に始まる後宮制度は、「明治」の時代においてもなお、健在であった。ちなみに前述したように、睦仁天皇も美子皇后もその母は、「正室」ではなかった。言い換えれば天皇家の「血統」は、側室制度で守られていたといえる。

「近代化」＝欧米化――軍国化と美子皇后

遅れて、西洋の近代化・帝国主義列強を見倣い、帝国主義国家への道を歩み始めた明治国家にとっては、天皇を従来の「雅」びの世界から脱皮させ、「軍国日本」に相応しい君主へと転換させる必要に迫られた。それを痛感したのが主に軍権を握る旧薩摩・長州両藩の武士たちで、なかでも薩摩藩（鹿児島）の西郷隆盛は、天皇の親兵である近衛兵の制度をつくり、天皇に統帥権＝軍権を行使させるべく、画策する。

一八七七年、西郷は「征韓論」に敗れ、下野し、鹿児島に帰郷中、不平士族に担がれて「西南戦争」を起こした。そのさなか、京都に滞在中の美子皇后と英照皇太后の様子について、『明治天皇紀』は次のように述べている。「出征将卒の傷病者多きを深く憐ませられ、女官等を督して御手づから綿撒糸を作らせられ、征討総督〔有栖川宮〕熾仁親王をして、他の慰問品とともに之を負傷者に頒たしめたまふ」と伝える。

一方、天皇その人は、西郷隆盛を敬愛していたともいわれ、この時期、同じく京都にあっても、日夜常御殿にあり、拝謁者と会うほかは、学問所にも出ず、ただ毎朝、西南戦争の概況を太政大臣三条実美から聞くのみで、引き籠っていた。常御殿では左右に女官を侍らせ、大臣・参議であっても、下級女官の取り次ぎがなければ、誰とも会おうとしなかった。西郷を思う気持ちで、鬱屈がたまり、酒と乗馬に気をまぎらす状態にあったという。

要するに、天皇は、政治的君主としての自覚に欠け、かつてのように後宮に入りびたり、政府要人を避け、公務・政務も滞らせがちであった。「維新の功臣」木戸孝允（元長州藩士桂小五郎）は、以前より、このような天皇のありように対して危機感を募らせ、「君徳輔導」の必要性を痛感していたものの、西南戦争のさなか、病死した（片野『皇后の近代』講談社、二〇〇三年、三二～三四頁）。大久保利通の危難へと続く維新を主導した「英傑」の死であった。

同年九月一四日、西郷軍は追い詰められ、西郷は、自決するにいたる。睦仁天皇は、「西郷隆盛」という題を皇后と女官に与え、「隆盛今次の過罪を論じて既往の勲功を棄つるなかれ」と命じたという。皇后は、これに対し「薩摩潟しつみし波の浅からぬはしめの違い末のあはれさ」と返した。これは、天皇の西郷への思い入れを痛烈に批評・批判している歌ともいえようか。

ともあれ、美子皇后は、天皇の男性側近者と図り、大日本帝国の「帝王」として相応しい「君主」づくりを推進していく。飛鳥井雅道『明治大帝』によれば、宮廷改革は、「奥向きの決定権」を女官から奪取し皇后に集中させ、その結果、男が関係する職務が、元武士の吉井友実ら宮廷官僚の男性の掌中に帰す。飛鳥井氏は、その結果、守旧派公家の排除から女官総免職にいたる一連の過程を「天皇の武家化」と認識した。

前述のように片野氏が叙述しているように、美子皇后（昭憲皇太后）は、日本の近代化を志向していたこと、しかも、それは取りも直さず日本の富国強兵・殖産興業路線を目指し、軍国化を支えていたということを意味する。片野氏は、殊のほか海軍を好んだ美子皇后に「日本という軍艦の舳先」に立つ「近代化」の「水先案内人」の姿をみる（『皇后の近代』五頁）と述べている。

柳原愛子——宮中の「雅」・伝統を尊重

美子皇后とは対照的に、睦仁天皇の愛妾、柳原愛子（二位局といわれ、のち死去したとき、一位を与えられた。大正天皇の生母。睦仁天皇は、「ちゃぼ」とのあざなをつけ、寵愛した）は、軍事や外交、財政などの政治は「下々」のする仕事で天皇、天皇家はそういう仕事などするものではないと、嘆いたという。公家にとって、伝統的な天皇制というのは「雅」の象徴、文化の伝統を守る役割を果たすものと認識していた（松本健一「光格天皇から昭和天皇まで」『大航海』第四五号、二〇〇三年、参照）。

柳原愛子は容姿端麗だけではなく、聡明で才知にたけ、天皇からことのほか寵愛を受けた。明治天皇の死後、大正天皇時代の宮中にのこり昇進して二位局となった。宮中の慣習などに通暁していたため、大久保利道の子息牧野伸顕が宮相に就任すると、宮中のしきたりなどについて相談を受ける存在であった（片野前掲書四九頁）。

いずれにしろ睦仁天皇にとっては、愛子は、皇后美子と違い、心やすらぐ存在だったのであろうか。愛子のこうした宮中の伝統を尊ぶという考えが、実の息子で成長後の嘉仁親王（大正天皇）にどのような影響を与えたかは、いまのところわからない。

美子皇后――妻として、「国母」として政治外交軍事に並々ならぬ関心

前記片野氏によれば、美子皇后は宮中を束ねるとともに、強烈な政治的個性を発揮した。美子皇后が時に詠んだ歌にそれはよく反映している。

「外国《とつくに》のまじらひ広くなるままにおくれじとおもふことぞそひゆく」（一八八八年）
「みいくさの艦《ふね》にやどりし山鳩のつばさの上に神やましけむ」（一八九四年）
「仇波はよせぬみなとにいくさぶねそなふる御代のいさましきかな」（一八九八年）

といった歌から、「軍国日本の士気」を鼓舞するさまが読み取れよう（引用は、片野前掲論文による）。二つ目の歌が詠まれた一八九四年は、眠れる大国・清国との戦端が切られた年であったことを思えば美子の軍国心の強さが一見される。

右のように、美子皇后は、それまでの皇后とガラリとかわって、軍事に関しても多大な関心を有した。皇后は天皇と同伴し、軍事演習などの視察にも熱心であった。一八七三年、蒼龍丸に乗船して軍港横須賀に行き、猿島沖でも船兵操練を視察、翌七四年には小石川造兵司（のち東京砲兵工廠と改称）に行き、鉄工場、火工場などを巡回、新式兵器の製造を見学する（小田部雄次『四代の天皇と女性たち』文春新書、二〇〇二年、四八～四九頁）など当時の天皇以上に「武張った皇后」ともいえる側面があった。

軍事演習の視察は、一八八〇年代にも続けられ、一八九〇年の秋の茨城県での近衛兵の演習では、美子皇后は、次のように感懐している。その一節からも、軍事大国への並々ならぬ思いが読み取れる（原文は『昭憲皇太后の御坤徳』。小田部前掲書からの重引。なお、引用文には、適宜、句読点を補った）。

「筑波山近く見えて、けしきいとよし、おおかたはきのふのごとし、されど今日は敵のちかづきたりと見えて、大砲小銃のおとはげしく、広き野にも、ひびきわたりぬ。上〔天皇〕には例の御馬にて道も定めさせたまはず。森の中、松の林などにわけいりて、見めぐらせたまふに、木の枝の御あぶみにかかるもいとかしこし。みづから〔皇后〕も車よりいでて、小銃の連発、または大砲うちかたなども、見ずやと、付添へる士官のいふにさらばとておりたつ。黒けぶりたちのぼる中に、火気見えてはげしき音のきこえたるいといさまし」

というように、まさに「軍国の母」に先行する軍国の「国母陛下」の面持ち十分であった。

広島の大本営を訪問

一九〇一年、日清戦争後、軍事救護を目的に、近衛篤麿（近衛文麿の父）、大山捨松（旧姓山川、のち陸軍大将大山巌の妻）、や樺山資紀（海将、台湾総督などを歴任。白洲正子はその孫）などの支援を得て、奥村五百子らが愛国婦人会を結成すると、美子皇后は、第四回総会に出席した。時あたかも日露戦中でロシアのバルチック艦隊を撃破、日本海海戦の勝利確定に沸き返ったときであった。あたかもそれを計算にいれての皇后の臨席ともいえる。

日清・日露の両戦争に美子皇后は深く関わり、日清戦争では大本営がおかれた広島への巡行、戦傷病者慰問、手足腐爛の凍傷者や脚気患者やその他の重症者を見舞った。日露戦争でも戦傷病者慰問、失明・手足切断などの傷痍軍人に義眼・義手・義足を「下賜」することなどを精力的に行い、他の皇族妃たちも動員し、「軍事的業務」に組み込んでいく（小田部前掲書五〇〜五一頁）。日本の帝国主義国家への道に、美子皇后が深く関与していたさまがうかがえるのではないだろうか。

2　近代天皇制の確立、美子皇后と元田永孚

「教育勅語」の公布

一八八九年大日本帝国憲法が欽定憲法として発布され、翌年の一八九〇年には教育勅語が公布された。教育勅語は、戦前戦中の学校教育の指針を示すものとなり、敗戦後に制定された日本市民の教育を受ける権利という考えとは一八〇度反対の性質のものであった。この八九年〜九〇年を境に近代天皇制が確立をみたと称されている。

美子皇后は、明治天皇の侍講元田永孚（一八一八年〜一八九一年）を深く敬愛した。元田は、藩校時習館に学び、維新後に熊本藩知事を経て、一八七一年、明治天皇の傅、侍読となり、のちに侍講、宮中顧問官を経て、八八年枢密顧問官を歴任した。

元田永孚は、熊本県出身の武士で、同郷の横井小楠から強い影響を受けたものの、儒教思想に凝り固まり、儒教を「国教」とする国体史観を有していた。が、横井小楠は、物の考え方が自由で、かつ開化政策を推進したため、攘夷派によって暗殺されるに至る。しかし、師である小楠から元田は、政治的意見を異にしながらも、長州藩出身の伊藤博文（初代首相）や、そのブレーンである井上毅らと、宮中では連携した行動を取った。

元田が自らの堅持する思想と、政治的行動・行為の相剋を乗り越え、伊藤らとともに政治的行動を取り得た要因には、小楠から受けた自由な発想・思想からの影響があったといえよう。政治的打算も働いたであろう。この元田の儒教主義に立つ立場から、彼は、若い明治天皇の君徳輔導を使命とし、伊藤博文らの「文明開化」や「西欧化」には反対していた。

元田永孚の国体思想と教育勅語

睦仁天皇の侍講の元田永孚は、前述したように儒教主義を強く堅持し、リベラリスト中村正直流のキリスト教道徳論を論破したいという思いに駆られていた。元田は、「教育大旨」の案文において、「天下の達道五つ。君臣を第一とす。父子・兄弟・夫婦・朋友、之を合せて五倫の道とし天下臣民の共に因る所なり」（原文は、片仮名、適宜、句読点を補った。以下同様）、五倫の要義とは、「三つの徳あり。智・仁・勇なり」とし、「智・仁・勇の三徳、之を統ぶるに一を以てす。一は誠なり。誠は祖宗惟神の道」「誠を思ふ人の道なり。神の道に随ふを云なり。神の道に随ふは、忠信を主とし、浮薄・軽佻・虚妄・詐欺の行為を戒しむ。「誠を思ふの道と云なり」というものであった。

それより前、元田は「天皇の学校教育への最初の介入」となった「教学聖旨」の実質的な執筆者であり、元田の儒教主義がそのまま文案に反映し、当時の文教担当者の開明的な教育政策への異議申し立て（八木公生『天皇と日本の近代（下）「教育勅語」の思想』講談社新書、二〇〇一年、四九頁）を暗に行っていた。

前記の八木氏は、これをもって、元田の天皇に対する期待が大きく反映し、擬制的な「父子」関係における「父」としての思いが、潜勢力としてあったと指摘する。わたくしもこの指摘に同感する。一八九〇年の教育勅語渙発の翌九一年、元田は死去した。彼が心血を注いだ勅語の全文を引用する。

朕惟ふに我か皇祖皇宗国を肇むること宏遠に徳を樹つること深厚なり我か臣民克く忠に克く孝に億兆心を一にして世世厥の美を済せるは此れ我か国体の精華にして教育の淵源亦実に此に存す爾臣民父母に孝に兄弟に友に夫婦相和し朋友相信し恭倹己を持し博愛衆に及ほし学を修め業を習ひ以て智能を啓発し徳器を成就し進て公益を広め世務を開き常に国憲を重し国法に遵ひ一旦緩急あれは義勇公に奉し以て天壌無窮の皇運を扶翼すへし是の如きは独り朕か忠良の臣民たるのみならす又以て爾祖先の遺風を顕彰するに足らん

斯の道は実に我か皇祖皇宗の遺訓にして子孫臣民の倶に遵守すへき所之を古今に通して謬らす之を中外に施し

て悖らす朕爾臣民と倶に拳拳服膺して咸《みな》其徳を一にせんことを庶幾す（原文は、片仮名）

ここには、勅語という「上から」の立場から「国民道徳」として国家・天皇のために忠義を尽くし、戦争という国家の非常事態には「大君」（天皇）のため死をも恐れぬ忠君愛国の思想が遍く強要されている。しかもこの教えは、「国民」たる民衆の祖先が「遺風」として培ってきたものと一方的に断じる。今日の思想・教育・言論状況と照らし合わせたとき、言葉遣いこそ古いものの、現安倍政権の「国民一致」、「国家への国民の帰属」を狙っているという意図が透けてみえるのではないだろうか。あえて全文を引用した次第である。

以後、教育勅語が学校教育の基本方針となり、「国民道徳」として推進されていく。元田は、皇室は元なり、天下は末なり、といい、「学問の要、本末を明らかにするを元とす」という。前記の八木氏によれば、「朱子学的な大義名分論」に基づく「価値的序列化」にこそ「学問の要」があることを意味し、これを実際の教育活動に適用したのが、「徳育を元とし、知育を次とし、体育を末とする」「体育・知育も徳を離」れず、それゆえ「徳育は三つの者を貫く」という（八木前掲書七五頁）。

明治政府が、維新後、攘夷路線から転じて、欧米の文明開化＝近代政策をとったことは、元田にとっては、必ずしも意に沿ったものではなかった。「文明開化」とは、元田にとって「理学・哲学・化学等の諸科の芸」に突進する風潮であり、違和感を抑えられないものであった。

元田永孚と美子皇后

さて、美子皇后は、早い時期から深く元田に信頼を寄せ、元田から「列女伝」の講義を受け、一八七二年の春以降は、皇后の侍読となり、皇后宮大夫を兼任。皇后を通して、睦仁天皇の君主としての徳を積む輔導の任に当たることになった。この頃の天皇は遊ぶのに忙しく、周囲が窘《たしな》めても、少しも効き目がなかったという（片野『皇后の近代』参照）。

西南戦争で、天皇が敬愛していた西郷隆盛が戦死したあと、和歌や乗馬で気を紛らしていた天皇について、皇后は、元田に対し、「近時聖上侍臣を信愛したまひ、毎夜召して御談話あり、大臣・将校を接遇したまふこと亦厚し、隆盛以下の徒をして早く此の状を知らしめば、反乱或いは起らざりしならん」（『明治天皇紀』第四　二六九頁）と語ったという。

この「内廷夜話」は、同年（一八七七年）一〇月から再開され、元田や高崎正風、吉井友実、山口正定らを呼び、すかさず皇后が高崎に一首詠むように命じ、元田も漢詩をつくった。一三日には、天皇が「君臣相親如一体・正己以格物・君子重言行・治天下当無私・君子慎所交等の成語」と揮毫した。侍補たちは、天皇が政治の要諦に目覚め、君臣の親和に配慮していることに深く感激。が、意見を異にすると、盛んに議論をするようになり、皇后は、天皇と侍補の間に立って、対立を調停したりして、議論を盛り上げたという（片野前掲書、参照）。

美子皇后は、元田を師と仰いで尊敬する態度を崩さなかった。言葉を代えて言えば、皇后その人も儒教的思想の持ち主であったといってよいだろう。あるときは師匠の写真を所望し、あるときは、観菊会の際、老齢の元田の歩く足を気遣い、手ずから酌もしたという。

このような皇后の姿は、元田が「教学聖旨」（一八七九年八月）に盛り込んだ「仁義忠孝」、すなわち、仁愛の心を以って、主君に忠義を尽くし、親に孝行をなし、節操を守ることを旨とする「忠臣義士孝子節婦」のすべてが当てはまるようだと、片野氏は指摘する（片野前掲書二二七〜二二八頁）。

3　美子皇后の儒教的女性観・家族主義的女性観

『明治孝節録』の編纂

一八七七年、皇后の内旨によって、編纂は、主に津和野藩の神道家で、宮中祭祀の基礎確立に腐心した福羽美静であり、序文は元田永孚が漢文で寄稿し、「一家仁、一国興仁、一家譲、一国興譲、西哲亦曰、国之強弱、関宇民之品行……」と述べ、家族国家論のキーワードとしてのちのち繰り返された（若桑みどり『皇后の肖像——昭憲皇太后の表象と女性の国民化』筑摩書房、二〇〇一年、参照）。

若桑氏は、元田の序文は、『明治孝節録』は、格別に皇后の意思によって成ったもので、皇后は徳と善を奨励し、各自感激して励行すべきと記述され、一人の女性の「貞節」が億万の人間に益すると元田が説いているという。

同書は、「孝悌忠信の美徳ある人物伝を選び、特に「稀世の烈女」のせんについて特筆、貞節を守るために死んだ女性には、戦場でお国のために死んだ兵士と同じ勲功が与えられて然るべき、「命を戦場に捨」てた兵士には「金百五十円」が「下賜」されるが、婦道を守り、命を捨てることも、戦死兵と同じ褒賞に値すると称賛。総じて、危機、災害極貧という非常事態において底力を発揮した「烈婦」が模範として挙げられていることが特徴的で、「貞孝」という儒教的美徳が根幹をなしている。夫の不在中に、強盗に切りつけ、「貞操」を守ろうとする女性、洪水から家族を救う女性、「女工」として、経済的苦難を乗り越え、家族を養う女性の勇気や強さが称えられている（若桑前掲書、参照）。

このことは、本来ならば、人びとが安全に生存するための社会的・人間的安全保障制度の未整備を「富国強兵」路線で、民の暮らしや生存の権利を圧迫・犠牲にしていることを、大国化・帝国主義国家への道を目指す明治政府が怠っていることを、巧妙に隠蔽するものであった。

若桑氏が述べられるように、貧困家庭を扶養する、労働者農民（無産）階級の女性労働者や農村女性、一家を支える寡婦の女性を選び、その強さを称揚しているものの、それはすべて「姑、舅、夫、子供」を支えるものとされ、「儒教的家族倫理」を抜け出すものでは一切ない。言い換えれば、男は国家のために死ぬのが美徳であるように、女性は「貞操」の危機にあって死ななければならないと告知していることに他ならない。

語を継いで、若桑氏は、「明治初年」の世相がいかに殺伐、頽廃、混乱を極めていたかが推察されると述べられる。それは『明治天皇紀』を繙くのとはまさに対照的であって、時間は同じだが、そこには下層社会の別の次元があり、維新以降、道徳の価値体系も、権力の組織も、経済の構造も激変した社会のなかで、民衆がいかに危険で、統制の取れない、明日の見えない暮らしをしていたかを知らせる（若桑前掲書一五二〜一五六頁）。

加えてさきの井上清氏も指摘されているように、「明治」初年から、製糸・紡績綿織物業等を中心とする「女工」の大群が形成され、その数は日本の工場労働者の六割ないし七割を占め、その圧倒的多数が二〇歳前後の心身ともに発育盛り、いたいけない子どもも、破廉恥にも追い使われていることは「国辱」ともいうべきで、なかには一八九〇年代後半のマッチ工場の軸並べに五、六歳の幼女さえ使用していた。小織物工場では、甚だしい場合、朝の四時半頃から夜の一〇時ころ働き詰にされたケースもあった（農商務省『職工事情』一九〇三年、参照）。「女工」たちは寄宿舎に監禁同様、国元を出る際、家に前借されたお金のある間は、休日でも身体の自由・外出の自由などなかった。

なお、付言すれば、「女工」に限らず、民衆は国家による保護や生存権・安全権さえ保障されない存在であり、国家の搾取や虐待（徴兵制によって、有無を言わさず、民衆の男性たちは兵士とされ、死んでもたった一五〇円ばかりの「下賜金」で、ごまかされるという）のもとにおかれたことを意味する。

ちなみに反戦・平和・人間平等を掲げて社会主義結社・平民社が出帆するのは、日露戦争（一九〇四〜五年）前年の一九〇三年であった。「非戦」を掲げていた『万朝報』紙が、世論に押され、開戦論に傾くと、同紙の花形記者であった堺利彦、幸徳秋水が退社し、平民社を創立させたのであった。非戦・反戦の源流こそ、この平民社であったといえよう。ちなみに無教会キリスト者の内村鑑三も、この日露開戦に反対し、奮闘した数少ないキリスト者であった。

『婦女鑑』の編纂

一八八七年一〇月一三日の『明治天皇紀』第六には、「皇后、婦女鑑を親王・大臣以下に賜ふ、是より先、皇后屢〻華族女学校」に臨み、女子教育の本は女児の徳性を涵養することにあり、とし、宮内省三等出仕の西村茂樹*に編纂を命じ、広く和漢の書を渉猟し、「婦女言行の亀鑑」となるべきものを採録し、刊行させ、華族女学校生徒に一部を「下賜」し、のち普く各女学校に頒布した。これが『婦女鑑』で、元田永孚により編纂された『幼学綱要』の補遺として編まれたものであった。

＊西村茂樹は千葉県佐倉の士族出身。妻千賀子との間の次女葭江の娘に、のち「貧しき人々の群」で若くして作家にデビューした中条（宮本）百合子がいる。西村の主著に『日本道徳論』（一八八七年）がある。日本弘道会の『弘道』は、今日でも発行され、第一〇五三号（二〇〇八年）では「特集　平成の『良妻賢母』論」を組んでいる。同号に掲載の真辺美佐（宮内庁書陵部研究職）「華族女学校校長としての西村茂樹」は、西村の女子教育論を知るうえで参考になる。弘道会の会祖となる西村は、一八六七年、かつて森有礼・福沢諭吉・中村正直らと明六社を起こし、開化思想・自由思想の啓発運動に関与するが、一八七六年には国民の道義向上をめざし、国家社会の基礎を強固にするため、東京脩身学社を創設（のち日本弘道会）。八七年華族女学校校長に就任し、五年間務めた。のち宮中顧問官。

若桑氏は、この書の核心は、祖先と父母への孝養は、儒教道徳の美徳として説き、その美徳に加え、簿記、家政、子の教育、道徳の保持者という、西欧近代ブルジョアジーの妻の典型的な美徳を総合したもので、また「慈善」に心を砕く女性像も示されていると述べ、さらに、女子教育は、「女子自身のため」ではなく、あくまで性別役割に務め、国家を富強ならしめるためには、西欧ブルジョアジー（中産階級）の信奉する賢母良妻主義に基づく賢いながらも、夫やその両親には服属する女性像の創出にあるという（若桑前掲書一五九〜一六六頁）。

なお、この賢母良妻主義の欺瞞性について、山川菊栄（一八九〇〜一九八〇年）は、早くも、一九一〇年代後半、執拗に批評・批判を試み、女子教育家や厨川白村をはじめ、遡って『新女大学』などの著者で、当代の「フェミニスト」の先駆とも称される大知識人・大言論人であった福沢諭吉をも俎上にのせ、中産階級の女性論の欺瞞性をも衝いている。

美子皇后を通し、儒教的ジェンダー・システムを「近代」に「委譲」

前述したように、美子皇后の女性観には、侍講の元田永孚の儒教主義が色濃く反映されている。皇后が一九一四年に死去したあと、多くの伝記や顕彰録の類が出されているが、上田景二『昭憲皇太后史』(公益通信社、一九一四年)所収の、宮内大臣を歴任した土方久元(のち左翼の演劇家土方与志＝本名土方久敬は、その孫)の談話として、「夜分親しく」「元田永孚等の講義を申し上げることを拝聴」「皇后陛下は六ヶ敷い経書に少しも御倦怠の御気色などみえさせられなかった。それも道理で皇后陛下には夙《つと》に和漢の学に御造詣深く存しまし春秋、左氏伝、尚書」をすらすらと講釈とある。また細川潤次郎によれば、皇后は、「女四書は殊にご精読あらせられし」というように、儒教について大きな関心を持ち、元田永孚ら儒学者にとってはまことに好ましい存在であった。

皇后の日課は、加藤弘之の『興地史略』、福羽美静の『古事記』、福羽・元田の『烈女伝』『帝国図説』の進講であったという。美子皇后のお声がかりで編纂された『明治孝節録』や『婦女鑑』は、上記のような儒教的伝記、女訓書の焼き直しであり、儒教の伝統に沿った女性規範・倫理であったことが如実にわかる。皇后自身がその規範・倫理を内面化していたとする若桑氏の指摘にわたくしも同感するものである。

ちなみに女四書とは「女訓四書」のことであり、「女論語」「女誡」「内訓」「女孝経」の総称である。教育史専攻の深谷昌志氏によれば、「女四書」は、江戸時代以来、多くの和訳本が普及し、封建時代の女性規範の原型をなし、儒教の体系である、「天―地」論に立って、すべての存在を天―地に位置づけ、女性は地として、天である男性との間に絶対的な相違を持ち、男性によって支配、かつ従属され、支配・庇護されることを肯定的に受け止め、感謝するように修養を積むことを美徳とする女性像であったとする。

そこにおいては、封建社会に顕著にみられる土地所有と家禄維持のための「男系血統存続」が家父長制社会の中心課題となる。女性に関していうなら実子のない、妻や、後妻は、本来男性の種子の保存が第一義であり、これを保育する女性は理論的にはだれであっても、夫の種の「乳母」にほかならない。男中心社会では、男性にとって、有益、便利であることは「美徳」とされ、有害なことは「悪徳」とされる。いいかえれば「貞淑」「従順」「温容」などは、女性の「美徳」とされる。

これを天皇家の女性たちに当てはめていうなら、美子皇后に実子がいないことはなんら儒教の説く「女性の美徳」に矛盾せず、美子皇后は、睦仁天皇が側室に産ませた皇女や皇子たちを実子のように慈しんだという、美徳の伝説が生じる。まさにこれこそ、「儒教的母性の鑑」であった（若桑『皇后の肖像』一七九～一八一頁）。

さらに、同氏は、旧勢力＝支配エリート（維新に武功のあった武士階級と天皇・皇族・華族階級・ブルジョア階級）の保存と維持を狙う明治政府は、元田など、そのイデオローグである儒学的道徳家が、従来の女性差別、ジェンダー・システムを深く内面化している美子皇后を通して、皇后の思し召し書、和歌、言葉、画像などを巧みに操作しながら、儒教的ジェンダー・システムを「近代」に委譲したのであるとの指摘（若桑前掲書一八三～一八六頁、参照）にわたくしも同感する。

西洋化＝近代化と、女性の服制改革——皇后の洋装化

明治国家にとって、最大の課題は、幕末期に諸外国との間に締結された不平等条約を改正することであった。そのため、一定の西欧化＝近代化政策を取り入れずにはいられなかった。美子皇后が、これまでの慣例を破って、外国の高官やその妻たちに接見し、やがて服装も洋装を取り入れるように至るが、その証を示す必要に迫られたからである。

欧州留学・見学の豊富な伊藤博文は、早くからこの方面に熱心で、西洋の王室事情を調べ、「明治皇室」の宮廷改革を目指した。一八八四年三月、参議の伊藤は、宮中制度取調局長官と宮内卿を兼任、宮廷改革を志す。しかし睦仁天皇は、急激な改革に難色を示し、伊藤の就任を回避しようとするが、しかし守旧派の元田に諭され、伊藤の意見は、皇室を尊重するがためであり、もしことが後宮に及んだなら許可しなければいいと宥められた（片野『皇后の近代』六五頁）。

伊藤と天皇との葛藤は、藤波言忠侍従や、美子皇后の働き掛けで解かれた。これは、皇后が開明性を有していたというより、時勢の流れを理解し、他方、天皇の宮中の儀式典礼を固守しようとする守旧さを表すものであった。

同年一〇月、皇后は、日本のガラス工場の模範である品川硝子製造所等を見学、帰途、伊藤博文の高輪邸に向かい、饗応を受け、余興を楽しんだ。翌八五年、続いて天皇が伊藤邸を訪問、が、天皇が伊藤の期待するように国務に精励する姿は依然としてみられず、伊藤は再び、辞表を提出するという騒ぎがあった。

天皇と伊藤が、葛藤・衝突をきたしていたのは、鹿鳴館時代で、伊藤らが条約改正を期して、まず八五年一一月に、鹿鳴館で開催のバザーを行い、それに皇后は皇太后（孝明天皇の准后。英照皇太后）とともに和装で出かけた。鹿鳴館は、同年七月から、週に一回の西洋舞踏会を催し、高官やその妻、外国公使夫妻らを招き、日本の近代化の「表層」を西欧諸国に示そうとした。

この年から翌八六年にかけての皇后は、行事に出たがらない天皇に代わって、軍艦武蔵の進水式や金曜陪食に参席、天皇と伊藤ら臣下との乖離を縮める努力をおこなった。右のような皇后の動きのなか、天皇の女性の洋装化に対する反発は和らぎ、八六年六月、天皇の許可により、女性の服制を改定、「自今時により皇后宮も西洋服装を用」い、皇族や高官の妻たちも「随意」とする通達がなされた。皇后は、一週間後、初めて華族女学校に洋装で出かけた（片野前掲書六五～六七頁）。

「夫婦は対等」とする西洋の建前を斟酌してか、一八八九年の憲法発布式典、その二年前の孝明天皇（明治天皇の父）の二〇年式年祭の折、初めて天皇と皇后は同じ馬車に乗り、日本に滞在中の西洋人をして「妻の地位にたいする西洋的な考え方」を、公式的に示したものと、称賛された。この光景は、国内世論においても概ね歓迎ムードに包まれた。実際は、政治上・法律上・経済上すべてにおいて劣位におかれ、差別されてきた女性の地位向上に言及することなく、若桑氏いうところの儒教的ジェンダー・システムが貫徹していくことになる。

加えて、身分上の差別が公然と行われ、あの、かつて、夫婦は人倫の大本なり、と夫婦の対等性を呼号した福沢諭吉をして、皇室は政治社外のものなり、皇室は、政治上のすべてを統率するが、直接に手をくだすものではなく、万世欠けるところなく、人心を収攬する一大中心であり（今日の「国民」を「統合」するという「象徴天皇制」をも予測させるものである）、人民が皇室を仰げば悠然と和やかにのどかな気分を催す、と説かせた。さらに福沢は、摂家（旧藤原氏が五つに分家し、近衛・鷹司・一条・二条・九条家）などの「名門」から、皇太子妃選定の正当性を説き、「名家」に固有の歴史上の由来を刻むことで、皇后は、「国母」として「国民」から仰ぎ見るに足る存在となると主張した（片野前掲書七〇～七五頁、参照）。

以上から、日本の庶民階級の階級的立場への直視を遮り、民と君（天皇）とは「君臣一如」と思わせ、臣民は、この「大君」やお国のために身命を賭すべしという国体観念への刷り込みが普段におこなわれていったかが、推察される。

4　天皇制国家に寄りそう女子教育と軍国の鑑

女子用「修身教科書」で説かれる「女性の美徳」

一八七二年の学制頒布により、公教育（学校教育）が施行された。いままで学問から隔離されてきた女性も就学の機会が与えられる。しかし、義務教育とはいえ、国庫から学校建設や、教員の給料の支払いなどが円滑に行われたとはいえず、その地の有志の尽力によって、小学校教育が担われていく。貧家の子女子息、とくに女児の教育は疎かにされる。労働者・農民階級では多くが、その日の食を得るのにも精一杯という状態におかれ、女児の教育どころではなかったという側面があったであろう。

この際、女訓書の類は、有効な力を発揮する。修身教科書がその格好の素材となる。一八七九年、天皇と元田永孚の意を受け、西村茂樹によって、小学校の修身・道徳教科書である『小学修身訓　上・下』が編纂された。この書の「修得」の綱目では、第一条「清貞」、第二条「私語をしない。暗いところを歩かない」、さらに「家政の倹約」、節を守り、静かにするという「婦徳」、悪口をいわない、口論をしない、慎みぶかい、という「婦言」、さらに女性が「徳」を失うと、人心は腐敗し、大きな災厄となるというように、人間として、女性が自由に、自主的に生きる権利に、大きな枠が最初から嵌められる。

また「上級修身」巻下の「処事」の項でも、「もし婦人をして其居室の生涯を止め、外出して他事の職務に入りたらんには、人間社会に凶禍を生ずべし」（原文は片仮名。以下、現代仮名遣いに直した）というように女性を家庭に縛りつけることが盛んに説かれる。

ただ封建時代と違うのは、日本資本主義の基礎を固めるには、低賃金で甘んじる女性の労働が必要とされたことである。しかしこの際も、彼女らの雇用に当たっては家父長（父や兄）が全面的に権限を行使し、彼女らの意思は無視された。資本制と家父長制の結合である。しかも女性労働は家計補助労働とされ、彼女たちを低賃金構造に押し込んだ。また前借・寄宿制が彼女たちの行動の自由を蹂躙し、結核などの病気に罹りやすい労働環境をもたらした。

長州藩出身の末松謙澄編纂の『修身女訓　高等小学校女子用』（東京八尾新助書店、一八九三年）には、「勤労」の説が設けられ、「勤労とは、我身に少しの私なく、如何なる苦労をも堪え忍びて、力を尽し勤むるをいう」「楽を求めずして心を励まし、怠ることなく、夙《つと》に起き夜半に寝、紡績、裁縫の業を心懸くべし」と説き、「勤労」を女性の美徳とした。が、それは右にみたように女性の「勤労」を修身の具とし、労働条件の向上や、女性労働者の安全に働く権利や健康権を無視するものであった。

明治政府は、「富国強兵」とともに、「殖産興業」を呼号し、まず軽工業、なかでも製糸・織物・紡績などの繊維産業を資本主義発展の基とし、徐々に重工業化の基礎づくりを図る。繊維産業の主役はいうまでもなく、若い、特に農村出の女性たちである。繰り返しになるが、彼女らは、年期奉公制で縛られ、前借金によっても縛られ、安い賃金、劣悪な労働条件、寄宿舎制度、長時間・深夜二交代制の労働で、身も心も資本に搾取され、いったん病気にかかれば、解雇されても、文句もいえない状態におかれた。

身をへらし、たとえ死に至ろうとも、勤労の美徳を発揮すること、これが女性の「美徳」と刷り込まれていく。このいわゆる「女工哀史」的な、女性の働かせ方は、貧家に生まれたものの「宿命」とされ、かつ、家を守り、父母や家族に孝養を尽くすことが家族制度下の「醇風美俗」とされた。日本の近代資本主義と家族制度（家父長制）とは、資本制と家父長制が握手し、女性の労働強化・搾取に利用されたといえる。いわば再生産不可能の労働環境におかれても、抗議さえできないように思想操作されていたといえる。

女性労働者が、幸いにして生きながらえ、結婚して、子を儲けたとしても、日本の女性・妻・母として「君恩を思い」、「君〔天皇〕の為に忠」を尽くすこと、すなわち、苦労して育てた子を「大君」と「お国」のために捧げても悔いないことが、非情にも説かれるのである。まことにこれは、無産階級（プロレタリア階級）の女性・人びとの生を踏みにじり、愚弄する教えであったが、当時の「教育勅語」を基本方針とする学校教育で、下層階級の人びとは、「忠君愛国」の国体思想を深く内面化させられるように教えこまれてきたわけである。

若桑氏の言によれば、「長時間下級労働と、兵士の産出という近代国民国家の女性役割が、儒教的な家父長道徳にまじって頭角を現してきた」(若桑前掲書一九三頁)ということになる。

国家と寄りそう女子教育家たち

今日でも存在する東京女子医科大学、三輪田学園、大妻女子大学、東京女子学園などの、女学校・専門学校は、右にみたような国家の方針・国策に沿って、婦徳涵養・良妻賢母教育を掲げ、貞淑・従順・温良を身につける女性の養成を第一義とした。女子教育家の一人、棚橋絢子は、「女子たる者は、父母舅姑に対して貞順の道を守りて夫を天とし崇め」といい、「女訓書」を地でいく教育を行った。

彼女らは、女性が、婦徳を積み、家庭にあっては舅姑に孝行を尽くし夫には従順にしたがい、子を産むことが女性の役割とし、家計を切り詰め、家政を司り、立派な「嫁」・妻・母として家を守りたて、国家に忠義を尽くすことを滔々と説いた。良妻賢母教育に反発する若い学徒も輩出するが、大方はその教えに従い、従順な家庭の人となった。

前述したように、それに反発した若き日の青山(山川)菊栄が、一九一〇年代に、女学校を「糠味噌女房製造場」(拙編『山川菊栄評論集』岩波文庫、一九九〇年、五四頁)と例えたのは、いいえて妙であった。女子教育家たちは、日清・日露戦争、また日中戦争・アジア太平洋戦争など戦時にあっては、指導者として、戦意高揚を煽り、女性の戦争総動員化を推進していった(拙著『フェミニズムと戦争』マルジュ社、一九八六年、増補改訂版一九九七年、など参照)。

一九四五年八月の敗戦後、女子教育家たちのごく一部が、戦争協力で、教職・公職追放されるが、のち復帰し、女子教育における戦争責任において自ら剔抉・いささかも反省することもなく、他からも指弾されることなく、今日に至っているのが現状である。教育者たちの戦争責任を問う研究書も多くない。女性指導者やフェミニズムついても同様であろう。

軍国日本の鑑・美子皇后

さて美子皇后が、日清戦争（一八九四〜五年）で、皇族妃たちの先頭を切って、包帯つくりや、大本営がおかれた広島陸軍予備病院への慰問、戦傷病者への「見舞い」や、軍艦や兵器廠、陸軍海軍演習への見学などに積極的であったことはすでに述べた通りである。

日本赤十字社（前身は博愛社）は、一八八七年に開設され、皇后主宰のもとに糾合され、華族や政府高官の妻たちの「慈善と戦時協力」の場となった。皇后は、女子教育・看護（戦時の女性協力）の「総帥」として「活躍」した。片野真佐子氏が、『明治天皇紀』から明らかにしたように、美子皇后が国家的な事業に関わる領域は、女子教育、戦時看護、製糸織物などの産業奨励の三点に集中した。繰り返すまでもなく、女子教育は、国家の基礎単位である家庭の良妻賢母の養成にあり、看護、特に戦時看護にあたる看護婦は、近代国民国家の「健康と衛生」を守り、戦時にあっては、戦時救援体制の確立にとって要であり、製糸工女たちは、近代化の産業基盤をつくることに貢献する労働力としてこれまた貴重な存在であった。

若桑氏は、以上のような、これらの役割に共通しているのは女子教育が目的とする良妻賢母は、その前提として一家の戸主（家父長）に従属する立場にあり、私的世界で担う女性役割を集中したものとし、この三種に共通しているのは、看護婦は、男性医師を頂点とする医療システムのなかで、実際は重要な働きをしている。とはいえ、補助的役割しか認知されなかった点、女性労働者は、男性熟練労働者に対して、より劣悪な労働条件・低賃金労働力として位置付けられた点。これも実際は、現金収入の少ない貧しい農民家庭にあって、大切な家計支持者でありながら「家計補助」的な低賃金に甘んじさせられたことが指摘される（若桑前掲書二五三〜二六一頁、参照）。

わたくしは、このような女性労働について、さきに資本制と家父長制が結合され、劣位の状況にあっても抵抗・抗議さえできなかったことを前述した。のちになり、一九二〇年代になると、労働者としての自我に目覚め、自発的に争議を起こす女性労働者も出現し、労働組合への参加・関与も進む（詳細は、拙著『女工と労働争議』、『女性と労働組合（上）』れんが書房新社、一九八九年、一九九一年、参照）。

日露戦争（一九〇四～五年）にあって、『明治天皇紀』によれば、明治天皇は、ロシア皇族との親交もあってか、「今回の戦は朕が志にあらず」と開戦を躊躇し、糖尿に慢性腎炎を発して病床についた。が、皇后は率先して傷病兵に義眼と義肢を「下賜」し、女官を慰問に派遣し、東京陸軍予備病院の傷病兵を見舞った。

従来、家庭のなかで女性が私的に行ってきた夫の両親の介護、ケア活動、家内労働、育児、家事を国家的・公的な女性役割へと拡大しつつも、あくまで夫の「内助の功」を果たす存在と位置づけた（若桑前掲書三六一頁）。気弱な天皇を補佐しつつ、「内助の妻」の衣に身を包みつつ、国家的役割を一身に体現する美子皇后こそ、「軍国日本」の女性の鑑といえようか。

5　皇室典範と皇室制度の整備

美子皇后が「帝王」づくりに一役買う――伊藤博文の協力者

いままで述べてきたように、睦仁親王こと明治天皇を担いで、いわば政権奪取の「玉」「御輿」とした薩長藩閥の武士である大久保利通、木戸孝允たちは、天皇を頭にして中央集権の国家・政府づくりのために力を注いだ。このため睦仁親王の「帝王」づくりに意を注いだわけである。

相次いでの大久保の横死、木戸の病死後、明治政府を率いたのは、木戸と同じく長州藩出身の下級武士伊藤博文（俊輔）であった。伊藤は、何かにつけ、感傷的（西郷隆盛自刃のときのような）になりがちで、宮中の仕来りにこだわる睦仁天皇に諫言し、諫言が受け容れない場合は、辞意を漏らした。天皇は、結局、伊藤の諫言を受け入れざるを得なかった。その際、皇后が伊藤の最大の協力者であったといえる。

美子皇后は、前述したように、「男」勝りで、軍艦の見学、陸海軍の演習の見学というように「軍事」を好んだ。

富国強兵、軍拡路線の真っ先に立ち、「軍国女性」の鑑となって、近代皇后制の基礎を築いていったといえよう。

明治天皇と側室の間に一男四女が成長――古代の「伝統」を継承

前述のように、美子皇后は病弱で実子に恵まれなかった。睦仁天皇は、女官から五人の側室を選び、一五人の子女を生ませた。しかし成人になるまで生き延びたのは、前述したように権典侍柳原愛子の産んだ第三皇子の嘉仁親王、権典侍園祥子の生んだ第六皇女昌子内親王、第七皇女房子内親王、第八皇女允子内親王、第九皇女聰子内親王の四人だけであった。側室制（お局制度）は、天皇家の血統を絶やさないためのシステムともいえた。まさに女性の性は、生殖と快楽のため道具視されたといえる。これは古代天皇制から続く天皇家の「伝統」ともいえる。のち四人の皇女たちはみな宮家に「嫁ぐ」ことになる。

嘉仁親王は、満八歳で儲君となり、美子皇后の子となる。が、実母の柳原愛子《なるこ》（一八五九～一九四三年）は、容姿端麗のうえ聡明で才知にたけ、天皇の寵愛を特に受けた。天皇の死後、嘉仁天皇（大正天皇）時代の宮中に残り、昇進して二位局となった。

愛子は宮中の慣習について通暁していたため、すでに述べたように大久保利通の息子で宮相に就任する牧野伸顕（のち内大臣。戦後の首相吉田茂の岳父）は、愛子から宮中の仕来りなどについてしばしば相談し、教唆を受けた。愛子は天皇の生母として尊重され、死去に際し従一位の位を贈られた（片野前掲書『皇后の近代』四九頁）。

「明治皇室典範」の成立――譲位、女性天皇は認めず

皇室制度の整備が本格化するのは、一八八一年の「明治一四年政変」の後で、岩倉具視が中心となって、一八八二年、宮内省に内規取調局を設置、皇族令案を作成した。岩倉の死後、伊藤博文が新たに制度取調局を設置して、長官となり、宮内卿も兼任した。

伊藤は、宮中改革を進めるとともに皇室法の検討を本格化し、「皇室制規」「帝室典則」の二案を作成。柳原愛子の兄で、駐露公使の柳原前光は、ヨーロッパ王室の制度を調べたうえ、「皇室法典初稿」を作成、これに伊藤のブレーンである井上毅が修正を加え、「皇室典範」を作成。さらに柳原前光が「皇室典範」再稿を作成し、伊藤、井上、伊東巳代治が集まり、「再稿」を検討、その検討を受け、柳原が「皇室典範」草案を作成した。

一八八八年、枢密院での審議を経て、一八八九年二月一一日、大日本帝国憲法発布と同時に「皇室典範」が非公式に発表されるに至った。「皇室典範」が発表される前、宮内省立案の「皇室制規」においては、天皇の譲位と「女帝・女帝系」の即位が認められていた。「女帝」論は、民間の間でも議論の的となった。自由民権結社で、のち立憲改進党に結集する嚶鳴社の面々にも、賛否両論があり、女帝不可論の島田三郎は、「日本は男尊女卑の国柄」であるゆえ、女帝の夫は人臣でありながら、女帝の上位に位置するようにみられる、女帝の夫が女帝を動かして政治に干渉する弊害も起こりうるといった趣旨のことを述べた。

島田三郎は、「しゃべろう」といわれるほどの雄弁家で、のち廃娼運動を起こし、廓清会の指導者となる政治家である。この人にして右のような女性差別観を有していたのである。

これに対し、同じ民権派に属する草間時福は、島田の論は「猶亜細亜の僻習中に迷うて、男を人とし、女を獣」として女性の権利を破ろうとするもの、と厳しく批判した。しかし草間の意見は少数であった（鈴木正幸『皇室制度』岩波新書、一九九三年、参照）。

華族制度の創出と皇室令の整備

一八八四年、政府は華族令を公布、公・侯・伯・子・男爵の五爵の制度を設け、旧大名公家華族に加え、「維新」の功労者をも華族（勲功華族）とする新たな貴族制度を制定した。「四民平等」がいかに建前であったかを証明して余りある。華族であることで、上院である貴族院議員に世襲でなれる特権（公・侯爵）、議員を互いに選べる世襲華族（伯・子・男爵）の特権、華族学校ともいうべき学習院への入学、差し押さえを免除される特権などが与えられた。

華族は皇室の藩屏とされ、特別に手厚い地位と権利を与えられたのであった。

「一君万民」のもと、「国民」の平等を謳いながら、新たな身分制度を創出し、「貴種」性の保持を図った。天皇・皇族の「貴種性の維持」のため、それに次ぐ「貴種の家」が必要とされたのであった（鈴木前掲書六八〜七〇頁。なお浅見雅男『華族たちの近代』NTT出版、一九九九年、参照）。

特権身分制である華族制度には、民間から直ちに反対の声があがった。自由党機関紙『自由新聞』は、「維新」当初、「門地・身分」にかかわらず、人材を登用し、平等主義への反動と批判した。当時、青年論客として『国民之友』を主宰し、気を吐いていた徳富蘇峰も「皇室の藩屏」は、あにひとり華族のみならず、日本国民みなしかりとして、四民平等に反すると論難した。

かつて自由党を率いた元参議の板垣退助も、「維新」の精神である一君のもと万民平等の原則に反するものと批判した。帝室制度調査局総裁伊藤博文は、「五世以下の皇族男子を臣籍に列せしむるの制」、「皇室婚嫁令」、「皇室誕生令」、「皇室服喪令」、「皇族会議令」などを一九〇三年までに起草させる。

伊藤はその間の一九〇〇年、立憲政友会の総裁になるため、職を辞した。一九〇三年、伊藤は政友会総裁を辞し、枢密院議長に就任するとともに、帝室制度調査局総裁に戻った。副総裁には、伊藤のかつての秘書官で、ブレーンの伊東巳代治が就任、議論は、伊東巳代治主導で進められ、皇室典範はじめ皇室例規は「国家法」として位置づけられ、その効力を明確にせねばならないというのが、伊東巳代治の基本方針であった。

その結果、明治天皇在世中に主な皇室令が公布された。一九〇七年に皇室会議令、〇八年に皇室祭祀令、摂政令、立儲令、一九一〇年に皇室親族令、皇室身位令、皇室財産令、皇室会計令などである。

明治（睦仁）天皇の即位礼・大嘗祭

さて、ここでいくらか遡る。睦仁天皇の場合、父孝明天皇の死去に伴い、即位礼を挙行したが、黒船以来、世の中は慌ただしく推移し、息子の大正天皇のような大々的な即位礼・大嘗祭は行われなかった。キリスト教牧師でもある戸村政博氏は、大嘗祭は、近世まで概ね古伝承と有職故実を主とするもので、「明治」以降の大嘗祭において初めてあらゆる意味の「近代の挑戦」を受けること、「明治」の大嘗祭は「日本の古代と世界的近代との出会い」であったという。

慌ただしい「明治」の開国は、万事において「開明的便宜主義」を先行させた。『明治天皇紀』の大嘗祭当日の一八七一年一一月一七日のくだりにこうある。「今や皇業古に復し、百事維れ新なり、大嘗の大礼を行ふに、豈に旧慣のみを墨守し有名無実の風習を襲用せんや、仍りて大礼の儀式の或は未定に属するものは、姑く現時の形勢に鑑み敢へて修飾を用ゐず、偏に就くを旨として之を制定す」（戸村著『即位礼と大嘗祭　現代と王権』日本基督教団出版局、一九九〇年、一八五〜一八七頁）とあり、皇室の手元不如意や環境不整備を推測させる。

右について戸村氏は、紫宸殿の高御座の前に「地球儀」（徳川斉昭が孝明天皇に献上）を置き、新天皇が日本の部分に足を当て、それを合図に臣下は祝詞をいい、一同拝礼、やがて天皇が日本の図上を踏み、世界を脚下に踏んでというように徐々に誇張されていき、「最も注目すべきは日本の本部と北海道、千島、樺太カムサツカ半島の南部、朝鮮全部及び支那山東省の一角（威海衛付近）だけを特に金泥を塗ったる事」で、「これがやがて明治天皇の御代に至り、朝鮮までも合併せらるゝ縁起となった」（伊木寿一「明治天皇御即位式と地球儀」『歴史地理』第五二巻第六号、一九二八年一二月一日。戸村前掲著からの引用）と紹介する。戸村氏は、これについて、明治天皇一七歳の即位はまさに「〝侵略〟事始めであった」という（同右一八七頁）。わたくしも氏の見解に賛成である。

皇室財産の創出

天皇制度は、たんにイデオロギー（国体観念・天皇崇拝思想）の確立や、皇室制度の制度的整備によってのみ存立するのではなく、経済的な資産が伴って初めて、その威力を発揮する。一八八七年度の皇室経済の総歳出額は約二〇〇万円であったものが年々拡大し、一八九七年度には約四〇〇万円、一九〇七年度には約一一〇〇万円、そして一九一三年度には約一四〇〇万円に達した。一九〇二年度の場合、国家の一般会計歳出は約三億円であったので、その二%にあたる巨額なものであった。

皇室経済を司る御資部は預金、公債・債権・株券などの有価証券の運用をはかり、その資産額は一八九〇年度には一三〇〇万円に及び、五年後には二一〇〇万円以上になった。さらに日清戦争で日本が得た清国からの賠償金約三億円のうち約二一〇〇万円が皇室経済に編入され、一九〇七年には一億円を突破した。このうちの多くは株式・社債で、一八九五年度には約一四五〇万円であった。

一八九九年の全国一〇二社の五〇〇〇株以上の大株主九八人が所有する株式総数の約一一%、約二三万株を皇室が所有した。日本最大のブルジョアジーである三菱財閥の岩崎家の約一九万株を凌駕していた。皇室の所有株式は、銀行・船舶・鉄道に集中し、日本銀行・横浜正金銀行・日本郵船の筆頭株主であった(鈴木正幸『皇室制度』参照)。換言すれば天皇家は、日本最大のブルジョアジーであるともいえる。その他御料地、学校、博物館、牧場などを有した。

「明治」維新前には、ほとんど財産はなく、徳川幕府や有力大名から生計費などを仰いだ時代とは様変わりであった。要するに明治政府は、天皇家が「維新」後、民の共有地・共有林などを取り上げ、皇室財産として繰り込み、さらに地租改正などによって所有のはっきりしない土地を奪い取り(なお、日本が植民地化した朝鮮の農民たちから土地を取り上げるため、土地調査事業という名の土地収奪政策も同様の性格を有しているといえよう)、財産の基礎固めをおこない、*前記のように大会社の株を所有・運用することで、日本一の大ブルジョアジーへと発展していったといえる。

＊井上清氏の前出「新政の演出　岩倉具視」によれば、岩倉は、将来立憲政治になって、議会が政府提出の予算案を否決しても、政府が官吏を養い、陸海軍備を強化するのに困らない財源をもたねばならない、そのためには日本中の富の半分を天皇財産にせよという意見を一八八二年閣議に提出した。岩倉は、人民に土地の所有権はなく、天皇の土地を利用収益する永代の権利あるのみ。彼は天皇を日本唯一の最高の封建領主にしておいて、その天皇の施政機関の一つとして議会を設けるのを認めるというもので、天皇とその官僚が議会に対抗する政治資金として皇室財産をつくることは、岩倉の建議から始まった、という(井上前掲書三一〇〜三一一頁)。まるで古代の律令制に戻ったかのようである。

6 「新しい皇室」像の創出――節子皇后の時代へ

嘉仁皇太子と九条節子の結婚

一九〇〇年五月一〇日、嘉仁皇太子と、九条節子の神前結婚式が行われた。奉祝行事が盛んに祝われ、献納品が贈呈された。この年四月二五日に制定されたばかりの皇室婚嫁令に従い、嘉仁皇太子は青山御所から陸軍少佐の正装、節子妃は、赤坂福吉町の九条邸から白儒子の銀色菊と小葵の模様のある礼装で出発、宮中に入った。二人は束帯姿と十二単に着替えて賢所での式典にのぞみ、神前で結婚を誓った。

次いで天皇・皇后との対面式を行い、四頭曳の馬車にともに乗り、歓呼のなかパレードに向かい、東宮御所に戻った。『風俗画報』は、これを「文明の制度を採用」「国民婚儀の師表」と称えた、という（片野前掲書、参照）。当時のマスメディアである新聞を用いての「新しい皇室像」「家庭像」のイメージづくりが図られ、「皇室人気」を煽った、ともいえる。

五摂家の一つ、九条家から節子が入内、嘉仁皇太子（一八七九～一九二六年）が二〇歳、皇太子妃節子（一八八四～一九五一年）が一五歳であった。前述したように、嘉仁親王は、美子皇后の実子ではなく、明治天皇の側室柳原愛子の子であった。

節子は公爵九条道孝の四女として生まれた。道孝の父は、関白を務めた九条尚忠の長男で、一八六八年官軍を率いて奥羽鎮撫総監督としてめざましい武勲をたてたといわれる。のち宮中の掌典長の職についた。道孝の「正室」は伏見宮邦家親王の第一〇王女の日永であった。節子の生母は、野間幾《いく》という二条家家臣の孫娘で、九条家の侍女であった。いくは、一八四九年生まれ。一六歳の時、道孝の側室となった。六九年、二一歳で道実、七八年には範子（のち山階宮菊麿王妃）、八二年に籌子（のち西本願寺法主大谷光瑞裏方）、三六歳の時に節子を産んだ。異腹の兄妹としては良政、良致、良叙、篷子《とまこ》、紝子《きぬこ》などがいる（工藤美代子『国母の気品　貞明皇后の生涯』清流出版、二〇〇八年。一四

〜一六頁）。

なお明治天皇の父孝明天皇の后九条夙子（英照皇太后）は道孝の姉妹で、おばになる。節子妃は生まれてのち、すぐ里子に出され、農家に育った。「黒姫」さまといわれるように健康に育ち、病弱であった嘉仁皇太子の伴侶としては申し分なかった。ちなみに、二人ともいわゆる「側室」の子であったことで、共通点があったといえる。天皇家も、他の宮家も、華族の家でも、依然として一夫多妻妾制が続いていたことが窺われる。

四人の皇子を儲ける

節子妃は、結婚翌年の一九〇一年四月には、第一皇子の迪宮《みちのみや》裕仁親王を生み、翌年には第二皇子淳宮《あつのみや》雍仁親王（秩父宮）、一九〇五年には第三皇子光宮《てるのみや》宣仁親王（高松宮）、一九一五年には第四皇子の澄宮崇仁親王（三笠宮）というように、明治天皇とは異なり、嘉仁皇太子には、「正室」の妃（后）から四人の皇子が誕生した。

これ以降、古代以来続いてきた、また近代においても孝明天皇、明治天皇と続いたいわゆる「側室腹」でない皇子が誕生したわけである。嘉仁親王の子・裕仁親王（昭和天皇）、現・明仁天皇へと続き、「側室制度」が廃絶したといえる。とはいえ、山川三千子『女官』（講談社学術文庫、二〇一六年。初刊は、実業之日本社、一九六〇年刊）によれば、公家の娘であった久世（山川）三千子（一八九二〜一九六五年）は、一九〇九年、権掌侍御雇として宮中に出仕、美子皇后に仕えた。典侍柳原愛子（早蕨典侍）の部屋子となり、宮中生活の日常、行事、宮中言葉や明治天皇や皇后についての見聞した事柄を上記の本に纏めた。のち三千子は山川黙《しずか》と結婚。叔父に東京帝国大学総長になる山川健次郎がいる。

さて、この本には、皇太子時代の嘉仁親王の挙動が二、三、語られている。皇太子が皇后のご機嫌伺いに通りかかった際、自分の持っていた火のついた葉巻煙草を「退出するまでお前が持っていておくれ」との仰せ、お受けはしたものの、周囲から冷たい視線を浴び、身のすくむ思いがしたこと（九四頁）、明治天皇が死去し、新たに皇位を継いだ嘉仁天皇が「ひょこひょこお動きになるのであぶなくって困」る（一九四頁）とか、急に嘉仁天皇が現れ、「自分の写真は持っていないか」「一枚も持ちあわせておりません」と一歩一歩後ろに身を引く私、陛下は一歩ずつ前に進んでおいでになる」（二二四〜二二五頁）と記しているように、天皇は三千子に好意を持っていたさまが伺えなくもない。また同書には、「わたしを生んだのは早蕨〔柳原愛子〕か、おたた様〔美子皇后〕から生まれたのではないかと、残念がっていたという（三一三頁）記述がある。

明治天皇の死去と天皇制度の変容へ

一九一二年七月二九日、明治絶対主義天皇制を象徴していた明治天皇（睦仁天皇）が糖尿病、慢性腎臓炎、尿毒症で死去、嘉仁皇太子が践祚した。デモクラシー機運のもと、天皇制度は若干の変容をきたすようになる。嘉仁天皇は、皇太子時代、各地を漫遊し、旅を楽しみ、人びとに気軽に声をかけ、お側のものとも打ち解けて会話を楽しんだ。時に漢詩を詠み、韓国語やフランス語の学習にも熱意を示したという。こうした自由な体験は、嘉仁皇太子の心身に健康を取り戻させることになった。妃となった節子との家庭でも、皇子が次々と誕生し、円満な家庭生活を楽しんだようである（詳細は、原武史『大正天皇』朝日新聞社、二〇〇〇年、参照）。

明治天皇が死去し、時代もデモクラシーの風潮が生まれてきており、もはや天皇専制、同時に薩長藩閥による専制官僚主導の時代は古くなったともいえる。憲法学者で東京帝国大学教授である美濃部達吉の「天皇機関説」が取りいれられ、政治学者で同じく東京帝国大学教授の吉野作造が「民本主義」を鼓吹し、一世を風靡するようになる。

一九一〇年の「大逆事件」で壊滅的な打撃を受けた社会主義運動は逼塞し、「冬の時代」に籠った。が、デモクラシー風潮が進展するなかで、社会主義運動は頭を擡げはじめた。藩閥政治は下火となり、政党による政治活動が盛んになり始めた。桂太郎・西園寺公望を交互に首相とする桂園時代は終焉を迎え、一九一八年には、西園寺内閣の内相であった原敬が立憲政友会総裁として首相に就任。原は、旧盛岡藩の家老の子孫であったが、叙爵を固辞し、暗殺されるまで、爵位を得ることを断り続けた。いわゆる「平民宰相」が行政のトップに立つ、政党内閣の時代に入る。

一九二〇代になると、労働者、農民大衆、被差別部落の大衆が組織され、社会運動が本核的に展開されることになる。

登極令による嘉仁天皇の即位と大嘗祭

明治天皇の死去に伴い、嘉仁皇太子が即位した。即位儀礼の最も重要なものは大嘗祭であった。「明治」では、混乱のさなかにあり、東京の吹上御苑で、嘉仁天皇の場合は登極令により、京都で挙行された。紫宸殿の東南、仙洞御所の一廓が当てられた。大嘗祭は、廻立殿、悠紀殿、主基殿、膳屋などを主要な殿舎とする。が、いずれも恒久的な御殿ではなく、できるだけ人工を排し、古風を保存するように配慮、祭りが終わると、直ちに焼却された（戸村前掲書『即位礼と大嘗祭を読む　現代と王権』一〇三～一〇四頁）。たった一回限りの祭儀に多くの金が使われたわけで、何とも庶民感情からは理解し難い。この先例は以後も継承される。

天皇は一人二役を演じ、現し身において、神として悠紀殿に進み、この渡御において、大嘗祭の祭神と一体になり、天皇のために特別に用意された葉薦の道、「前に敷き、後を巻き、人敢て蹋《ふ》まざれ」という一回限りの道を素足のまま歩くという。くつを履いた神は興ざめであり、地上のシンボルである土を神は踏まない。まさにここは「天つ（高天原）の斎の御庭」であり、天孫降臨神話の一節を彷彿させると、戸村氏はいう（戸村前掲書一一四～一一二頁）。

戸村氏の結論は、以下の通りである。「このような一人二役、神人両性的主客の転換は、古代人の思想に特有」なものと思われるが、天皇を「現人神」とし、また、その「現人神」が敗戦後の一九四六年一月、「人間宣言」によって人間〔裕仁天皇のいわゆる「人間宣言」を指す〕となるとする現人神からの人格転換劇も思想的に古代的基盤を共有している（戸村前掲書一一七頁）という指摘に、わたくしも納得する。

しかし、原武史氏が明らかにしたように嘉仁天皇は、睦仁天皇と違い（前掲『大正天皇』、同『可視化された帝国　近代日本の行幸啓』二〇〇一年、みすず書房、参照）、「神」とは遠い存在で饒舌かつ気さくな性質で誰にでも声をかけたという。要するに少年時代の帝王教育の「詰め込み」教育には合わず、心身ともに「束縛」されていたものと思われる。

嘉仁皇太子は、前述したように、幼年・少年時代、極めて病弱であったが、「修行」の一環として、有栖川宮威仁親王を「賓友」とし、各地への巡行を重ねるに従い、健康を取り戻していった。

皇太子、節子妃との新婚生活――一家団欒で健康を保持

節子妃と結婚したその年（一九〇〇年）、東宮輔導職の賓友有栖川宮威仁・慰子夫妻は皇太子夫妻の新婚旅行に同伴、無事、旅を終え、東京に帰った。その年には、さらに五〇日間におよぶ北九州の巡行を行い、以後、天皇の名代として地方視察を名目として公式旅行を重ね、一九〇七年秋には、第二次日韓協約強制締結（大韓帝国の皇帝高宗の認可を得ずに、韓国を保護国と化した条約）後、元老伊藤博文初代韓国統監の要請により、韓国を訪問、当時、韓国の皇太子（世子）李垠に親しみを覚え、韓国語への興味を示す。

さらに節子との結婚を機に、青山に東宮御所が新築され、父明治天皇の「圧迫」「威圧感」からも一時的に解放され、安気な気分になれたのであろうか。節子との新生活も新鮮であったようだ。ともかく二人ともに甚だ若く、新婚生活を楽しんだようである。

華族女学校時代の一年後輩である関谷衣子は、節子妃について、「ご新婚の日々、節子妃は背の君のお身のまわりのことはほとんどすべて、ご自身でお世話になった。東宮も妃のお姿がちょっとでもお見えにならないと、大声で、妃のお名前をお呼びになる」という具合で、皇太子の体調回復、健康管理になる（片野前掲書『皇后の近代』八七頁、参照）という理由で、皇太子妃みずからの右のような行動は、従来の皇太子の世話は女官がするという規則を破るものであったが、認められた。

皇太子夫妻は、結婚翌年、早くも第一子に恵まれ、翌一九〇二年には第二子、一九〇五年には第三子と続き、のちいくらか時を経て、第四子が誕生。すなわち裕仁親王（昭和天皇）、雍仁親王、宣仁親王、崇仁親王の四皇子の誕生であった。嘉仁皇太子は、子煩悩の人であったらしい。皇子たちに囲まれ、皇太子夫妻は円満な家庭を築いたらしい。ただ戒律があって、子どもたちは両親と同じ住まいに住むことができず、最初に臣下の家庭で育てられ、ついで「皇孫」御殿（最初は仮御殿）での別居を余儀なくされた。親子が会えるのは、週三回ほどで、会食は、毎週二回の夕食に限られたという。楽しい語らいと団欒ののちに、子どもたちは「皇孫御殿」に帰宅せざるを得なかった。

おおらかな、細かい些事にこだわらず、感情表現もそれなりに示した嘉仁皇太子と違い、父明治天皇は、滅多に表情を変えることなく、皇孫たちにも接したらしい。明治天皇が、神戸の観艦式に臨んだとき、三歳になる裕仁親王がこの地で保養中であり、明治天皇を停車場まで迎えに出た。

いつものように天皇は、孫に言葉もかけずじまいであった。のち内大臣徳大寺実則に明治天皇は「観艦式」よりなによりも裕仁親王の訪問を受けたことが嬉しかったと、洩らしたという（片野前掲書九一頁）。孫の前でさえ、謹厳と威厳を保つためか、率直に嬉しさを表すことのできない天皇睦仁の「頑な」振りがうかがえなくもない。

しかし、明治天皇が死去し、嘉仁皇太子が次の天皇になると、いままでの気楽な生活は許されず、特に即位後の宮中行事をはじめ、軍務や雑務に追われ、再び健康を損ねていく。明治絶対主義体制を象徴していた明治天皇が死去すると、「維新の元勲」伊藤博文亡き後（伊藤は、一九〇九年、ハルピンで、朝鮮人独立運動の闘士安重根によって、国を奪った張本人とされ、射殺された）、山県有朋、井上馨など維新の元老たちも高齢化した。

その跡を継ぐ西園寺公望はリベラルな華族であり、政友会総裁になるなど自由主義的な政治家であった。伊藤・山県・井上らの長州閥を継いだ桂太郎らの「絶対主義」的政治は、民衆意識の高揚のもとに後退を余儀なくされる。

嘉仁天皇は、天皇の即位式典を終えると、皇太子時代の自由気儘な生活と違い、一挙に仕事量が増え、巡行も思うままにならなくなり、体調が悪化する。裕仁親王が立太子礼を終えた一九一七年以降、急速に天皇の病状が悪化し、憲法や『論語』などの「ご進講」が増えていく。もはや表舞台に出ていく健康は失われていったのである。

天皇の役割のうち軍務を裕仁皇太子がほぼ肩代わりし、節子皇后もときに近衛師団部など軍隊の見学を行ったり、裕仁皇太子とともに天皇の「公務」を担ったりした。

デモクラシー思潮高潮のなかで皇室像の変容

嘉仁天皇は、病弱のせいもあって、本来的に政治的君主とは縁遠かったようである。天皇を主権者（大権保持者）とする大日本帝国憲法下にあっても帝国議会や内閣の力は増し、「維新の元勲」たちも高齢化し、政界もそれなりに変化を来してきた。民の福利を尊ぶデモクラシーの機運も見逃せない。

前述したように、第一次世界大戦後、労働者の数も急増し、一九一二年、最初は労使協調団体として発足した友愛会は、第一次世界大戦を通し、労働組合としての力を伸長させていった。「冬の時代」に逼塞していた社会主義者も再び活動を開始した。

学界でも、東京帝国大学教授の政治学者吉野作造や、憲法学者美濃部達吉たちの、「民」をもととする「民本主義」が論壇などにも影響をもつようになる。美濃部の弟子たちが国家・行政官僚となり、いわゆる美濃部の「天皇機関説」が行政運営方針の要となっていく。

鈴木正幸氏によれば、初期の吉野や美濃部の主張は、「政治上の意義においての民主主義」は、「毫も我が国体に抵触するものではなく、却て益々国体の尊貴を発展する所以」(美濃部「近代政治の民主的傾向」『太陽』一九一八年)であるといった類での主張であったと指摘する。

第一次大戦の終了は、弱肉強食の国家的対立という世界秩序を変化させ、あらたに国際平和・協調、デモクラシーの機運が世界秩序として登場する(前掲『皇室制度』一四二頁)。

吉野作造は、一九二〇年以降、さらに国家と社会の概念性を明確にして、次のようにいう。「民族が歴史的に作るところの共同生活体は、之を社会というべく直ちに国家と呼んではいけない」。「学問上、社会と区別せられる国家とは何かというに、吾々の共同生活が国権と称する力の組織、即ち強制組織によって統括せられている方面を云うに過ぎない」(「言論の自由と国家の干渉」鈴木前掲書から重引。一四三頁)。デモクラシーは、世界の大勢のインターナショナリズム(国際主義)に支えられ、日本社会でも急速に浸透していく。

支配エリートも、国内外情勢の変容のなかで新皇室像を模索

このような変容を、ブルジョア政治家たちも重視した。その代表的人物は原敬であろう。一九一八年、最初の本格的な政党内閣を組織する原敬立憲政友会総裁は、一七年ロシアで革命が起き、労働者農民の政府が樹立、帝政が倒れ

る事態を目前にして、「露国の革命」を見つつも、国民や議会に基礎をおかずに政治を行おうとする藩閥・軍閥・官僚閥もその夢を「覚さざるべからず」と、その日記に記した（『原敬日記』参照）。

ドイツやオーストリアの王政も打倒され、それらを勘案した原は、「皇室は政事に直接御関係なく、慈善恩賞等の府たる事」なるが安泰とし、「株式其他の御収入は公共事業又は慈善事業」に使用相成ることと、主張した（鈴木前掲書一四五〜一四六頁）。

右のような原敬の考え方は、警察官僚や、皇室の歴史編纂者たちにも伝播する。もとより彼らは、皇室擁護の立場に立っている。内務省出身で、のち貴族院議員や東京市長となる永田秀次郎は、一九二一年、『平易なる皇室論』を著し、天皇家の社会的存在理由を、①人心安定の緩和力、②社会福祉事業への貢献、③ナショナルシンボルであること、といい、「君主制の理想状態」は、民意を尊重し、暢達することとした。

帝室編修官の渡辺幾治郎は、一九二五年、『皇室と社会問題』において、「社会主義の目的は、貧富の懸隔を断ち」「社会の貧乏と罪悪」を一掃、『国際紛争の禍根』を除き、永久平和を確立」し、「多数民衆の進歩と幸福」を齎すもので、道徳的宗教的ですらある、と巧妙な言葉を用いて労働運動や社会主義運動を評価するかのごとく、実は瞞着しようとした。

渡辺は、日本の皇室は、ロシアやドイツと違い、皇室が民主思想を阻害し、社会問題解決を妨げるわけがない、と「国体」と民主主義の調和という観点を打ち出した（鈴木前掲書一五三〜一五六頁）。しかし、渡辺は、『昭憲皇太后宮の御坤徳』（東洋書館、一九四二年）など、多数の皇室史を執筆している、本来は、皇国史観の持ち主であった。

明治絶対主義天皇制が存続の危機に立たされ、国体観念の持ち主や国体主義者を含め、既成エリート層も、従来の国体思想では天皇制を維持できないと考えたのであろう。加えて嘉仁天皇の病状も視野にあったといえよう。

7 「慈善恩賞の府」としての皇室像の創出

節子皇后、天皇に代わり「国母」としての仕事に励む

原敬が内閣を組織すると、御座所で天皇に「拝謁」し、翌日には節子皇后が原首相以下、閣僚を召し出し、「時局中殊に御苦労思し召さるゝ旨御沙汰」をなし、「微力の限りを尽くして聖旨に答ふべき旨」と述べ、一同に菓子を与えた。原はその日記に記している（片野前掲書一一七〜一一八頁）。新内閣の誕生を激励したのは、節子皇后で、以後、彼女が嘉仁天皇の実質上の代行をしたようである。節子皇后は、天皇の病状の進化につれ、悩みを深めていったようである。皇后の歌に「いかにせむ　ああいかにせむ　くるしさの　やるせなきだに　わが思ひ川」「はてもなく　千々に思ひの乱れては　わが身のほども　忘れつるかな」と、そのやるせなさを詠っている。

筧克彦の進講で、心の安定を得る

この頃、節子皇后は東京帝国大学教授の筧克彦《かけい》から進講を受ける。片野真佐子氏によれば、筧の教えは、天皇と臣民は「上下」の関係であって、横に向かいあっているのではなく、「臣民」には「天照大御神の御延長にして和魂の根源である」天皇と「対立して帰依」すると説く。皇后は筧の教えに深く納得する。筧は「女子は子孫を産みまするが、実は女子のみで産むのではないと同じように」「他方に於ては世の文明は男子が表に立って造りまするが、実は女子が男子を通して造りつつある」とする（ここでは新漢字、現代仮名遣いに直した）。片野氏の言葉を引用すれば、以下のように筧説は纏められよう。

「女性は男性を支えること」で「男系の皇統」に連なると解釈される「日本の伝統」から抽出される男女関係観と、近代社会が導き出したジェンダー規範とが融合させられていると同時に、現世のあらゆる矛盾を「斎祈」して解消させていく万世一系の天皇の「公徳」がよく示されているという（片野「近代皇后像の形成」富坂キリスト教センター編『大正デモクラシー・天皇制・キリスト教』所収、新教出版社、二〇〇一年、一〇八〜一二八頁）。

皇后が天皇平癒祈願の神社仏閣を歴訪しはじめたのは二二年から二四年にかけてで、関西や九州など三回に及び、二四年には京都御所に袿袴姿で「色あせずのこる紅葉をぬさとしてあかき心に神にたのまむ」と謳いあげると、周囲の者が感涙に咽んだという（片野前掲論文）。

慈善事業への積極的な関与

右に述べたように、節子皇后は、天皇の代行や平癒祈願に心を砕くとともに、美子皇后の時代から始まっていたものの、節子皇后の時代になると、首相原敬のいう、「慈恵恩賞の府」としての皇室の女性たちによる事業がさらに積極的に開始される。病身の夫である嘉仁天皇に代わり、節子皇后の出番が多くなる。

大実業家の渋沢栄一が院長を務める東京養育院の新築移転に際して、一万円の「下賜」金、四谷のスラム街にある二葉保育園や鮫ケ橋小学校、東京深川にある霊岸小学校などへの「下賜金（品）」や、巣鴨の石井亮一の知的障碍児施設の滝乃川学園などに「下賜金」（品）を配布している。

また、廃娼運動で有名な救世軍（軍という名はつくものの、キリスト教徒たちで構成）の山室軍平なども、宮相を通し、活動資金として、向こう一〇年間に一万円をもらっている。節子皇后は、その後、キリスト教主義の同志社女学校なども訪問、学校側も皇后の来訪・視察が、キリスト教への偏見を取り払ってくれる機縁になるとして、大歓迎し皇后を迎えた。海老名弾正総長が「山上の垂訓」を朗読、祈祷すると、感泣する声も洩れ始め、皇后も頭を垂れたという（片野前掲書、参照）。

その他、多くの皇族妃を従えての、女子学習院の卒業式への参列、明治天皇の桃山陵への参拝、日赤、愛国婦人会、東京慈恵会への総会出席や、東京施療病院への視察など精力的にこなした。この頃になると、新聞などに「国母陛下」の語が掲載され始めた（片野前掲書一一八～一一九頁）。

さらに特筆すべきは、かつて「業病」とさえ称されたハンセン氏病患者への「慈恵的」な行為がめだつようになる。

8　節子皇后・皇太后の「救癩」事業

「救癩」事業の開始

近代日本におけるハンセン氏（いわゆる癩）病に対する大方の見方は、「業病」視のみならず、政府としては、患者を放置したまま、治療をも施さなかったことであった。放置された患者に目を向けたのは、在野の医師や、キリスト教の神父・宣教師たちで、イエス・キリストのハンセン氏病の患者の癒しをおこなったという故事にちなみ、信仰の証にもなるとする認識であった（藤野豊『「いのち」の近代史「民族浄化」の名のもとに迫害されたハンセン病患者』かもがわ出版、二〇〇一年、参照）。

一八八九年五月、静岡県富士岡村（現御殿場市）にカトリックのフランス人神父テスト・ウィードにより神山復生病院が開設され、以降、一八九五年熊本市郊外に聖公会のイギリス人宣教師ハンナ・リデルによる回春病院、九八年熊本市郊外にカトリックのフランス人神父ジョン・メリー・コールによる琵琶崎待労院などが設立され、患者に対する宗教的慰安と救済を重視する施設が開設された。これらが、日本におけるハンセン氏病患者への救済の始まりであり、このような人びとにより「救癩」事業が徐々に広まっていった（藤野前掲書三三～三四頁。ハンセン氏病については以下、特に断らない限り、主に藤野前掲書による）。

医学者後藤昌直は、早くからハンセン氏病の発病には、遺伝・自発・感染の三つの場合があるが、遺伝の場合は少ない。発病の誘因には皮膚病・妊娠・打撲などのほか、身体的変調、生活態度、環境の劣悪、悪食などがあるが、しかし感染するとしても隔離しなければならないというような恐ろしい疾病ではない（後藤昌直『難病自療』一八八二年、藤野前掲書三六頁より重引）という。世界の医学の潮流もハンセン氏病を感染症とみなす方向へと大きく動いていった。

日本におけるハンセン氏病者への偏見と差別の政策

ところが、一八九九年、のち日本のハンセン氏病医療の「第一人者」として絶対的隔離政策を推進する光田健輔が、当時、勤務していた行旅病者の収容施設東京養育院に、ハンセン氏病患者の隔離病室「回春病室」を設置した。内務省当局も帝国議会議員もハンセン氏病が感染症としつつも、患者が危険な存在であるとし、「取締り」の対象とした。「遺伝病」という誤った偏見により、故郷を追われ、「乞食」などをしながらようやく命を繋いでいたハンセン氏病者たちにとって、より苛酷な運命に見舞われることになる。右のようにして日本内外にハンセン氏病患者「取締り」の風潮が助長されてくる。

一九〇五年、前述のハンナ・リデルは、回春病院の経営への援助のために東京に出て、政界の実力者大隈重信と財界の大御所渋沢栄一（号は青淵）に要請し、支援体制がつくられたものの、ハンセン氏病患者の隔離策が呼号された。渋沢は、「癩」という、恐るべき「伝染病」に対して国家がいまだ適切な施策がないのは慨歎に堪えず、わが国民がこの恐怖すべき「癩病」の救護事業を外国の慈善家の手にまかして、自ら顧慮しないのは慙愧に堪えない、ここに諸君の会同を得て、「癩病」の恐怖すべきことならびに事業の後援にあたることが必要と訴えた（藤野前掲書四一頁）。渋沢らの救護活動は、いやが上にも日本民衆に「癩病」への偏見を植えつけ、ハンセン氏病者は、その病のみならず、一層強い偏見と差別に苦しまざるを得なくなった。

光田健輔の強力な強制隔離策と反対論

偏見と差別にさらされるなかで、病を養う患者たちは、生存と生活さえ困難なうえ、さらに家庭、社会から隔絶させられる強制隔離政策が力を得て本格化に展開されようとしていた。この強制隔離策を強硬に推進したのは、先の東京養育院医官の光田健輔であった。

「政府未だ癩隔離の方針を執りたるを聞かず」「社会一般が尚未だ癩病の遺伝病たるの旧思想に支配」され、その「伝染の恐るべきやを知らざる」によるが、「天刑の名に拘泥して病毒の侵入に放任」せんとするによるか、「……政府をして本病隔離の大方針を確立」させる端緒を開くべしと強調（「癩病隔離所の設立の必要に就て」『東京養育院月報』第一二号、一九〇二年二月、藤野前掲書四五～四六頁。傍点は筆者）し、隔離策の採用を強硬に主張した。

藤野氏によれば、医師である光田は、ペストなどの激しい感染力をもつ急性感染症と慢性感染症であるハンセン氏病との違いについて認識していたはずだとしながら、ペストとハンセン氏病を同列におくことにより、隔離施設への患者の強制的収容を正当化したのであった。

一九〇〇年一二月段階でのハンセン氏病者は三万三五九人とされ、まず生活の場を持たない「癩浮浪患者」を「強制的収容」し、彼らの存在が「一国の体面乃至一家の恥辱」のごとき無形的損害のみならず、「公衆衛生上の有毒物」と見做し、厄介者扱いされた。

何という非人間的見方であろうか。病者は、その病の苦しみに加え、社会的偏見・差別にも苦しまざるを得なかった。以後、日本のハンセン氏病者に対する施策は、光田健輔の主張にそって推進され、ハンセン氏病者への偏見・差別は広がり、強まっていく。光田は全生園病院長・長島愛生園長を歴任し、その功が認められ、敗戦後の一九五一年文化勲章を授与されるにいたる（藤野前掲書四八頁）。

しかし、一部の医者は、ただ強制隔離をもって、問題解決にふすのではなく、ハンセン氏病は完治できるという強い信念のもと、治療薬を開発し、特に貧困家庭の患者が十分な治療を受けられ、「国家の手で『下層民』の健康」を保持すべき義務があると説いた（増田皮膚病院長・増田勇『癩病と社会問題』一九〇七年、藤野前掲書五二～五七頁）。

救癩施設・病院を設置したフランス人神父たちも、実質上の取締法である癩予防に関する法（一九〇七年制定）に対し、懐疑を示した。静岡県・神山復生病院の五代目院長となるレゼーは、法の制定直後、「世の癩病患者」は、「罪人にあらず」「天刑病者にもあらざるなり」「彼等は彼の花柳病者の如く自らの品行」が招いたものではなく、まったく不幸にして得たる「伝染病」なり、癩病は伝染病としてその力薄弱であり、結核性疾病よりも伝染力は弱い、と述べ、癩病者に対し「余りに厳酷なる取締法」をとるのは学理上からみても不適当と指摘した（藤野前掲書五八～六一頁）。

一九〇八年施行の「癩予防に関する件」の法律によって、開設された療養所は、患者にとり、監獄に等しく、多磨全生園初代院長の池内才次郎は「どの程度にお前達を扱ってよいか……兎に角、監獄より一等減じる」というくらいにやっていく、と述べるような始末で、患者たちの待遇が思いやられる。

一九一五年四月に内務省で開催の療養所所長会議において、光田健輔全生園病院長は、患者に対し所長に懲戒権を授与することを主張した。その結果一九一六年「改正」の「癩予防に関する件」に明記され、懲戒権としてハンセン氏病者を最高で三〇日以内（二か月まで延長可）の監禁、七日以内二分の一までの減食、三〇日以内の謹慎・譴責処分が許可された。まことに藤野氏が指摘するように療養所はますます監獄化し、患者への虐待が可能となる（藤野前掲書六七〜六八頁）。

それより前の一九一四年一二月、光田健輔は、中央慈善協会（会長渋沢栄一）が開いた癩病予防談話会で講演した。その内容は、患者の逃亡防止のために離島に隔離所を設置、患者に物質的・宗教的慰安を与える、宗教にもとづく私立療養所を保護する、奈良時代の光明皇后の故事に倣い、光明会を設立、さらに患者の「不逞の徒」に対して制裁を加えることを言及した。光明皇后の故事とは、前述したように井戸（浴室）で皇后自ら患者の背中を流し傷口を吸ってやると、乞食の姿が仏になった（『日本霊異記』）と信じられぬような、故事を持ち出し、次のように述べた。

「事皇室に関し恐れ多い」ことだが、「貴族富豪」が光明皇后の趣旨を「奉戴」して、尽力くださるなら、甚だ困難のようにみえる癩病予防の事業は案外短日月のあいだに「片付く」こと、光明皇后の事績に因んで癩病予防会に「光明会」と命名して一筋の光明を与えることを希望するというようなものだった。

光田の意見は概ね受けいれられたものの、キリスト者、とくに欧米の関係者の間では、不評であった。ハンナ・リデルは、病者による「自治村」の建設を訴え、「人間生活の有する凡有特権は許され」なければならぬ、と主張した（藤野前掲書七一〜七七頁）。

なお、その後、日本における「救癩」事業は、賀川豊彦ら日本のキリスト者も参加して、一九二五年、「日本ＭＴＬ」が設立される。ＭＴＬとは、Mission to Lepers の略で「救癩協会」のような意味である。

ところで一九一八年から一九年にかけて展開された「母性保護論争」において、平塚らいてうの主張に萌芽的にみられるように、らいてうらの母性保護論には、「売春婦」を病原菌扱いし、また優生思想が潜んでいた。一九二〇年代初頭に台頭する日本の産児調節運動にも、優生思想の視点からの産児調説（制限）の主張も含まれていた。優生思想は、民族浄化運動や「売春婦」排除の論理と親和的であった。ハンセン氏病者の根絶が、民族浄化と繋がるという主張もだんだん強化され、病者はより一層の苦境におかれることになる（詳しくは、藤野前掲書、参照）。

節子皇后にとっての「救癩」事業

「慈善恩賞の府」としての新皇室像は、「平民宰相」といわれた原敬の言であったが、病床に臥すことの多い嘉仁天皇（大正天皇）に代わり、節子皇后は、「救癩」事業に関心を示し、ブルジョア政府も「皇室」を慈善恩賞の府、皇恩の広大さを「国民」に知らせるもっとも有効な事業として「救癩」事業に的を絞った。換言すればハンセン氏病者たちは、「皇室の慈愛」を印象づけ、腐植させるために利用されたともいえよう。

一九二九年から三一年まで内務省地方局長を務めた次田大三郎は、当時のありさまを次のように回顧している。「罪なくして隔離されるのだから相当の設備でなくてはならない」「大いにあらかじめプロパガンダをやつて、そういう気運をおつくりになつてやつたら、こんな善政はない」「そのプロパガンダの一つの方法」として「皇室のお力を借りられたらいいのではないか」（片野『皇后の近代』一六五～一六六頁）と、皇室の「救癩」事業の意図を露骨に述べている次第である。

いいかえれば「慈善恩賞の府」「皇恩」の偉大さをデモンストレーションするために天皇家の「救癩」事業を位置づけたわけである。節子皇后は、一九一五年、イギリス人聖公会女性宣教師で回春病院を設立したハンナ・リデルを呼び、手許金を「下賜」し、二〇年には、静岡県知事の関谷貞三郎に対し、神山復生園について尋ね、見舞いの品々を授与し、二四年にも皇后は復生園に金一封と縞の反物と裏地を六八人の入所者に与えたという（片野前掲書一六四～一六五頁）。

植民地朝鮮における癩療養所

日本政府は、植民地下における台湾や朝鮮においても療養所を設置した。一九一六年、朝鮮総督府は、全羅南道南端の小鹿島《ソロクド》に慈恵医院（三四年小鹿島更生園と改称）を設置、最大時には六〇〇〇人を収容した。日本内地より更生園での患者に対する管理は苛酷で、「患者罰則検束規程」が設けられ、職員に反抗的、逃亡を企てたといった理由で「監禁室」に入れられ、断種手術（優生手術）が行われる場合もあった。

夫婦患者の同居条件には断種が義務付けられた。植民地下のハンセン氏病患者は、病者として受ける差別に加え、日本人の当局者から残虐で非人間的な仕打ちの数々を受け、癒しがたい傷を負った（滝尾英二『朝鮮ハンセン病史――日本植民地下の小鹿島』未来社、二〇〇一年、参照）。台湾には楽生園が設立された。

つれづれの友になりても励めよ　行くことかたきわれにかはりて

前述したように、節子皇后は、政府高官たちの期待に応え、「慈善恩賞の府」としての皇室像の創出に協力し、「救癩」事業に積極的に参与した。一九二六年、嘉仁天皇（大正天皇）が死去、裕仁皇太子が即位すると、一層「救癩」事業に勤しんだ。節子皇太后（諡号・貞明皇后）は日本国内はもとより朝鮮の小鹿島更生園にもしばしば使いを出し、「皇太后の御仁慈」を説かせた。

一九四〇年、第一四回日本癩学会が小鹿島更生園において開催され、皇太后侍医の西方義方は、挨拶を行い、更生園の朝鮮人患者を前に「畏多いことは、皇太后陛下から、有難い御仁慈の御思召を、拝戴している」「あの御歌を拝しますと、『自分が行って、じきに慰め』たい心は、山々であるが、事情が許さない。この自分に代わって、徒然の友となって、不幸な人たちの心を慰めてつかわせよ、と「まことをおこめ遊ばした御心が、勿体なく仰がれる」「皇国以外、世界のいづこに、いつに、感激の有難い涙抑へ得ない、そのような幸福を、享け得た人がありませうぞ」と説いた（滝尾英二『近代日本のハンセン病と子どもたち・考』広島青弓文庫〔私家版〕、二〇〇〇年、二九九～三〇一頁）。

節子皇太后は、光田健輔らの強制隔離・収容策を支持し、激励を行った。西方の言にある「御歌」とは、一九三二年一一月一〇日、「大宮御所御歌会五兼題詠歌」において、皇太后が「つれづれの友となりても励めよ　行くことかたきわれにかはりて」という歌である。ちなみに第三皇子の高松宮（光宮）宣仁の妻喜久子妃（徳川慶喜の孫で、父は慶久。母は有栖川宮実枝子。ちなみに前述したように慶喜の母吉子女王は、有栖川宮織仁親王の娘であった）は、「かぎりなく恵の光身にうけて　ながくたのしき世をおくらなむ」と詠んでいる。一部で節子皇太后が実際、患者のもとに行き、慰めたという説が流説されているが、皇太后の歌が示しているようにあくまでも「下賜金」や、言葉での慰めでしかなかった。それをいかにも皇室の「御仁慈」と評したのである。

差別と偏見に加え、病苦に苦吟するハンセン氏病者たちが、監禁同様の環境のなかでどうして「ながくたのしき世」を送られるものだろうか。

皇太后の歌は、各療養所で「御歌拝戴記念式」の行事がもたれ、歌碑もつくられた。滝尾氏によれば、氏が見た歌碑のうち、小鹿島更生園のものが最大であったという（滝尾前掲書二九三頁）。歌碑は、患者たちの労力によって、実質的には強要されて建立されたものであったろう。慈善恩賞の府として、皇室がおこなった「救癩」事業の偽善性が伺えるというものである。

特別法廷で裁かれる

ちなみにハンセン氏病者は、四五年の日本敗戦後も病苦に加え、差別と偏見に苦しみ続けた。ごく最近の二〇一四年五月、患者たちの訴えにより、ハンセン氏病患者の裁判が普通の公開裁判でなく、隔離施設の「特別法廷」で裁かれていたことがようやく明らかになった。

最高裁の調査では、地裁や高裁から「特別法廷」の設置申請があった際、当時の最高裁事務総局が十分に精査せず、開廷を許可し、偏見に基づく差別意識から審査が形式的になったこと（「ハンセン病患者『特別法廷』最高裁、謝罪へ」『東京新聞』二〇一六年三月三一日)、なかには殺人罪に問われた元患者が無実を訴えながら「特別法廷」で死刑を宣告された「菊池事件」(一九六二年執行)などがあり、「特別法廷」は一般の人の傍聴がきわめて困難な、「非公開」の状態で進行され、「憲法的な要求を満たした裁判であった」とは到底いえなかったという。

二〇〇五年、厚労省の第三者機関が纏めた最終報告書が発表されつつも、最高裁は動かず、患者たちが「特別法廷は裁判の公開を定めた憲法に違反」する犯罪行為と声をあげなければ何もしなかったのではないか、「特別法廷は非公開」の場で「検察官のいいなり」で行われていた。また患者たちは「公正な手続きでなされたのか」、非常に疑問と指摘し、菊池事件をうやむやにせず、「再審への扉」を開いてほしいと訴えている(「ハンセン病隔離法廷　最高裁謝罪へ　憲法の番人も差別か」『東京新聞』二〇一六年四月一日)。

「社会的弱者」であるハンセン氏病者たちが「隔離」された「特別法廷」でいかに孤独で心細かったか、やるせなかったか、が容易に推察される。司法は、やはり巨大な権力である。とりわけいま「特定国家秘密法」の存在や、共謀罪などの治安立法が成立させられたならば、市民の権利は風前の灯となり、特に「在日コリアン」などへの「ヘイトクレイム」はますます助長されるであろう。

第8章　植民地朝鮮における「内鮮融和」と「内鮮結婚」

1　李王世子李垠と梨本宮方子の政略結婚＝「内鮮結婚」

朝鮮の保護国化・植民地化と韓国王室

大日本帝国は、近代初期から欧米帝国主義を見倣って、植民地領有を狙った。まず日清戦争で大国清国を敗北させ、台湾を割譲させた。台湾は、もともとは原住民が住んでいたところ、オランダがまず領有し、ついで中国大陸の漢族が渡来し、支配した。日清戦争の勝利で日本は、清国が宗主国としていた朝鮮を日本の権力のもとに組み込もうとし、一八九五年には日本の支配を嫌う王妃閔妃《ミンピ》を虐殺し、その死骸を埋めた。当時の国王は高宗《コジョン》であったが、主導権をめぐって高宗の実父大院君と閔妃の間には桎梏・抗争があった。

一九〇四年から翌年にかけてロシアとの戦争で日本は米英両国に援助されながら漸く勝利した。ロシア帝国も朝鮮の利権に目を付け、朝鮮国との接触を図っていた。この日露戦争の結果、ロシアは朝鮮から手を引いた。日本は朝鮮国に対し第二次日韓協約（乙巳保護条約）を強制的に締結させ、事実上保護国とする。日本の支配を快く思わなかった高宗は、大韓帝国と国号を変え、初代皇帝となり、ハーグ会議に密使を派遣し、日本の支配の不当性を訴えさせようとするが、上手くいかず、帝位を息子坧に譲位せざるを得なかった。純宗《スンジョン》である。純宗は病弱で子をなさず、異母弟の垠《ウォン》（母は厳妃《オムヒ》）を、世子（皇太子）とし一九〇六年、首都の漢城（京城）に韓国統監府が設置され、維新の元勲の伊藤博文が就任。翌〇七年、垠は、伊藤博文に伴われ、人質同然に日本へと連れてこられた。李垠は、学習院を経て陸軍幼年学校、陸軍士官学校へと進み、のち陸軍大学校をも修了、日本の軍人皇族と同じように軍のエリートコースへと踏み出した。

これより前、父王の高宗は、朝鮮王朝最後の国王として、日本や欧米列強の侵略の攻勢に抵抗するが、「中華思想」の強い儒教国家・社会にあって、欧米式の「近代化」路線をとることを躊躇した。臣下たちも、金玉均らの一部の「開明派」・改革派官僚を除き、清国を宗主国と仰ぐ守旧派が多数を占め、従来の「鎖国」政策に固執した。

が、すでに述べたように隣国の大日本帝国は、明治維新を機に、それまでの攘夷政策を一変し、いち早く開国し、欧米の文化や言語の摂取を積極的に取る文明開化政策へと転換、欧米諸列強の帝国主義に見倣い、虎視眈々と朝鮮や台湾の支配・植民地化を企図した。

高宗は、かつて、一八九五年、王妃閔妃（諡号・明成皇后）を白昼、駐韓日本公使三浦悟楼（長州軍閥）の指嗾を受けた、駐韓の日本陸軍・浪士たちによって殺害され、池にその亡骸を投じられた。その行為は、まことに残忍かつ非常識な蛮行であり、日本政府当局の一部も関与していた（金文子『朝鮮王妃暗殺と日本人』高文研、二〇一〇年、参照）。高宗の第二王子は坧といい、のち父のあとを継ぎ、純宗となるが、彼は閔妃と高宗の間に生まれた子であった。第四王子の垠は、かつて側室であった厳妃との間の子で、一八九七年一〇月三〇日に誕生した。この年一〇月、朝鮮王朝は、大韓帝国と改称し、垠はまさにその月に生まれたわけである。垠には母の異なる兄妹、李堈（のちの李堈公。李鍵公、李鍝公の父）や、徳恵姫らがいた。

垠が生まれる二年前には、閔妃の殺害事件（乙未事件）があり、日清戦争（一八九四〜九五年）により朝鮮全道が荒らされ、事実上、日本の準植民地化とされた。一九〇四年から〇五年の日露戦争で、日本帝国主義は欧米列強の支援を受けロシアと戦い、辛くも勝ち、韓国を手中にした。欧米列強にあっては、日本がロシアの勢力をそぐための経済協力を行った次第である。

同年締結の桂太郎首相（長州陸軍軍閥）と米国高官（のち大統領）タフトとの間の桂・タフト協定は、日本の大韓帝国支配と、米国のフィリピン領有を相互に承認しあったものであった。高宗の反対を押し切り、第二次日韓協約

（乙巳保護条約）を強制締結、外交権を剥奪した。大日本帝国は、同じアジアでもあったにかかわらず、台湾・朝鮮を領有し、帝国主義侵略の足場とする。

翌一九〇六年には京城（ソウル）に韓国統監府を設置し、統監に元老伊藤博文が就任、内政権をも奪った。さらに一九一〇年には、日韓併合条約を強要し、名実ともに大韓帝国を占領（韓国強制占領）し、植民地統治を敷いた。以後、韓国・朝鮮の独立運動家たちは国内外で抵抗・独立運動を展開することになる。

これより前、高宗は、平和会議が開催されていたオランダ・ハーグに密使を送り、列国に対し日本の植民地統治に異を唱えた。これが日本当局に知られ、退位を迫られ、前述のように純宗が即位したわけである。が、韓国強占により、純宗は、国王を退き、李王と改称、異母弟の垠（英親王）が李王世子となった。

李垠の「日本留学」と韓国併合（韓国強制占領）

一九〇七年、垠は人質として統監伊藤博文とともに日本に渡った。その前、伊藤は皇太子嘉仁親王の韓国巡行を明治天皇に申し出て、認可され、同年一〇月、嘉仁皇太子が有栖川宮威仁夫妻を同伴し、随員に陸軍大将桂太郎、海軍大将東郷平八郎、東宮武官長村木雅美中将、侍従職幹事岩倉具定らを従え、渡韓した。嘉仁皇太子は、純宗皇帝および皇后と会見、皇帝には大勲位菊花賞頸飾、皇太子垠には勲一等旭日桐花大勲章を贈り、大日本帝国天皇の「臣下」としての「礼遇」を与えた。

嘉仁皇太子は、太皇帝（高宗）と会見したのち、皇帝および英親王（垠）を統監邸に招き、昼食を共にし、その後、英親王および威仁親王と馬車に同乗し、昌徳宮などを巡遊し、惇徳殿に至り皇帝と対面、歓待を謝し、惜別の辞を述べた。この夜、ソウル在住の日本人たちは提灯行列をにぎにぎしく行い、奉祝の意を示したという（李王垠伝記刊行会編著『英親王李垠伝　李王朝最後の皇太子』共栄書房、一九七八年、参照）。

同年一一月英親王の日本留学が正式に決まり、純宗および垠の父である高宗、母厳妃は内心憂慮していたであろうものの、抗えず、純宗は次のような勅を発し、弟を日本へと送った。

「皇太子を教育するには、孝心深く兄弟仲よく博学で道義に厚い人を選んでその教師とし、徳育を成就させたものであった。故に、朕深く世界の大勢と韓国百年の計を思い、皇太子に開明の教育を受けさせたい。……内外を探し求め、ここに統監大勲位公爵伊藤博文を特に太子大師とし、補導の任を委ねたい」（前掲書六九頁）

と述べ、苦衷の思いで、垠を日本へと送ったことと思われる。

同年一二月英親王は、伊藤とともに日本留学の途にのぼった。伊藤の英親王の日本留学の狙いについて、新城道彦氏は「大韓帝国の宮中を近代化し、君主が西洋列強や清にすり寄って日本の障害にならないように改革する」こと、韓国を併合すればそうした不安は取り除けるが、経済的な負担を覚悟しなければならない、このジレンマを解決するために李垠を東京に留学させ、次期皇帝を親日的で近代的立憲主義を理解する英明君主として育成し、韓国を分離したまま日本の「利益線」の確保を企図したものといえる（『朝鮮王公族　帝国日本の準皇族』中公新書、二〇一五年、二九～三〇頁）。

李垠は、同年一二月、軍艦満州丸に乗船し、下関に上陸、京都を経て入京した。一二月一八日、宮城に向かい、明治天皇と会見するが、天皇は、表謁見所である鳳凰の間の入口で美子皇后とともに出迎え、さらに二日後、李垠の仮の宿舎である芝離宮を訪問した。

また李垠の日本語習得の援助という口実で、毎週日曜日に竹田宮、北白川宮、朝香宮、東久邇宮を交替で麻布鳥居坂の李垠宅を訪問させた。また李垠は、嘉仁皇太子の韓国滞在体験もあり、皇太子と李垠とは仲がよく、隔月で相互に東宮御所と鳥居坂の邸宅を行き来し、ビリヤードなどを楽しんだ（『修養宝鑑　明治両陛下聖徳記』、新城・前掲書三一頁）。嘉仁皇太子は韓国語を学習するなど、韓国や李垠に親愛感を有していたようである。

その後、伊藤博文が暗殺された。一九〇九年一〇月、韓国の義兵将・独立運動家安重根によりハルピンで射殺されると、同じ長州閥でありながら、より強硬派であった山県有朋、桂太郎の軍閥系により、対韓政策を転換させ、山県は、韓国の民衆を「進取の気象に乏しく偸安姑息飽食して則ち眠るの風習」ありと見下し、蔑視感を露わに示し、この国を助けて独立の名と実とを全くせしむるのはまことに「至難の業」（「朝鮮政策上奏」）といい、伊藤の日本の保護下での「韓国近代化」路線を否定し、武力を用いてでも植民地領有・統治を貫徹することを提言した（新城前掲書、参照）。

2　武断統治から文化統治へ

憲兵政治と土地強奪

伊藤のあとを継いだのは曾祢荒助副総監で、伊藤の引いた路線を継承するが、病により辞任、後任として山県・長州軍閥の寺内正毅陸相が第三代統監に兼任し、併合準備委員会を主宰した。寺内は、俗に「憲兵政治」といわれる武断策をもって朝鮮全土に憲兵を配置し、独立運動や抵抗運動を厳しく弾圧した。

また土地調査事業をおこない、朝鮮民衆から土地を奪い、生業の道を閉ざし、民衆の恨みを買った。土地を奪われた民衆は、難民とかし、国外への居住を余儀なくされた。朝鮮人の抵抗・独立運動の背景には生存権さえ危うくされた広範な民衆の支持があったといえる。

一九一九年三月、高宗の「謎の死」を機に三一独立運動が全国で展開され武力によって日本軍警は運動を抑えたものの七五〇〇人以上といわれる多くの死者を出しながら、なおも朝鮮人の独立運動が根絶されることはなかった。翌四月、中国・上海に大韓民国臨時政府が樹立され、金九や李承晩らが指導に当たった。女性たちによる独立運動もあった（日韓「女性」共同歴史教材編纂委員会編『ジェンダーの視点からみる日韓近現代史』梨の木舎、二〇〇五年、参照）。以後、一九四五年の日本敗戦まで朝鮮独立運動は絶えることなく海外各地で展開される。

朝鮮王公族・朝鮮貴族の位置づけ

この間、李垠と韓国王室の取り扱いについて、一、韓国皇室は政治に関与させず、民衆が謀反を抱く根絶を絶つ。

二、皇帝の地位を廃し、純宗皇帝を大公殿下と称する。三、高宗太皇帝、皇太子李垠、義王李堈を公殿下と称する。四、大公殿下と公殿下ならびにその一門を東京に移住させる。五、大公殿下と公殿下ならびにその一門は皇族および華族の例を参酌して特別に礼遇するなど七項目にわたり、取り決めを纏めた（新城前掲書三八～三九頁）。

韓国併合後、宮内省内に朝鮮王公族の家務を担う李王職が新設され、大韓帝国宮内府の職員がほぼそのまま李王職となった。宮中の古礼を知る人材の確保、純宗皇帝が王公族の体面を保持するために旧来の職員を多数削減しないように日本当局に要請していたことが予測される（新城前掲書）。

また併合時には、大韓帝国皇室の親族や閣僚のために朝鮮貴族という身分制度を創出、朝鮮貴族令に基づき、日本の華族と同一の礼遇が約束され、公侯伯子男爵の爵号も付与されるが、公爵になったものはいなかった。日本当局は、朝鮮貴族を取り込むため、貴族令を制定、のち、一九三二年には、朴泳孝を貴族院議員に就任させた（新城前掲書）。右のような韓国王族・貴族を名目的には厚遇したかのように見せたうえで、「併合」を強行したが、日本が最も恐れたのは韓国民衆の抵抗であった。

皇室制度の整備と「朝鮮王公家軌範案」要綱

日本の皇室においても先にみたようにその根幹が固まるのは、「明治」から「大正」へと向かう一九一〇年代半ばであり、「韓国併合」により「皇族」の礼を受ける王公族が誕生したのは、一九一〇年代初めであった。王公族の法的地位がどのように定まるのかは、皇室制度の整備事業の一環として重要な課題であった。

かつて伊藤博文のブレーンであった伊東巳代治は、一九一六年九月に「皇室制度再査議」を起草し、大隈重信首相らに提出、王公族の法、すなわち「王公家軌範」を早急に制定する必要を訴えた。同年一一月、帝室制度審議会は、「王公家軌範案要綱」を作成、一、王公族は皇族に準ずるので一般臣民の法規を適用せず、二、王公族は皇族でも一般臣民でもない特殊な身分に属す。三、皇族女子が王公族に嫁ぐのに皇室典範第三九条の改正は必要なく解釈で可能、という骨格を組み立てた。

「王公家軌範案」は、一九一八年五月、枢密院へ諮詢されるが、顧問官の一人で法学者でもある一木喜徳郎は、王公家軌範を皇室令として制定する法的根拠を厳しく問い質した。こうして議論は紛糾したものの、伊東の主導で「準皇族」である王公家の法を皇室令として規定することに固執し、委任立法、すなわち王公族の権利義務に関する事項は皇室令で制定すると規定した法律を別途公布して帝国議会に立法権を委任してもらい、これを根拠として王公家軌範を皇室令で制定しようとした。この法律を「王公族の権義に関する法律」といった。

李垠と梨本宮方子の婚約成る

これより前に、李垠と梨本宮家の方子《まさこ》女王の婚約問題が持ち上がっていた。方子の父梨本宮守正は、久邇宮朝彦親王の子息で、のち昭和天皇裕仁親王の妻となる良子女王の父久邇宮邦彦《くによし》王とは異母兄弟であった。つまり方子と良子は従妹の関係にあった。皇室典範は、第三九条で「皇族の婚嫁は同族又は勅旨に由り特に認許せられたる華族に限る」とあり、方子が李垠と婚姻するためにはこの条文を改正するか、王公族を皇族もしくは華族として法的に規定しなければならなかった。伊東巳代治は、これに着眼し、「王世子殿下は某女王との婚約成り既に内許を仰れたるが如し」と先の「再査議」のなかで提起した。

大正天皇にすれば、些事に拘《こだわ》らない性格のうえ、李垠を弟のように思い、親近感を示していたようであり、異議はなかったものと推測される。方子の母、梨本宮伊都子は、旧佐賀藩の当主、侯爵鍋島直大の二女で、嘉仁皇太子とは、別荘で行き来する、気安いなかであった。伊都子は、その日誌でこう記している。

「陛下〔大正天皇〕の思召により梨本宮第一王女方子を朝鮮王族李王世子の妃として遣す様に」とのご沙汰となった。これでは否応なしにお受けしなくてはならぬ事になった（小田部雄次編著『梨本宮伊都子妃の日記　皇族妃の見た明治・大正・昭和』小学館、一九九一年、一三二頁）。

しかし小田部氏によれば、伊都子は、他のところで「宮内大臣〔波多野敬直〕が参られ、伊都子に逢いたき旨故、直ちに対面す。外にはあらず、兼々あちこち話合居たれどもいろいろむつかしく、はかぐ〳〵しくまとまらざるざりし方子縁談の事とて、極内々にて寺内（寺内正毅。当時朝鮮総督を経て、一九一六年一〇月首相就任）を以て申こみ、内実は申こみとりきめられたるなれども。都合上、表面は陛下思召により、御沙汰にて方子を朝鮮王族李王世子垠殿下へ遣すようにとの事になり、同様、宇都宮なる宮殿下すでに申上たりしとの事、有難く御受けして置く。しかし発表は時期を待つべしとの事（一九一六年七月二五日条）（小田部前掲書一三三頁）。

方子の婚約について、朝鮮王族李王世子垠と結婚するには、先に述べたように皇室典範改正が必要であった。一九一八年、米騒動で失脚した寺内首相が辞任し、新たに首相となった原敬内閣のもとで、工夫を凝らし、皇室典範増補の公布により、皇族女性は、王族または公族との結婚をなしうることとなった。

同年一二月五日、方子と李王世子垠との結婚に勅許が出た。方子は、一九〇一年一一月四日、伊都子と守正王との第一子として、麹町区一番町の邸宅で誕生。明治天皇の嫡孫裕仁親王と同年生まれであった。皇族の娘として学習院女子部に通ううちに李垠との婚約話が持ち上がり、一八年一二月八日、結納をおこない、翌一九年一月二五日に挙式することが正式に決定。が、挙式を控えた一九年一月二一日、李太王の父高宗が急逝、挙式は延期される。

3　梨本宮方子の生いたち

父は皇族、母は旧佐賀藩主鍋島直大の次女

ここで簡単に方子の生いたちについて触れておこう。梨本宮方子は、守正王と鍋島家（旧佐賀藩主）の伊都子との間の第一子として誕生。父守正と母伊都子は、一九〇〇年一一月二八日結婚、その翌年の〇一年一一月四日、東京麹町の梨本宮邸の日本間で産声をあげた（李方子『すぎた歳月』私家版、一九七三年刊行推定）。生後五〇日が経過し、宮中に初参内、賢所に参拝後、お内儀で明治天皇・美子皇后に「拝謁」、天皇は「いい子だのぅ」と微笑、皇后は「まあいとばい（かわいらしい）姫《ひい》さんやこと」といわれたらしい（李方子前掲書一四頁）。

もの心ついたころ、父守正は、日露戦争中、大連に出征中、赤痢に罹り、大分・別府の軍療養所で療養、〇六年一月一二日、講和条約が締結された年の翌年、病が癒えた父守正の凱旋を御殿の玄関で、日章旗をもって、みんなで一緒に出迎えたのが最初の淡い記憶という（同右書一四頁）。

麹町三番町の家は、高台にあって、下の角のところが久邇宮家、その隣が宮内大臣官邸で、宮内省の官舎も数軒、まわりにあり、朝ごとにラッパの音を聞いたのは、近くに近衛連隊があったらしい（同右）という。

家の中は、京都からお供してきた飛田、竹原の一家や、千代浦といって、昔風の厳しい老女がいていっさいを取り仕切り、母伊都子も結婚当初はつらいこともあり、侍女、「下女」、「下男」など、使用人だけでも三〇人近い大家族であった。

鍋島家は、旧藩主のなかでも裕福な暮らしを享受

ここで伊都子の生まれた旧佐賀藩主の鍋島家について若干言及しておこう。伊都子の父直大の父、つまり直正は、幕末に公武合体を斡旋。直大は、明治維新後、イギリスに留学、外務省御用掛、駐伊特命全権公使を歴任、この公使時代に伊都子が生まれた。伊都子の名のいわれはここに存する。直大は、その後、元老院議官、式部長官、宮中顧問官となり、天皇の側近者の一人になったといえようか。

小田部雄次氏によれば、旧藩主たちは、巨額の金禄公債を受け取り、銀行などに投資して富裕の金利生活者となる。彼らは当時の優良株である十五銀行や日本鉄道等の株を買い、その配当収入をもとに鉄道、海運、銀行などに多大な投資をおこない、所得を倍増させていった。

一八九八年の高額所得者は、岩崎久弥（三菱財閥）、三井八郎右衛門（三井財閥）らの財閥一族が占めるが、上位一五人のうち八人は旧藩主で、三位が加賀の前田利嗣、五位が薩摩の島津忠重、七位が長州の毛利元昭、九位が紀州の徳川茂承、一一位が安芸の浅野長勲、一二位が尾張の徳川義礼、一一位が佐賀の鍋島直大であった。伊都子の父直大は、東京の中心部にある広大な敷地の本邸に住み、五、六〇人はいたといわれる使用人たちにかしずかれて日々を

過ごしていた。しかも伊都子の姉で、長女の朗子は、武家出身の最大の財産家前田利嗣と結婚していた（前掲小田部雄次編著『梨本宮伊都子妃の日記　皇族妃の見た明治・大正・昭和』一九頁）。

何不自由のない生活のなかで、高い教養を身に着けた伊都子は、守正王と一八九六年一〇月一三日正式の婚約をなす。伊都子一五歳、守正二三歳であった。婚礼の祝儀に向けて父直大は、伊都子のために宝冠、首飾り、腕輪、ブローチ、指輪など宝石一式をフランス・パリに注文、パリから届いたのは、それから一年半後に届き、結婚式当日の一九〇〇年、マントドクトール（西洋式の大礼服）に着替え、それらの宝冠類で身を飾り、朝見式に参内する（前掲書二二頁）。

再び方子の回想に戻る。「私の幼年時代は、ちょうど日露戦争のあとで、いまのようにかわいい童謡もなく、勇壮活発な軍歌」とひなびた子守唄の両方にとりまかれながら、たいていは軍国調、タンカには職員家族の子どもをのせたり、ホータイを巻いたりの看護婦ごっこや、旗行列のまねや、棒切れもふりまわすなかなか勇ましい「お姫様」。年に三回くらい皇族たちの家族会があるのが楽しみで、「幼い私たちには余興がお目あて」であり、太神楽のお囃子、手品、皿回し、紙切り細工の手早いハサミづかい、シンコ細工で、犬、猫、鳥、さては人の似姿などを注文すると、たちまちのうちに作ってくれるおじさんがいて、「ただもうおどろきの目」を瞠るばかりで……」（李前掲書一五～一六頁）あったという。

李垠と方子の結婚――皇室典範増補で解決

朝鮮王公族については、「皇族の礼を以て」しとされ、要するに皇族相当待遇ということであった。が、皇室典範では「皇族の婚嫁は同族又は勅旨に依り特に認許されたる華族に限る」とあり、方子女王は、皇族か華族としか結婚できないことになる。この婚姻問題が起こった直後に伊東巳代治は「皇室制度再査議」を提出、「国法上からみれば王族公族は一般臣民と同じ地位にある」「しかしそうだとすると特に皇族の礼をもって遇するという精神は生き」ず、これは制度上の不備といわざるをえないとした。が、結局一九一八年一一月「皇族女子は王族又は公族に嫁することを得」という皇室典範増補が公布されるにいたり、二人の結婚は法令上問題なくとりおこなわれることになる。

前述したように嘉仁天皇は、訪韓体験もあり、韓国にも愛着をもっていたことが明らかになっており、李垠については、弟のいない嘉仁天皇にとって、弟のような親しみを感じていたようであり、この婚儀についてもとより反対ではなかった。

この縁談は、原敬首相や波多野宮相の、天皇の「思召を李王家に伝えられ、李王家にて歓んでお迎へすべき旨奉答したれば、今更変更出来ぬ」（『原敬日記』一九一八年一〇月八日）という決断の結果、結局、一一月二八日、嘉仁天皇による宮中三殿における皇室典範増補の奉告祭でほぼ決着が着く（新城前掲書九九〜一〇〇頁）。

結婚・第一子晋の誕生、韓国からの親族の渡来

一九二〇年四月二八日、方子と李垠の結婚式が挙行される。翌日、葉山に静養する嘉仁天皇のもとを訪れ、結婚の報告に行き、節子皇后から「日鮮《ママ》のちぎり深め、どうか末永くおしあわせに」という祝いの言葉をもらう。天皇は、早、病気が進行していたのであろうか、彼の言葉は、方子の回想記には出て来ない。実は、李垠には朝鮮在住中、高宗が決めた婚約者の閔甲完という婚約者がいた。李垠が九歳、相手が二つ上の一一歳で、当人同士は与り知らぬことであったろう。しかし、朝鮮朝では皇族が妃候補を選ぶ際は、許嫁となった女性は、揀沢というのがあり、たとえ結ばれなくとも、その後、独身生活を強いられた。方子は、そのことを気に病み、閔姫には申し訳ない気持ちにとらわれていたという。

この頃（一九二一年）、垠の義兄の李堈公の第一子勇吉（李鍵公）が、幼年学校入学のため東京に来、休日にはよく遊びに来て、朝鮮の話が出て、賑やかになった。垠の父高宗には閔妃のほか、垠の母厳妃など六人の側室がおり、侍女（福寧堂。梁氏）に産ませた翁主（側室から生まれた王女のこと）の徳恵姫がおり、父王に寵愛され、一族の愛情を一身に集めていた。日の出小学校に入学したものの、やがてこの徳恵も、一二歳の時、その意思とは関係なく、日本へと連れてこられる。

この年（二一年）八月一八日、方子と垠の間に待望の男の子が誕生、晋と名づけられた。「殿下はただもう笑みくずれ」「人の親になる」「最も平凡で尊い」喜びに包まれた。「これで李王家も安泰」とか「旧李王朝第二十九代にあたる日鮮融和のシンボル」とか「ここに日鮮一体の結晶が実る」といった新聞の大きな見出しも、なにか他人事のようで、世の常の父、母であるしあわせだけでいいと、方子は前掲書のなかで回顧している。

さて、この頃、朝鮮の兄、李王（純宗）夫妻から帰国の催促が来て、結婚の報告、朝見の儀、宗廟への参拝の儀をこれ以上遅らせるわけにはいかないという理由で、方子も垠も当初からの願いだったものの、幼い晋を連れての遠い初旅が、なんとしても不安で、気候も風土も違う土地で、もし万一の場合でもあったらと、決心がつけかねた。

結局、方子も垠も迷ったあげく、四月二六日、渡韓し、大歓迎を受け、所縁の人びとにも会い、兄の李王夫妻を昌徳宮に訪問、二八日には大造殿で古式豊かな儀式が挙行され、荘厳の気が満ち、式が終わったときはさすがにホッとしたという。この夜は、王公族との人びとの晩餐会が熙政堂でおこなわれ、そのあと李王夫妻はじめ皆さまがたと寛いで談笑、方子の片言交じりの朝鮮語が、この場の雰囲気を和ませた。じっと義姉の方子をみつめている徳恵姫の、利発そうなつぶらな瞳に、そっと微笑みかえすと、にっこりとはにかみながら親しみをこめてこちらをみつめられるかわいらしさにみとれたという。

徳恵姫は、前述したように二五年、日本に連れてこられ、母と引き離されたせいか、異郷の地にあって気鬱症にかかり、成長後は、日本政府によるまたもやの政略結婚といわれる対馬の伯爵家宗武志と結婚、いまでいう統合失調病を発し、一女正姫を設けながら、破鏡の憂き目にあった。

晋の死——方子の感懐

宗廟参拝後、大きな行事も滞りなく、終わり、いよいよ日本へ帰る日が近づいた。ところが、晋が突然、体調不調に陥り、「急性消化不良」とのこと、万一のことを考えての細心の警戒が、最後に来て緩んだのを、まるで狙っていたかのような発病。五月一一日、晋ははかなくこの世を去った。

「父母にいつくしまれたのもわずかな月日で、何も罪もないのに、日本人の血が、まじっているというただそのことのために、非業の死を遂げねばならなかった哀れな子」「もし、父、王〔高宗〕さまが殺されたその仇が、この子に向けられたというのなら、なぜ私に向けてはくれなかったのか」と、意味深長な言葉で、方子は、息子の死を悼んだ。右の述懐から高宗の死にも、方子は謀略を感じていたと推測される（李方子前掲書七九～一〇一頁、参照）。

同じ回想記のなかで、方子は、朝鮮総督府―日本当局について、穏当な言葉づかいながら、あからさまに批判している。「私たち李王家一族の自主性というものは、いついかなる時も朝鮮総督府――つまり日本当局にゆだねられており、その総督府としては、王公族を極力日本に同化するとともに、純粋な王家の血に日本人の血を混ぜることを、統治の要としている」（李前掲書一一七頁）。

垠の妹・徳恵姫を襲った悲劇

かつて李王皇太子垠が一九〇七年一二月、一〇歳で「日本留学」とは名ばかりで、実質は人質同然で日本に連れてこられたように、垠の甥李鍵や李鍝（一九四五年八月広島で被爆死）、徳恵姫（一九一二年生まれ）は、若年で日本に「留学」させられた。二五年三月、東京に出京、日本のメディアが方子らの心配をよそに彼女の来日をにぎにぎしく書き立てた。

> 李王世子殿下のお妹君徳恵姫は三十日夜八《ママ》時半東京駅着、御あこがれの東京の地を初めて踏まれた、駅には幼年学校の制服を着たご同族の李勇吉殿下を始め関谷宮内官、上野武官其他朝野の大官お出迎へする、やがて列車が着くとお下げに水色のリボンという可愛いお姿の徳恵姫はベルベットのマントを召されて静かにフォームに降り出迎への人々に軽く頭をかしげてあいさつされる、ぬけるように白い美しいお顔迎へられるひとも迎へる人もいずれも閑雅な応対ぶりであった、そして徳恵姫はお迎えの自動車で李王世子邸にむかはれた。
>
> （『東京朝日新聞』一九三五年三月三一日）

このような報道とは裏腹に、李方子の心中は、心配と不安で一杯であった。「表向きは学習院ご入学のためということでしたが、まだ小学六年生で、姫君でもあることゆえ、せめて女学校卒業までは膝下におきたい、との兄王殿下の懇願もしりぞかれて、ご上京のはこびとなったのです」「東京駅へお着きの姫を出迎えたときは、おいたわしさに思わず涙ぐんでしまいました」「愛らしく切れ長の大きな瞳に、いまは母君恋しさがたたえられていて、内気なこの姫のこれからの歳月が案じられてなりませんでした」(李前掲書一一七頁)。

方子が案じていた通り、内気の姫は日本の皇族・華族ら「上流社会」の令嬢たちとは馴染めなかったのであろう、神経衰弱気味となり、ついには「早発性痴呆症」と診断されてしまった。語を継いで、方子は、徳恵のことを「何か学校の友だちにいわれたことを感情的に強く受けられて」、「母上の死という大きな悲しみに出会われたこともいやしきれない心の傷となっている」「もともとは内気な方だったとはいえ、私などには明るく希望にみちたお話しぶりで将来は学校の先生になって――と、ご利発なおことばをたのもしくうかがっていたのに、いまはうつうつとして床についておられるばかりです」(李前掲書一三四～一三五頁)。

皇族や華族の通う学習院女子部のなかにも朝鮮人に対する根強い蔑視観があり、まだ心の柔らかい末娘で大切に育てられた徳恵姫にとっては、学校は耐え難い苦痛の場であったかと推測される。やがて病は小康を得て、食事も進み、話も少しは調子よく話すようになり、宗伯爵との縁談も順調に進み、一九三一年五月八日に結婚式を挙行、前述のように一女も儲けることができた。

しかし方子の心には、なおも不安と心配が付き纏う。「なにもはるばる東京におつれしなくても、あのまま母上のもとで女学校を終えられ、だれか貴族のよい方と結婚されたほうがおしあわせだったろうに……」。さらに書きついで、方子は、「結婚式場で考えるべきことではなく」「再発への心配と、朝鮮の血をむりやり日本の血の中へ同化させてしまおうとする当局の意図への反発も、ひそかに感じていた」のである(李前掲書一三七頁)。

夫・李垠のつぶやき、関東大震災における朝鮮人虐殺

これより前、徳恵姫が日本に来た当時、夫の垠が口にした言葉を、方子は残している。これは、垠の本音であったろう。

この私が自分の自由意思でふるまえることといったら、いったい、いくつあるだろうか。もちろん王族としての制約はわかるが、朝鮮人であるがために、外国貴賓と会うにしても、映画ひとつをみるにしても、政治的に影響がないかどうかどうかをまず考えなくてはならない。

それに朝鮮のことが話題に出たときの息づまりも、たまらないことのひとつだ。日本人のほうでもへんにこだわってしまい、私もタブーにふれるかのように、ことさらに意識してしまう。二重人格者のようにふるまわなければならないときの息苦しさ……これから徳恵も、そうしたことにじっと耐えていかなければならないのだ……

（李前掲書一一九頁）

在日朝鮮人のまさにトップの位置にある李垠にして、心の奥には、日本人の心性深く潜む朝鮮人への差別・蔑視感を強く意識していたであろうことが推測される。

これより前の一九二三年九月の関東大震災の折、朝鮮人が井戸に毒をまいたとか、放火、暴動を起こしているといった根拠のない流言蜚語が流布され、「朝鮮人への呪詛がたちまちのうちに野火のように燃え」広がり、「朝鮮人は皆殺しにせよ！」と、「怒り狂う人々によって、むごたらしい虐殺が始まったとのこと。私たちにも危険が及ぶおそれがあるというので、宮内省第二控室の前に張られたテントの中で一週間すごしました」（李前掲書一一一頁）。

「何かにつけ朝鮮人は悪いと決められてしまうのはじつになさけない。たまたま労務者として渡っていたごく一部の人々の非常識なことだけがめだって、それが朝鮮人だという固定観念をつくりあげてしまう」。「殿下はいいようのない悲しみと憤りに声をふるわせておられました」（李前掲書一一一～一一二頁）。

「韓国併合」（韓国強制占領）では、本音はともあれ、「一視同仁」「内鮮融和」を謳っていたが、近代日本の帝国主義・海外膨張主義路線・イデオロギー政策により、アジアの大国・大国民意識を日本民衆に巧みに刷り込んだ結果、三一独立運動や抗日運動にたいして容赦のない弾圧がおこなわれ、関東大震災の時のような日本軍憲のみならず日本民衆によって朝鮮人大虐殺を惹き起こしたことを、李垠や李方子のような人さえ、抗議の声をとどめ得なかったことがこの回想記からもよく伺えるといえる。

ちなみに方子と李垠が結婚した翌二一年六月、「多年の懸案」であった「内鮮人通婚法案」が朝鮮総督府令九九号をもって成立、ここに「内鮮結婚」が「内鮮人の融合同化」のカードの一つとして政策的展開を見せ始める。

4　李垠と梨本宮方子の結婚後、国策として「内鮮結婚」導入

文化統治──「内鮮融和」策へ

寺内正毅朝鮮総督が引退し、一九一九年の三一独立運動後、海軍大将の斉藤実が総督に赴任し、寺内の「武断統治」を軌道修正して、いわゆる「文化統治」を標榜する。表現・言論の一定程度の自由、憲兵政治に代わる普通警察（しかしその数は増した）の設置、さらに親日派の育成など、穏便な植民地支配を図っていったといえる。

そうしたなかで李垠と梨本宮方子の結婚計画が持ち上がる。その経緯についてはすでに記述した。天皇の「御稜威」のもとで「一視同仁」が強調され、その象徴的モデルとして日本の皇族梨本宮守正王の第一子、方子と李王世子（皇太子）垠の婚約がなされる。守正王は、久邇宮朝彦親王の子で、のちの昭和天皇の妃となった良子の父、久邇宮邦彦王や、明治天皇の皇女の聡子内親王の夫となる東久邇宮稔彦王（敗戦後、首相）とは異腹の兄弟である。天皇家のなかでも比較的縁が深い「家筋」であった。

「内鮮人通婚法」の成立

李垠と方子が結婚した翌一九二一年六月、「多年の懸案」といわれた「内鮮人通婚法案」が朝鮮総督府令第九九号をもって成立、ここに「内鮮人相互間に友好且完全に婚姻を為すを得るに至りたるは内鮮人の融合同化の為洵に慶祝に堪へざる」(総督府法務局民事課長・原正鼎「内鮮人通婚民籍手続きに就いて」朝鮮総督府機関誌『朝鮮』一九二一年九月号)とする、いわば朝鮮人の日本への「同化」や「皇民化」を意図する、国家的国策・戦略ともいえる結婚政策が本格的に導入されたのである。

ちなみに「通婚法」が成立した前後の通婚数をみると、一九一二年＝一一六組、一三年＝一一四組、一四年＝七九組、一五年＝七六組、一六年＝一四九組、一七年＝一二一組、一八年＝一五一組、一九年＝六八組、二〇年＝八五組、二一年＝一二四組、二二年＝二七組、二三年＝二四五組、二四年＝三六〇組、二五年＝四〇四組(善生永助編『朝鮮人の人口現象』朝鮮総督府、一九二七年、三二四頁)である。一九年と二〇年に婚姻数が減少したのは、高宗(李大王。李垠の父)の「謎の死」と三一独立運動における日本当局の徹底的弾圧と無関係ではないだろう。このとき日本軍警によって虐殺された朝鮮人は二万人といわれる。

もっとも李垠と方子の結婚後、通婚数が確実に上昇しているのは、通婚法が効果をあげているといえる。とはいえ「韓国強制併合」(韓国併合)後、一五年を経過しているというのになお四〇四組という数字は、朝鮮人・朝鮮民族の「同化」・「内鮮融和」拒否の意思を秘めているといえるのではないだろうか。

流転のなかの李垠・方子一家と朝鮮王公族

一九二六年四月、李垠の兄で明成皇后(閔妃)と高宗(李大王)の息子純宗(李王)が逝去、方子は「李王朝終焉の場に立ち会いながら」「目に見えぬ重圧のもとに生きてきた王妃たち(閔妃は別として)の一生を、まざまざと、肌にも心にも感じ」と書き記している(前掲『すぎた歳月』一一三頁)。李王死去後、方子の夫李垠は、李王殿下と呼ばれる。

この年は、大正天皇が死去、裕仁皇太子が即位し、「昭和」の幕あけとなる。しかし、早くも翌二七年には、金融恐慌に見舞われ、中小銀行の倒産が相次ぎ、銀行の寡占化が進んだ。同時に中小銀行に頼っていた中小企業も倒産、労働者たちも解雇を余儀なくされ、路頭に迷う。さらに二九年米国初の世界恐慌の波が押し寄せ、農村にも不況が訪れた。

日本のみならず、世界が経済的政治的社会的不安定の時に突入。日本ではそれを打開するため、軍部を中心として中国大陸への侵略・進出が図られる。しかし、中国においても蒋介石を指導者とする国民党、毛沢東を指導者とする共産党による抗日闘争が盛んとなっていく。

こういうなかで、二七年五月李垠・方子は、ヨーロッパへの旅に出立、「生涯の思い出となる旅を無事つづけることができ」、翌二八年四月、神戸港に到着、「この旅によって見聞をひろめ、将来への生きた学問になったこと」に感謝したという。

長子晋の死後、継嗣に恵まれず、方子は、旧韓国王統の存廃にかかわるだけに」「追いつめられた気持ちになって」（前掲書一三〇頁）いたが、三一年一二月、待望の男児が誕生し、玖と名付けられた。

翌三二年には対馬の宗武志と「国策結婚」した徳恵姫が女児を出産、甥にあたる李鍵と結婚した松平佳子（方子母方の従妹）が男児を出産、李王家においては喜びが重なった。さらに方子にとって嬉しかったのは、李鍝と朴賛珠との、植民地当局の筋書きによらない結婚であった（前掲書一四二頁）。

また方子は、「満州国」皇帝溥儀の弟である、愛新覚羅溥傑と嵯峨侯爵家の娘浩が結婚したとき、「わが身につまされて、複雑な思いで」二人の幸せをお祈りしたものと書き綴っている（前掲書一四三頁）。

日本の侵略戦争に駆り出される

一九三七年、盧溝橋事件が勃発、中国への全面侵略戦争が開始され、この年一二月、李垠は、北京軍司令部付となり、翌三八年八月に帰還、近衛第二旅団長になり、四〇年六月からは大阪の留守師団長として転任、大阪での官舎生活が始まり、玖は学習院から偕行社学院に転学。「それにつけても思い出されるのは、前年十月（朝鮮での）墓参のおりに立ち寄った志願兵訓練所で、百余名の若人たちが、『海行かば水漬く屍、山行かば草むす屍……』と合唱しているのがすまなく、たまらない気がして目頭がうる」み、朝鮮人は、「志願兵とはいえ、おしつけられた」ものなのはいうまでもなく、と方子は、書き残している（前掲書一四三頁）。

そうこうするうち、李垠は、再度の移動で宇都宮臨時編成の師団長として任地へ赴任するが、翌月には「満州」の錦州に向かって出発。四一年一〇月、近衛文麿が内閣を投げ出し、東条英機が首相兼陸相兼参謀総長を兼務し組閣、裕仁天皇が臨席する御前会議で対英米蘭戦争を決定、一二月八日、天皇が宣戦布告した。

戦線は、中国大陸からアジア西太平洋地域に一気に拡大し、男たちは徴兵され、それでも兵力が足りず、やがて植民地朝鮮や台湾での志願兵制度を導入。しかしこの「志願兵」は、方子が嘆いているように、宗主国日本によって事実上、強制的に兵士にさせられたといえるものであった。

大日本帝国陸海軍（天皇を大元帥とする、いわゆる皇軍）は、これ以降、中国のみならず、広大な地域にわたり兵力を投入、侵略・占領と同時に大量殺人作戦を強行、さらに現地の女性を強姦したうえ、性奴隷（「慰安婦」）とし、将兵の気休めや士気高揚、厭戦気分の払拭のために広く「慰安所」政策を展開する。現地の女性や朝鮮人・台湾人女性も「慰安婦」に動員されることになる。もっとも朝鮮女性は、中国大陸での戦場や占領地に早くから連行され、性奴隷を強いられていた。これらの事実について、久布白落実や市川房枝などごく一部女性知識人を除き、日本の女性大衆は、当時は知らなかったであろう。

李垠はじめその一族の王公族も日本の士官学校・陸軍大学校を卒業し、軍務に就いていた。方子は、『すぎた歳月』のなかで緒戦の勝利の報を聞きながら、ただただ早く結末がつくように、何とか広がりすぎないうちによい機会に打つ手があればと念じ、一九四二年の春を迎えた。「銃後の生活」には上も下もなく、食生活にしても昼は代用食のふかしジャガイモかそばで口腹を満たし、赤坂見付の土手にはえるヨモギ、ヨメナ、ノビル、アカザなどの野草も飢えを満たすために摘み取った。

その他、日赤、常磐会（女子学習院同窓会）での包帯巻き、救急箱の箱詰め作業、「恩賜」の煙草の外箱づくり、銃後の一員としてバケツリレーの演習や負傷時の応急手当法などで過ごすのが日課であった。

良子皇后の名代として陸海軍病院の慰問、徴用された女性たちの勤労作業視察といった役目もあった。押され気味の戦局は、軍病院で砲火による傷跡も生々しい兵士たちに直に接することにより、一層はっきりと感じられた。夫の李垠は、その頃、第一軍航空司令部付となっており、天候の悪いときでも予定変更ができないときもあり、「もしや」と言葉には出さなくとも、万一のことを考え、無事を祈ることもしばしばであった（前掲書）。

翌四三年に入ると六月の一〇日間、李鍝公妃の朴賛珠とともに皇后の名代として北海道へ農村女子勤労奉仕の視察に差遣された。賛珠の、「この戦争がどうなりましょうとも、みんなが生き残らなければならないと思います。一人でも多く、生き残らなければ……」という言葉に、方子は涙ぐんだという（前掲書一四八〜一五〇頁）。

敗戦の年、一九四五年に入ると日本各地に米軍による焼夷弾がばら撒かれ、東京はじめ都市が空襲に見舞われ、多くの民衆を殺戮し、家を焼き払った。李王家は警備の兵士たちの必死の消火作業で焼け出されず、近所の人びとにお握りを差し入れすることができた。しかし皇居や他の皇族邸の多くが爆撃で焼失、方子の実家の梨本宮邸も灰燼に帰した。

六月になると、沖縄戦はますます不利となり、戦死者が相次ぎ、学徒らの死も報じられ、もうこれ以上の悲しいことは、見るのも聞くのもいたたまれず、かといってそれをどこに訴える術もなかった、と方子は記している。李垠の兄の子、李鍝が、北京満蒙地区に勤務していたところ、転任し、七月一六日東京に会いにきた。「叔父さまも叔母さまもくれぐれもお気をつけられてください。……また元気でお会いしましょう」といって、広島に転任するが、まもなく原子爆弾が広島に投下され、李鍝も被爆し、病院に収容後、死去した。「一人でも多く生き残らねば」といっていた妻の朴賛珠の「おことばが、悲しく、つらく、思い出され」ご両親〔李垠の異腹の兄李堈公夫妻――筆者注〕やお子さまたちのことを思うと、「申し訳なさに身をしめつけられる」と綴っている（一五四〜一五六頁）。

日本敗戦・朝鮮解放と李王公族

四五年八月一五日、長かった戦争は、裕仁天皇がようやくポツダム宣言を受諾し、終結する。日本敗戦により、本国の韓国朝鮮は解放の歓声が渦巻いていたものの、朝鮮の王公家の立場は微妙であり、李垠も「私はもう純粋な朝鮮人とはいえなくなっている。それかといって、日本人にもなりきれない」と嘆く一方で、方子は、「長いあいだ日本の恩義を受け、日本人を妃としている彼は、祖国解放の障害者」と敵視する声もあった。どんなことがあっても「親子三人」一緒に耐え、乗り越えていこうと決意したと、方子は、『すぎた歳月』で綴っている。

祖国は「よその二つの国の対立のため」、地図の上に一線が引かれ、南北に分れるという「悲しい悔い」を残すことになり、在日社会でも朝連と民団に分かれ、激しく対立しあうという構図にあった。方子は、せめて「なぜ鴨緑江の河で一線を引いてくれなかったのかと、いまさらいってみても仕方のないこと」と分っていながら返す返すも残念と述べている（前掲書一五六〜一六二頁）。

敗戦により、李垠夫妻とその一族は、経済的にはどん底状態となり、王公族の「身分」も失う。李垠の甥である李鍵は「朝鮮王朝の末裔」（『文藝春秋』一九六五年九月号）という一文で、「私は生活の本拠を東京においてはいたが、財産は李王職の監督を受ける立てまえになっていたから、すべて鮮内に置いていた」。四七年、五月三日の日本国憲法施行により、朝鮮王公族は廃止となり、日本の皇族にさきがけて「身分」と「特権」を失った。送別のために天皇夫妻が送別のために赤坂離宮で晩餐会を開催した。

李鍵は、日本国籍を失ったものの、桃山虔一、妻は桃山佳子と改名、子どもたちも日本名を名乗った。虔一はさまざまな商売を手掛け、佳子も実際に働いた。しかし、二人は五一年にいたり、離婚、佳子は松平姓に戻り、二〇〇六年六月、満九四歳の長寿を全うしたという。以後の李王公一族については紙幅のため割愛する。詳しくは『すぎた歳月』、小田部雄次『李方子　一韓国人として悔いなく』（ミネルヴァ書房、二〇〇七年）、などを参照されたい。

皇民化政策と「内鮮結婚」

これより前三八年八月に着任し、四二年五月まで在任した南次郎（陸相を歴任）総督の時代は、皇民化政策・皇民化運動が徹底的におこなわれた時期であった。三七年七月の中国全面侵略戦争の勃発で、朝鮮は文字通り前進基地となり、皇民化政策はいよいよ熱を帯び、「内鮮融和」から「内鮮一体」へと転換、朝鮮人の全面的戦争総動員が呼号された。

皇民化政策の一環として「内鮮結婚」が南総督自ら主導し、「形も、心も、血も、肉も悉くが一体になれなければならん」(一九三八年の訓示の一節)として、特に「内鮮結婚」による日本人への同化策、朝鮮人としての民族性抹殺策を図った(詳しくは、拙著『従軍慰安婦・内鮮結婚』未来社、一九九二年、参照)。

しかし、結果からいえば「内鮮結婚」政策は、破綻したといえる。日本人女性と朝鮮人男性の場合は、多少の成果をみるが、朝鮮人女性に限っていえば、断固拒否する場合が多かったといえる。朝鮮人男性からいえば、妻が日本人であることから植民地当局からの一定程度の「利益」や出世を得ることが期待される。が、それにしても一九四〇年の一年間で「内鮮結婚」した夫婦は一三七組にすぎない。要するに、朝鮮総督府が鳴り物入りでおこなったこの「国策」結婚政策は失敗したといえよう。

第9章　裕仁皇太子と母節子皇后

近代天皇制が確立したのは、一八八九年から一八九〇年にかけて、大日本帝国憲法の制定、翌九〇年の教育勅語の発布、さらに同年における帝国議会の開設がメルクマールとなる。しかし、帝国議会は、二院制であったものの、民の意思が反映されるのは衆議院のみであり、それも財産を有する有産階級の男性に限られており、たとえ有産者であっても女性には一切選挙権はなかった。労働者農民も同様に選挙権を得ず、国政・自治政には関与できなかった。大部分の民衆は政治への参加を否定されていた。

そのうえ、二〇歳以上の男子には当時「血税」といわれた徴兵制が適用され、一旦戦火があがると、有無を言わさず、戦場へと駆り立てられた。徴兵忌避はもっとも重い刑とされ、家族は「非国民」の「汚名」を受け、指弾される。

一九一二年七月、明治絶対天皇制国家のシンボルであった明治天皇が死去し、その息子の嘉仁親王が天皇に就任、嘉仁親王と節子皇后の第一子であった裕仁親王が皇太子となる。嘉仁親王すなわち大正天皇は、幼少時から病弱で、その治世は短く、一九二六年一二月二五日に他界。

その前より、裕仁親王は父に代わり摂政として大権を掌握、父死去後、名実ともに天皇（昭和天皇）に即位し、一九八九年一月七日に死去するまで、天皇位にあった。敗戦を境に「神権天皇制」から「象徴天皇制」へと衣替えしたものの、天皇その人は責任をとって退位もせず、その意識には戦前の「主権者天皇」の残滓が残り、国家の「家父長」としての意識も相当程度あったものと思われる。

これ以後、昭和天皇の生いたちから始まり、その治世の一端と、母節子皇后（皇太后）とのかかわりを主に述べる。

戦争と良子皇后はじめ皇族妃たちの戦争・国策協力を後の章で見ていくことにする。

1　裕仁親王の誕生と生いたち

「皇孫殿下」として誕生、幼少期から「帝王教育」を受ける

一九〇一年四月二九日、皇太子嘉仁親王と節子妃との間に、迪宮裕仁親王が誕生、明治天皇(睦仁)にとっては、最初の「皇孫」であった。この時父嘉仁皇太子は二二歳、母節子は、一七歳という若さであった。続いて翌二年には弟淳宮(のち秩父宮)雍仁、〇五年には光宮(のち高松宮)宣仁、ずっと遅れて一九一五年澄宮(のち三笠宮)崇仁が誕生。嘉仁天皇夫妻は、男児四児を儲けたのであった。

裕仁親王は、祖父睦仁天皇の嫡孫として、早くから帝王教育を受けることになる。ハーバート・ビックス氏は、裕仁の幼年期に明治国家の制度とイデオロギーがさらに強固になり、彼が七歳になった一九〇八年、アジアにおける植民地支配を拡大していく外交政策を再確認。同年、文部省は教科書を改訂、より一層、すべての日本国民が天皇に結びつけられる。「親愛」に満ち、「道義」に基づいた「家父長制」の「家族国家」観を再移植し、天皇に従順にならなければならないとする「建国神話」を押し付けたという(『昭和天皇(上)』講談社学術文庫、二〇〇五年、五三頁、参照。なお、同書の初版は、講談社、二〇〇二年)指摘は的を射ている。

こうして将来の天皇・大元帥としての教育が幼児期より迪宮に対して行われる。病弱で、明治天皇のあとを継いだ父嘉仁天皇が即位の大礼後、数年を経ずして体調を崩し、天皇としての職務を務めることが事実上無理になると、やがて裕仁皇太子は、父の代わりに摂政となる。

幼少年期の裕仁親王

ところで、去る二〇一四年に『昭和天皇実録』（以下「実録」と略記）が公表され始め、一五年三月から東京書籍から刊行され始めた。「実録」は編年体で編まれ、第一巻には幼年期の様子が記されている。このなかの一九一〇年二月四日の項に裕仁親王の父母宛の手紙が全文引用されている。ここでは抜粋引用する。満八歳のときのものである。

「まだやっぱりおさむうございますが、おもうさま、おたたさまごきげんよう居らしゃいますか。廸宮も、あつ宮も、てる宮も、みんなじょうぶでございますからごあんしんあそばせ　私は毎日学校がございますから七じ四十五分ごろからあるいてかよいます……山や、村や、松林などにでておもしろく遊びます。またときどきせこに行ってはにはとりなどを見て、これにゑをやることも有ります。またはまにでてかひをさがすことも有ります。しかしかひはこちらにはあんまり有りません。葉山にはたくさんございますか。きのうはおつかいでお手紙のおどうぐやおまなをいただきましてありがたうございます。おもうさま　おたたさま　ごきげんよう　二月四日　廸宮裕仁」（適当に句読点を施し、一部、漢字を平仮名、片仮名を平仮名にした。以下も同様）。

「おもうさま」「おたたさま」の言葉以外は、別段変わった文章でもなく、子どもらしい手紙である。この当時、裕仁は、弟の淳宮や光宮と一緒に沼津の用邸に滞在していた。これより前、誕生した裕仁親王は、一時期、生母の節子皇太子妃の母乳も飲んでいたようすが次の記述から窺える。「親王お預かりの川村〔純義〕家においては、牛乳を主として御養育を奉仕する予定であったが、皇太子妃の御乳による御哺育経過が良好であることをうけ、母乳を主とすることに変更する」（『昭如天皇実録』第一巻、一九〇一年六月二九日条。以後、「実録一」のように略す）。

父の嘉仁親王は子煩悩であったらしく、沼津の屋敷などにふらりと訪れ、お馬さんごっこやかくれんぼをしたりして、よく遊んでいる。「実録一」には、次のような記述がある。「午後七時頃、先触れなく皇太子のお出ましあり、皇太子は一時間余り、三親王の御入浴、御就寝の様子などを御覧になる」と。

時期がやや下り、一九一〇年一月一〇日の条には「この頃連日の如く世界一周双六をお楽しみになり、この日の御昼餐後には、雍仁親王及び侍臣等を御相手に数回行われる。皇孫御養育掛長丸尾錦作・皇孫御養育掛松平乗統も御相手をなす」。秩父宮は、父は「世界一周唱歌」という歌が好きで、自分たちの幼年期にいつも歌ってくれたと回想している（半藤一利・保坂正康・御厨貴・磯田道史『「昭和天皇実録」の謎を解く』文春新書、二〇一五年、参照）。

裕仁親王は軍艦遊びも好きだったようである。「実録一」の一九一〇年一〇月二五日の条に「午後、軍艦遊びをされる。艦名を『橋立』とされ、御自らは一等水兵、雍仁親王を二等水兵とされ、松平御用掛を艦長とされる。……お遊びは、橋立艦による東京湾出航から、マニラ・シンガポールに寄港して横須賀に帰港するまでの航海とされ、途中釣魚・捕鯨等のお慰めがあり、また暴風に遭遇するなどの工夫を施される。この日、航路の進行に、初めて地球儀を御使用になり、以後しばしば地球儀を御覧になる」。

相撲や、動物、昆虫、植物、魚介類などへの関心も幼少期から強かったようである。一九〇六年一二月三一日の「実録一」によると、「丸尾より将来進学希望の学校につき質問を受けられ、高等師範学校とお答えになる。また雍仁親王は、高等師範学校に入り、その後陸軍の学校に行くと答えられる」とあるように、子ども心としては、教育者、研究者になりたかったのかもしれない。しかし、自分の意思や、人物への好き嫌いを示すことは極力排されていたように見受けられる。これも明治天皇流の「帝王教育」の一環であったようである。

乃木希典の影響と哀惜

祖父明治天皇は、信頼する武将であった乃木希典に裕仁親王の教育を託した。乃木は、現役を退き、当時学習院院長であった。乃木との最初の出会いは、生まれたばかりの一九〇一年八月六日、「午前、陸軍中将乃木希典が参邸伺候する」と「実録一」に記載されている。

裕仁親王や雍仁親王が誕生、生いたつ頃は、日本帝国主義がさらなる「侵略」を果たし、東アジア制覇に向けての怒涛の時期にあたった。軍人が幅を利かす時代であった。「実録一」の一九〇五年五月二九日の条には「ロシア艦隊との海戦の捷報を東宮御用掛桑野鋭よりお聞きになる。夜、〔日本海〕海戦の戦況につき、侍医補原田貞夫よりお聞きになる」。

このとき裕仁親王は満四歳の幼児で、しかも未熟性麻疹と診断され、病床に臥していた。明治政府、すなわち日本帝国主義は、重ねていうなら幼児期から、将来の天皇・大元帥になるための教育を裕仁親王に施している。

東郷平八郎司令官（のち元帥）が指揮し、ロシア艦隊を漸く打ち破った日本海海戦は、今でも靖国神社の付設軍事博物館である遊就館に行くと、パノラマでドラマチックに音声入り、強弱のリズムで高揚感を高めて、勇ましく再現されている。これをみて、今日でも日本人の少なからぬ若者や、戦争を知らない世代が感激を覚えるかもしれない。

この日本海海戦については、裕仁親王は、これから六年後の一九一一年にも講義を受けている。「海軍記念日につき、例刻学習院に御通学になるも授業なく、学習院御用掛小笠原長生〔旧唐津藩主の出身〕より日本海海戦の講話をお聴きになる。本月三十一日及び六月五日にも続きをお聴きになる」（「実録一」一一年五月二七日条）。小笠原は、日露戦争当時、海軍軍令部参謀で、のち学習院御用掛になった海軍軍人であった。

長州出身の陸軍将官の乃木学習院院長からも裕仁親王は、薫陶を受け、乃木が明治天皇の後を追って、殉死したとき、落涙したという。「実録一」に皇子御用掛長丸尾錦作より乃木自刃の旨並びに辞世などをお聞きになり、御落涙になる」とある（一九一二年九月一四日条）。

一一歳で陸海軍少尉に任官

皇族身位令第一七条「皇太子皇太孫は満十歳に達したる後、陸軍海軍の武官に任ず」の規定により、裕仁親王は、明治天皇の死去（一九一二年七月三〇日）後、九月九日に満一一歳で、陸海軍少尉に任官した。この時、学習院初等学科（のち初等科）五年生であった。一般には、陸海軍では士官学校や海軍兵学校卒業後に少尉となり、年齢も早くて満二一歳以後である。裕仁親王は一般の職業軍人より一〇歳早く少尉となり、昇級も早く、一三年後、大佐になった。裕仁親王は、士官学校や海軍兵学校を経ず、このため、軍事的技能は、一般の職業軍人と比べて勝っていたとはいえない。

しかし、上述のように裕仁親王は、幼少時から軍事的環境におかれ、軍事知識はそれなりに豊富であり、軍人たちに囲まれて生いたった。少尉に任官すると、近衛歩兵第一連隊付、第一艦隊付となり、軍刀を携えて陸軍正式礼の練習をした。ついで近衛師団司令部と近衛歩兵第一連隊を巡行し、師団長の閑院宮載仁から師団の現況を聞き、銃剣術を実見した。さらに海軍特別大演習観艦式のため横浜に巡行、軍艦「平戸」に乗り、お召し艦「筑摩」に随行、潜航艇の航行や飛行機の飛来を見聞した（詳細は、小田部雄次『大元帥と皇族軍人　大正・昭和編』吉川弘文館、一九一六年、参照）。

東宮学問所の設置

一九一四年四月一日、東宮御学問所職員職制が施行、総裁に元帥海軍大将東郷平八郎、副総裁に東宮大夫波多野敬直、幹事に海軍大佐小笠原長生、評議員に学習院長大迫尚敏・理学博士山川健次郎・陸軍少将河合操・海軍少将竹下勇が任命された（「実録二」）。五月、高輪の東宮御所（現・旧高松宮邸）に東宮御学問所が設置され、五人の学友とともに学んだ。こののちの一〇日、美子皇太后（昭憲皇太后）が死去、喪に服す。

同年五月四日、東宮大夫浜尾新、東宮侍従長入江為守（浜尾は、のち裕仁天皇の孫、浩宮徳仁の教育掛りとなる浜尾実侍従の父、入江は裕仁天皇の侍従長となる入江相政の父）、東宮武官長山根一貫がお供し東宮御学問所に出て、開所式に出席。総裁東郷平八郎から本日より授業開始のこと、ご健全にあらせられたること、ご勉学に励むこととの挨拶があった（「実録二」参照。以下も同様）。

六月三〇日までの第一学期臨時時間割として次のように決められた。月曜日＝倫理　漢文　国語　火曜日＝算術　漢文　武課　水曜日＝地理　国語　博物　木曜日＝倫理　国語　武課　金曜日＝算術　国語　地理　土曜日＝算術　習字。

授業開始当時、倫理と外国語は未定、歴史は担任の白鳥倉吉が読本を編集中で、今回の時間割から外された。地理・算術を石井国次が、博物は服部広太郎、習字は日高秩父が担当。授業が終了後、一五分間の体操をもって終わりとされた。また馬術が週一回加えられ、二〇日より主馬寮技師根村守、東宮武官壬生基義が東宮御学問所御用掛に就任し、馬術指導をした。

さらに日本中学校校長杉浦重剛が倫理担当として御用掛に任じられた。土屋正直によるフランス語の授業が加えられ、教授体制が整った。この間、これ以降昭憲皇太后の殯宮に弟たちとしばしばあがり、参拝した。同月二三日、杉浦重剛が御殿に参内、「拝謁」した。

この学問所で裕仁親王に大きな影響を与えたといわれるのが倫理学を担当した杉浦重剛であった。「倫理御進講の趣旨」として「三種の神器及び之と共に賜はりたる天壌無窮の神勅は我国家成立の根柢にして国体の淵源また此に存す」「殊に神器に託して予へられる知仁勇三徳の教訓は国を統べ民を治むるに一日も忘るべからざる所にして真に万世不易の大道たり。……是れ我が皇室の連綿として皇恩の四海に洽ねき所以なり。……皇儲殿下は先づ能く皇祖の御遺訓に従ひ皇道を体し給ふべきものなり」(『杉浦重剛全集』第四巻、原武史『昭和天皇』岩波新書、二〇〇八年、二九頁より重引)。

弟たちと遊びにも興じる一方軍事教育も継続

とはいえ、この頃の裕仁親王は、まだ子どもらしい遊びを楽しんでいる。弟の雍仁親王、宣仁親王に献上されたワニを見たり、デッキゴルフに興じた。六月一〇日、軍人の務めとして、近衛歩兵第一旅団の演習を見るため、駒沢練兵場へ巡行、便殿において雍仁親王、宣仁親王及び旅団長久邇宮邦彦王と対面、親任官に「謁」を賜う。自動車に乗車、車中より防御陣地の構築、騎兵の衝突、負傷者収容等を見学。ついで御野立所より地雷の爆発、障害物の破壊突撃等の攻防戦等を見学。再び車中にて野戦用無線電信の設置、通信、軍用自動車の運転、モ式飛行機の飛行実施等を巡覧し、帰宅。以上のように学問所で学ぶ傍ら、将来の大元帥としての軍事的素養を培っていく。

る「訓示」を受けた。夏季休暇が始まったばかりの七月三日、昭憲皇太后の伏見桃山東陵の参拝に京都へ向け出発、沼津用邸、二条離宮を経て、明治天皇の伏見桃山陵、続いて伏見桃山東陵に参拝、玉串を捧げた。休憩所において第一六師団長長岡外史らに会い、山本直三郎内匠寮技師に会い、御陵についての説明を聞き、二条離宮に帰還。舞鶴鎮守府司令官坂本一や京都府警察部長の永田秀次郎らに「拝謁」した。

帰還後、箱根に静養、九月六日まで滞在、午前の自習、午後の運動、温浴を日課とする。強羅公園や小涌谷方面への運動に励んだ。この間東宮関係の職員たちが同行・同伴し、大迫学習院長らが参邸。学業や軍務から離れ、箱根界隈を行き来し、自由を満喫したものと思われる。

第一次世界大戦の勃発、日本も参戦

この年一九一四年、ヨーロッパにおいて第一次世界大戦が勃発、七月三一日、夕食後、裕仁親王は、東宮武官宇佐美知義よりオーストリア＝ハンガリー帝国とセルビア国との戦争について聞き、以後、しばしば武官より欧州戦乱や日露戦争に関する話を聞き、六月二八日にはオーストリア＝ハンガリー帝国の皇太子夫妻がセルビア人青年により暗殺され、欧州各国間の緊張が高まり、七月二八日、オーストリア＝ハンガリーはセルビアに宣戦布告、これを機に欧州戦争（第一次世界大戦）へと展開する。

九月一一日、仮教室において東宮学問所第二学期始業式に参席、二〇日までは午前のみの授業となる。相変わらず、弟たちとの交流は続き、昼食をともにし、デッキゴルフなどをして過ごす。一六日、新築の東宮学問所がほぼ完成。相前後して白鳥の歴史教科書「国史」の印刷完了。乗馬練習も再開した。

他方、軍人として裕仁皇太子は、日英同盟を名目に日本が第一次大戦に参戦すると「御沙汰」を独立第一八師団（師団長神尾光臣。神尾は作家有島武郎の岳父）と英国軍に発した。そのうち師団への沙汰は以下の通りである。「独立第一八師団は要地を扼守せる敵の前進陣地を攻略し、海軍と協力し、また英国軍と提携し、今や敵を海泊河の線に圧迫せり。之に対し皇太子殿下深く御満悦に被思召と同時に戦死者に対しては特に御哀惜あらせられまた傷病者に対しても同様御憐察被為在」（以下略。原文片仮名）。のち裕仁皇太子は、ヨーロッパ歴訪の旅に出て、欧州戦争の惨劇を目の当たりにすることになる。

2　皇太子裕仁親王への君主教育と軍事教育

帝王学

裕仁皇太子の教育に当たった教師たちは、皇室が国家のどの機関よりも軍事組織に関わっていることについて教え、加えて統治技術、教育問題、国際関係など、もう一つの側面である、天皇になるための「帝王学」を授けた。ちなみに明治天皇は、一九一〇年、皇室身位令を発布し、健康な皇族男性に軍事教育を受け、軍務につくことを求めた。

裕仁皇太子の教育は、軍事関係については、陸海軍の将官・将校たち、天皇となるための帝王学については、主に東京帝国大学の教授連が駆り出された。帝王学において重視されたのは、明治維新期に宗教祭祀と政治とが統合された「神権政治」（祭政一致）であったことから、天皇には宮中祭祀をおこなうことが強く要求されたことであった。

帝王学として重視されたもう一つの根拠は「文明開化」を「推進するカリスマ的政治指導者」でなければならないという教えであった。この間、裕仁親王は、東宮学問所で教育を受けるが、実務を担っていた小笠原長生（軍人華族。旧佐賀藩主息）は、その背後にある元老たちの意見をも聴取しつつ教師の選定基準をおこない、将来の君主への教師陣を、優れた軍人と東京帝国大学のえりぬきの教授を選んだ。

博物学への関心と服部広太郎

一九一四年から二一年まで東宮学問所では、数学、物理、経済、法律、フランス語、漢文、国語、書道、倫理、歴史、これらはすべて天皇を訓育する帝王学の一部であった。裕仁皇太子が特に好んだのは博物学であった。博物学は、服部広太郎に手ほどきされ、造詣を深めていった。

服部は、一九一四年から一九年まで、博物と物理の教員、学問所御用掛として裕仁皇太子の自然への興味を引き出し、のち海洋生物学と分類学に対する裕仁親王の生涯における関心を育てた。沼津用邸の滞在中や各地旅行に同伴・同行することも多く、昆虫や魚類などの採集や分類を教えた。のち皇居内に生物学研究所をつくるにいたるまで、自然観察・調査研究は持続した。

ダーウィンの進化論を解説した丘浅次郎の『進化論講話』を読み、ダーウィンの『種の起源』の邦訳も裕仁親王は読んだという。右のように科学は裕仁皇太子の思考に自由を探求する自己意識、理性と証拠に基づいた議論やアドバイスなどの受容など合理的な傾向を育てた。しかし、一方、裕仁親王に道徳観と使命感の縛りをかけ、神権的天皇としての義務と拘束を認識づける教育も強力になされる。杉浦重剛、白鳥倉吉、清水澄から受けた教育がそれである。

杉浦重剛の「国体思想」による帝王教育

杉浦重剛は、イギリスで西洋の学問を受け、帰国後、政教社の創設に参加、機関雑誌『日本人』の発行人となった。『日本人』の創刊目的は当時の欧化主義に対抗し、「国粋保存」に力点が置かれた。一八九二年日本中学校を創立、二四年死去するまで、その校長を務めた。

杉浦は、「皇位」を象徴するものという剣、勾玉、銅鏡の三種の神器に体現される、勇気、知恵および仁愛を意味するところを裕仁皇太子に教えこんだ。かれの「神器観」は、事実、のちの一五年戦争、アジア太平洋戦争末期、連合国軍から本土爆撃を受けることになるや、神器を安全に保つ保管場所に、裕仁天皇は大いに心を砕いたことから判然とする。

次いで杉浦が説いた、尊重すべきものは、いずれも明治天皇が発布した「五箇条の御誓文」であり、「教育勅語」であった。「教育勅語」の講義で、杉浦は「皇祖皇宗」の一語を取り上げ、「我等の御先祖が日本国を肇給ふ事は、天壌無窮」にして、「天地と限りなき」ものとし、代々の天皇がどのように「皇祖皇宗の御偉業」をついでいったかを説いた。また日本では天皇は、民に臨むに権威をもってではなく、仁愛を民の心中に扶植し、民は悦福するということを親王の頭に刻んだ。

杉浦は日本の国家主義と膨張主義を賛美し、戦争観を披瀝した。大砲、飛行機、軍艦、その他最新の利器を十分に準備し、運用するに臣民の忠勇義烈の精神を以てするなら、完全を期し、天下に気を傲るに足るべし、これ「御誓文五箇条の御旨趣」なりと、観念論を論じた。欧州で教育を受けたものとしては信じがたいほどの観念的反動思想・強固な「国体思想」そのものであった。

「人種抗争」の論理についての授業では、「人種差別を撤廃すること難かるべし……人種的差別撤廃の主張の貫徹し得るや否やに拘はらず、毅然として己を持するの道を立つること最も肝要……我が国家、我が国民は、仁愛と正義を以て終始を貫き彼等欧米人をして心服せざらんとする……」。右のような杉浦の倫理・論理の講義は、裕仁皇太子に「仁愛の君主」意識を培い、社会的ダーウィニズムの観点から日本の侵略・膨張主義を正当化し、日本精神の優越性を謳い、日本臣民が天皇に一身を捧げるために存在するという結論を導き出す（杉浦重剛先生倫理御進講草案刊行会『倫理御進講草案』一九三六年。以上の引用は同書を主にした）。

白鳥倉吉からは「皇国史観」によって叙述された日本史を学ぶ

白鳥倉吉は、すでに著名な史学者であったが、宮内省に招かれ、東宮学問所の教務主任を務め、歴史を講義した。白鳥は、講義するに当たり、自ら教本を著し、『国史』五巻を作成（のち一九九七年、勉誠社から刊行）した。巻一の

「総論」で、白鳥は、日本民族が「悠久の太古より我が国土に居住し、而して皇室の之を統一」し、「帝国を肇造」し、天皇・皇室・天皇家が「国家の元首」、「宗家」として「国民一家」の親しみを有し、「靄然たる至情」がその間に存在し、国家の基礎極めて強固なるを得る。……建国の古、皇祖を輔翼し国民の子孫は祖先の意志を継承して永く忠良の民となり、歴代の皇室は、祖宗の臣民を愛撫……「これ我が国体の精華」なりと説き起こす。

ここに明らかなように、建国神話や国体思想に基づき歴史が語られ、家族国家観が示されていることである。杉浦の倫理の講義と相俟って、裕仁皇太子には「国体観念」が徐々に粛々と宿っていったであろう。

白鳥は、日清日露の両戦争や、台湾・朝鮮の植民地支配の正当性をも次のように意義づけた。「東洋の平和を確保するものは帝国を措いて他になく、帝国が清国に対し、後にロシアにたいして干戈を執らざるを得なかったのは、その原因韓国にあり」とし、韓国領有を正当化したのみならず、韓国併合（今日、韓国・朝鮮では、韓国強制占領と呼んでいる）は、韓国民の福利安寧をはかるものと位置づけ、強弁する。

白鳥は、皇太子の祖父明治天皇の人物像・事績などを詳しく描き、祖父が質素、寛仁、英明であったこと、臣下に寛容であったと述べ、天皇の仁愛をここでも示すのである。

箕作元八の著書を愛読する——フランス革命やロシア革命への注目

皇太子は、東京帝国大学教授箕作元八から西洋史の講義を受けた。箕作の『西洋史講話』を特に愛読し、『ナポレオン時代史』（一九二三年）や、二巻本の『仏蘭西《フランス》革命史』（一九一九～二〇年）、ロシア革命など、ボルシェビキによる革命、王制転覆直後に刊行された『世界大戦史』（一九一九年）などを貪欲に読んだ（ハーバート・ビックス『昭和天皇（上）』参照）。

裕仁皇太子には、日本の天皇制国家（「国体」）の存立・護持がいかに可能であるかを若年ながら常に心にかかっていたのであろう。

清水澄の憲法学教授──「国家の頭脳」になるという比喩に共感か

憲法学の教授としては、学習院教授清水澄が選任された。一九一五年、清水は宮内省嘱託となり、東宮学問所に勤務した。清水は二つの憲法学説を説明した。一つは天皇親政を説く穂積八束、上杉慎吉らの学説、もう一つは、同じく東京帝国大学教授美濃部達吉のいわゆる「天皇機関説」であった。清水は憲法解釈問題の中心を「統治権」に置き、それを天皇にも国家にも認めた。国家は「土地、人民及び統治権の不可分的に結合」し、日本においては「統治権は国家に帰すると同時に天皇に帰属し国家と天皇は此の点に於て相同化」し、結局「統治権の主体は、天皇なり」と導く。国家イコール天皇と解されうる。裕仁皇太子も多分、この説に共感したであろう。

清水が国家を人体になぞらえ、天皇をその頭脳に位置づけ「恰も人体に於ける頭脳のごとく団体の中心力の存する所」「国家を統治権の主体なりと為し同時に天皇を統治権の主体なりと為すに於て矛盾する所なく又斯く論ずるに非ずんば我が国の国体は之を説明するを得ず」（清水澄『国法学第一編憲法論』日本大学、一九〇四年、改訂増補、一九一九年）と叙述している。皇太子は自分が国家の頭脳になるという比喩が気にいったものと、ハーバート・ビックス氏は指摘している（『昭和天皇（上）』参照）が、わたくしも同感である。

弟たちとの交流と遊び

この間も少年らしく、弟たちをしばしば自分の邸宅に迎え、自転車乗りや、デッキゴルフ、海岸での運動などをして遊んだ。また椰子の実の皮むき、双六、カンシャク玉投げ、石ころがしなどをしたりして、離ればなれに暮らす兄弟たちとの交わりを深めた。軍事教育でも同行することが多くなっていった。

軍事面でも、たとえば「実録二」の一九一五年三月七日の条に「午前九時御出門、駆逐艦山風に御乗艦になり、沼津近海を御航海になる。……両艦は戸田沖を過ぎて回頭し、対抗砲戦を行いつつ大瀬崎に向かう……ついで砂浜において水兵による土嚢運び、三人四脚、乗馬綱引などの協議を御覧になる。同月一〇日には、陸軍記念日により、東宮武官長山根一貫より奉天会戦等に関する講話を聴いたりしている。

翌月の四月一〇日には両親である嘉仁天皇・節子皇后を訪ね、天皇・皇后と昼食を共にする。午後、雍仁・宣仁両親王が参内、一緒に天皇の運動に随伴し、吹上御苑などを巡回した。この間、皇族や、大正天皇の異母妹たち（叔母。明治天皇の皇女たち）や、陸海軍の将官や大臣たちがひっきりなしに訪問し、「謁」を給うとの記事が「実録」に仔細に記録されている。

第一次世界大戦と軍事教育の強化

裕仁皇太子が東宮学問所で教育を受けた一四年から二一年まで日本と世界は激動の波に洗われた。一四年、前述したように欧州戦争が勃発、新兵器の大量殺戮兵器が開発され、欧州全土が爆撃の恐怖のもとに陥れられた。兵士たちは、長年の兵役と、死の恐怖から精神に異常を来し、戦場神経症となるものが続出した。

日本は、日英同盟を盾に参戦、ドイツが制圧していた中国山東省に出兵、青島などを攻略した。一五年には、大隈重信内閣が、欧州戦のドサクサに紛れて、袁世凱政府に対華二一か条要求を突き付けた。一五年五月六日、夕食後、東宮武官壬生基義がやってきて、裕仁皇太子は、対華二一か条の要求が本日午後御前会議で決定のうえ、送致された政府の最後通牒について話を聞いた。

皇太子への軍事訓練や、軍事見学も引き続き行われる。同年五月九日の「実録二」に「馬車にて御出門、赤羽の近衛工兵大隊に行啓される。途中、小石川区春日町より雍仁親王と御同列になり、九時三十分、近衛工兵大隊長佐藤正武の先導にて、保塁の説明、対壕作業の説明をお聞きの後、地雷の爆発、鉄条網の破壊、突撃橋の使用、突撃など保塁の攻撃及び防禦等の演習を御覧になる」。この日、かつて日露戦争で勇名を馳せた秋山好古近衛師団長などの将官たちにも会っている。

六月六日の項では、新造の軍艦榛名・霧島等を見学するため、横須賀軍港に到着、午前八時、出仕五名供奉にて出門、東京駅より雍仁・宣仁親王同列にて陪乗を許された東宮学問所総裁東郷平八郎海軍元帥、同幹事小笠原長生、海軍次官鈴木貫太郎（のち侍従長・首相となる）らは車中において「謁」を給い、鈴木次官より種々説明を受ける。艦載水雷艇に乗艦、榛名に移乗、艦内を案内される。中甲板においては水雷発射室、機械室、士官室、戦時治療室、揚艇機室、十四インチ砲弾の運び方、機関工場などを見学する、といった実際上の軍事教育がなされた。

学問所での授業の合間を縫って、いくら元気な少年であっても気が疲れたものと思われる。普段から無口の少年であったといわれる裕仁皇太子は、いかに臣下とはいえ、年配の軍長老や将官相手の「拝謁」も気苦労があったであろう。

大戦中、ロシアでは労農革命がおこり、ツアー（皇帝）一家は殺害され、ドイツでも革命がおこり、皇帝が退位し、亡命に至る。王政国家でもある日本においても、労働者農民の活動家たちは、革命を歓迎するなど、天皇家は悠然と構えているわけにはいかなくなった。

末弟・澄宮崇仁の誕生と立体子礼の挙行

一五年一二月には、一日に父嘉仁天皇の生母、柳原愛子（裕仁皇太子の実祖母）が参殿、愛子は従二位勲二等に叙せられ、宝冠章を授与された。二日には、大礼観兵式見学のため、青山連兵場に行き、宣仁親王とともに父天皇を迎え、閲兵を見学。分列式の際は、天皇の右後ろに起立した。同日、末弟の澄宮崇仁親王が誕生。翌三日、弟の親王と青山御所に参殿、一四歳違いの弟と初対面する。ここに天皇家には四人の皇子が生まれ、対内的には盤石の礎を築いた。とはいえ、前述したように、世界の大勢は、王室亡滅の傾向にあり、また父天皇の病弱、病状の悪化を前に、裕仁皇太子への周囲の期待は高まるばかりであった。

以後も「実録」には、延々と軍事の実地見学・教育・訓育の事項が記述されるが、省略する。翌一六年四月二九日、満一五歳を迎え、一一月三日の明治天皇の誕生日に、立太子の礼が行われる。立太子の礼は皇太子の身位を内外に宣示するための儀礼であり、細々とした祭儀等が行われるが、「実録二」の一六年一一月の各項目に詳しく記載されている。さまざまな人から祝賀の礼を受け、外国からも祝意や勲章が寄せられる。が、興味深いのは、年齢の近い二人の弟から招待され、皇子御殿に行き、外庭で自転車やモーターボートに乗って遊び、そのあと、生まれたばかりの澄宮御殿に参殿、幼い弟に対面したりしたことであった。

将来の大元帥・天皇となる準備教育を着々とこなすとともに、まだ子どもらしく、兄弟同士で仲良く遊び、楽しむさまが、「実録」の淡々とした記録から伺える。後年、戦争指導をめぐって雍仁・宣仁親王と意見が激しく分かれ、敗戦後には弟たちから「退位」論も飛び出すことなどを合わせ考えると興味深いものがある。しかし、まだこの時期は、なんといっても一般の人の「成人式」を終えたといっても、やはり子どもらしい一面もあったといえる。

3　欧州歴訪、摂政に就任

祖父明治天皇をモデルに天皇づくり、欧州歴訪

前述したように、裕仁皇太子は、祖父明治天皇をモデルに、側近や政府・宮内省幹部たちから、天皇としての教育を植え付けられていった。次の課題は、当時の世界情勢を見聞するためのヨーロッパ歴訪であった。しかし、母の節子皇后は、嘉仁天皇の病状や皇太子の万一を憂慮し、離したがらず、手元に置きたがった。

が、元老西園寺公望や、原敬首相らは、強力に欧州訪問の必要性を主張し、皇后の承認を取り付けた。その頃、裕仁皇太子は、父の発した詔勅を引用しつつ、「世界の思想界は大に乱れ、過激思想は世界に広まんとし、労働問題はやかましくなりつつ、世界の国民は戦後の悲惨なるを見て、平和を愛し各国協調をなさんとす」との作文を草し、東宮学問所の倫理教師の杉浦重剛に提出した。

第一次世界大戦は、一九一四年から一八年にかけたたかわれ、先に述べたように大量殺戮兵器の出現により、多くの死者・犠牲者を出し、欧州各地を焦土と化した。ロシア、ドイツで革命が起こり、帝政は転覆され、民衆の運動が高揚しはじめ、デモクラシーの思潮が日本にも押し寄せた。労使協調を旗印として創立された友愛会は、急速に労働

組合としての性格を強め、その名も日本労働総同盟と改称した。

普通参政権を要求する普選運動も展開され、二〇年代初期は、農民、女性、被差別部落の人びとの結束が図られ、組織化されていく。二二年日本農民組合、同年全国水平社、遡って一九年新婦人協会、二一年には初の社会主義女性団体の赤瀾会が結成された。この間、堺利彦を代表幹事（委員長）とする日本共産党が秘密裏に発足した。

二一年、裕仁皇太子は摂政になる。が、その前に世界についての大勢を実地見聞するのがよいだろうとの側近や政府首脳の判断と、嘉仁天皇の病状悪化（脳病）で、権威を失墜している天皇家（皇室）の存立と権威の再建に向けて、裕仁皇太子を盛り立て、「国民の皇室」を創出するために、英明な君主像を作り上げる必要があった。このためにもヨーロッパの友好国を歴訪させるのが賢明とする西園寺、原らの目論見があった。

二一年三月三日、裕仁皇太子は、皇族の閑院宮、伯爵珍田捨己、陸軍中将奈良武次に率いられた随員三四人とともに、東京駅を出発、横浜港において軍艦香取に乗り移った。

久邇宮良子との婚約、いわゆる宮中某重大事件

欧州歴訪の前に、早くも皇太子妃の選定問題があった。一五歳の立太子礼が行われた翌一七年、東宮学問所幹事の小笠原長生は、皇太子の妃に三人の女王の名（伏見宮禎子、梨本宮方子、久邇宮良子）をあげた。結局、節子皇后は久邇宮邦彦王の娘の良子《ながこ》女王を選んだ。一八年、波多野敬直宮相は、久邇宮に書簡を送り良子が皇太子の婚約者に選ばれたことを告げた。裕仁自身も良子を気に入ったようである。久邇宮家では、皇太子の倫理学の教師杉浦重剛を雇い、良子に教授させた。

婚儀は、二〇年末に予定されていたが、長州閥の元老・山県有朋らが激しく反対を唱えた。良子女王の母方は、薩摩・島津藩主家の出身で色覚異常の系統といわれ、婚約の破棄を迫ったのである。山県有朋は、波多野に辞職を迫り、後任に自らの派閥の陸軍中将・中村雄次郎を据えた。しかし、父の久邇宮邦彦《くによし》王は、皇后と杉浦の後押しを受け、宮家の島津寄りの華族や、旧藩出身の高官たちも動員し、議員たちをも交えて婚約の成就を図った。二一年一月一〇日、

宮内省と内務省は皇太子の婚約が既定どおり進められること、中村宮相の辞任が発表され、ここに一段落を告げた。ちなみに原武史氏によれば、節子皇后は、久邇宮邦彦王が「皇太子」の岳父として政治的野心を見せる態度に立腹し、のち婚約遂行に消極的な態度をとったという（原『皇后考』講談社、二〇一五年、二八〇頁）。事件の「主犯」とみなされた山県は、元老の称号の「拝辞」、枢密院議長の辞任、数々の勲章の返納、爵位の辞退を申し出、一気にその権力を弱めた。「明治」の元老山県有朋の名実ともの隠退であった。

代って政界・宮中の前面に躍り出たのが、大久保利通の子息の牧野伸顕であった。牧野は、西園寺内閣の閣僚として、一九年パリ講和条約の日本全権の事実上の首席を務め、帰国した。その手腕を買われ、辞任した中村勇次郎に代わり、宮相に就任。二五年には内大臣に転任、裕仁皇太子・天皇の信任を得るに至る。

欧州歴訪の旅で、イメージアップ作戦

欧州旅行は、当初小規模なものとされたが、公式訪問へと発展した。天皇の肉体的衰微、政治的能力の不在という皇室の危機存亡に対し、外遊は、皇太子を前面に押しだし、「国民の皇室」を代表するイメージアップ作戦の一環ともいえた。牧野ら宮内省の幹部たちは、皇太子が外国で品位を保持し、随行記者団に良い印象を刻みつけ、日本国民に「われらの摂政」という報道合戦が繰り広げられることを期待した（ハーバート・ビックス『昭和天皇（上）』参照）。事実、その意図は成功する。

時の首相であった原敬は「皇太子殿下の御態度例へば頻りに御身体を動かせらるゝ様の事は、誰か近侍の人より申し上げて御矯正相成りたきものなり、又洋食の召上り方も実は御存じなき様に拝見せり」（『原敬日記』）といった、簡単なことながらも心配させるものがあったようである。原敬は次のようにも認めている。「何分にも殿下外国並に対等人との御交際には極めて御不慣に付、御食事振御起居御動作細大となく言上したる事、及び大綱に付ては閑院宮より御注意申上げられたること両三回にてその他は供奉長より言上し、殊に西園寺（西園寺公望の養子の八郎）や沢田（廉三。外交官。のち三菱財閥の娘・岩崎美喜と結婚）のごとき若き供奉人は忌憚なく御注意申上げたる趣」（『原敬日記』）

なりと。

外遊の成功を期すため、訪問先は英国、フランス、ベルギー、オランダ、バチカンを含むイタリアに限った。米国は、その国柄からいって、新聞記者連が率直な質問を浴びせ、無口で喋りなれていない皇太子がその対応に苦慮するかもしれないという配慮も働いた。

裕仁皇太子は、多くの教師たちに囲まれて育ったとはいえ、父母など親族には時たま会う程度で、孤独の内に過ごすことが多く、細かい食事マナーなどは後回しのようであり、「箱入り息子」として生いたったようである。

二一年三月、皇太子らを乗せた軍艦香取の航海は、香港に始まり、アジアと大英帝国の領土を順次経由するが、大日本帝国が圧政をしいていた朝鮮人による暗殺を警戒して香港にはごく短時間の滞在に留まり、シンガポール、セイロン（スリランカ）、カイロなどを経て、五月七日、英国のポーツマスに到着した。英国に二四日間、フランスに二六日間、ベルギー、オランダに五日間ずつ、イタリアに八日間滞在、各王室による公式のもてなしを受けた。帰りは、七月八日にナポリを出港し、九月三日横浜に入港、帰国した。

ヨーロッパの各地域で、皇太子は多くの戦跡、軍学校や「廃兵院」、軍事演習などを見学、戦争の齎した凄まじさを目の当たりにしたのであろう。「実録三」の二一年六月二五日の条に「戦跡御訪問中、戦争というものは実に悲惨なものだ」という皇太子の感懐の旨が記されている。しかし、実際は皇太子が天皇になった翌年の二七年から二八年にかけて、中国侵略への本格的な第一歩として踏み出す「山東出兵」が三次にわたり起こされ、三一年、中国全面侵略戦争の緒になる「満州事変」勃発まで一〇年残すのみとなる。

英国国王ジョージ五世の教え

皇太子が特に学んだのは、英国王室の在り方であった。時の国王ジョージ五世は、自ら皇太子をビクトリア駅まで出迎えさせ、沿道の群集の歓呼のなかをバッキンガム宮殿まで無蓋馬車に同乗させ、温かく歓迎した。前記のビックス氏は、ジョージ五世（当時五六歳）が裕仁皇太子に教えたのは、首相候補者の資質を見抜き、舞台の裏で大きな政治権力を行使する能動的君主像であった。ジョージ五世は、内閣は閣僚の任免や意にそわない政策の変更などで、君主の政治的決定に忠実でなければならないという考えであり、この考えも裕仁皇太子には、衰退する皇室の力を取り戻す勇気を与えたに違いないと指摘する（ビックス前掲書一四一～一四二頁）。

他方で英国王室の「庶民性」をも目の当たりにする。訪欧への途次の船中でのお付のものたちの教育が功を奏したのか、原敬は、五月九日のバッキンガム宮殿での皇太子の様子を駐英大使館付海軍武官小林躋三（のち海軍提督）からの手紙をみて、こう記している。

「〔皇太子は〕百数十の皇族名士の間に雑られ些かの臆気もなく御演説の如き、あの広い食堂を圧する程の高声で、私の隣に居つた警視総監の如き、二十そこらであんなしつかりした声が出るのは余程優れた人でなくては出来ない、貴国の為めに祝福すると言て……」（『原敬日記』）と、安堵の胸をなでおろしているさまが窺える。

裕仁皇太子は、父嘉仁天皇の病状・現状を見るにつけ、あるべき君主像を英国において実地に学び、自信を深めて帰国の途に就いたことであろう。随行記者団の報道は、皇太子のヨーロッパ旅行を華々しく掲載し、弥が上にも皇太子への日本国民への敬愛心が醸成されていった。

母節子皇后との確執・桎梏

これより前、一九一九年、日本の植民地下にあった朝鮮で、三一独立運動や、日本の国家や巨大企業が中国の国益を冒しているのを憂えて中国の学生たちが、同年、五四運動を展開した。東アジアにも変革の波が波及したのであった。以後、独立運動や抗日運動は高揚していく。

同年五月一三日、節子皇后は、京都に向かい、二四日まで滞在、京都御所に入り、伏見桃山陵、同東陵（二つの陵に明治天皇・美子皇后夫妻が葬られている）、皇室の縁の泉涌寺、東福寺、賀茂別雷神社、賀茂御祖神社などを参拝、深々と拝礼した。夫の天皇の病気祈願をしたものであろうか。

このころ、侍従武官の四竈孝輔は、天皇の病状について、その日記『侍従武官日記』において、「時々御言葉の明瞭を欠くことあるが如きは、近来漸くその度を御増進あらせたるにあらずやと拝し奉るも畏れ多き極みなり」（一九一九年八月六日）、「御陪食の節、玉座に臨御あらせ玉ひしも、多少御気色勝れさせ玉はざるものあり。……御姿勢等思はしからずを拝し奉れりとは畏き極みにこそ」（同年九月二六日）と、慎重な言い回しながら、天皇の病状悪化を憂えている（原前掲『皇后考』二七八～二七九頁）。

日一日と嘉仁天皇の病状は悪化した。天皇は、若いとき、一時女官に夢中になったときもあったといわれる（前述）が、実際は一夫一婦制を守ったという。とはいえ、女官たちが奉仕する後宮そのものは手つかずのまま、原則として男子禁制であり、約二〇〇人の女性が未婚のままで、一生奉公し、宮中に住み込んでいた。

皇太子が摂政に就任する二日前の二一年一一月二三日、節子皇后に会った宮相の牧野伸顕は、皇后が「陛下は稍々御落着き遊ばされたるのち、皇太子殿下の尚大に御修得を要せさせらるゝ事共を御話しあり。今度十分御助け申上ぐべき事の多々ある御指摘あり。宜しく頼むとの御仰せあり」（『牧野伸謙日記』）。

皇太子は、天皇の祭祀のなかで最も重要な新嘗祭も行っていず、それにも拘わらず、欧州から帰国すると、日常生活を洋風に変え、一二月六日には、日本間の多い高輪東宮御所から、コンドルが設計した霞関離宮に移り、ここを東宮仮御所にして当分住もうとしていた。一一月二五日、天皇の具体的病状について宮内省から発表があった。「御脳力の衰退」が強調され、天皇の病気は幼少期の脳病に由来するとされ、そのことを理由に皇太子の摂政就任の必要性がいわれた（原『皇后考』二九八頁）。

皇太子は、帰国後、女官制度の改革の必要性を認めるが、節子皇后は、それに反対し、高等女官が担当する「お祭り」（宮中祭祀）は、自分が引き受けてもよいとまで主張した。裕仁皇太子との溝が深まるばかりであった。皇太子は、江戸時代の大奥（かつての宮中の女官・側室制度も同様であったろう）の名残であり、一夫多妻制の温床となっていた（先代の明治天皇までそうであり、皇子皇女は、側室の生んだ子が多かった。睦仁天皇の子らはみな、いわゆる「側室腹」）後宮制度の改革を目指したのであった。

宮中祭祀問題でも皇后は皇太子への不満を露わにした。二二年九月二二日、牧野宮相は、皇后に「拝謁」し、新嘗祭には、皇太子の地方視察に当たるため、「御代祭を願ふ外致方なき旨」言上、結局、皇后は渋々承諾しながらも牧野に向かい、皇太子への「怒り」を「爆発」させたという（『牧野伸顕日記』）。

「殿下には御正坐出来ならざるに付御親祭は事実不可能なり、今後は是非御練習の上正坐に御堪へ相成様致度、昨年来殊に此種のお努め事に御怠慢の御様子あり、今後は何とか自発的に御心掛け相成るよう……御心より御務めなさる丶様……（原『昭和天皇』岩波新書、二〇〇八年、五九頁）と。

君徳をつむためさらに「進講」を重ねる

牧野や側近、政府首脳は、摂政裕仁皇太子が、かねてから陸軍の大演習を親率でき、天皇の軍隊の最高指揮官（大元帥）としても、その資質に相応しい精力的で壮健な皇太子像の創出に向けて動き始めていた。牧野、奈良侍従武官長らが摂政に毎日、二、三時間講義を授け、さらに式部長官井上勝之助、掌典長九条道真（節子皇后の父九条道孝の子息。節子皇后とはきょうだい）、元老西園寺公望の養子で式部職に出仕する西園寺八郎という三人が、皇太子に宮中祭祀の特訓を始めた。

さらに進んだ学習も推進される。牧野らは、四人の東京帝国大学教授を招き、「定例御進講」を担当させた。先の憲法学者の清水澄、歴史学者の三上参次、経済学者山崎覚次郎、国際法学者の立作太郎だった。牧野はその日記（一九二六年一一月一九日の項）で次のように綴っている。

「君徳に最も大切なる寛容、深慮、威厳等の御心懸けに付思切つたる諫言あり、……三上博士は内外歴史の上の例を引き、布衍して申上げ、今日の場合誠に適切なる内容なりし。依て別室におゐて博士に満足の意を表」した。三上の講義は、牧野の記すところによれば、明治天皇の「聖断其宜きを得、終に国運の順調に帰したる事」「天皇の御深憂及重臣の如何に国事に誠忠を尽したるか」を皇太子・摂政である裕仁が修得することが「君徳御大成上多大の効果ある」（ビックス前掲書、一五四～一五五頁、参照）べく、と。

時まさに父の嘉仁天皇の死去する三〇余日前であった。右のようにして君徳・仁愛ある「帝王」としてつくられた裕仁天皇が誕生する。

4 「神がかり」する節子皇后、神功皇后への思い入れ

香椎宮への参拝——神功皇后との「一体化」願望

一九二一年一一月二五日、「朕久しきに亙るの疾患に因り大政を自らすること能はざるを以て皇族会議及枢密顧問の議を経て皇太子裕仁親王摂政に任ず茲に之を宣布す」という詔書が発され、嘉仁天皇に代わる皇太子裕仁が署名した（「実録三」一九二一年一一月二五日の条）。

前述したように同月二三日、牧野伸顕宮相に会った節子皇后は、彼女の言った言葉を、日記に「皇太子殿下の尚大いに御修得を要せされらるゝ事共をお話しあり。今後十分御助け申上ぐべき事の多々あることを御指摘あり、宜しく頼むとの御仰せあり」と記した（『牧野伸顕日記』）。

裕仁皇太子が、宮中祭祀で最も大切な新嘗祭を行っていないこと、訪欧から帰ってくると、日常の生活をすべてヨーロッパふうに改めようとしていること、日本間の多い高輪東宮御所から、コンドルの設計した霞関離宮に移転、ここを東宮仮御所として当分住もうとしていた（「実録三」同年一二月八日条）こと、節子皇后は、このような洋風にかぶれたかのような皇太子の態度を快く思わなかったのであろう。

原武史氏の前記の『皇后考』によると、裕仁皇太子の訪欧を契機に、節子皇后の神功皇后に対する関心が高まっていった。仲哀天皇の后であったという神功皇后が天皇死去後、息子の応神天皇が幼年のため、摂政となり、万事政務を総攬、他国への侵略戦争に自ら先頭に立ち、臣下を督励したということ（伝説である）が、節子皇后を積極的な行動に駆り立てたという。

二二年三月、天皇の病気平癒を祈願するため、皇后は福岡の官幣大社香椎宮に参拝した。香椎宮は神功の夫仲哀天皇が急死した場所であり、神功が仲哀の神霊を祭ったところとされている。一六年嘉仁天皇の即位の礼と同時に、仲哀の霊代を本宮に移し、祭神に加えるまでは、神功だけを祭っていた。

節子皇后は、香椎宮の参拝の他、筥崎宮、太宰府神社（大宰府天満宮）の参拝、福岡県庁、九州帝国大学などを巡行、九州からの帰途には住吉神社や厳島神社への参拝、江田島の海軍兵学校に在学中の三男・高松宮宣仁（八歳で高松宮家を相続。旧宮名は光宮）に会うことがたっての希望であったという。皇后は、明治天皇の側室であった典侍の千種任子（皇女二人を出産するが夭折）ら百人に上る随行者を引き連れての大旅行であった。

注目すべきは、香椎宮の参拝時に、皇后は、「大みたま吾が身に下り宿りまし　尽すまことをおしひろませ」といった歌を詠んでいることである。皇后の師である筧克彦東京帝国大学教授は、この歌に注釈を加えているが、要するに神功皇后との一体化を願望する節子皇后の心持ちがよく表されている（原前掲書三〇四～三一三頁、参照）。節子皇后が、一部で「日本の西太后」と呼ばれるゆえんかもしれない。

ちなみに付言すると、神功皇后は「記紀神話」に登場する人物で、実在したわけではない。前記の原氏の推測によれば、嘉仁天皇の平癒祈願のための究極の方法こそ、節子皇后が神功皇后から皇后霊を受け継ぎ、神功皇后が神託をうけて「三韓征伐」したという説話により、節子皇后も偉大な皇后神功から皇后霊を受け、天皇よりも強い霊力を持ち、その霊力を嘉仁天皇に分与したのではないかという。

「軍国日本」の「国母」としての節子皇后

九州旅行の途次、門司から海路を行くが、駆逐艦萩から軍艦摂津に移乗、折からの暴風雨で摂津の艦内にも荒波が押し寄せ、皇后のため純和風に改造した「御座所」まで浸水した。この時の様子を彼女は、「かしこかれと神功皇后　御征韓をしのびまつりて」という題で、「韓の海わたらし、日のあらなみも　かくやと思ふ船出なるかな」と詠んで、感慨を新たにしている。

皇后は、瀬戸内海を軍艦摂津に乗り、一部のルートでは軍艦天龍や、軍艦長門に乗艦し、門司から神戸に向かった（原前掲書二二九〜二三〇頁）。「三韓征伐」の神話などについても節子皇后は疑いを持たないばかりか、壮挙とさえ思っているのは明らかである。大新聞も、この様を伝え、「皇后陛下が軍艦に召し御航海遊ばさる、事は神功皇后の三韓征伐を外にして」と、皇后の「壮挙」を讃え、神功皇后伝説の宣伝をも行っている。明らかな日本帝国主義の侵略・植民地支配の追随・賛美である。

右のことから推察されるように、節子皇后も大日本帝国の皇后として、まことに好戦的・軍国的女性であること、植民地支配にもついても何らの疑問をも持ち合わせていなかったことである。

ちなみに時代が下るが、三一年九月関東軍が柳条湖事件（いわゆる「満州事変」）を惹き起こし「南満州」一帯を瞬く間に軍事占領し、清国最後の皇帝愛新覚羅溥儀を執政とする日本の傀儡国家の「満州国」が翌三二年に創建され、のち溥儀は傀儡の皇帝に就任する。が、実権は関東軍司令官（大使を兼任）が掌握、行政機関を設置し、中国人を表に立てながら、実際の政治を行っていったのは、次官級の日本人官僚たちであった。この「満州国」創建を以って、日本は中国や欧米諸国から反感を買い、国際連盟を脱退せざるを得なくなった。巷には「非常時」の声が高まっていった。

節子皇太后は傀儡皇帝溥儀を大歓待

時を超え、「満州国」皇帝溥儀は、四〇年六月に来日、裕仁天皇の東京駅での出迎えを受け、歓呼をもって迎えられた。天皇の弟高松宮妃である喜久子によれば、次兄秩父宮の体調が悪く（結核に罹患）、高松宮が代わりに接伴役をつとめたが、高松宮以上に節子皇太后の溥儀を迎える熱意は相当なものであった。

皇太后は、自ら抹茶を立てるため、修行を行った。六月二九日、溥儀は大宮御所で午餐の懐石料理を振る舞われ、そのあと皇太后は茶を立て、皇太后お点前の茶を楽しんだ溥儀皇帝は、庭の散歩を皇太后と共にし、庭の坂とか段々のようなところへさしかかると、皇帝が皇太后の手をとって助ける。

忘れられないのは、皇太后と溥儀が別離する場面で、節子皇太后が「陽の西に沈む時には、私は必ず皇帝さんのことをおなつかしく思い上げるでしょう」と述べた。喜久子妃は「大宮様には、秩父宮と高松宮の間に御一方流産したお子様がおありになり」「その皇子が生き返ってきたような気持ち」を抱いたのでないかと思うと綴っている。皇太后の言葉に呼応するように、皇帝溥儀は「毎日、陽が出るたびに、私は皇太后陛下の御上を思いますでしょう」と返礼した（高松宮喜久子『菊と葵のものがたり』中公文庫、二〇〇二年、二二九～二三二頁。初刊は、中央公論社、一九九八年刊行）。

さて、ここで、「満州国」の溥儀皇帝の弟である愛新覚羅溥傑と公家華族の嵯峨浩との「国策結婚」について叙述しておこう。この結婚は、「日満親善」結婚として当時、賑々しく取り上げられた。

第10章 「日満親善」結婚——愛新覚羅溥傑と嵯峨浩の国策結婚

二〇〇八年は、日本では「源氏物語」千年の年として、明けても暮れても「源氏」、「源氏」とマスメディアに突出した。二〇〇九年はどうやら年初から最初の「勅撰」和歌集である万葉集ブームを仕掛けようとの意図が透けて見えた。天皇や皇族・王朝貴族たちの詠んだ短歌を露出させ、「王朝文化」を日本の伝統文化として日本「国民」の頭に刷り込もうとの魂胆が仄見える。そこには天皇や貴族たちが民衆を搾取・収奪した結果、彼らが特権階級として「王朝文化の雅」を独占するにいたった背景・経緯は言及されない。支配層の男たちの放縦な性（「源氏物語」の主人公・光源氏の生き方そのものである）を「自由な性」のごとく流通させ、「雅び」を強調する。

加えて〇九年に入ってすぐ、NHKの深夜番組・「ラジオ深夜便」などは「邦楽夜話」の一環として二回にわたり「長唄楠公」を取り上げた。楠公とは南北朝時代、後醍醐天皇に「忠義」を尽くした「忠臣」の代表・楠木正成のことである。しかもご念のいったことに楠木正成・正行《まさつら》父子の別離にからみ、天皇への「至誠心」を情緒的に高めるべく、戦前につくられた美文調の小学唱歌「桜井訣別」*を流すなど、前記の動きと相俟って天皇崇拝の刷り込みや「伝統文化」尊重の風潮を醸成すべく演出されているとしか思えない。

＊作詞・落合直文。一八九九年作。のち「青葉茂れる桜井の～」として、広く知られる。歌詞の一部を抜粋する。「正成涙を打ち払い　我子正行呼び寄せて……彼方の浦にて討死せん……／父上いかにのたもう　見捨てまつりて　われ一人　いかで帰らん帰られん　此正行は年こそは　未だ若けれ諸共に　御供仕えん死出の旅／いましをここより帰さんは　わが

私の為ならず　己れ討死為さんには　世は尊氏の儘ならん　早や生い立ちて大君に　仕えまつれよ国の為／共に見送り見反りて　別れを惜しむ折からに　復も降り来る五月雨の　空に聞こゆる時鳥　誰か哀と聞かざらん　あわれ血に聞く其声を」

昨今、日本も世界も大不況で、日本社会の矛盾や階級矛盾が深まるなか、「天皇」やそれに繋がる存在をあたかも貴いもの、特別な存在（貴種）として浮かび上がらせ、日本「国民」の一体感を謳いあげ、反貧困や平等を志向する社会運動を抑え、矛盾を隠蔽させ、天皇を「統合」へのツールとして、再設定を図る企み（新たなる「一君万民」への幻想創出）が背後に強く働いているのではないだろうか。

二〇〇九年秋に予定されている現天皇の「即位二〇年」の前奏曲は、〇八年から早くも奏でられはじめていた。「源氏」「万葉集」「楠木正成」そしてこれまた最近の白洲正子・次郎ブームがある。ちなみに正子の祖父は薩摩藩閥出身の海軍大将、海相、初代台湾総督等を歴任した樺山資紀で、華族に列せられた。白洲次郎は、一九〇二年神戸一中卒業後、渡英、ケンブリッジ大学に入学、同大学院に進学するが、実家の白洲商会が倒産し、帰国。在英中、のちの首相、外交官で一等書記官を歴任し、駐英大使となった吉田茂と知り合い、親交を深める。敗戦後、吉田茂首相のブレーンとなり、終戦連絡中央事務局次長。退任後、東京電力会長などを歴任。次郎については、詳しくは鶴見紘『白洲次郎の日本国憲法』（光文社知恵の森文庫、二〇〇七年。初版は『隠された昭和史の巨人――白洲次郎の日本国憲法』として一九八九年刊）などがある。右のような事象と関連づけて「明仁天皇即位二〇年」を把握する必要がある。

1 「日満親善」で国策結婚した嵯峨浩

さて、この章で取り上げる嵯峨浩《ひろ》（のち愛新覚羅浩。一九一四～八七年）は、公家華族の娘として生まれ、女子学習院に学び、日中戦争が全面化する三か月前の三七年四月、「満州国」皇帝の弟である愛新覚羅溥傑と結婚した。その結婚は当時、「日満親善」結婚として華々しく取り上げられ、ジャーナリズムの脚光を浴びた。

しかし結婚後、「満州国」に渡った浩を待っていたのは、彼女が当初、夢に描いたような「皇弟妃殿下」として「満州国帝室」を舞台にした、「日満」の華やかな王室外交や「日満融和」のための華々しい活躍ではなかった。日本の傀儡国家「満州国」における一将校夫人としての慎ましやかな生活であった。

このため「満州国」の実質的支配者・関東軍とは齟齬をきたす連続の日々であった。結婚後八年にして「満州国」はもろくも崩壊した。夫溥傑は、戦犯として捕らえられ、浩は、日本敗戦、中国の内戦の激化のなかで幼い娘を連れての流浪を余儀なくされ、日本に戻ってきたのは敗戦二年目の四七年一月であった。夫は、新中国政府の戦犯寛遇政策によって処刑を免れ、六〇年一二月特赦になり、北京に戻った。この間、愛娘・慧生を心中事件で失うという痛恨事もあった。溥傑の釈放後、周恩来の計らいで再び北京に帰還し、夫との静かな生活を楽しんだ。八七年、北京の友誼病院で死去、享年七三年の生涯であった。「日満親善」結婚の鑑としてもてはやされ、いまもなお皇室ジャーナリストたちから「流転の王妃の悲劇」と語られる、愛新覚羅（嵯峨）浩の結婚の虚像と実像について考察してみたい。

2　嵯峨侯爵家の長孫として誕生

生いたち

嵯峨浩は、一四年三月一六日、公家華族嵯峨侯爵家の長女として誕生した。父は実勝、母は尚子といった。戦前の日本には、皇室の「藩屏」として、華族制度が設けられていたが、嵯峨家は、公爵に次ぐ高位の爵位である侯爵家であった。浩によれば、嵯峨家というのは「アマヤネコノミコト」から出て、藤原家の始祖・中臣鎌足（藤原鎌足）を経て、今日に至り、公家のなかでは五摂家、九清華家に次ぐ「名門」であるという。浩の次女嫮生《こせい》によりのち纏められた著書によると、一八七〇年まで正親町三条と名乗った公家で、この家は藤原北家閑院流の三条家の分家で、始祖は藤原鎌足と綴っている（福永嫮生『流転の王妃　愛新覚羅溥傑・浩　愛の書簡』文藝春秋、二〇一一年、一三頁）。

嵯峨家は、江戸時代後期になると、天皇の側近である議奏につき、一八七〇年、浩の曾祖父の実愛のときまで正親町三条を名乗り、明治維新の功績によって爵位を授けられたが、祖父公勝のとき、嵯峨家と改姓した（愛新覚羅浩『流転の王妃　満州国宮廷の悲劇』文藝春秋新社、一九五九年、三五頁）。公勝の妻である祖母の嵯峨南加（仲子）は、孝明天皇の側室で明治天皇の生母である中山一位局慶子の弟・中山忠光の遺子であった。忠光は尊皇攘夷派公家として挙兵し、いわゆる天誅組の乱を起こしたものの、一八六三年長州（山口県）で暗殺された。享年二〇歳であった。

このとき、忠光の侍女であった恩地とみが忠光の子を身ごもっており、一八六五年、女児を出産。この子が南加であった。明治天皇が即位すると旧長州藩の藩主であった毛利元徳の養女として、南加を中山家に送り届けた（渡辺みどり『愛新覚羅浩の生涯　昭和の貴婦人』読売新聞社、一九九二年、一四頁）。嵯峨家と中山家の姻戚関係は、それ以前からあり、幕末に嵯峨綱子が中山忠頼と結婚、忠能を生んだ。中山忠能は、一位局中山慶子・忠光きょうだいの父であり、のち娘の慶子が祐宮睦仁親王（明治天皇）を妊娠・出産すると、養育係りとして祐宮を中山邸で預かり育てている。ちなみに明治天皇の皇子明宮嘉仁親王（大正天皇）も中山家で養育された。天皇家との所縁も深かった。

嵯峨家・中山家・柳原家の姻戚関係

この中山家と嵯峨家は、一八八三年の南加と公勝の婚姻によっていっそう深まったが、二人の結婚に当たっては南加の伯母にあたる中山慶子の意思が働いたという（渡辺前掲書一五頁）。これより前の一八八一年、公勝は、父実愛の隠居を受けて、侯爵家を相続、一八八五年には明宮嘉仁親王の御用係になり、「ご養育」主任の中山忠能とともに養育の任に当たった。ちなみに浩の曽祖父・実愛の父実義のきょうだいの則子は、同じ公家の柳原隆光と結婚し、光愛を生んだ。光愛の娘が嘉仁親王の生母で、明治天皇の側室・柳原二位局愛子であった。天皇家の血縁とも縁戚関係を通して深く繋がっていたのである。

右のように嵯峨家と中山家、天皇家とは強く結ばれており、浩の父の実勝は、公勝の嗣子として誕生し、嵯峨侯爵家の「令孫」として浩も生れ落ちてから、天皇家を近しく感じる環境にあって、「尊皇」の気風がきわめて強い家庭の空気を吸って生いたったといえよう。浩が終生持ち続けた「貴族（華族）意識」も、この生いたちと分ちがたく結びついている。

3 恵まれた環境で青春を謳歌

女子学習院で学ぶ

浩は、皇族や華族階級の子女のためつくられた学校・女子学習院に通った。当時の女子学習院は、前期、中期、後期、高等科となっていた。浩と同じクラスには竹田宮・北白川宮家の二王女や「韓国併合」で廃滅させられた旧朝鮮王朝の王女、李王家（「併合」後、日本の皇族に準じられていた）の徳恵姫（李王世子垠の異母妹の徳恵翁主）も学んでいた。三人の王女を含む浩たちのクラスが修学旅行などに行くと、旅先まで県知事などが出迎えた。高等科に進んだのは、ほんの二〇人ばかり、一種の花嫁学校のようなもので、のんびりと学校に通い、稽古事に熱中し、髪もまげをつけ、着物に袴といった服装が流行し、「雅びた」態度と淑やかさを競ったという（愛新覚羅浩前掲書二七頁）。

浩は、妹の啓子（のち池見姓）、泰子（のち福永姓）、幹子（のち町田姓）、末弟の公元の嵯峨家の五人きょうだいの長女として育つが、学習院の中期に入った頃から、母尚子の実家である浜口家に住み、女子学習院にも通い、結婚まで暮らした。

母方の実家は新興ブルジョアジー

浩の母・尚子の父は浜口容所といい、紀州（和歌山県）の「極めて古い家系」で、貴族院・衆議院議員を幾回か務め、朝鮮銀行監事、富士瓦斯紡績会社会長、九州電力社長、豊国銀行頭取などを歴任し、次弟にヒゲタ醤油などの経営を任せていた実業家であった。

容所は詩人墨客として、絵画の収集家としても知られていた。上大崎中丸（現在、東京都品川区）にあった浜口邸には、イギリス風三階建ての洋館があったが、それは当時、浩の伯父が「金にあかせて」建築したもので、正面の扉から各部屋はもとより階段の手すりに至るまで、「一流の美術家や、工芸家」に委嘱してつくられたものであった（愛新覚羅浩前掲書二六頁）。

いわば浜口家は、当時の新興ブルジョアジー階級の羽振りのよい富豪として豪奢な生活を送っていたわけである。公家華族という古い「家柄」を誇る嵯峨家と、新興日本資本主義の成功者という浜口家の二つの家庭環境のなかで、浩は何ひとつ不自由のない生活を満喫し、書道を尾上柴舟、洋画を岡田三郎助、ピアノを幸田延子といった当代一流と目されていた師匠に師事して青春時代を謳歌していたのであった。

4　「満州国」皇弟溥傑の生いたちと清朝復辟の悲願

溥傑の生いたち

かつて「満州国」（一九三二年建国。のち帝政に移行し、「満州帝国」というが、ここでは「満州国」と統一して表記する）という国家があった。日本陸軍の中国駐屯軍であった関東軍が武力でつくった傀儡国家であった。「満州国」の執政（帝政移行後、皇帝）には、清朝の最後の皇帝であった宣統帝・溥儀が関東軍によって担がれ就任した。嵯峨浩が結婚することになる愛新覚羅溥傑（一九〇七～一九九四年）は溥儀皇帝の一歳下の弟であった。

清朝最後の溥儀皇帝は、愛新覚羅家の第二代醇親王の長子として一九〇六年に生まれ、父醇親王の異母兄・光緒帝が跡継ぎを遺すことなく死去すると、わずか三歳で即位、父が摂政王となって執権したものの、すでに欧米列強によって惨澹たる侵食を受け、大清帝国の崩壊は目前に迫っていた。王朝政治には腐敗と因襲の弊風が澱んでおり、一方、民衆の生活は悲惨をきわめていた。

民族、民権、民生の三民主義を掲げる孫文らが一九一一年、武昌で蜂起すると革命の火が各地に一挙に燃えあがった。翌一二年一月一日を期して、孫文を臨時大総統とする中華民国臨時政府建立を宣言した（辛亥革命）。しかし、国外からはイギリスの圧力、国内には袁世凱ら北洋軍閥の存在そして立憲派の非力の三すくみ状態で、孫文は清朝皇帝の退位と共和制実現を条件として大総統の地位を袁世凱に譲った。袁世凱は清朝に年金四百万両、一代限りの尊号（皇帝）承認、紫禁城の暫定的使用許可などの優待条件と引き換えに宣統帝溥儀の退位を要求、清朝はこれを受け入れた。ここに二六九年におよぶ清朝支配が終りを告げた（入江曜子『紫禁城——清朝の歴史を歩く』岩波新書、二〇〇八年、一八九～一九一頁）。

一七年軍閥張勲の復辟により溥儀は再び皇帝になったものの、張勲の敗北により二度目の退位を余儀なくされ、廃帝となった。二四年には紫禁城をも追われ、日本公使館に収容保護され、翌年天津の日本租界へ移った。紫禁城を追放された溥儀そしてその弟で臣下でもあった溥傑にとって清朝復辟は文字通り悲願となった。その間、日本は日清戦争（一八九四～九五年）の勝利により、台湾領有、朝鮮における清国の宗主権の放棄、それに代わって日本の朝鮮に対する支配権を強化した。

続いて日露戦争（一九〇四～〇五年）の勝利によって、日本は、朝鮮へのロシアの影響力行使を封じるとともに、関東州の租借・東清鉄道南満州支線の割譲などいわゆる「満蒙」における利権を獲得した。日本帝国主義は、辛亥革命後の中国の内戦・混乱状態に乗じ、さらに権益拡大を狙い、策動を重ね、張作霖爆殺事件、三度に及ぶ山東出兵など、アジアにおける帝国主義・膨張主義拡大に突進した。その先鋒を務めたのが関東軍であった。

清朝復辟をいかに実現するか

以上のような中国の膨大な国土・資源・市場・労働力などの獲得をめぐって日本や欧米の帝国主義列強が激しく鍔

迫り合いを繰り広げるなかで、溥儀・溥傑兄弟がそもそも幼年時代から受けた教育は先祖以来の帝政を復活させ、「大清」をいかに復辟するか、であった。

その一方、「清室」(清朝皇室)を振興するには外国の援助が絶対必要という考えが強くなり、溥傑はどの国に援助を借りるべきかで日夜頭を悩ましたという(愛新覚羅溥傑著、丸山昇監訳、金若静訳『溥傑自伝――「満州国」皇弟を生きて』河出書房新社、一九九五年、四〇~四二頁)。

軍人になるため、日本留学

二八年、溥傑は軍人になることを目的に、一七歳で結婚した唐怡瑩(光緒帝の妃瑾妃の姪)を中国に残し、日本に留学した。溥傑は学習院を経て、三三年陸軍士官学校本科に入学、三四年本科を卒業し、見習士官として歩兵第五九連隊に赴任、そこから「満州国」中尉の資格を得て兄溥儀皇帝に会いに新京(「満州国」建国後、長春を新京と改めた)に行ったが、皇帝になった溥儀がいっそう「意気消沈」しているのに気づいた(愛新覚羅溥傑前掲書七一~七二頁)。

溥傑も名目的には皇帝の弟としてみなされたものの、実際は帝族(皇族)ではなく、「満州国」の「一平民・一将校」にすぎなかった。溥儀にしても前述したようにしょせん関東軍の「傀儡皇帝」の域を出なかった。日本の支配層は、「満州国」は新たに建国された新国家であるとして、清朝の復辟は認めなかったのである。溥儀が執政(皇帝)に祭り上げられたのは、日本の「満州」支配を正当化し、国際的な非難をかわす必要からであった。

5 「日満親善」結婚の内実

嵯峨浩との結婚

溥傑は「満州国」禁衛歩兵連隊から日本の千葉県の陸軍歩兵学校へ派遣された。三六年一一月、嵯峨浩と見合いをし、早くも翌年四月三日、東京九段の軍人会館（のち九段会館）で結婚式を挙げた。二人の結婚は「日満親善」結婚として鳴り物入りで大々的に報じられ、「日満一体」の幻想を日本民衆に与えるのに大きな力を発揮した。なお溥傑の妻であった唐怡瑩との離婚について、溥傑はその自伝で「〔唐との〕夫婦仲が円満にいかず、名ばかりの夫婦にすぎず、離婚についても「吉岡中佐が問題の処理にあたった」（愛新覚羅溥傑前掲書七五頁）とあっさりと綴っているだけである。

いずれにしろ嵯峨浩との婚姻に際し、支障をきたすと思い早々に手を打ったものであろう（山崎朋子「アジア女性交流史・昭和前期篇　第1回　二つの人身御供（上）李方子と愛新覚羅浩」『世界』七六〇号・二〇〇七年、岩波書店、二四四頁）。ところで、浩と溥傑の結婚は、皇帝溥儀に嗣子（後継ぎ）がいないため、日本人の血を引く「皇嗣」を儲けるために関東軍が仕組んだ「国策結婚」であったと、今日においても広く流布されている。浩の回顧録『流転の王妃』『流転の王妃の昭和史』、溥傑の回顧録『溥傑自伝』もそのように描いている。たとえば『流転の王妃』ではこうである。

「私たちは、最早、逃れられぬ巨大な蜘蛛の網にひっかかった、非力な虫けらでしかなかった。当時の軍部の威力は、絶大である。この力を背景に、私の縁談は、見えざる力関係の糸によって、容赦なく進められて行った」。（愛新覚羅浩前掲書五〇頁）

溥傑の自伝においても「将来溥儀に後継ぎがなく私が皇位を継ぐことになれば、この特定の婚姻関係で『日満一体』が強化される。当時、私の正式の身分は陸軍中尉で、王の称号は贈られなかったが『満州国』皇帝の御弟である。日本帝国主義者の陰謀により、この秘密の配偶者選びは当面の急務になっていた」（愛新覚羅溥傑前掲書七三頁）というように、関東軍による独断で自分たちの結婚は仕組まれたものと回想している。

しかし、ここには作為が働いているようである。事情はもっと複雑であった。このへんの事情については入江曜子『貴妃は毒殺されたか　皇帝溥儀と関東軍参謀吉岡の謎』に詳述されている。同書によると、浩と溥傑の二人の見合い・結婚は、二人の上記の回顧録が記しているような、唐突なものではなかった。

まず溥傑側から見てみよう。溥傑は、前述したように日本に留学し、陸軍士官学校（陸士）を卒業した。その前後から彼は日本女性との結婚を希望していた。溥傑と親しかった陸士三六期の卒業生、多田督知陸軍大尉が昵懇の、当時、宮内省宗秩寮総裁であった木戸幸一（のち内大臣となる）に溥傑が配偶者に日本女性を得ることを希望していることを伝え、その斡旋を依頼した。木戸も立場上表面に立つことはできないが、「裏面にて尽力」することを承諾した。

一方溥傑は、陸士本科在学中、戦史担当の教官であった吉岡安直中佐の家に毎週日曜日ごと遊びにいき、吉岡やその家族と馴染んでいた。ある日、溥傑が吉岡に日本の女性と結婚したいと内々の相談をした。吉岡が今度、「満州国」の帝室御用掛として、皇帝との連絡役として関東軍司令部への転出を命じられることを知った溥傑が兄へのとりなしを頼んだのだという（入江曜子『貴妃は毒殺されたか　皇帝　溥儀と関東軍参謀吉岡の謎』新潮社、一九九八年、一八～二二頁）。

しかし溥傑の兄への気遣いは杞憂であった。溥儀も実は溥傑が日本女性と結ばれることを望んでいたのであった。外務省のエリート官僚出身で、三四年二月スイス公使を辞し、「満州国」に招聘され、参議府参議となった矢田七太郎という人物がいた。彼は溥儀皇帝を称して、「この国で私と話が合うのは、皇帝のほか誰もいない、あとは俗物ばかり」（武藤富男『私と満州国』文藝春秋、一九八八年、三八八頁）といってのけ、溥儀の見識と聡明さを称賛し、溥儀の師父役を自任していた。矢田は、内々で溥儀の意向を聞いた上で、当時の内大臣牧野伸顕へ三五年九月六日付の書簡を送り、根回しを行ったりした。

牧野宛て矢田書簡には、溥儀の意中は日本の女性皇族の「降嫁」にあるが、矢田は、それは実際上無理との判断を示し、「結婚相手は天皇家の血を引いた華族しかないという結論」を仄めかし、しかもその線で事が成就した場合には、溥儀の希望がなかったとする約束までできていたと記されていた（入江前掲書二一五～二一九頁）。

もうひとり林出賢次郎という溥儀皇帝の専属の通訳がいた。林出は、和歌山県の県費留学生として上海東亜同文書院を卒業し、外務省嘱託となり、当時、駐満大使館二等書記官兼「満州国」宮内府嘱託として、溥儀の専任通訳をつとめ、厚い信任を受けていた。なお、林出は、駐満大使を兼務する関東軍司令官と溥儀の会見でも通訳をつとめ、会見録を作成し、内密に外務省に送っていたが、これがいわゆる「厳秘会見録」であった。

三五年四月、溥儀は、「満州国」皇帝として第一回訪日を果たすが、全行程において常に皇帝の近くにあって、随従し人目を引いたのが林出であった。溥儀が日本を訪れた第二日目にあたる四月七日、林出の手帳の同日の欄には「ヒゲタ醤油」の内容不明の書き込みがある。ヒゲタ醤油は、浩の母方の浜口家が経営する会社であったが、わざわざ名前を秘匿する意味は何であったのだろうか。実は、「ヒゲタ醤油」氏とは、浩の母の弟である浜口麟蔵のことで、同族の「ヒゲタ醤油」社長の浜口吉兵衛の養子であった。

前記の矢田が溥儀としばしば会見する際、通訳をつとめ、矢田と懇意であった林出が矢田の意向をうけて、浜口家との連絡を取ったのである。また浜口一族のほうでも、「満州国」の軍、政府の意向をすべて掌握していると思われる皇帝の専用通訳官林出に近づき、以後も接触を取り続けたのは、溥傑の「身分」についての情報を得ようとしたことも含まれるという（入江前掲書二一四～五二頁）。

矢田は、溥傑の配偶者候補として、早い時期から天皇家と縁が繋がっている嵯峨浩に的を絞っていたようである。矢田の次女は女子学習院で浩の一学年下であった。溥儀と矢田は、溥傑に「日本皇族からの御降嫁」を願い、溥傑を「満州国」帝族にすることを企てた共謀者であった（入江前掲書三一～三二頁）。とくに溥儀は、日本皇族との婚姻を強く希望した（中田整一『満州国皇帝の秘録　ラストエンペラーと「厳秘会見録」の謎』幻戯書房、二〇〇五年、二四二～二四三頁）。

が、それは溥傑の皇族女性との結婚を通して、天皇家との結びつきを強め、「満州国」での傀儡皇帝からの脱却を図り、実権を掌握したいとの強い願望の表れであったともいえよう。しかし、日本の皇室典範では、皇族と外国人の結婚を認める規約がなく、矢田やその周辺はそのことを知悉しており、嵯峨浩を当初から想定したのである。加えて東京では一九三六年の夏、「軍閥とも旧大名家とも関係ない公家の令嬢」を主張してきた、元関東軍司令官で、当時天皇の侍従武官長を務めていた陸軍大将・男爵本庄繁を表面に立てて宮内省、関東軍、「満州国」政府などへと話が通じ、根回しが完了したのであった。この結果、内定したのは嵯峨侯爵「令孫」の浩であった。なお、嵯峨家と深い関係のある姻戚、中山侯爵家の妻の生家は、本庄の主筋に当たるという（入江前掲書三九～四〇頁）。

嵯峨家・浜口家では、前述のように林出を通して、溥傑の「身分」について種々の情報を得ようとしたが、結局、溥傑の「身分」は「皇族」にあらず、財産は五〇万円、邸宅は別に給する、皇帝の側近として重用との報に接し、伯父の浜口吉右衛門などは、「なにも満州くんだりまで、馬賊が跳梁跋扈してるとこへ行くことはないじゃないか」といった憤懣の声を挙げた。親戚中の反対のなかで浩の父嵯峨実勝だけが一人、お国のためと主張したという（入江前掲書四八頁）。

6　新婚生活、「満州国」での生活

「日満親善」結婚を祝って沿道は旗の波

それぞれの思惑を抱えつつ、嵯峨浩と溥傑は、浜口家での見合いでの場で互いに好意をもったことをそれぞれの回想録で記している。浩によれば、「溥傑氏は、申し分のない男性だった。良人としても、人間としても、非の打ち所のない人物だった」（愛新覚羅浩前掲書五二頁）。溥傑にしても「意外なことに、双方とも一目惚れで、私は嵯峨浩を妻にすることに同意した」（愛新覚羅溥傑前掲書七四頁）という惚れようであった。

結婚式当日、九段の軍人会館に向かう車の沿道には日の丸の旗を振った小学生、町内の人びとの旗の波、波、波。「あれだけ多勢の人々が、このふつつかな私の結婚を祝って下さった。ここで挫けては、日満の親善には水の泡ではないか」と浩は回顧録で記している（愛新覚羅浩前掲書六六～六七頁）。結婚式は日本の神道式で挙行されたが、浩にはいささかの疑念も批判もなかった。日本の皇族では竹田宮夫妻の臨席だけであったのには、浩には合点がいかなかった。

「満州国と日本国とを結ぶ親善結婚ならば、他の皇族の方々が出席して下されてこそ、はじめて日満の融和ができたのではなかったろうか」という不満から「もしかしたら、これは私が突然、婚約者に選ばれたことを快く思わぬ、関東軍の内部の人々の妨害工作であったのかしれない。その証拠に、私と溥傑氏は、関東軍から非常に陰気な苛められ方をしながら、結婚生活を送った。私たちの結婚は、祝福の少ない、そしてイバラの多く積まれた結婚であった」（愛新覚羅浩前掲書五九～六〇頁）と飛躍する。回想録の書名に「王妃」の名を付したことから推測されるように浩は、結婚当初から「満州国」皇弟妃殿下の意識が強かったことをうかがわせるものである。結婚した二人は、千葉の陸軍歩兵学校に通う溥傑のために、新居を稲毛海岸の高台に構えた。学習院出身の小原執事を従えての新婚生活のスタートであった。溥傑は、この年八月、歩兵学校を卒業し、一足先に新京に帰った。浩は妊娠していた。ハネムーンベビーである。このため胎児が落ち着くまで「満州」に渡るのを一〇月半ばに引き延ばした。

「満州」での新生活と、民衆の暮らし

一九三七年一〇月一一日、浩は、両親と仲人の本庄繁大将夫妻、看護婦の六人で神戸から出航し、鴨緑江丸に乗船、大連港に着いた。港には国防婦人会や日本人学生が日の丸の旗をもって歓迎してくれた。浩の杞憂はいっぺんに晴れ

て、「なんだ、満州は、日本の延長みたいな国じゃあないか」と微笑んだ（愛新覚羅浩前掲書七四頁）。もとより、浩には日本が「満州」を侵略し、「満州国」を傀儡国家としてつくったという痛切な反省の思いが敗戦後十数年を経ても感じられない一節である。

浩一行は満鉄（南満州鉄道株式会社。日本の国策会社）自慢の特急あじあ号に乗って、途中、奉天（現瀋陽）に下車し、新京（現長春）へ到着した。だが新京での生活は、浩が日本で思い描いていた皇帝の弟の妃、すなわち「王妃」としての華やかな生活はあらかじめ関東軍司令部によって掣肘されていた。溥儀と植田謙吉関東軍司令官（駐満大使を兼ねる）との会見録「厳秘会見録」（一九三六年六月二一日）には植田の言として次のような一節があった。

「浩夫人に対しては、来満の上は、万事満州国の風俗習慣を尊重し宮中においては一切当地の風習に従い日本の風習生家の慣習等を余り口にしあるいは振舞いの上に顕すことなく心がけ」「溥傑中尉は、陛下のご令弟でありますが、公には帝族として地位を得て居るのではありませず、満州国の一平民で陸軍中尉の地位におらるるのでありますから万事その地位相当の生活を致さるるが至当と思われますゆえ、そのつもりで生活の程度を定められるよう御注意を願うつもりであります」（中田前掲書二八一頁）。このような処遇が、浩からすれば「関東軍から非常に陰気な苛められ方」をした、と思わせたのであった。

当時の「満州国」の住宅事情からすれば、浩たちに与えられた住居、七〇〇坪の宅地に五部屋は、一中尉からすれば破格の扱いであったが、皇弟の「妃殿下」気分の浩にとっては、憤懣やるかたないものであった。「塀もなく、電話もなかったので老女の女子学習院出身の上村さんが、あわてて関東軍に電話し、塀をつくり電話をつけさせた由である。おそらく日本軍の大佐級の官舎――と思っていただけたら間違いない」（愛新覚羅浩前掲書七五頁）。一事が万事、かような次第で浩の「満州」での生活をめぐって、ことごとく関東軍の方針とは齟齬を来した。

しかし、「満州国」における支配者、関東軍さえ憂慮せざるを得ないほど、「満州国」の人びとの生活は圧迫され、貧窮・疲弊の度を深めていたのであった。その実態が浩にはまったく見えてはいなかったのである。このころの溥儀と関東軍司令官との会見のなかでも、しばしば「満州国民」の窮状が話題に上った。次は溥儀の言葉の一節である。

「日頃大臣の政務上奏や地方省長の奏上によるも地方人民ははなはだ困窮しておるのみならず、新京より程遠からぬ田舎地方の人民も極めて貧困なるものが多く、高粱の食事すら充分にとれず糠をまじえて食するものが多いと聞いております」（中田前掲書二四五頁）。

溥儀皇帝でさえ右のように言及せざるを得ない、こうした「満州国民」の窮状は、日本からの「満州開拓移民政策」（一九三九年一二月、「満州開拓政策基本要綱」発表）が本格化するにつれますます深刻化するが、そのような現地住民の生活に目をやる視点は浩にはなかった。日本にいた頃の華族としての特権意識さらに「満州国」の「妃殿下」意識に胡坐をかいていた。民衆の苦痛や困窮を思いやる感性は、関東軍首脳や「満州国」政府首脳同様、浩にも育ってなかったというほかない。

7 「満州国」崩壊・「逃避行」・日本帰国

二人の女児・慧生と嫮生の誕生

一九三八年二月、浩と溥傑の間には、待望の第一子が誕生した。長女慧生の誕生である。続いて四〇年三月には次女の嫮生が生れた。浩夫婦は、家庭の幸せをしみじみと感じた。とはいえ、二人の子どもが女児であったことに夫婦は不満を覚えた。浩が第一子を身ごもったときのことを、溥傑はその回顧録のなかで「これで男の子が生れれば、溥儀に世継ぎがいない状況では、日本人の血を引いた子が帝位を継げることになる。……私からいえば、これが日本帝国主義者に有利なことだとわかっていたが、内心やはり嬉しさがあったことは否めない」（愛新覚羅溥傑前掲書八八頁）。

浩にしても後年のインタビューのなかで「（慧生の誕生は）とてもね、うれしゅうございましたけれど、ただね、男の子じゃあなかったんでね、これはいかんと思いました。私のお役目はまだまだ終わってはいないのね、と本当にそう思いましたの」（渡辺前掲書七〇頁）と語っている。王子を生んで、子のない溥儀皇帝の後継者にさせようと思っていたのであろう。日本の「満州国」支配は永続するとでも考えていたのであろうか。

溥傑・浩夫婦ともに、溥儀のあとを継ぐ男児の出生、すなわち帝位を継承する子の誕生を強く意識し、男児出生を願っていたのである。浩にすれば、それは将来の皇帝の母になることを意味した。皇帝の母となることは、浩にとっては何にも代えがたい願いであったのであろう。男系血統主義の強さは根深い。

三九年春、溥傑は駐日大使館付武官となり、一家は東京へ行く。しかしその年一〇月、溥傑は歩兵将校軍官学校教官になり、奉天へ転勤。浩は第二子を妊娠していたため、出産をすましてから新京へ戻ることにした。四〇年二月、嫮生が誕生、翌年浩は慧生と嫮生の二人の娘を連れて新京に戻った。一家が再び日本に来るのは、四三年秋で溥傑が陸軍大学校に入るためであった。慧生はその一年前、学習院の幼稚園に通わせるため嵯峨家に預けられていた。家族四人が揃っての生活が始まったが、四四年一二月溥傑は陸大を卒業し、一家は新京へ帰るが、慧生は進学のこともあり、嵯峨家の祖父母の手に託された。これが慧生と溥傑の永遠の別れになるのだった。

日本敗戦・逃避行

四五年八月九日、連合国側の一員に加わっていたソ連の軍隊が国境線を越えて、「満州」に侵入した。「満州」奥地(いわゆる「北満」)には、日本の開拓団がソ連防備の「楯」として入植させられていたが、ひとたまりもなくのけられた。開拓団は混乱の坩堝に巻き込まれ、なかには「戦陣訓」の「生きて虜囚の辱めを受けるなかれ」の教えを忠実に守って、自ら死に急いだ人びとも少なからず存在した。

ソ連軍の南下は急速であった。関東軍は、主力部隊の大半が、南方戦線に振り向けられていて、きわめて手薄の状態にあった。ソ連参戦の報を聞くや、首都放棄の決定があっさりと決まり、皇帝溥儀、溥傑の家族、一族、「満州国」高官、関東軍参謀で帝室御用掛の吉岡安直中将以下、宮廷の特別列車で新京を逃れ、日本への脱出を図ることになった。新京に滞在していた日本人たちは、関東軍高官、「満州国」官吏、満鉄社員の家族らが優先的に帰国への手筈がなされたものの、開拓団家族らの庶民たちは取り残された。そのときの様子を浩は、こう書き記している。

「疎開列車を待ちに待って待ちきれなくなったプラットホームの一団なのだ。彼女たちは、全く身も世もあらぬ形相で、その特別列車にしがみついてきた。『せめて子供だけでも乗せて下さい！便所でもかまいません！』『もう二日も待って、乗せて貰えないんです！お願いします、拝みます……』」。だが憲兵は、「この列車はダメだ、離れろ！」と怒鳴り、必死になってしがみつく婦女子を突き落すのであった」（愛新覚羅浩前掲書一六三頁）。

怒鳴る憲兵がほかならぬ自分たちを守る任務を忠実にこなしていることに、浩は思い及ばなかったことが窺われる。次女福永嫮生も、引き上げ時のことを「終戦直後に満州に残された皇后や母、私を含めた女性たちも、逃亡の途中で中国共産党軍や国民党軍の捕虜になりました。……〔一九四六年〕二月三日、通化市（吉林省）でいわゆる通化事件が起きて、銃撃や砲撃によって一行の女性が亡くなったり、食事も満足に与えられないまま荒野を連行する中で満州皇帝の婉容皇后も病死……その後、私と母は、中国国民党に身柄を拘束されていた上海で、旧日本軍の方々によって国民党軍に銃撃される中を救出され、一九四七年一月、日本に帰国」でき、「まさに奇跡ともいえる生還」と嫮生は記し、自著を母浩の『流転の王妃　満州宮廷の悲劇』の後編と述べている（福永前掲書一五～一七頁）。

一方、八月二二日、溥儀は、溥傑ら一族のごくわずかな人員と侍医らとともに通化を飛び立った。ここで溥儀・溥傑兄弟らは、浩や、溥儀の皇后婉容らと別れ、日本での再会を約束した。溥儀、溥傑たちは、結局、奉天でソ連軍に逮捕され、ハバロフスクに連行された。彼らは五〇年七月中国政府の引渡し要求を受け、撫順戦犯管理所へ送られ、思想改造の生活に入る。

一方、浩一行は、転々と中国各地を流浪する。日本帝国主義が敗北するや、国民党と共産党の内戦が激化し、浩一行もそのなかで行方さだまらぬ生活を余儀なくされる。そうした「逃避行」のあと、四七年一月、浩と嫮生は、慧生の待つ日本にたどり着いた。

8　溥傑の撫順戦犯管理所生活と慧生の自死

溥傑は、兄溥儀とともに囚われの身に

溥傑は、ハバロフスクついで撫順戦犯管理所に送られ、囚われの身になっていたものの、溥儀らとともに中国共産党の思想工作によって、清朝・旧満州国の皇帝・貴族から中国の一公民となって再生するための改造生活に入った。浩は、実家の嵯峨家に身を寄せ、娘二人、実父母らとの生活に入った。溥傑がどうやら生きていることがわかると、慧生は、直接、中国の周恩来総理に手紙を書いて、父との文通を願った。その願いはすぐ周恩来に聞き入れられ、溥傑と浩母娘たちの手紙を通しての交流が始まった。撫順管理所でのある日の溥傑の日記にはこうある。

「〔一九五四年〕三月十六日　火曜日　今日は彼女〔浩のこと——筆者注〕の誕生日である。別れて九年余りになる彼女、……国際結婚、利用された『政略結婚』の二人の犠牲。彼女の旧社会の毒素を洗い落とす機会が依然ないままであることなどは、将来ふたたび一つの屋根の下に暮らすための妨げになるものだ。しかし、彼女にたいする愛はどうしても捨てられない」（愛新覚羅溥傑前掲書二九五頁）。

溥傑は、思想改造の生活に入ってから三年余、共産党の指導のもとに、着実な思想の改造過程を経ていたようである。先の日記に続けて以下のようなことをも溥傑は記す。心から次のようなことが起こるのを願う。日本が真に民主的な人民の国家になること、浩が毅然として貴族のお嬢様風の思想や行動から抜け出し、いまの自分のようになることなどを書き付けた。溥傑の日記には日増しに募る妻や娘への思いが書き連ねられる一方、妻子の境遇についての心配も表白されている。

「〔一九五五年七月十三日〕しかし、自分の妻子は？　旧態依然の環境にいる彼女たちの前途を傍観しているわけにはいかない」（愛新覚羅溥傑前掲書三三八頁）と。

慧生の天城山中での自死

一九五七年一二月四日、長女の慧生が同じ学習院大学に学ぶクラスメートの大久保武道とともに伊豆の天城山中で心中を遂げた。浩にとっても撫順にいる溥傑にとっても驚天動地の痛恨事であったに違いない。

旧華族・皇帝一族の娘とはいえ新時代の「民主化」の空気を吸って、男女共学の学校に進み、青春を送っている慧生にとって、母浩とは物の考え方や結婚観などに大きな乖離ができていた。慧生と大久保との遺簡集『われ御身を愛す』を読むと、母浩と娘の心の距離が如実にうかがえる。「清朝のたった二粒の胤」とか「清朝の正統の血」とかいう母に対し、慧生は冗談ぽく「私たちの祖先って、贅沢しすぎたのよ。親の因果が子に報い、お蔭でエコなんかサッパリね！」（愛新覚羅浩前掲書一八、三〇、二四五頁）と、それとなく母に反駁を試みたりする娘であった。エコとは慧生の愛称であった。

しかし、慧生にとって、父が遠く離れ、「幽囚」の身となっており、幼少のころから嵯峨家で育てられた手前、相思相愛に陥った大久保のことを率直に切り出せず、心中深く悩んだのであろう。慧生と大久保は、大学を卒業後、自立と結婚をめざして亡くなる年の夏休み前から貯金を始めた（穂積五一・木下明子編『われ御身を愛す　愛新覚羅慧生・大久保武道遺簡集』鏡浦書房、一九六一年、一四二頁）くらい、将来を誓い、愛し合っていた間柄であった。

その二人の前に立ちはだかったのが母の浩をはじめとする旧華族家に属し、清朝に連なる直系の「胤」として自分を抑えようとする「貴族階級」意識であった。慧生は、この二つのせめぎあう葛藤のなかで激しく苦悶しながら、結局、自死の道を選んだのであった。ちなみに浩は、慧生が自ら死の道を選択したと認めることを拒み続けた。

溥傑は、撫順管理所で慧生の訃報を聞いたとき、「慧生が自殺した。一二月四日午後七時、日本の静岡県田方郡上大仁村八丁池南側の松林で学習院の学友（文科二年生）の大久保武道さんとピストルで頭部を射って死んだ。妻のせいではない、私のせいだ、私の責任だ、私の罪だ！」（愛新覚羅溥傑前掲書三六一頁）と日記に記さざるを得なかった。何が、慧生を死に追いやったのか、溥傑には直感的に感じるものがあったといえよう。

9　浩、北京へ行く

溥傑、思想改造を経て北京に戻る

溥傑は、一九六〇年一二月特赦になり、北京に戻った。一年前に特赦され北京で暮らす兄溥儀や弟妹たちがみな待ち侘びていて、彼の釈放を祝福してくれた。妹たちや末弟たちはみな、新中国の労働者や社会活動家として新しい人生のスタートを切り、いきいきと暮らしていた（賈英華著、日中文化学院監訳『愛新覚羅溥儀　最後の人生』時事通信社、一九九五年、二二五〜二三五頁）。

きょうだいのなかで早速溥傑の家庭の再建が話し始められた。きょうだいのほとんど、特にラストエンペラー溥儀が浩との「復縁」に否定的だった。溥儀は、原則論から溥傑の結婚は、日本帝国主義の「政略・国策結婚」の産物であるから、歴史とともに埋葬すべきであった、という（賈前掲書一六〇頁）ものだったが、はたしてどうであったのだろうか。溥儀は、浩が依然として貴族的階級意識に捉われていて、新中国の社会には合わないと判断したのではないだろうか。溥儀がかつて清朝の皇帝であっただけにその直観力は鋭いといえた。

溥傑と浩の再会・再出発に助け舟を出したのが、周恩来であった。彼は、部下を日本にいる浩のもとへ派遣し、中国への帰還、溥傑との再会の希望を確かめた上、溥儀・溥傑を招き接見し、二人に意見を言わせ、翌六一年の春節前夜（二月一二日）には溥儀の兄弟姉妹や親族を自邸に招き、溥傑の希望をかなえさせるように粘り強くかつ巧みにリードした（賈前掲書一六四〜一七七頁）。

周恩来の温情で、浩と嫮生は北京に

周恩来の説得で、溥儀も最終的に承諾し、一族みんなで浩の帰国を歓迎することに決めた。周恩来がかくまで浩の

帰国、溥傑との再出発に便宜を図ったのは、二人が愛し合っているという事実を受け、人道的な立場からこれを推進するという立場と、戦後一五年経過してもなお日本との国交回復がなされないなかで、浩に中日友好の担い手の一人になることを期待したのではないだろうか。周恩来の妻で、このとき溥儀きょうだいたちの接待役を務めた鄧穎超が発した言葉が注目される。

「浩さんの帰国は、家族だけの問題ではなく、女性の問題でもあるわ。中日両国の女性の交流には、大いに役立つことでしょうから」（賈前掲書一七三頁）。鄧穎超の考えは周恩来の考えでもあったであろう。

こうして同年五月、浩は嫮生を伴い、中国に戻り、溥傑との生活が再び始まった。嫮生は、その後、日本に戻った。新居は、もと父の醇親王の持ち家で、当時工場として使用されていたのを、浩の帰国を前に、溥傑一家のすまいとして政府が与えてくれたものであった。浩が記しているようにその住居は「純中国式の住居で、朱塗りの木の門に入ると中庭を囲むようにロの字形にいくつも広い部屋が並んでいました。……私の帰国に備えて、内部は西洋式に改装されており、ベッドや化粧台なども整っていました。さらにトラックで次々と家具類も運ばれてきました。すべてが周総理のご配慮でした」（愛新覚羅浩『流転の王妃の昭和史』新潮社（新潮文庫版）一九九二年、二六七頁）。

破格の優遇措置

当時の中国の市民生活に引きくらべれば、浩夫婦には破格の優遇措置が講じられたといってよい。

溥傑が再び浩を呼び戻すかわりに、妻の思想や行動様式を中国の一般公民と同様に「改造」していく約束はどうなったのだろうか。二人の回顧録を読む限りでは判然としないが、溥儀にとっては、弟が浩の「改造」に熱意をもって取り組んでいるように見えず、不満であったようすが『溥儀日記』からは察することができる。次女嫮生の婚約の報を聞いて溥儀が不快感を覚えた日記の一節を引いておこう。一九六五年七月四日の日記からの引用である。

「午前、老万〔嘉熙〕、潤麒が〔溥〕傑のところから相ついで来る。万が日本の東京嵯峨家から傑と浩に電話がきて、嫮生はすでに北白川宮の子（某会社に勤めている）と婚約し、傑と浩も同意したと私に言った。（前偽満州国戦犯漢奸である溥傑の娘は、また日本帝国主義の第一級戦犯である天皇裕仁の親族北白川宮の子と婚約したというべきである）」（李淑賢資料提供、王慶祥編、訳者代表銭端本・董国良『溥儀日記』学生社、一九九四年、二八二頁）。

北白川宮の子とあるが、神戸在住の福永家の次男健治と、一九六八年、嫮生は結婚した。浩の三番目の妹泰子も福永家の息子と結婚していた。泰子は夫が早く亡くなったあと、宮中の女官となり、裕仁・良子天皇夫妻に三〇年ほど仕え、世話役をしていた。嵯峨家の娘が結婚後、宮中入りしたわけだが、この泰子が嫮生の叔母であり、健治にとっては義理の叔母にあたっていた（福永前掲書二五六～二五八頁）。浩が最後まで貴族意識から脱却できなかったのは、この家系意識のゆえかもしれない。

ちなみに『溥儀日記』の編者の付した注には、溥傑夫妻がこの婚約に対し非常に喜んでいたことが記されている。

「貴種・特権意識」が意識を蝕む

日本と中国の近代の歴史は、日本が欧米帝国主義に倣って、アジアでの覇権を目指し、中国への侵略路線を「明治」以来の国策としてとったため、まことに不幸な歴史を生みだした。もっともその皺寄せを受けたのは民衆であった。特に中国民衆に対して、日本帝国主義は取り返しのつかない罪を犯した。

日本による「満州国」建国は、中国における覇権確立を求めての更なる第一歩といえたが、その過程のなかで嵯峨浩と溥傑の結婚があった。日本敗戦後、浩と溥傑の二人が、日本帝国主義の「手先」としての役割を自覚的に認識し、真に反省し、日中の民衆交流・日中友好・平和の礎になることに取り組んでいたなら、というのが、この章を書き終えてのわたくしの率直な気持ちである。特に浩は、死去するまで「華族」（貴族）としての特権意識から脱却できず、溥傑もまた後年の行動から見て、日本皇室との「親交」をもって「日中友好」と思っていた節がある。次女福永嫮生の「日中友好」（本岡典子「ルポルタージュ・時代を創る女たち　福永嫮生　愛新覚羅家最後の皇女」（1）～（3）『婦人公論』中央公論新社、第九四巻第三・四・六号、二〇〇九年一月二二日・二月七日・三月七日、参照）もその域から一歩も出ていないといったら酷な評価だろうか。

浩と溥傑は、確かに幾年月も遠くに引き裂かれつつ、愛を全うしたことは称賛されるべきであろう。しかし、その個人的幸福を越えてさらに二つの社会への友好・交流促進へと進展させるべきであったと望むのは、わたくしの後知恵だろうか。

かの賢明かつ用意周到な周恩来にして、二人を真に日中友好のための使節たらしめられなかったことを思えば、いかに「貴種」意識というものが、人びとの意識を蝕むものであるかが知れようというものである。さらに付言すれば天皇と天皇家が右のような「貴種」「特権」意識のうえに成り立っているのは、いまも昔も変わらない。

第11章　裕仁天皇と母節子皇太后

1　裕仁皇太子と母皇后の確執、弟宮たちの母后観

皇太子の宮中改革の志と、母皇后の反対

若桑みどり氏が指摘するように、天皇家・皇室は、「後宮は天皇のハーレム」として長く継承されてきた（前掲『皇后の肖像――昭憲皇太后の表象と女性の国民化』八四頁）。明治天皇の父、孝明天皇も、その父の仁孝天皇も、仁孝の父、光格天皇も、明治天皇の息子の大正天皇もいわゆる「側室腹」であり、言い換えれば側室制こそ男系血統の「皇統」の継続を可能にしてきたわけである。

裕仁皇太子は、牧野伸顕に、高等女官も含め、女官の通勤制を提案（『牧野伸顕日記』）した。裕仁親王は、イギリス王室の「庶民」的で、国民に愛されているさまを見て、多妻多妾制の温床となっている「後宮」の改革を目指した。牧野は、この提案に対し、たとえば「御祭の如き、其の他歴史的種々御式事に付通勤」にては不便の点もありとし、通勤制に改めてしまうと、早朝や深夜の宮中祭祀に支障をきたす、とした。さらに節子皇后の「御思召をも篤と」伺わねばと話し、女官を統括する皇后のご意向が大切と答えた。

節子皇后は、天照大御神や神功皇后への思い入れから、宮中祭祀の重要性を強く認識するようになり、その祭祀に果たす高等女官の役割もまた重要と考えるようになる。言い換えれば、皇后にとって、息子の裕仁皇太子は宮中祭祀

を軽んじているとおもわれたのであった。

しかし実際は、裕仁皇太子は摂政になってから、二二年一月三日の元始祭、二月一一日の紀元節祭、四月三日の神武天皇祭などを行っている。が、同年一一月二三日の新嘗祭を、裕仁親王が四国での陸軍特別大演習と地方視察のために行えないと、牧野宮相から聞いた節子皇后は、「殿下には御正坐御出来にならざるに付御親祭は事実不可能なり」、「今後は何とか自発的に御心懸け相成るように致度し、夫れも御形式になく御心より御務めなさる」るようにと、牧野は、皇后が、憤怒ともいうべき言葉を発したのを日記に記している。

摂政・君主としての訓育をさらに受ける

摂政に就任した裕仁皇太子に対し、天皇に代わる役目を背負うための教育がなされる。側近たちは「君主」としての人格を涵養するために訓育・政治教育を再開する。そのモデルは明治天皇であった。内大臣平田東助は、帝国議会の開設の由来、条約改正の顛末、「韓国併合」、日清戦争の由来、日清戦争後、三国干渉を受け入れて、その後の日露戦争で雪辱を果たしたこと、明治天皇が大隈・板垣内閣の成立に反対したのを「維新の元勲」伊藤博文の忠告を受けて、受け容れたことなどの話を通し、明治天皇が側近の言葉に耳を傾け、統治権を総攬したことなど、「君主」としてのあるべき姿を伝えようとした。

平田より若い牧野宮相は、元老西園寺の影響をも受けながら、実地の政治教育を行った。高橋是清政友会内閣が内紛で退陣を免れない状態に陥った際、西園寺は「今日の如き時局紛糾の場合を摂政宮にお聞かせ聖断を仰ぐがよい」「宮様が政治に御経験遊ばさる、御学問でないか」といったことも勘案して、牧野は、政友会の実力者床次竹次郎内相に伝え、摂政が「安全な親裁」を行えるように輔弼することを床次に要求した（河西秀哉「皇太子としての活動から昭和恐慌へ」古川隆久・森暢平・茶谷誠一編『「昭和天皇実録」講義　生涯と時代を読み解く』吉川弘文館、所収、三三〜三四頁）。牧野は、のち平田の後任として二五年三月に内大臣に就任する。

母皇后の秩父宮への思い入れ

皇后は、皇太子の宮中祭祀についての態度を強い調子で非難しているが、皇太子の弟たちに対してはどうであったろうか。一二一年六月二五日、皇后は三八歳の誕生日を迎え、同月同日生れの淳宮雍仁が二〇歳となり、宮中三殿の賢所で成年式を挙行、秩父宮家を創立した。皇后は、雍仁親王の宮家創立と、陸軍士官学校卒業、見習士官として歩兵第三連隊入隊を祝い、九月に和歌を詠んだ。「大宮のちよのまもりのちちぶ山　あおげば高し八重ぐものうえに」（原前掲書三三五～三四〇頁）。皇后は雍仁親王を溺愛していたとする説もある。

秩父宮は、同年七月、明治天皇一〇年式年祭で、伏見桃山陵を兄の皇太子の名代として宮中三殿に向かい「候所で神々しい御束帯」を着用、笏を取り、参進親しく「御拝礼」、同年の新嘗祭、一二月二五日の賢所御神楽にも出席している。一二三年四月から、憲法、日本古典、宗教学、社会思想、漢籍などの個人授業を受けるが、日本古典は、皇后の覚えがめでたい筧克彦で、「神ながらの道」の講義を聴くことになる。

しかし、母の期待に沿うかのごとく見えた秩父宮にしても、はるか後年になるが、結核により五三年一月四日死去（母の貞明皇后は、前々年の五一年死去）する直前、遺言として「葬儀は、若し許されるならば、如何なる宗教の形式にもならない」ものにしたいと記していた。また母皇后節子（諡号貞明皇后）が死去した時も、母について「世の中の移り変りに従って宮中の例を改めるということには、きわめて消極的であった」（「亡き母上を偲ぶ」『皇族に生まれて』所収）というように（原前掲書、参照）、母に溺愛されながらも、冷めた眼で母の皇后をみていたらしい。

右にみられるように、高松宮も含め、母皇后の「神がかり」的祈祷や、宮中祭祀への異常ともいえる熱心さには、理解を超えるものがあったようである。

文明史的危機の時代を迎える

年が改まり、一九二三年を迎えた。この年は、いうまでもなく、「明治」以来の日本の膨張主義・植民地主義と、民の生活権や福利・安全を軽視してきた近代日本国家が文明史的な危機に立ち、岐路に立たされた年であった。

この年、年初から天皇家・皇族では、訃報が続いた。二月に元帥海軍大将伏見宮貞愛親王が死去、貞愛は、嘉仁親王と婚約を解消された伏見宮禎子女王の父で、当時最長老の皇族であった。続いて有栖川宮熾仁親王の妃であった董子が死去した。熾仁の弟である威仁親王が死去した一九一三年、八歳で有栖川宮の旧宮号を継承した高松宮宣仁は、董子の喪主として出京する準備を進めていたが、母の皇后は、「意外のことにも帰らないように」ということで「非常に『ヒステリック』になって書いておありになるので、よく事が私には了解できなかった」「〔宮内〕大臣は帰るようにとの意見なるも、御母宮様はことごとく反対なさるらし」（『高松宮日記』第一巻、中央公論社。原文は片仮名。現代仮名遣いに直した。以下同様）と、戸惑った様子を見せている。

前記の原氏は、高松宮は、当時一八歳で成年式を迎えておらず、宮中祭祀に出たこともなく、喪主は任せられないと皇后が判断したことにあり、「信仰」が伴わない「形式」だけの祭祀を嫌っていたからだろうと記している。おそらくその通りであったろう（原前掲書二五二～二五四頁）。

さらに四月一日、フランス・パリに滞在中の北白川宮成久王・同妃房子内親王、並びに浅香宮鳩彦王がパリ郊外にて自動車を運転中、樹木に衝突、成久が死去、房子、鳩彦が重傷を負った。房子内親王は、明治天皇の皇女で、嘉仁天皇の異母妹であった。成久王は、台湾で戦病死した北白川能久親王の子息であった。

同月六日、裕仁皇太子が台湾視察に向けて出発、一二日には久邇宮良子との結婚が正式に決まった。なお、良子の父久邇宮邦彦と浅香宮鳩彦は異母兄弟である。

翌五月に入ると、四日に皇后は、横須賀の走水神社に参拝した。ヤマトタケルと妃の弟橘姫を祭るこの神社は、記紀によれば弟橘姫はヤマトの「東征」に同行しながら、自ら入水し、海神の怒りを鎮めるためで、この結果、ヤマトタケルが走水の海を横断することができた。だが、「東征」中、ヤマトが死去、このため天皇にならず、弟橘姫も皇后とはならなかった。

2　一九二三年という年——文明史的危機の時代相を写す

関東大震災——天変地異を超え、「人災」「蛮行」が横行

二三年九月一日、関東大震災が発生、自然災害は多くの人命を奪い、家屋を焼いた。それに付随し、人災ともいうべき無辜の人びとが、官憲筋の流した流言蜚語で殺害され、社会主義者や社会運動家たちも難にあった。

摂政裕仁皇太子は、侍従らを各地に派遣し、被害状況の報告を受けるとともに、一五日には市谷・神田・日本橋・上野などを巡行したりして、被害の状況を見聞した。『読売新聞』などは、「東宮の御微行に上野の避難民涙に咽ぶ」と、被害の甚大さよりも、皇室の仁慈の有難さを説いた。東京・神奈川に戒厳令が布告され、九月二四日、毎日、関東戒厳司令官から状況報告を受けた（前掲河西論文、参照）。

母節子皇后は、大震災を「神のいさめ」と捉えていたようである。次のような短歌を詠んでいる。

「上下もこゝろ一つにつゝしみて　神のいさめをかしこまらんかな」「つみあらば神いさめませほど〳〵に　かなしきたみのよわるあはれさ」（原『皇后考』より重引、三六二頁）と。

原氏の解釈によれば、皇后は、「神のいさめ」は、「神」を最も崇敬すべき皇室、自分自身に向けられていると考え、ただただ神をおそれ、「神のみまえにひれふして」許しを乞うている、という（同右三六二頁）。

しかし、偏頗な「近代化」の道、未来をも考えない工業化への驀進、貧困階級の拡大や、アジア民族蔑視を根幹に据えた日本の「大国」意識、侵略主義や、無軌道ともいえた都市計画、自国民衆の生活・人権軽視といった「近代」の在り方を問うという発想は、政府・摂政、皇后たちにはなかったのではないだろうか。

九月一二日に出された詔書では「朕深く自らを戒慎し已まざるも惟うに天災地変は人力を以て予防し難くは只速やかに人事を尽して民心を安定するの一途あるのみ」（「実録三」九月一二日条）とあるように、当事者として、天災のみならず前述のような「人災」「蛮行」（朝鮮人・社会主義者殺害など）が広く行われながら、またその状況は耳に達

していたであろうにもかかわらず、一言も触れていない。政治の「総攬者」としては、無責任の誹りを受けるのはやむをえまい。

関東大震災の報道に際しても、マスメディアは、事実の真相や無辜の民への虐殺・殺傷を読者にきちんと伝えるよりも、皇室の「仁慈」や「御心」を伝えることにより重きを置いていたと思われる。もとより言論統制の厳しさがあったにしても、である。

真実を衝く金子文子の言葉――天皇制の虚妄を明確に説く

一九二三年九月に無実の罪で捕らわれ、朝鮮人の朴烈を夫とする、金子文子とその同志たちは、朝鮮人虐殺を隠蔽化するために検挙された。後日、爆発物取締罰則違反、次いで捏造された「大逆罪」で死刑判決を受けた金子文子（一九〇三年〜二六年）は、市谷刑務所で、二四年五月一四日の尋問に答えて、縷々、反天皇・天皇制論を開陳している。一部を抜き出すと、以下のとおりである。

「人間は人間として平等であらねばなりませぬ」「もともと国家と社会とか民族とかまたは君主とかいうものは、一つの概念にすぎない」「ところがこの概念の君主に尊厳と権力と神聖とを付与せんがために、ねじ上げたところの代表的」なものは、「神授君権説であり」、「荒唐無稽な伝説に包まれて、眩惑されている憫れなる民衆は、国家や天皇をまたなく尊い神様と心得ている」「もしも天皇が神様自身であり神様の子孫」であり、日本の民衆が、「歴代の神様たる天皇の霊の下に存在しているものとしたなら、戦争の折に日本の兵士は一人も死なざるべく」「神様のお膝元において昨年のような天災のために何万という忠良なる臣民が死なないはずであります」。

すなわち「神授君権説の仮定にすぎないこと」。これを根拠とする伝説が空虚であることをあまりに明白に証明していること。「全智全能の神の顕現であり神の意志を行うところの天皇が、現に地上に実在しているにかかわらず、その下における現社会の赤子の一部は、飢えに泣き、炭坑に窒息し、機械に挟まれて惨めに死んでいくではありませんかね」と喝破している（拙編著『金子文子　わたしはわたし自身を生きる』梨の木舎、二〇〇六年、所収。二〇一三年新装増補版が刊行）。

加えて文子は、「神国」とみなされている日本の国家は、「少数特権階級者の私利を貪《むさぼ》る仮設した内容の空虚たる機関」「彼の忠君愛国なる思想は実は彼等が私利を貪るための方便」だと主張し、天皇制国家の虚妄性を明らかにした。

わたくしたちが、この金子の言葉に出会うのは、敗戦後である。当時、大逆罪にかかわる裁判は、非公開で、この金子の尋問調書も世には出ず、人びとの目に触れなかったのであった。わずか二三年の生涯であったが、天皇制のもつ虚妄・民衆瞞着を何と明確に把握しているのではないだろうか。

3　大正天皇の死去と節子皇太后

大正天皇の死去

嘉仁天皇（大正天皇）は、一九二六年一二月二五日、葉山御用邸付属邸で死去、葉山で直ちに「剣璽渡御の儀」が挙行され、裕仁皇太子が践祚した。皇后節子は、四〇歳で夫に死なれ、皇太后（貞明皇后）となった。

母皇后が皇太后になってからの生活を第二子の秩父宮は、「近年の日常御生活の主体は、大正天皇の御影（大和絵の御肖像）にお仕えになることの一事」「午前中の大部分は、御影を祭った室にすごされるので、特別の場合の外はこの時間に絶対に人にはお会いにならない」「夕方は、その一時を御影の前にすごされるのであった。『生ける人に仕えるように――』」という表現がよく使われるが、母上の場合、この言葉には少しの誇張も感ぜられないのであった」（亡き母上を偲ぶ」原武史『皇后考』から重引。四〇八頁）。これは、皇太后が一九五一年に死去した直後に書かれたものである。

皇太后は、死去するまで「専ら大正天皇の御心霊に奉仕」する生活を続けたわけである。以後、皇太后は喪服や地味な衣装で通したという。

母皇太后は敬神の道に帰依

天皇となった裕仁親王は、一年間の喪に服し、天皇として祭祀に出たのは、一九二七年一二月二七日の「大正天皇霊代奉還の儀」が最初であった。天皇は、二八年から、宮中祭祀への出席の仕方を改め、毎月一日だけでなく、一一日、二一日の旬祭にも出席。河井弥八侍従次長は、日記に「斯かる御敬神の御事真に畏し」「陛下御敬神の御志熾なる、真に天下の至慶なり」と記すほどであった。が、まだまだという声も存在した（以上、主に原武史『昭和天皇』参照）。

こうしたなかで、枢密院議長倉富勇三郎は、その日記のなかで、元老西園寺公望を訪ねた折のことを以下のように綴っている。なお、倉富は「日記魔」と呼ばれるほど、細目にわたり日記を書いていた人物であった。

「西園寺『是は誰にも云われざることなるが《ママ》（牧野伸顕、一木喜徳郎、及び秩父宮殿下には一寸云ひたることあり）皇太后陛下、敬神の念熱烈にて天皇陛下の御体度に御満足あらせられず、天皇陛下は明治天皇、大正天皇の御時代とは異なり、賀年の御祭典等は大概御親祭にて、自分（西園寺）等の様なることなきも、皇太后陛下は右の如く形式的の敬神にては不可なり、真実神を敬せざれば必ず天罰あるべし』」「御母子間の御親和に影響するやも計り難く、夫れ等の点については十分注意すべきことと思ふ」（佐野眞一『枢密院議長の日記』講談社現代新書、二〇〇七年、三四二～三四三頁、から引用）。

節子皇太后の、裕仁天皇に向けられた強烈な怒りの表出であったという。

秩父宮への愛情と松平勢津子との結婚を寿ぐ

皇太后の第二子の秩父宮雍仁親王（この時点では、皇位継承者第一位）は、ロンドンに留学中であったが、二六年一二月二九日、ワシントンに立ち寄り、駐米大使松平恒雄（会津藩の藩主一族。松平容保の息子。のち宮相となる）の娘節子《せつこ》と会う。秩父宮と節子は、前年二月に初めて会い、まだ皇后であった節子《さだこ》が気に入り、秩父宮は松平節子と結婚するに至った。

秩父宮は、二七年一月一七日、横浜に上陸した。彼は、宮中に参内し、父嘉仁天皇の遺体が安置された殯宮で遺体に向かって拝礼、皇太后と再会した。秩父宮は、長い間イギリスでの生活を報告するかのように祈り続けていた。母皇太后は秩父宮の姿をじっと見つめていた。服喪中の裕仁天皇の名代として再び殯宮に上がり、天皇の諡号が「大正天皇」に決まったことを報告する「追号奉告祭」をも執り行った。

前述したように、母節子は、秩父宮を愛し、その妃に松平節子《せつこ》（勢津子）と願う。かつての敵、会津藩主一族との「手打ち」ともいえる。松平節子は、皇太后の名前と漢字が同一であるため、勢津子と改称。津は「会津」の一語からとったものであろう。二八年一月一八日、勅許がおり、九月二八日には宮中三殿の賢所で結婚の儀を挙行した。結婚の翌日、皇太后から「なるべくたびたび来るように」「それも和服で」と言われている。

皇后となった良子とは、はじめから違っていたと、原氏は、前掲『皇后考』で指摘している。結婚一周年の二九年九月二八日には、皇太后は、秩父宮と勢津子が、「鶴のひな」（鶴は、会津の鶴ヶ城に由来し、勢津子を指す。すなわち「ひな」とは両人の子どもを指す）とともに仲睦まじく暮らすことを願い、皇太后自ら育てた蚕から真綿をつくり、松（秩父宮のお印）に身を寄せる親子の鶴にして贈った。「むつまじくつばさならべてあしたづは　楽しかる世を松にすむらん」という歌に皇太后の秩父宮への愛情が籠っている。

4　裕仁・良子夫妻の円満な家庭生活

睦まじく新婚生活を満喫

一九二四年に結婚した裕仁皇太子と、久邇宮家の長女、良子女王は、睦まじく新婚生活を満喫し、皇太子は、祭祀や、「政務」「軍務」などに励むとともに、ゴルフ、水泳などのスポーツや音楽、趣味の生物学研究などに勤しんだ。良子は、皇太子妃時代の二五年、第一子照宮成子内親王を出産、続いて二七年第二子の祐子《さちこ》内親王が誕生する。成子内親王と同じく祐子内親王も母乳で育てられていたが、敗血症のため、死去した。わずか半年の命であった。

二八年九月、那須の用邸から帰京の裕仁天皇一家は、宮城の宮殿へと移転した。従来の慣習を破り、夫婦の寝室を共同とし、良子が病気の折は、裕仁天皇が別の寝室に移った。女官制度は、従来の皇后宮職が皇太后宮職、東宮職が皇后宮職となっただけで、皇后宮職女官長心得となった島津ハルが夫の急死のため辞職。後任に竹屋志計子が就いた。皇太后職典侍の竹屋津根子の妹である。宮殿（皇后）と青山御所・大宮御所（皇太后）に分裂した女官制度は、五一年の皇太后死去まで続く。

良子皇后は、二九年第三皇女の和子内親王、三一年に第四皇女厚子内親王と立て続けに女児を出産、俗に「女腹」といわれた。裕仁天皇の側近のなかには、「側室」を持つことを奨めるものもいたが、天皇は拒否した。

皇太子明仁親王の誕生

一九三三年一二月二三日、良子皇后は、男児を出産、待望の親王誕生であった。現天皇の継宮明仁親王の誕生であった。三五年には、第二皇子義宮（常陸宮）正仁親王が誕生、さらに末子として清宮貴子内親王が誕生した。

摂政時代から裕仁・良子夫妻の新婚生活は仲睦まじく、新宿御苑に出かけては、ゴルフやテニスを側近や皇族たちとともに楽しむ姿などがしばしば記載されている（一例をあげれば、良子とのテニスでダブルスを組んだことなど、「実録三」にある（一九二四年三月二日の条、参照）。

同年夏には、日光と猪苗代湖周辺に出かけ、打ち上げ花火や、ゴルフ、湖でのモーターボート乗りなどをして楽しみ、階上ベランダより月を鑑賞し、皇太子妃良子がピアノを弾きながら「夜の調べ」などの曲を歌うのを堪能しているさまも記述されている（「実録三」一九二四年八月の条、参照）。

すでに述べたように、父嘉仁天皇の死去に伴い、皇位を継承、当時の最大のメディアである大新聞は、「今上天皇陛下を上に戴くのは、国体の精華たる君民同治を進める上に、時運に順応する新日本を建設する上に、実に時会の我が日本に幸いするもの」（『東京朝日新聞』二六年一二月二五日）と礼賛した。時あたかも先の嘉仁天皇が死去したその日である。

裕仁天皇は、即位した直後から統治権の総攬者として、政治スキャンダルを抱えていた少数与党の若槻礼次郎憲政会（のち民政党）内閣と野党政友会との「政争」を案じ、事態の収拾策として、若槻を呼び、事情を把握、「君主」としての統治権総攬者としての自覚を深めていった（河西前掲書、参照）。

第12章　天皇と戦争、皇后・皇族妃たちの戦争協力

1　恐慌と戦争の時代へ

恐慌と失業、争議の多発

裕仁天皇が皇位を継いだ翌二七年には、まず金融恐慌が起こり、中小の銀行が次々と倒産し、金融寡占化が進むとともに、それらの銀行に頼っていた中小企業が倒れ、労働者たちも失業し、路頭に迷った。農民・労働者が依拠する無産政党や、労働組合のナショナルセンターであった日本労働総同盟や日本農民組合は、分裂・分立しながら、闘争した。

さらに一九二九年、米国発の世界恐慌が波及し、日本資本主義は、産業合理化によりこれを収拾しようとした。このことは、取りも直さず、労働者への一層の労働強化・搾取、賃下げ、解雇などの犠牲を意味した。労働者、農民のなかには、過酷な収奪に対し、身を挺して闘い、団結を固めて労働争議や小作争議を行うものが次々と現れた。一部の知識人や東京帝国大学や京都帝国大学はじめ、私立の大学、女子専門学校などの学生が様ざまな形で応援した。当時、社会科学を学ぶ学生が社会科学研究会や団体（たとえば東大新人会など）をつくり、連合組織として学生社会科学連合会（学連）を結成した。

なかには、大学卒業後、無産政党・労働組合・農民組合などの組織に入り、書記等として活躍、争議の応援や指導

に当たった者も輩出した（たとえば、東大新人会出身で、関東電気労組書記になった石堂清倫氏の自伝『わが異端の昭和史』勁草書房、一九八六年、および、いわゆる「女子学連」のリーダーであった福永操『あるおんな共産主義者の回想』れんが書房新社、一九八二年、など参照されたい）。

華族たちの子女子弟も左翼運動へ

さらに指摘すべきは、三三年、岩倉靖子のように維新の元勲岩倉具視（曾祖父になる）に直接、繋がり、日本女子大在学中に左翼運動に参加・検挙された華族の子女たちもいた。当時の靖子には一点の疾しさもなかったであろう。傍目には人一倍恵まれながら、彼女らは、家庭と生活を捨ててまで運動に身を投じた。検挙されたものの、身内は世間体を憚って、一度として面会に来ず、釈放されて、自宅に監禁同様におかれた。

その身にとっては針の蓆でしかなく、その年一二月二一日、自死を遂げた（阿部光子「花の十字架」『婦人公論』一九六五年五月号、なお浅見雅男『公爵家の娘　岩倉靖子』中央公論社、一九九一年、参照）。日本社会の階級的矛盾は、華族階級の子女たちをも動かすに至るまで深かったといえたであろう。

2　民衆運動・社会運動への弾圧が強まる

悪法・治安維持法と特高警察の弾圧政治

危機感を深めた天皇制国家は、これより前の一九二五年に成立させた治安維持法を改悪し、二八年緊急勅令により最高刑を死刑とした。治安維持法は、「国体（天皇制）の変革」や「私有財産制の撤廃」などを呼号する団体・個人を取り締まるための弾圧法規であった。実行行為に及ばない場合にも適用された。共謀罪は、その延長線上にあるといえる。

特高警察の全国的登場

前々年の二六年に、この法律が大々的に適用されたのが、京都帝国大学学連事件であった。ちなみに同年の二八年は、即位の大礼、大嘗祭が京都御所で行われるのを理由として、特別高等警察（左翼思想など異端の思想を弾圧する特別の警察）の大拡充が図られ、すべての県警本部に特高課が設置され、各警察署に特高係が置かれた。悪名高い「泣く子も黙る特高警察」の全国的な登場であった。

上記のようななさなかに、田中義一（長州閥の軍人・陸軍大将）政友会内閣が誕生、総選挙の実施に向けて、露骨な人事異動・情実人事を実施した。裕仁天皇は、不快に思い、田中への不信感を募らせていった。初の「男子普選」総選挙は、二八年二月に挙行され、政友会二一七、民政党二一六、無産派八議席だった。天皇にとっては、無産派の進出が関心と不安の的になっていたものと推測させられる。

3　中国への干渉と軍事発動

「満州某重大事件」――中国の抗日意識が高揚

二八年六月四日、中国のいわゆる「関東州」に駐屯していた日本陸軍の精鋭関東軍は、奉天付近で、中国の軍閥張作霖を列車ごと転覆させ、爆殺するなどの暴挙を働いた。この事件を受け、同年一二月二四日、田中首相は「張作霖が爆死した事件の顚末」につき、概要を天皇に報告、天皇は、詳細は陸相より「奏上」させる旨を田中から聴取した。超えて翌二九年六月二七日、田中は張作霖の事件の処理案を報告、陸軍筋からの圧力に屈し、妥協案とし「犯人不明」

のまま責任者の「行政処分」のみを実施する旨「奏上」した。「実録五」一九二九年六月二七日の条には今回の「田中の奏上はこれまでの説明とは大きく相違」し、天皇は、「強き語気にてその齟齬を詰問」し、さらに「辞表提出の意」をもって、責任を明らかにすることを求めた。田中が弁明に及ぼうとした際は、その必要なしとして斥けた。

翌二八日、陸相白川義則が、張作霖爆殺事件の処分として、関東軍司令官村岡長太郎の予備役編入、前関東軍参謀河本大作の停職、元関東軍参謀長斉藤恒及び独立守備隊司令官水町竹三の重謹慎処分の人事内奏を行ない、終わって、天皇は、内大臣牧野伸顕、侍従長鈴木貫太郎を呼び、人事書類を裁可することになった（「実録五」二九年六月二八日の条）。

右のように「満州某重大事件」は、事実上の刑事責任を問われぬまま収束され、田中内閣が総辞職することで幕が閉じられた。このことの意味するものは、このような曖昧な「解決策」が、中国の民衆の抗日意識をさらに高めていったことが推測される。

浜口雄幸民政党内閣――産業合理化とロンドン海軍軍縮条約問題

同年七月二日、政友会内閣は総辞職し、大蔵官僚であった浜口雄幸を首班とする民政党内閣が成立し、外相に「幣原外交」で知られる幣原喜重郎（敗戦後、首相）、内相に安達謙蔵、陸相に宇垣一成、海相に財部彪、逓相に小泉又二郎（小泉純一郎元首相の祖父）等が任命され、宮城鳳凰の間において親任式が行われた。

右のような「政務」多端のなか、天皇は、一方では、葉山の用邸に出かけ、皇后や第一子の成子内親王とともに時間を過ごし、海岸に行っては、ヒザラガイ等を採集したり、武官相手に水泳を楽しんだり、皇后や成子内親王たちと海岸を散策するなどの息抜きをしたりした。この年九月三〇日には、第三子の内親王が誕生、孝宮和子と命名された。続いて三一年には第四子の順宮《よりのみや》厚子内親王が誕生したが、皇子の誕生は、前述したように三三年まで待たねばならなかった。

女性団体に緊縮政策への協力を求める

これより前、浜口内閣は、対中国外交策刷新・軍縮促進・財政整理・金解禁断行などの一〇大政綱を発表し、緊縮予算の実行に取り組む。女性団体にも緊縮政策への貢献を求め、全関西婦人連合会が二九年九月二一日、全日本婦人経済大会を開催、節約生活を、今後の活動方針として決定した。

当時は、婦人参政権（婦選）運動（女性参政権運動）が高揚し、東京では、婦選獲得同盟の市川房枝や久布白落実らが主導して、翌三〇年四月二七日、全国の代表を集め、全日本婦選大会を開催、安部磯雄、麻生久、犬養毅、大山郁夫、加藤鯛一らが祝意を表明、①婦選獲得の促進、②政治教育の普及など活発な協議を行い、公民権、結社権、参政権要求決議を挙げた。女性参政権運動が最も高揚した時期であった。

浜口民政党内閣は、世界の大勢を睨みつつ、欧米列強との協調を基本とし、三〇年一月、ロンドンで開催の海軍軍縮会議に参加。他に米英仏伊が参加した。なお、この会議の最中の二月二〇日に第一七回総選挙が施行され、民政党二七三、政友会一七四、国民同志会六、無産派は、わずか五議席に留まった。立憲民政党の圧勝であった。

三月、浜口内閣は、中国との関税協定にも仮調印し、中国の関税自主権を条件つきで認めた。ロンドン会議でも対米六割九分七厘五毛の最終妥協案が成立する。四月二二日、ロンドン海軍軍縮条約に調印するが、俄かに海軍内部や右翼人士の間に統帥権干犯問題がおこされ、海軍軍令部長加藤寛治や元帥海軍大将・元帥東郷平八郎らが反対の意を表明。猛烈な反対運動を惹き起こす。

少壮・中堅将校らの不穏な動き

この間、日本の植民地下にあった朝鮮での反日運動の展開（一九二九年光州事件）、台湾における先住民族（原住民）の反日武装蜂起（一九三〇年霧社事件）があり、日本帝国主義を揺るがした。一方、中堅将校らの「国家改造」や「昭和維新」を叫ぶ声が現実化し、桜会（陸軍中佐橋本欣五郎ら）などが結成された。こうした体制の根幹を揺るがすなかで、三〇年一一月一四日、浜口首相が東京駅で、右翼人士の佐郷屋留雄に狙撃され、重傷を負った。

この間、裕仁天皇は、「拝謁」や各種軍事イベントへの出席などに忙しかったものの、自らの誕生日の三〇年四月二九日には、皇后、皇太后とともに、余興として、主馬寮馬場前に行き、相撲場を覆馬場の中央に土俵を築き、横綱常の花と宮城山の土俵入り、東西力士の土俵入り、各力士の対戦を観戦して楽しんだ。天皇は「天覧相撲番組」に決まり手を記入、これを皇后、皇太后に見せ、横綱稽古を楽しんだ後、帰還といったような、ひとときもあった（「実録五」三〇年四月二九日の条）。その後も側近を相手によくゴルフをしている様子が「実録」の記載から伺える。

ロンドン海軍軍縮に対する海軍軍令部首脳・長老の強硬的反対

天皇は、この年五月に入り、ロンドン軍縮会議に参加の全権委員の海相財部彪と会見、軍縮会議の経過概要を聴取し、財部の労を労い、今後条約の批准ができるように努力せよと、励ました（「実録五」三〇年五月二六日の条）。「実録五」三〇年五月一〇日の条には、加藤寛治海軍軍令部長が来訪し、「突如」として、ロンドン海軍条約に所信を「言上」の上、辞表を「奉呈」し、退出する。天皇は財部海相を呼び、善後策を指示、財部は、後任の海軍軍令部長を谷口尚真に、前任者の加藤を軍事参議官に補すことを「内奏」した。

天皇は谷口の「兵力量」についての意見を、財部を通し、聴取し、ロンドン「条約上の兵力量にて充分に国防に任じ得る」との意を伝えられる。さらに天皇は、奈良武次侍従武官長を通して、東郷元帥に軍令部長の交替と谷口の適否を諮り、同意せしめるように命じた。

東郷元帥は、谷口については「異見なし」と答えたものの、条約の内容は不可、軍令部の同意を得ずに政府が回訓を発したことは遺憾、財部全権の行動には不満であること、本来ならば自分が参内拝謁して時局について奏上すべきところ、目下風邪気味であり、恐懼にたえないと答える。これで漸く「軍縮問題」は一件落着を見たのであろう。この日の「侍従日誌」には、天皇の様子について「本日は殊に御心労在らせられたる」とある（「実録五」三〇年五月一〇日の条、参照）。

汝将卒益々奮励し以て其の重責を完うせんことを期せよ

天皇は、統帥権保持者・大元帥としての「顔」とともに、相変わらずのゴルフ三昧も「実録」から散見される。一〇月二九日、侍従武官蓮沼蕃から去る二七日発生した台湾台北州霧社事件のことを聞かされる。このときの天皇の感懐や言葉は「実録」には記載されていない（「実録五」三〇年一〇月二九日の条）。

同年一一月一二日、岡山・広島両県下において挙行の陸軍特別大演習統裁のため、東京駅を出発、一四日、途上で、整列の「傷痍軍人」に「御会釈を賜い」、侍従武官を通し、「御紋章附巻莨」を「下賜」した（天皇自身は喫煙しない）。演習統裁中、安達内相より、浜口首相の難を聞き、命に別条がない旨「言上」される。二〇日、東京に帰還する。帰還する前の一六日、参謀総長金谷範三の講評に続き、次の勅語を「賜」う（「実録五」一一月一二日〜二一日の条、参照）。

「朕参謀総長をして演習の経過を講評せしめたり　今期演習においては山地と平地と相錯綜せる地形において編組を異にする両軍の運動戦を演練せしめしに其の成績概ね良好なるを認め朕之をよろこぶ　惟うに国軍精華の発揚は軍事の進運に伴い、志気の旺盛統帥の卓越及び訓練の精到に俟つもの洵に多し汝将卒益々奮励し以て其の重責を完うせんことを期せよ」（原文は、片仮名。旧仮名遣いを新仮名遣いにした）。

「大元帥陛下」裕仁天皇もまだ、この頃までは心に余裕があったことを、「実録」の記事が示してくれる。しかし、翌三一年に入ると、関東軍がさらに暴走し、「南満州」一帯を軍事占領し、朝鮮軍も大元帥天皇の裁可を得ずに、国境を越え、関東軍と行動を共にする。いわゆる「満州事変」（柳条湖事件）の勃発・越境事件である。浜口亡き後、首相に就任した若槻礼次郎内閣は、当初、「事変」拡大に不賛成であったが、軍部の強硬路線に引きずられ、戦火は拡大する。これが三七年の中国侵略全面戦争の緒となる。

4 戦局の拡大と裕仁天皇

天皇の微温的な対応が、軍部を助長させる

三一年九月の「満州事変」（柳条湖事件）以降、日本は、中国への軍事侵略を「着々」と進めるにつれ、軍部の勢力は増していった。「事変」の際の朝鮮軍司令官林銑十郎の独断による越境侵攻など、大元帥としての裕仁天皇からすればその意に沿わぬ軍部の専横振りは目に余るものと写ってきたのであろうか。ちなみにのち林は内閣を組織するが、この時の独断により「越境将軍」の異名をとった。

右につき、天皇は、金谷範三参謀総長から説明を受けたうえで、「この度はやむを得ざるも、今後気をつけるように」と戒めた（「実録五」一九三一年九月二二日条）。しかし、天皇のこのような微温的な対応（事実上は、軍部の独走を追認）では、軍部の増長は留まらず、翌三二年には海軍陸戦隊による上海事変が惹き起こされる。もっとも天皇には、田中義一首相を詰問し、辞職に追い詰めたかつての行為があり、「立憲君主」として早計と思ったので、輔弼者の意向に沿おうとしたのかもしれないという見解もある。しかし最終的に「裁可」を出したのは天皇自身であり、やはり天皇が最高責任者の立場にあったことは言うまでもない。

海軍軍令部長に皇族・伏見宮が就任

翌三二年二月一日、海相大角岑生と会見、上海の状況を聴取し、陸戦隊の増補、司令官に中将級の指揮官をおきたい旨の「奏上」を受ける。翌二日海軍の軍令部長に皇族の海軍大将伏見宮博恭王を親補する。四日には上海に出動

中の第三艦隊司令官野村吉三郎らに会い、「時局重大に鑑み、自重難局に処すべき」と注意を下すというように、外国とくに欧米の反応を気にして、戦争を継続しながらも慎重な行動を行うことを配下の将軍たちに促した(「実録六」三二年二月の条、参照)。

5　「非常時」が呼号される

「満州国」建国と国際連盟脱退

三二年三月にはすでに述べたように傀儡国の「満州国」を建国、三三年三月二七日には「満州国」建国を巡り、国際連盟で孤立し、ついに連盟を脱退する。同日、斎藤実首相より、枢密院の決議通り、連盟脱退に関する措置案の裁可「奏請」、および連盟脱退についての「詔書案」の「上奏」がなされ、直ちに裁可した(「実録六」三三年三月二七日条)。

「朕惟うに……今次満州国の……健全なる発達を促すを以て東亜の禍根を除き、世界の平和を保つの基なりと為す。然るに不幸にして連盟の所見之と背馳するものあり……方今列国は稀有の世変に際会し帝国亦非常の時艱に遭遇す。是れ正に挙国振張の秋なり。汝臣民克く朕が意を体し……此の世局に処し進みて皇祖考の聖猷を翼成し普く人類の福祉に貢献せむことを期せよ」(原文は、片仮名。平仮名に直し、句点を付した)。

というように、敗戦後広く普及した「平和主義者」という言葉とは裏腹に、天皇自身がある程度、中国進出・侵略に積極的であったことが窺えられる。

「満州国」建国・国際連盟脱退で、日本では一挙に「非常時」色が強まった。

熱河作戦で中国への侵略が一層深まる

これより前の三三年二月四日、天皇は、参謀総長閑院宮載仁親王に会見、総長から熱河省の事情、熱河作戦について関東軍の配備変更状況を聞き、熱河作戦については、万里の長城を越えて関内に進出しないことが「裁可」の条件と述べた（「実録六」三三年二月四日条）。一二日、斎藤実首相の、熱河作戦は国際連盟除名回避のため、内閣としては認めがたいとの意見あり（同右二月八日条）、天皇は一二日侍従武官長奈良武次に会い、長城越えは絶対慎むべきであることを参謀本部に注意、これを受け入れなければ作戦の発動中止を命じるとして伝達させた（同右二月一二日条）。

天皇は、軍部に対し、注意を与え続けた。「実録」二四日の条には「戦火が北支に波及」し、在留の列国民を危殆に陥れ、第二の義和団事件を惹起しないように、支那駐屯軍が自重すべきことを注意した。

熱河作戦は、天皇にとって、統帥権者としての裁可にあたり、「内奏」や側近への「下問」によって十分納得したうえで判断するという姿勢が、この間の「実録」の記載から読み取れる。前記の茶谷氏が指摘するように、列強との外交関係や国内での意見調整を無視して、ごり押しして大陸侵攻を続ける軍部の行動が天皇の脳裏に刻まれ、殊に陸軍への不信感が強まっていく（茶谷誠一「戦争の時代と天皇」『昭和天皇実録」講義』所収、参照）ともいえようか。

なお、この「非常時」下においても、天皇は、家族との憩いのひととき、時として側近らとのゴルフを楽しみ、親族である皇族たちとの昼餐や晩餐会なども続けている。この年八月二四日、天皇「臨御」のもとに、良子皇后の「内着帯」の儀が行われ、年末の一二月二三日には待望の後嗣皇太子（現明仁天皇）が誕生する。皇太子の誕生はマスコミで大々的に報じられ、日本国民を歓喜させ、音楽家は奉祝の歌を作り、子どもらに盛んに歌わせた。「日の皇子《みこ》」誕生が、あたかも日本中の慶事であるかのごとくつくられる。

6 「国体明徴」運動と軍ファシズムへの急展開

「天皇機関説」問題と天皇

一九三四年から三五年にかけ、陸軍省は、三四年一〇月、『国防の本義とその強化の提唱』と称するパンフレットを出し、既成政党の政友会が非難声明を出す一方、無産政党の麻生久書記長らの社会大衆党の一部は、陸軍との「協調」を呼びかけ、ブルジョアジーとの闘いにおける少壮将校らとの連携を呼びかけた。

「実録六」三四年一〇月一六日の条に、宮内省御用掛清水澄教授から定例の行政法進講を受け、その際、「陸軍パンフレットに関する」説明を受ける旨の簡単な記載があるのみで、天皇の「国防の本義とその強化の提唱」についての感懐は記されていない。

続いて、三五年二月二七日、陸軍省が作成した『非常時に対する我等国民の覚悟』を、奈良武次から代わった本庄繁侍従武官長(元関東軍司令官)から内容につき説明を受け、読み、そのあと本庄に「下問」を行う、とある(「実録六」三五年二月二七日条)。

三五年には、学会の定説・通説であった美濃部達吉の「天皇機関説」が攻撃され、美濃部は貴族院議員として、議会で弁明を行うものの、右翼や国体主義者の議員たちは盛んに攻撃を重ね、美濃部は、実際、襲撃を受け、負傷した。これを鎮めるためか、当時の岡田啓介内閣は、八月三日、第一次国体明徴を声明、続いて一〇月一五日、政府は、天皇機関説は国体に反するものとの第二次国体明徴声明を発表し、火に油を注いだ。

天皇は、この間、美濃部問題について、二月二八日、侍従大金益次郎から、貴族院での菊池武夫議員の美濃部の著書『逐条憲法精義』『憲法提要』等が国体に反すると弾劾、二五日、美濃部が貴族院で弁明を行ったものの、同日江藤源九郎衆院議員が東京地裁に不敬罪の告発を行ったことなど、について「下問」した(「実録六」三五年二月二八日条)という。

同年三月一一日の「実録」には、本庄侍従武官長を呼び、「天皇機関説排撃のために自分が動きのとれないものにされることは迷惑」との感想を述べ、美濃部と関係の深い一木喜徳郎枢密院議長に対する軍部の非難に関し、「一木には非難されるべき点」がないと擁護した（「実録六」同年三月一一日条）。

岡田内閣は、右翼や軍部強硬派、国体主義者らの猛烈な攻撃に二度にわたり「国体明徴」声明を発表。二度目の声明を引用抜粋すれば以下の通りである（原文片仮名。ここでは新仮名遣い、句読点を施した）。

「曩に政府は国体の本義に関し、所信を披瀝し、以て国民の嚮う所を明かにし愈々其の精華を発揚せんことを期したり　抑々我国に於ける統治権の主体は天皇にましますことは我国体の本義……然るに漫りに外国の事例学説を援いて我国体に擬し統治権の主体は天皇にましまさずして国家なりとし天皇は国家の機関なりとなすが如き所謂天皇機関説は、神聖なる我国体に戻り、基本義を愆るの甚だしきものにして厳に之を芟除せざるべからざる……」（「実録六」三五年一〇月一五日条）。

「実録」の一九三五年一〇月から一二月までの記載を追う限りでは、「天皇機関説」についての天皇の感懐や意見を述べている箇所は見つからない。ただし敗戦後間もない時期に側近に対して語った回想録（『昭和天皇独白録』には、自分は天皇機関説でも構わなかった旨の記載がある。ただしこれが公刊されたのは天皇の死後で、長らく秘密にふされていた）。裕仁天皇死去直後、自分は「天皇機関説」でも構わなかったという論が流説したが、この人びと（たとえば『朝日新聞』掲載の武田清子氏の主張）は何を根拠に、このような意見、論説を発表したのであろうか。

敗戦直後の天皇の回想録

繰り返しになるが、裕仁天皇は、さきの敗戦直後の回想のなかで次のように述べている。寺崎英成御用掛が記した『昭和天皇独白録　寺崎英成・御用掛日記』（文藝春秋、一九九一年）によると、「斎藤〔実内閣〕当時、天皇機関説が話題となつた。私は国家を人体に譬へ、天皇は脳髄であり、機関と云ふ代わりに器官と云ふ文字を用ふれば、我が国体との関係は少しも差支えないではないかと本庄〔繁〕武官長に話して真崎〔甚三郎・教育総監〕に伝へさした事がある。真崎はそれで判つたと云つたそうである」（同右三〇～三一頁）とある。

この独白録は、一九四六年三月から四月にかけて、側近を相手に語られたものであるが、まず、内閣は斎藤内閣ではなく、岡田内閣であり、明白な記憶違いであり、年号も一九三五年であるのに三一年と間違えている。本庄を通して、皇道派の総帥真崎甚三郎に考え方を伝えさせたというのはそれまでに指摘されていない事柄であった。「神の裔」（後裔）意識を敗戦後も強く持していた天皇が本当に「機関説」を受容していたとはやや言い難いのではないかとわたくしは考える。

さて、独白録には、日本語と英語の二種があり、マッカーサーの副官であったボナ・フェラーズが、裕仁天皇の免責を申し出るために、英語版の提出を要求、天皇側近たちは、天皇が風邪気味で臥しているにもかかわらず、聞き取りを行った（日本語版は、寺崎英成、マリコ・テラサキ・ミラー編著『昭和天皇独白録　寺崎英成・御用掛日記』。のち文春文庫として一九九五年再刊）。右に見られるようにフェラーズが、天皇が裁判にかけられないよう、あらゆる手を尽くした。彼が免責工作のために最後に打った手は、寺崎に指示して、天皇自身が戦争への思いとそのかかわりを直接語らせることであった（岡本嗣郎『終戦のエンペラー　陛下をお救いなさいまし』*（集英社文庫、二〇一三年、三一三～三一八頁参照。なお初刊は、ホーム社発行、集英社発売、二〇〇二年。また東野真『昭和天皇　二つの「独白録」』日本放送出版協会、一九九八年、参照）。

＊なお、『終戦のエンペラー　陛下をお救いなさいまし』は、寺崎とフェラーズが親密な連絡役となった経緯について、寺崎の妻グエンドレン・ハロルドと、フェラーズの祖母ベッツイ・ハロルドがグエンドレンの叔母であることがふとしたことから分かり、二人の垣根が一気に取り払われた。この時期、フェラーズは、考えられる限りのあらゆる手段を尽くして裕仁天皇の無罪工作に奔走。かねてからの米国内の世論調査でも「死刑」三三％を含む七〇％が天皇に対し何らかの処分を求め、米上院本会議は四五年九月一八日、「日本国天皇ヒロヒトを戦争犯罪人として裁判に付すること」を決議していた（二一五～二一六頁）。フェラーズが寺崎と知り合う前に、その最大の壁は天皇免責のために働いてくれる日本人は不

在であった。当面の手掛かりは、恵泉女学園のキリスト者河井道だけであったという。

そこで岡本氏は、キリスト者についての興味深いエピソードを紹介する。一人は、東大名誉教授・恵泉女学園大学長であった荒井献氏の、牧師であった父君についての述懐である。荒井氏の父は戦時中、教会堂に日の丸を掲げるのを拒み続け、特高に目をつけられた。しかし、その父は、戦争末期、荒井に宮城遥拝と戦勝祈願を強制。父は、敗戦の「玉音放送」を聞いて「男泣き」に泣いた。が、八月一九日、この日の教会堂は立錐の余地もなく、父は説教で敗戦を神の摂理として認め、軍部が悪かった。天皇は利用されただけで、今後は天皇を中心として、キリスト教精神にのっとり平和国家を築かねばならないと説いた。敗戦一か月後、河井が『恵泉』巻頭言で書いた「かくのごとき屈辱苦難を招来させた不忠の臣の罪をお咎めもなく、かえってその罪を負い給い」、「承詔必謹、今後は一致団結して国体護持に誠を致し」とか、当時の日本キリスト教界を代表する賀川豊彦は、四五年八月三〇日の『読売報知』で「陛下はあの御詔書でこの戦争が国民に及ぼす困難を尊い御身をもってお受けになられました。国民はこの詔書を拝して泣いてわが身を懺悔しないものは一人としてありませんでした」と述べ、キリスト者として戦時中の自らの行動も顧みず、早くも歴史修正主義の言辞を開陳した。荒井氏は、自身の父・牧師が信教の自由のために一定の抵抗はした。しかし、「国家の名によるあらゆる弾圧の根になっている天皇制の責任を見逃しただけでなく、その温存にはかろうとした」という。これらを事例にあげ、岡本氏は「国家と宗教に二元的にかかわるとした点では河井も賀川も同じ」で、一人のキリスト者のなかに、キリスト教と天皇制が二重構造で共存すると重要な指摘を行っている（三二八～三三〇頁）。

「非常時」下にあっても家族との団欒を楽しむ

翌三六年に入ると、ロンドン海軍軍縮会議からの脱退、英国王ジョージ五世の死去への弔電を発し、皇太子時代に受けた歓待と恩情に触れ、痛惜の念を寄せ、二一日間の宮中喪を表明した（『実録』三六年一月二一日条）。これより前の二〇日、大久保利通の二男で長年に亙り、宮相、内大臣として側近で「奉仕」した牧野伸顕を学問所に呼び、会見、その辞任を惜しみつつ、特に「勅」を「賜った」。「卿宮内大臣又内大臣たり要路に当り、重荷を荷う前後十有余年……勲労殊に多し、今病を以て骸骨を乞う。朕深く之を惜む。卿其れ自愛自重せよ」と。

前年三五年八月、陸軍軍務局長永田鉄山少将が、皇道派の相沢三郎中佐に斬殺され、陸軍内部の皇道派と統制派の抗争は激化していた。しかし、この間も屡々呉竹寮の内親王たちを訪ね、食事会を楽しみ、また内親王たちが参内すると、夕食をともにし、女子学習院開校五〇年記念式典・体操会の活動写真や、陸軍特別大演習に関するニュース映画などを鑑賞し、楽しんだりした。

三六年二月に入ると、四日から降り始めた雪が五四年振りの大雪となり、翌五日、天皇は侍従・侍従武官等を相手にスキーを楽しんだ。以後、連日のようにスキーに興じ、九日には成子・和子内親王の橇遊びを見学しながらスキーに精を出す。この間も軍務や政務についての「上奏」を聴取し、宮中祭祀にも励む。スキー三昧は相変わらず続けられた。

7　軍部の増長を抑えられず

二・二六事件の勃発と天皇

二月二六日、皇道派将校が率いるクーデタが勃発、未明に第一師団、近衛師団管下の一部部隊が、侍従長官邸、首相官邸、内大臣私邸、蔵相私邸、教育総監私邸、前内大臣宿舎（湯河原伊藤屋旅館）等を襲撃、警視庁、陸相官邸等を占拠する事件が勃発した。午前五時四五分、当番侍従の甘露寺受長は、高等官宮内事務官より侍従長鈴木貫太郎が重傷を負ったことや、内大臣斎藤実が殺害されたことなどの連絡を受け、天皇は六時二〇分起床し、甘露寺から事件の報告を受けた。侍従武官長本庄が事件発生につき、「恐懼に堪えない」旨を「言上」したのに対し、「早期終息を以て禍を転じて福となすべき」旨を指示。

以後、頻繁に本庄繁武官長を呼び、事件の成り行きへの質問、事件鎮圧の督促をなした。午前一一時一三分川島義之陸相に会い、事件の情況や、首謀者の蹶起趣意書の朗読を聴取。以後も軍首脳たちや皇族軍人たちからの情報をも得る。また信頼の厚い一木喜徳郎枢密院議長を呼び出し、「側近に侍す」べき希望を述べ、一木をこの日より三月八日に至るまで宮城内に宿泊させる。

この間、重臣たちの動静が続々と伝えられ、岡田首相死去（実際は、義弟が身代わりになって殺害される）、内大臣斎藤実即死、教育総監渡辺錠太郎、前内大臣牧野伸顕不明（実際は重傷を負う）、侍従長鈴木貫太郎重傷、蔵相高橋是清負傷（実際は死去）の報が発表された（「実録七」三六年二月二六日条）。翌二七日午前二時五〇分、緊急勅令をもって戒厳令必要の規定適用がなされ、東京市に戒厳令がしかれ、戒厳司令官に東京警備司令官香椎浩平が就任する。天皇は、この日、本庄武官長に対し「自らが最も信頼する老臣を殺傷することは真綿にて我が首を絞めるに等しい行為」と告げ、自ら「暴徒鎮圧にあたる」との意思を示す（「実録七」二月二七日条）。

二九日に至り、断乎叛徒の鎮圧を期し、強行解決を図るに決した経緯が発表されるが、攻撃開始に先んじて、奉勅命令下達の宣伝並びに帰順勧告が行なわれ、午後三時には叛乱部隊の帰順完了、完全鎮圧が発表され、事件は落着を迎える（「実録七」二月二九日条）。

「越境将軍」林銑十郎内閣の成立

同年三月九日、岡田内閣の総辞職後、外相であった広田弘毅が首相となり陸相は川島義一から寺内寿一（元朝鮮総督・首相寺内正毅の息子）大将に交代した。重傷を負った鈴木貫太郎に代わり侍従長には予備役海軍大将の百武三郎が就任した。広田内閣において、軍部大臣現役武官制が復活する。

国際的にはスペイン内戦が始まり、一一月二五日には日独防共協定を調印、中国では、日和見的な蒋介石を張学良（関東軍によって爆殺された東北軍閥張作霖の息子。その後、国民政府軍に加わる）らが監禁（西安事件）、国共合作の機運が高まる。三七年に入り、政党と軍部の対立が激化、一月二三日、広田内閣は総辞職した。

後継には、元老西園寺公望が宇垣一成（陸相、朝鮮総督を歴任）を推したのを受け、天皇は、宇垣を参内させ、内閣組織を命じた。が、天皇は、宇垣内閣誕生に陸軍の反対論があり、「組閣の成算」につき質問、宇垣は「一、三日の猶予を賜わり諸般の情勢を考究熟慮」のうえで「奉答」したい旨を言上、天皇は「憲法を遵守し、侵略的行動との誤解を生じない」ように、「東洋平和」に努力すべきことを宇垣に命じた。しかし、宇垣の組閣は身内の陸軍の反対で難航。その理由は、宇垣がかつて軍縮に努めたことがあげられよう。

天皇は伏見宮博恭海軍軍令総長を呼び、意見を聴取、伏見宮は、宇垣内閣不成立となれば陸軍は益々増長すべきも、「優諚」が下っても陸軍の不平は収まらず、「聖徳」にキズがつくことになり「不可」と答える（「実録七」三七年一月二七、二八日条）。結局、「越境将軍」の林銑十郎が内閣を組織し、陸軍の力を抑えられなかった。林内閣は、半年にも満たない短命のうちに終わった。林内閣最後の「仕事」は、文部省編纂の『国体の本義』発刊であった。三七年六月四日、近衛第一次内閣が誕生した。

節子皇太后の「皇道」派への同情？

原武史氏によれば、先の相沢中佐事件について、皇太后は、相沢三郎陸軍中佐が法廷に立たされたことは「惜しきこと」と話している。二・二六事件の公判についても特設軍法会議で行われ、多くの青年将校に死刑の判決が下された。皇太后は「反乱軍の親達の身にもなって、余り極端な措置をせぬ」ようという願いは聞き入れられなかった（『皇后考』四五二～四五七頁、参照）。皇太后は、「皇道」派に明らかに同情的であったさまが窺える。

皇太后は、三七年六月から七月にかけて、皇太后になって初めて三重、京都、大阪、奈良、愛知、静岡各地を訪問した。皇后時代からずっと皇太后に付き添い、旅先での世話を焼いてきた吉田鞆子は、『みゆきの跡』と称する文章のなかで、こう述べている。「今迄后の宮におはしまし、御時の行啓には国民が様々の催物に御旅情を慰め奉らんの願ひ出づるも、いと深き思召しのおはしまして大方は許させ給はざりしも、此度は各所に旗、提灯行列、煙火など何れも許させ給ひしにより、皆真心の限りを尽して花やかに迎へ奉る」（『皇后考』四六四頁、より重引）とあり、息子である裕仁天皇とは、意見が異なり、相変わらず「皇道精神」が旺盛であり、原氏のいう、天皇とは異なる皇太后の「君民一体」の空間が、各地で再現されたともいえなくもない。

8　中国全面侵略戦争と天皇

拡大の一途を辿る中国侵略戦争と国民総動員体制

一九三七年七月七日、盧溝橋事件が勃発、日中全面侵略戦争へと急展開すると、国民精神総動員運動が呼号され、一〇月、国民精神総動員中央連盟が創立され、その傘下に支部組織も結成される。連盟のスローガンは、挙国一致、尽忠報国、堅忍持久とし、家庭の女性にも「戦時協力」を求めた。翌三八年四月には、国家総動員法が公布され、「人的物的資源」すべてが政府の統制下におかれる。連盟は、同年二月、「家庭報国三綱領」「実践一四項目」を発表し、「三綱領」は①健全なる家風の作興、②適正なる生活の実行、皇民としての子女の養育を掲げ、「実践一四要目」には毎朝の皇大神宮（伊勢神宮）の遥拝、神仏の礼拝、長幼の礼を正しくし、家庭の和合に努めること、徒歩励行、節約生活の実行などを説いた。皇大神宮は、いうまでもなく、天皇家の祖とされた天照大神を祭る天皇神社である。このほか日の丸掲揚、予算生活の実行、服装の質素に努めることなど、細々しく指示、家庭生活は窮屈になっていった。

「三光（四光）」作戦で、掠奪、無辜の民への虐殺・家屋焼失・強姦行為が広く行われる

この間裕仁天皇と幕僚たちは、蒋介石政権が持ちこたえているのは同政権を支援する米英とみたて、対米英戦争も辞さずとの決意を持ち、戦争準備に急いだ。彼とその幕僚たちは、中国国民党軍はもとより中国民衆の抗日意識を明確に認識できていなかったのであろう。

すでに述べたように、日本軍は、中国各地で残虐な仕打ち、虐殺、家屋ごとの焼却、民間人への暴行・殺害、女性への性暴力・強姦など恣に行った（強姦を加えた「四光作戦」）。軍紀はないに等しく、かつ将兵ことに兵士たちは長期戦下で食べるのにも事欠き、その結果、中国人から略奪（日本軍は、これを調達と称した）を重ね、あげくの果て、

家屋を焼き払い、住民の殺戮を行った。とりわけ女性に対しては、性的暴行・性暴力を重ね、強姦行為に及んだのであった。

平頂山事件に象徴的に示されるような無辜の住民の大量殺害などを各地で行い、中国民衆の憤懣を非常にかっていた。私事だが、わたくしは一九七八年夏に訪中し、日本軍の爪痕の一端を見聞したことがある。わけても驚愕したのは平頂山事件の記念館を訪れたときである。母親と思われる骸骨が乳幼児を庇い、胸に抱えて横たわっている遺骨群をみて、日本の罪責の大きさを感じたものであった。

この他、撫順炭鉱の露天掘り跡も見学、労働力として中国人を強制的に駆り立て、苛酷な労働を強い、危険なところで強制労働させたことも実見した。中国人の強制連行・労働については、日本敗戦後、日本敗戦の事実を知らず、山中に隠れて穴居生活し、ようやく発見されたものの、公式謝罪もせず、涙金で帰還させた劉連仁事件や、花岡事件が有名である。

花岡事件とは、敗戦直後の、中国人蔑視と、強制労働をさせながらの差別待遇・賃金等のため、中国人が「反乱」し、多くの中国人が犠牲となった事件であり、彼らにも正当な賠償が行われなかった。のち何十年も経て、被害者は日本人市民や知識人たちの支援をも得て、被告企業と話し合いを重ね、裁判にも訴え、ようやく和解へと至る。が、大部分の日本企業は、いまもなお、沈黙・無視しているままである。

いうまでもなく中国侵略戦争の最高責任者は天皇その人である。裕仁天皇は幼いころから軍事教育を受け、一定程度の軍事的知識を習得していた。参謀たちの知恵や進言を受けつつ、最終的には裕仁天皇が最終判断を行ったとみるのは当然であろう。彼の指示や命令を受けて実際行為の命令を伝達した幕僚たちの責任も大きい。

しかし彼らは、のち日本敗戦後の東京裁判（極東国際軍事裁判。A級戦犯を裁いた）において少数が裁かれたにすぎず、多くの将官が責任を逃れ、天皇その人も、米軍を主体とするGHQとの取引で一切の罪を逃れ、再び日本国家の指導者たらんと欲していた。いわゆる「無責任の体系」が引き継がれ、戦後賠償問題が今日に至るも解決できずにいる。これは日本の市民・住民と被害各国・各地域の人びととの関係をこじらせ、互いの「共生・連帯」への道を困難にしている。

近衛内閣と東亜新秩序の建設——国民政府を対手にせず

一九三八年四月、前年六月成立の第一次近衛文麿内閣は、国家総動員法を制定、国民経済・生活を官僚統制のもとにおき、その権限を政府に委任させることを規定。内閣を組織した近衛文麿の先祖である藤原氏は、古来天皇家との関係が深く、その祖は藤原鎌足で、鎌足は中大江皇子＝天智天皇の強力な「片腕」・ブレーンであった。

三八年一一月三日の明治節の日に、近衛は日本の戦争目的を「東亜永遠の安全」を確保するためという、いわゆる「東亜新秩序」の建設を謳った。一二月三〇日蒋介石に代わって、国民党の重鎮であった汪兆銘を担ぎ、和平反共救国声明を発表させ、分裂を画した。

近衛内閣総辞職後の三九年一月、司法官僚で、前枢密院議長、右翼団体国本社を主宰する平沼騏一郎が組閣。五月に日本軍は「満州」と外蒙古の国境付近のノモンハンを攻め、武力衝突を重ねた。八月に入ると、ソ連軍はノモンハンで大攻勢を開始、第二三師団は、包囲され、全滅に近い甚大の損害を蒙った。この間の六月二七日、天皇は参謀次長中島鉄蔵を統帥権干犯とし、叱責する。統帥権者天皇の意向を超えて、軍中枢や現地部隊が動いていたことが推測される。

女性指導者の国策・戦時協力と、女性の労働力化・戦力化

この間の三八年三月、かつての女性の参政権確立のために創立された婦選獲得同盟などの八つの市民的女性団体の統合組織である日本婦人団体連盟が時局婦人大会を開催、買い溜め自粛、白米食廃止などの申し合わせ、皇軍感謝決議などを行い、国策・戦時協力へと大きく舵を切った。一方、女子教育家たちが多く蝟集する大日本連合女子青年団の指導者大妻コタカらは、三八年一〇月、「満州」移民団視察のため出発、開拓団の青年の伴侶＝「花嫁」養成計画の一環としての訪問であった。この目的はいうまでもなく「満州」支配の安定化・永続化にあった。女性たちは、こ

の「満州」侵略・支配化・安定化のための「道具」とされたのである。

戦線の拡大につれ、青壮年男子が戦場に赴き、その結果、労働力不足を来した。まず三九年八月、女性の坑内作業禁止規定が緩和され、一〇月には厚生省が「労務動員計画実施に伴う女子労務者の就職に関する件」を通牒、応召者による欠員、軍需産業拡大による労働者不足の補充に女性の動員を図った。一方、四一年五月第二回産業組合婦人大会は、「皇国女性の自覚」「生産の増加」などを務めることを決議、同年一二月国民徴用令改正で未婚女性一六歳以上二五歳未満も徴用可能とした。

四二年一一月、「臣道実践」を唯一の課題と掲げる大政翼賛会（四〇年発足。第二次近衛内閣）は、女子勤労動員促進要綱を発表、強力に女子皆労運動の展開、国防に必要な生産部門への動員を促した。四三年に入ると、九月、政府は「女子勤労動員に関する件」を発表､根こそぎ動員を図った。さらに女子勤労挺身隊の自主的組織化を指示する。

中国侵略戦争からアジア太平洋戦争へ

この間、戦線は、中国大陸からアジア西太平洋地域へと拡大する。三九年八月独ソ不可侵条約締結を機に、平沼内閣は「欧州情勢は複雑怪奇」とし、総辞職した。後任に陸軍大将阿部信行に組閣の「大命」が下された。一二月駐日米国大使で知日家のジョセフ・グルーが日米通商航海条約の締結を拒否、日本の対中国政策の転換を求めるが、失敗に帰し、米国との関係は悪化、阿部内閣は行き詰まり、総辞職した。

四〇年一月海軍大将米内光政が後継内閣を組閣する。が､同年七月に近衛文麿が新体制運動を提唱すると､ブルジョア政党はもとより、労働者農民政党を自認していた社会大衆党も解党し、第二次近衛内閣が誕生した。四一年近衛内閣は日ソ中立条約を調印するとともに、「南方施策促進に関する件」を決定、南進策を取り、七月には南部仏印占領を開始。九月に入ると天皇出席のもとに御前会議が開かれ、「帝国国策遂行要領」を決定、実質的に対米戦争を決定した。一〇月外交交渉の継続をめぐって近衛首相と東条英機陸相が対立、近衛内閣は総辞職の道を選んだ。

元老西園寺公望の死去（四〇年一一月）後、急速に存在感が増した木戸幸一（維新の三傑、木戸孝允の養子、木戸孝正の子。孝正は、木戸孝允の妹の子。幸一は、かつて河上肇を慕い京都帝国大学に進学）内大臣は、裕仁天皇と相談しつつ、東条を後継に推薦、天皇は「虎穴に入らずんば虎児を得ずだね」のような内容の言葉を漏らし、東条の出番は決まった。一二月一日、御前会議は全員一致で米英蘭への開戦を決定する。同月八日、ハワイの真珠湾を奇襲攻撃し、天皇による宣戦を布告、以後一九四五年八月の日本敗戦まで激烈かつ凄惨な戦闘が繰り広げられる。

戦局の悪化で、天皇は「御文庫」に転居

さて、ここで『昭和天皇実録』第八・九から天皇の動静を主に追ってみる。開戦の翌一月の元旦の条にまず四方拝の皇室行事が記され、続いて「野戦兵食」を供した旨の記述が着目される。四二・四三年には、緒戦の戦勝ムードはほぼ一掃され、ミッドウェー海戦での劣勢、ソロモン海戦での敗退、ガダルカナル撤退、山本五十六連合艦隊司令長官の戦死、アッツ玉砕というように日本軍は米軍によって徐々にかつ急速に追い詰められていく。

天皇は、折ごとに陸軍参謀総長杉山元、海軍軍令部総長永野修身を呼び、戦況報告を聞き、新作戦方針を問い、裁可し、時に勅語を発する。たとえばソロモン戦については「陸海軍部隊は長期に亘り緊密なる協同の下に連続至難なる作戦を敢行し……激戦奮闘屢々敵に打撃を加え克く其の任に膺れり　朕深く之を嘉尚す」（「実録九」四三年一月四日の条。原文は片仮名。一部現代仮名遣いに改めた）。

戦局が厳しくなるや、天皇夫妻の防空壕代わりとして「御文庫」への起居が決定され、「剣璽渡御」もなされる（「実録九」同年一月八日の条）。一月二八日は歌会始であった。天皇は「ゆたかなるみのりつゝけと田人らもかみにいのらむ年をむかへて」、良子皇后は「はけまなむ年をむかへてをみならもつまにかはりて田はたもるへく」、節子皇太后は「年たちて田子の家むらあたらしきちからもそわむ富もますらむ」といった歌を詠んだ（「実録九」一月二八日条）。

天皇一家の家族団欒、弟たち夫妻らとの会食、映画鑑賞

前述したように、戦局は圧倒的に日本に不利となっていった。しかし、天皇は家族との会食や親族との語らい、食事をそれなりに楽しみ、映画を頻繁にみている。映画鑑賞が好きだったらしい。御所内に特設スタジオを設けたのであろう。「実録」から一部抜粋・紹介する。四三年二月二〇日の条に「昨日沼津より皇后還啓につき、土曜日定例の御夕餐御相伴」再開、夕食後、一同と映画「男の花道」を「御覧になる」とある。

二七日の条にも夕食後映画「陸軍航空戦記」を見るとある。続いて三月一六日の条に「御夕餐後、宣仁親王・同妃喜久子・崇仁親王妃百合子参内につき、御一緒にニュース映画及び『仔馬』『ジャワの学校』」をご覧になる、とある。家族との会食、団欒も記載されている。四月一〇日、第一子の成子内親王の女子学習院中等科卒業奉祝に皇后とともに出席、天皇夫妻は娘たちに出迎えられた。河合玉堂の席画を鑑賞、三内親王による独唱、合唱、演奏などを見学、模擬店が設けられた庭に出て、天皇夫妻は、内親王の配膳でおでん、お寿司、汁粉、洋菓子などを食し、「御文庫」に帰参後、映画「雪中鍛錬」などを鑑賞、二四日にも皇后とともに映画「音楽大進軍」、二七日には宣仁親王・崇仁親王妃百合子が参内、皇后も交え、映画「錬成する国鉄」等を鑑賞。

五月八日、側近奉仕者に夕食の定例相伴を皇后とともになし、食後、陸軍省後援の「シンガポール総攻撃」を見る。六月一七日には、崇仁親王が中国から持ち帰った重慶政府（蒋介石政権）の宣伝映画「勝利行進曲」を皇后とともに鑑賞。一九日にも皇后とともに記録映画「大陸新戦場」を鑑賞した。

日本国内では労働力・兵力不足はさらに深刻化し、朝鮮および「台湾本島人」の海軍志願兵制新設準備」につき、軍令部総長永野修身、海相嶋田繁太郎の「奏上」を受け（五月一一日の条）、二四日、朝鮮総督小磯国昭、台湾総督長谷川清に陪食を「仰せ付け」る。現職の両総督の陪食は今回が初めてと「実録」は記載している。

「御嘉尚」の「お言葉」で遺族は慰められ、救われたのだろうか

天皇の目には、「天皇陛下のために」といい聞かされ、一命を賭した兵士たちの命は、どのように映じたのであろうか。アッツ守備隊の玉砕に関し、「実録」は、「守備隊の勇戦奮闘に対する御嘉尚の御言葉を賜う」「御言葉は即日、

参謀本部より北方軍及び第二地区隊」に伝達される（五月二四日の条）、とのみ記されている。

「アッツ玉砕」については、五月三〇日の条に「大本営は、昨二十九日アッツ守備部隊長山崎保代以下の守備部隊が敵主力部隊に壮烈なる攻撃を敢行」「全員玉砕したもの」と認めること、に加え、攻撃に参加しえない傷病兵はこれに先立ち「悉く自決」（傍点は筆者）した旨を発表。「生きて虜囚の辱めを受けず」の戦陣訓の教えであろうが、何とも無惨なことである。遺族たちは「ご嘉尚」の「お言葉」に対し、感涙に咽んだのであろうか。

さて、これに続き「実録」は、そのあとの一節で、文庫に正仁親王・成子内親王・和子内親王・厚子内親王・貴子内親王参殿につき、皇后とともに「御昼餐」を会食する文字が続く。なお年長の成子内親王ら三内親王を差しおいて、第二皇子の正仁親王（現常陸宮）が真っ先に記載されているのは、天皇家では男尊女卑の気風が厳然とあることを示しているといえまいか。

それはさておき、農村出身の日本庶民の兵士たちの命や人権を軽視する日本の支配エリートや軍指導者・天皇家の人びとは、右のような状況に際し、「嘉尚」の「お言葉」を寄せることで、遺族たちを慰め、納得させられると思っていたのだろうか。

なお、同日天皇の末弟三笠宮崇仁が南京方面から帰京し、天皇に対面した。のち三笠宮が語ったという記事が新聞で報道されたことがあった。三笠宮は、南京での日本兵の蛮行を当時、兄の裕仁天皇に報告したという記事である。自国の民の命の大切さや、人権を顧慮しない政治・軍事指導者は、他国・他地域の人びとの人命や人権をもさらに踏み躙る。

9　天皇の戦時指導

敗色の気配が漂う

緒戦の花々しい戦果から、大日本帝国は、一年たらずで戦局が悪化し、敗色の気配が漂うようになる。天皇は、何とか奪回を企てるが、中国での侵略戦争は泥沼化し、米英両国等の連合軍は急速に巻き返しに出た。一九四三年七月までのガダルカナル・アッツ・キスカの撤退・玉砕後の同年九月三〇日、天皇も出席した御前会議で「絶対国防圏」設定を裁可、大東亜共栄圏建設を開戦目的に掲げていた大日本帝国は、四四年一一月五日、大東亜会議を開催、日本、「満州国」、タイ、フィリピン、ビルマ、汪兆銘政府を招聘、天皇は、会議開催前に各国代表らを「謁見」、握手、挨拶を交わし、午餐を催した（「実録九」四三年一一月四日の条）。

六日には「大東亜共同宣言」が発表され、「米英は自国の繁栄の為には他国家他民族を抑圧し特に大東亜に対しては飽くなき侵略搾取を行い大東亜隷属化の野望を逞うし」（「実録」一一月六日の条。原文片仮名）云々と日本の行動を正当化した。

裕仁天皇は若いときより国際法学者立作太郎から国際法を学び、捕虜虐待や毒ガス使用は違法であると認識していたであろう。ハーバート・ビックス『昭和天皇（下）』（講談社学術文庫版、二〇〇五年。初刊は講談社、二〇〇二年刊）によれば、毒ガスは昭和天皇、大本営、統帥部が周到に管理し、前線部隊が自らの裁量でこの殺戮兵器を使用することはありえず、まず最初に天皇の裁可が必要であった（一二一～一四頁）。中国の各都市に対する戦略（絨毯）爆撃、「無人区化」作戦についても承知しており、これらをも天皇は、認可している。

「実録」の当該箇所を見れば、天皇が折々に陸海軍の参謀総長・軍令部総長から細かく戦況報告を受け、質問を重ね、納得の上で、作戦を「裁可」していたことが首肯される。政情についても担当の閣僚らを呼び、しばしば報告を受け、情勢にも通じていたといえる。彼はまさに大権保持者・大元帥としての強烈な意識を持ち、「君主」としての最高責任者を自任していた。

「臣民」を抹殺する君主

先のビックス氏によれば、裕仁天皇の行動は、自らは道義的、人道的レトリックで身を包んでいながら民衆を抹殺するという西欧にも日本にも共通する君主の行動形式である（同右二六頁）という。達見である。前述したように、天皇は皇后や皇族や側近らとともに、ニュース映画や、ドイツの映画、国内で制作した戦意高揚映画をよく見て、人心や情況の帰趨をはかっていたものとも思われる。

日本国内の総動員体制を確立し、「時局重大」にして「戦局いよいよ凄愴苛烈の度」を加えんとするときにあたり、戦意高揚、士気振作のために中央教化団体連合会に金二万円を「下賜」（「実録九」四三年一一月一〇日条）し、「国民」の一層の戦時協力、すなわち徴兵・徴用、銃後においては「軍国」の母・妻・娘としての気構えや消費の節約、貯蓄、また積極的な勤労動員（奉仕）を求めた。

四三年一二月二六日開会の帝国議会においては、「朕が外征の師は懸軍万里冱寒を凌ぎ炎熱を冒し勇戦奮闘愈々その威武を発揚」「朕が銃後の臣民亦克く艱苦に堪え」「奉公の誠を致せり」「朕深く之を悦ぶ」「朕は臣民の忠誠勇武に信倚し速に征戦の目的を達成せんことを期す」（「実録九」四三年一二月二六日条）と議員や「臣民」たちを鼓舞した。

四三年には、天皇家では慶事とともに、不幸もあった。慶事としては、天皇夫妻の第一子照宮成子内親王の結婚であった。内親王の結婚相手は、東久邇宮稔彦王と、明治天皇の皇女聰子内親王との間に誕生した息子盛厚王《もりひろ》であった。一〇月一六日、大正天皇の生母柳原愛子が高齢で死去した（享年八五歳）。が、天皇は、柳原が実父大正天皇の生母であり、自身の実祖母でありながら、直接弔問等には赴かなかったのであろう（「実録九」四三年一〇月一六日の条）。側室制度の奇妙さと非人間的な皇室制度の残渣が見受けられるゆえんである。

東条独裁にお墨付き

四四年に入り、戦局は一層日本に圧倒的に不利となる。このなかで二月に天皇の信頼厚い東条英機首相（陸軍大将）が軍政両面での「独裁」を願い出て、「勅許」を得、異例の首相・陸相・参謀総長となる。東条の副官と称された海相嶋田繁太郎も軍令部総長を兼任する。

それより前の一月八日、杉山元参謀総長より「大東亜及び欧州の戦況」とともにビルマ作戦に関する「上奏」を受ける。参謀総長は、ビルマ防衛のためとし、インパール付近の東北部インドの要域の占領確保を指示したことを報告。インパール作戦は無謀のうちに展開され、多くの兵士たちを無残な死に至らしめた作戦であった。が、天皇はこれをも裁可した。

以降、日本軍は一挙に敗退するも、戦争終結の意図は天皇にも軍部にもなく、侵略・占領地の住民への酷い虐待行為、レイプや女性への戦時性暴力・性奴隷化などが頻発、しかしそれらには眼もくれず、最たる人権侵害や人権蹂躪が他国の民や他民族に対しなされた。ちなみに四四年の年頭の恒例行事である歌会始は行われなかった。天皇、皇后、節子皇太后の詠んだ歌はある。題は「海上日出」であった(「実録九」一月二八日条。仮名遣いは原文のまま)。

つはものは舟にとりてにをろかまむ大海のはらに日はのほるなり(天皇)
朝ことにあらたまりゆくこゝちしてうなはらののほる日をあふくかな(皇后)
朝くもをおしひらきてのほる日に八重のしほちの波そかゝやく(皇太后)

「をろかまむ」とあるが、これは「拝む」の古語であろう。天皇は、戦勝を拝み、兵士の一層の力闘を祈願したのであろうか。戦線の拡大、相次ぐ「玉砕」、敗北となり、日本軍首脳と天皇その人もいわば破れかぶれの心境に陥ったのであろうか。わたくしにはそう思われない。冷徹な頭脳を持つ天皇の胸には「皇統保持」「国体護持」の念がいや増したのではなかったのではなかろうか。ちなみに「皇統保持」について、古川隆久氏は、降伏条件として、「国体護持」ではなく、「皇統維持」にあるとし、「国体論」に基づく国家体制の存続ではなく、皇室の存続が条件とされていることに注意しておきたいと主張する(古川『昭和天皇 「理性の君主」の孤独』中公新書、二〇一一年、二九二頁)。

そうすると「終戦」の決断、いわゆる「聖断」は、自己の家系(血統、「万世一系」)の維持にあったということになるだろう。一方いたずらに犠牲の多い作戦――神風特別攻撃隊、人間魚雷、特殊潜航艇などの奇策を「裁可」し、つわもの(兵士)の命は「鴻毛のごとし」とする考えを反映する文字通り体当たりの行動を民には強いた。

10 「玉体安泰」「皇統保持」への切なる思い

「玉体安泰、敵国降伏」の祈願を各地寺院で

この間、天皇は各地の寺院に「玉体安泰、敵国降伏」の祈願をさせる(「実録九」当該箇所参照)。「玉体」とは天皇の身体を示す言葉である。さすがの天皇も時局重大なりとし、生物学の研究、日常の散歩等の廃止を木戸幸一内大臣に伝達するものの、木戸はその「御配慮の要」なき旨を「奉答」(「実録九」四四年六月八日の条)した。継嗣である皇太子明仁親王や次男の正仁親王をいち早く疎開(「実録九」四四年七月九日及び一一日の条参照)させたことも、「皇統保持」に対する容易ならぬ事態に陥ったことを確信したからであろう。

玉砕・大敗にあってもまた「嘉尚」

四四年のマリアナ沖海戦での敗北に続くサイパン陥落、それに伴う日本人女性や民間人の投身自殺など悲惨な事態が続いた。四三年に当時の東条陸相が出した軍人への「戦場訓」(「生きて虜囚の辱めを受けず」)というマインドコントロールが民間人・市民にも強要されていたともいえる。これは翌四五年八月のソ連の対日戦開戦により、「満州国」に渡っていた満蒙開拓団の人びとにも及び、死なずに済んだ子どもや女たちの集団自決を迫り、いたずらに犠牲者を増やした。

強硬路線を貫き、天皇の信任も厚かった東条首相はさすがに辞任を余儀なくされ、東条内閣は総辞職した。四四年七月、新たに朝鮮総督・陸軍大将小磯国昭を首相とし、海軍大将米内光政との連立内閣が組閣される。天皇は両者を召し、「大東亜戦争完遂のため、対ソ関係の悪化阻止」に努めるべきことを命じる(「実録九」四四年七月二〇日条)。同日ドイツ・ナチスの総統アドルフ・ヒトラーの暗殺未遂事件が伝えられ、天皇は見舞い電報を発する。

こうしたなかにも家族団欒のひとときもあった。天皇・皇后は、和子・厚子・貴子内親王が参殿し、昼食をともにしたあと和子・厚子内親王とともにプールで水泳を楽しんだ。三内親王は、翌日日光田母沢用邸附属邸に滞留、次いで塩原用邸に移り、翌四五年一一月一九日東京に戻るまで「疎開」する（「実録九」四四年七月二三日条）。

天皇自身は、木戸に対し、自分が東京を離れたら、臣民が不安の念を起こし、敗戦感を抱かせる恐れがあり、皇大神宮の鎮座する「神州」にあって死守する旨を伝える（「実録九」七月二六日条）。八月大本営政府連絡会議は、最高戦争指導会議と改称、同月一九日、天皇も出席して「世界情勢判断」「今度採るべき戦争指導の大綱」を審議、「裁可」に及ぶ。

対重慶（蔣介石政府）政治工作実施に関する件について「内奏」を受け（「実録九」九月の当該箇所参照）、陸海統帥部総長に対し、重慶工作の方法如何による日本の「弱み」を曝すことの有無、成功の見込み、現地軍の士気への影響、蔣介石を相手にせずとの「近衛声明」との関係など細かく問い質した（「実録九」四四年九月六日条）。以後も細かい戦局報告を各担当者から聞き糾し（「実録」当該箇所参照）、九月二八日、最高戦争指導会議は「対ソ施策に関する件」を決定、ソ連の中立維持・利用を図ることにする（「実録九」一〇月二日条）。

以上のようななかにあっても、九月末には生物学研究所の水田に行って、稲刈りをし、翌一〇月一日には東久邇宮家に入った成子内親王が参殿、皇后とともに昼食、お揃いで吹上御苑内を散策し、この日の夜は側近者とともに「御文庫」ベランダで月見会をし、月見料理をともに食する（「実録九」一〇月一日条）。少し変わったところでは右翼の大物頭山満（「宮中某重大事件」の折、良子女王側に立って、尽力した）の死去に際し、勅使として侍従小倉倉次を差遣、幣帛・花などを「下賜」した（「実録九」一〇月九日条）ことである。

日本の民衆には事実を隠し、多数の犠牲に言及せず

四四年後半は、台湾沖航空戦での敗退、フィリピンのレイテ沖海戦での壊滅的敗北と続き、日本敗戦は目前の事実であった。しかし大本営は損害を過少に見積もり、戦果を強調、日本民衆には事実を隠蔽した。天皇は、逐一当局者

から詳しく戦況報告を受けていたものの、台湾沖航空戦においては、「朕が陸海軍部隊は緊密なる協同の下敵艦隊を邀撃し奮戦大に之を撃破せり朕深く之を嘉尚す」（「実録九」四四年一〇月二一日条。原文は片仮名）とある。

中国で兵士たちが苦戦を強いられていたにもかかわらず、将軍たちが帰還すると「中南支方面に作戦せる軍の将兵は約半歳に亘り至難なる機動作戦を敢行」「随処に在支米空軍の根拠を撃摧して克く作戦目的を達成……朕深く之を嘉尚す」（「実録九」一二月一一日条）と。前述のように多数の民間人・女性が「投身自殺」したサイパン島攻撃に際しても、「御嘉尚」す（「実録九」四四年一一月七日条。原文は片仮名）とある。「君民一体」が盛んに叫ばれ、「大君《おおきみ》」の下での万民平等といわれつつ、天皇や天皇制軍部が「臣民」の命をいかに軽くみていたかが窺える。

この年、一一月二四日、マリアナ基地から米軍機B29、七〇機が東京を初空襲、焼夷弾が投下され、多くの市民たちが犠牲となった。天皇夫妻も、防空壕の「御文庫」に「動座」するようになる。以後、四五年三月の東京大空襲をはじめとする各地の都市への米軍爆撃が行われ、民間人多数の死傷者が相次いだ。

皇太后の戦争への「応援歌」

三七年七月、日中全面侵略戦争が勃発すると、すでに述べたように国民精神総動員運動が呼号され、国民精神総動員中央連盟が創立。挙国一致、尽忠報国、堅忍持久が叫ばれ、家庭の主婦や女学生にも、勤労奉仕などの戦争協力が求められた。

翌三八年四月には、国家総動員法が公布され、「人的物的資源」すべてが政府の統制下におかれる。前述したように女性指導者・運動家たちも、国策に協力し、総動員運動の構築に積極的に参画する人びとも現れたが、ここでは割愛する（詳しくは、拙著『フェミニズムと戦争』マルジュ社、一九八六年。増補新版一九九七年、参照）。

日中戦争が勃発した五日後の七月一二日、皇太后は、沼津の用邸から帰京し、大宮御所に戻った。八月皇太后は、出征兵士に氷砂糖を支給する旨を明らかにしたが、第三子の高松宮は、皇后が負傷病兵に包帯を「賜与」するという恒例に対し、氷砂糖はもっと広範囲に渡り、「つり合ひ上如何なものか」と思い、心配したという。九月に入り、高松宮は天皇に会い、中国への戦場視察の件を相談したが、賛意を得られなかった。このことについて高松宮は、「日誌」で「大宮様に対する御考へがまるで、御孝心と云ふより非常に『さはらぬ』様な御考へであると思ふ」と記している（原『皇后考』四七六〜四七七頁）。兄天皇をさらりと批判しているのである。

三七年一一月、日中戦争は、上海へと拡大していき、蔣介石の国民政府は、重慶への遷都を宣言。日本軍の戦線は、一二月には南京へと及び、陥落させたが、このとき、南京大虐殺が行われ、婦女子は強姦・暴行され、戦意を失った兵士たちを殺害するなど、国際条約に違反する残虐行為を働いた。同時に、天皇の軍隊、「皇軍」の軍規は相当弛緩していたものと見て差しつかえなかった。いわゆる「三光作戦」（強姦を加えると「四光作戦」）が以後、展開され、中国人の抗戦意識は高まる。

南京陥落について、節子皇太后は、同月一四日、皇太后大夫大谷正男を天皇のもとに遣わし祝詞を言上させる（「実録七」三七年一二月一四日条）。皇軍」の「進撃」について、節子皇太后は、「露営馬」と題する歌を一二首詠んだといわれるが、その一つに「こだまする野べにいく夜かねぶるらん　進みにすゝむみ軍のこま」。この歌の頭注には「皇軍の連勝は正に奮闘のたまものにこそ」あるとの注釈がある。

続いて皇太后は、中国から「凱旋」した中支那方面軍司令官の松井石根、上海派遣軍司令官の浅香宮鳩彦王、第一〇軍司令官柳川平助を大宮御所に招き、「三将軍の輝かしい凱旋に対し御慰労の御言葉を賜」い、紋章付銀莨函等を「下賜」し、その功を労った（原前掲書四七六〜四七七頁、参照）。何とも節子皇太后は好戦的、侵略主義的な「国母」であった。

なお、四一年、アジア太平洋戦争へと戦局が拡大するや、日本は緒戦では勝利を得たものの、すぐ米軍を中心とする連合国軍に反転攻勢を掛けられ、戦死者・戦病死者、飢え死にする兵士らが続出した。前述したように、サイパン玉砕戦などでは、死ななくてもいい筈の民間人が「生きて虜囚の辱めを受けず」という「戦陣訓」の教えに従い、海へと投身自殺する例も多かった。節子皇太后がこれらについて、どれだけの事実を知っていたのだろうか。

ただ、四四年に至り、次のような歌を詠み、「民こぞり守りつづけて皇国のつちふますな一はしだに」（工藤美代子前掲『国母の気品』二四一頁）と、なおも「日本臣民」に「皇国」を守るべく叱咤するような歌を詠んでいることには大いに注目される。

11　良子皇后――「国母」陛下として畏怖・畏敬される

「微笑みの皇后」・慈愛あふれる母像として再創出される

二〇〇〇年六月一六日、良子皇太后が死去、享年九七歳であった。昭和天皇の妻であり、現明仁天皇の生母であった。皇后位にあること六二年、歴代最年長であった。この国の新聞・テレビなど大きなメディアは、ほぼ一斉に皇太后（諡号香淳皇后）を昭和天皇と苦楽を共にし、どんな時にも微笑を絶やさず、皇后として温かな存在感と親しみを示し続けたと評価した。

皇太后死去に当たり、当時の森喜朗首相は「謹話」を発表、「皇太后陛下には、昭和天皇の良き御伴侶として公私にわたり、常に、誠心誠意お尽くしになりました」「その御生涯を通じ、国際親善や芸術、文化、医療、福祉など幅広い分野にわたり、昭和天皇をお助けして、お努めになりました。「そのお優しいお人柄からにじみ出るほほえみを湛えられたお姿に心から敬愛の念を抱いたのであります」（『朝日新聞』六月一七日）と述べているように、皇太后を昭和天皇の「良妻」として「内助の功」を発揮したことを褒め称えている。ここにこの国の政治指導者が図らずもジェンダー役割を濃厚に意識化していたことが知れる。

与野党の党首らの談話も、殊に戦時中、良子皇后が果たした役割に目を瞑っているようである。このうちやはり注目されるのは、日本共産党の不破哲三委員長と、土井たか子（多賀子）社会民主党党首の対応であろう。不破氏は「私は、皇太后の死去に当たり、同じ社会と歴史を生きてきた一人の人間として、弔意を表すものであります」。続いて土井氏は「戦前戦中、そして戦後と激動の昭和の時代にあって、時には心を痛められ、ご苦労も多かったのではないかと拝察いたします」「優しい笑顔を絶やさず、人々の心をなごまされておられた姿が忘れられません」（いずれも前掲『朝日新聞』)。

これらの言に接すると、戦後世代はもとより戦前戦中世代も、良子皇太后は一貫して平和に生き、周囲に和みと温かみを与え、笑顔を絶やさず、非政治的な存在として国際親善と協調に尽くした人とのイメージが焼き付けられよう。わたくしたちは宮中については真実を知りようがない。しょせん、「雲上人」の世界であり、庶民には窺えない閉鎖社会である。良子皇太后が夫にいかに尽くしたか、子女たちにいかに慈愛深い母であったかなど知る由もなく、また普通の人にとっては彼女ら天皇家の人びとの私生活など、本来、無縁なものである。大切なのは、天皇家・皇族の女性たちが公的に果たした役割を知ることである。

それはともかく「首相謹話」が明瞭に示しているように天皇家や皇族の家では、家父長制が威を振い、男女と夫婦の役割分担、言い換えればジェンダーが見事に貫徹していることである。

良子皇后を「国母」陛下と仰ぎ「母の日」制定

さて、ここで改めて昭和天皇の皇后であった良子皇太后(諡号香淳皇后)についてみておこう。戦前戦中の良子皇后は、「国母」陛下として、日本国民にとっては、畏怖・畏敬の対象以外のなにものでもなかった。良子皇后については、河原敏明『良子皇太后　美智子皇后のお姑さまが歩んだ道』(文春文庫、二〇〇〇年。初版は、文春ネスコ、一九九三年刊)や、工藤美代子『香淳皇后』といった伝記類が公刊されているが、称賛一辺倒であり、女性史の立場からいって、不十分極まるものといっても過言ではなかろう。

さきの良子皇太后の死去を大きく報じる各紙紙面のなかで、少しくわたくしの目を引く写真一枚とそのキャプションがあった。それは次のようなものである。「満州事変から日中戦争、そして太平洋戦争へ。『国母陛下』とあがめられた。良子皇后の靖国神社参拝や傷病兵慰問の日が続く。=四二年海軍病院慰問」。(図24『朝日新聞』一九四二年一二月四日、三四面)。

図 24　良子皇后の戦中の海軍病院慰問

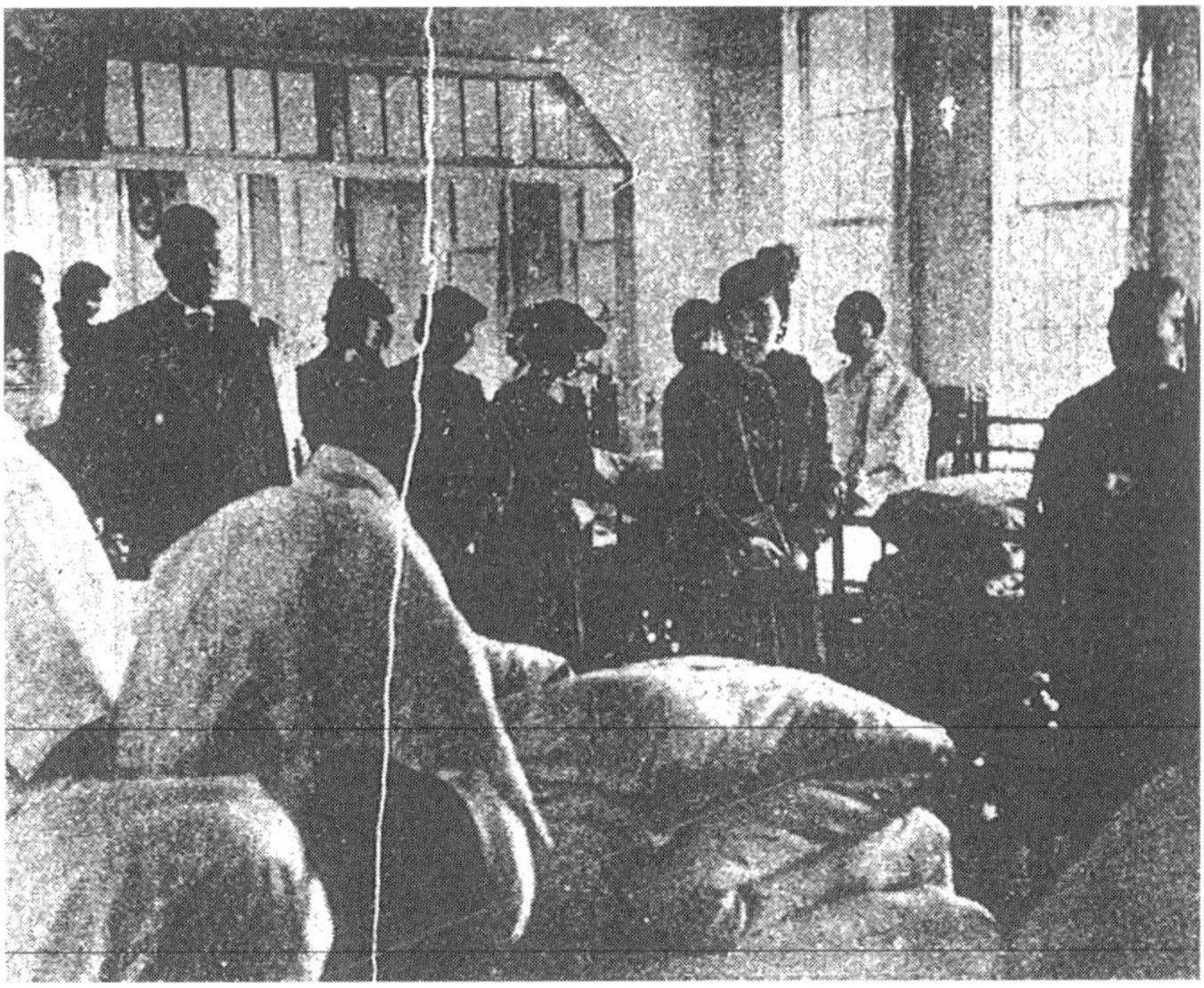

〔備考〕『朝日新聞』1942 年 12 月 4 日。

皇后を日本の母・主婦のシンボルとして大日本連合婦人会の発足

わたくしは、戦時下の市民的女性運動家の「国策」協力についてすでに簡単に述べたが、ここでは、皇后・皇族妃たちの「戦時協力」について記述する。良子皇后の誕生日（一九〇三年三月六日）を期して、三一年三月六日、「母の日」が制定された。ちなみに皇后の誕生日は、当時、地久節といわれた。柳条湖事件を前に、三〇年一二月、文部省は「家庭教育振興に関する件」の訓令を出し、国運の進展、思想善導、家庭教育振興、家庭生活の改善を強調、翌三一年三月六日、大日本連合婦人会（連婦）を発会させ、理事長に前女官長の島津治子が就任、のち皇后の妹三条西信子が総裁に「推戴」された。

皇后を日本の「母」「主婦」の鑑として、家庭の主婦の「善導」をも図るものであった。この当時、皇室の藩屛といわれた華族、それも上層華族層からも左翼運動に飛び込む若者が頻出した。前述のように公爵かつ維新の元勲といわれた岩倉具視の曾孫である岩倉靖子は日本女子大在学中に、貧困に悩む人びとをみて、運動に参加。逮捕されても肉親は姿を現さず、保釈後、自ら命を絶った。このような状況から家庭の主婦・母による子女の思想善導が叫ばれ、母の役割が強調されるに至る。

「母の日」の由来について、皇后の「御坤徳」を仰ぎ、「国民奉祝」の誠を表すとともに「家庭教育の振興」「婦人生活」の向上を図るものと謳った（大日本連合婦人会・大日本連合女子青年団『女性往来』第一巻第三号、三三年三月一日。拙編著『日本女性運動資料集成　第一〇巻　戦争』（不二出版、一九九五年、所収）。

天皇の誕生日を当時は、天長節として国の祝日にした。皇后の誕生日は地久節とされたものの、祝日にはならず、そこで大日本連合婦人会（連婦）とその系列の大日本連合女子青年団は、音頭をとって「母の日」制定運動を開始、「母の日」の行事として「小学校、中等諸学校、男女青少年団、婦人会等が合同して（或は単独で）三月六日に「母の日」を開催致し、儀式と共に左の事業を適宜行」うとして、講演や「賢母」「孝子」の表彰や「母に関する活動写真（映画）や音楽などを挙げた。

連婦は、日本の良き母、賢い母、子女の健全な育成に務め、家政を司る家庭の主婦・母のシンボルとして皇后を仰いだ。加えて地久節の三月六日を「母の日」と定め、良子皇后を「日本の母の理想」とする母親像の創出を図った。その母親像とは、教育勅語（一八九〇年公布）の一節にある「一旦緩急あれば義勇公に奉じ天壌無窮の皇運を扶翼すべし」という国家意思に忠実な母親像を示す。大君（天皇）のためならば、息子たちの尊い一命を奉げても悔いを残さないという母親づくりの一環であった。

系統官制女性団体の結成と銃後協力

三二年の日本の傀儡国家「満州国」建国、それをめぐっての翌三三年国際連盟脱退と続く日本の孤立は、日本国内に「非常時」気分を横溢させた。日露戦争前の一九〇一年、内務省の肝煎りで発足した愛国婦人会（愛婦）に続く系統官制女性団体の第二陣がさきの大日本連合婦人会であった。次いで柳条湖事件の起こった三一年大阪の主婦たちにより銃後報国の女性団体・国防婦人会が発足、こちらは軍部が背後にあって、強力に組織づくりを進め、三二年には大日本国防婦人会（国婦）を結成する。

三つの系統官制女性団体は、それぞれの後押しを受け、「婦人報国」「国防強化」「銃後奉公」について競い合う。

三女性団体は、その後、一九四二年二月、統合し、大日本婦人会を結成する。会長には伏見宮家出身の山内禎子（旧土佐藩主家に「嫁ぐ」）が就き、のち総裁に東久邇宮聡子が推される。前述したように聡子は、明治天皇の皇女で嘉仁親王（大正天皇）の異母妹であった。

「非常時」下の三三年三月六日、愛婦は「国母陛下〔良子皇后〕の御誕辰を祝し奉り婦人報国の赤誠を披瀝するのは、この時とばかり」（『東京朝日新聞』一九三三年三月七日）、第一回地久節婦人報国祭を開催、この年一二月二三日、「日の皇子」とか「日嗣の皇子」と騒がれた皇太子明仁親王が誕生、このことも重なって第二回地久節婦人報国祭は一層力が注がれる。愛婦が発した文書から抜粋引用する。

「地久節は、うまし国の美しき皇后宮として、永くみ国の御母たる陛下の、お生れ遊ばれました佳節」「陛下は、わが九千万同胞の戴く御母」「私共日本婦人の亀鑑」とし、「われ等は日本婦人である」という意識を、はっきりと自覚し「婦人報国の赤誠を披瀝」、この趣旨に基づき、全国に呼びかけると、各方面から多大の賛同を受け、東京では都下一万人の女性が「靖国神社々前に於て式典を挙行し、宮城前に行進、万歳唱和の後」、さらに明治神宮に参拝、国運隆昌を祈願した、といったものであった（「第二回地久節奉祝〔婦人報国祭〕施設の趣意」前掲拙編著一一七〜一一八頁）。

なお「九千万同胞」とあるが、それには日本植民地下にあった台湾・朝鮮の人びとも含まれる。

皇后讃歌

前述したように、三七年の盧溝橋事件を機に中国への全面侵略戦争が開始されると、戦時総動員体制づくりが急ピッチで進められる。裕仁天皇は陸海軍を統帥する大元帥で、良子皇后や他の皇族妃たちも、銃後において遺憾なく「内助の功」を発揮するべく働く。皇族に生まれた男子たちは一部の例外を除き、陸海軍の将官や将校たちであった。彼女たちも軍人の妻として戦時・軍事協力をする。とりわけ期待されたのは兵隊や庶民に対するご仁慈・慈愛を振りまくことであった。ここに皇族の女性たちのジェンダー役割があった。特に皇后は、他の皇族妃に君臨し、ご仁慈・慈愛の象徴と崇め奉られる。

翌三八年の地久節を前に、愛婦・連婦・国婦の官制女性団体は一様に皇后の「御仁慈」「御慈愛」「御賢徳」を称賛した。武藤能婦子大日本国防婦人会長（武藤信義元帥の妻、関東軍長官を歴任）は、「皇后陛下には深き御慈愛を傷痍軍人の上に垂れさせ給ひ、有難き御心を御歌によまれましたことはまことに恐れ多き極み」（「婦徳の美を顕せ」『国民精神総動員』第六号・三八年三月一日。鈴木前掲書五六三頁）といい、本野久子愛婦会長は、「我が　国母陛下に於かせられましては全く日本婦人の亀鑑とあふぎ奉る御賢徳を供へさせられ」（「銃後婦人の覚悟」同右。右前掲書五六五頁）と褒め称え、女医の先駆けで大日本女子青年団団長、女性界の大御所吉岡弥生は「地久節は全国民が祝ふべきであり、未だ国祭日とされて居らぬは遺憾であります。今まではこの佳き日を婦人のみで祝ふて参りましたが、これは老若男女を問はず一家挙つて祝ひ　国母陛下の御賢徳を肝に銘じ、国民への御慈愛に応へなければなりません」（「重大時局と婦人」同右。右前掲書五六五頁）。

以上のように女性界の指導者たちは、皇后を日本の母・主婦・天皇のベターハーフ（伴侶）として最大限持ち上げ、庶民の女性たちを戦時協力へと駆り立てていく役割を担う。次に皇族妃たちの戦時協力について瞥見する。

皇族妃たちの「慰問」活動

小田部雄次編著『梨本宮伊都子妃の日記　皇族妃の見た明治・大正・昭和』（小学館、一九九一年）によれば、のち元帥府に連なった梨本宮守正王の妃で韓国皇太子の妻となった李方子の母伊都子は、旧鍋島藩主家の出身で、皇族妃としてはやや異色の人物であった。伊都子の日記によれば、日中戦争さなかの一九三八年二月から各地病院の傷病兵慰問を開始、二月一五日の陸軍第一病院を初めとし、四月一八日には九州への慰問に出かけた。小倉陸軍病院を慰問し、「中々おもきものあり、又快方にむかひつゝあるのもあり。片手片脚、中々多く、気の毒なり」。

翌二〇日から二三日にかけて伊都子は、福岡、久留米、唐津、佐賀の各病院を回った。小田部氏によれば、この年六月二〇日、日本各地の慰問を終えた伊都子ら各皇族妃らは、次に台湾・朝鮮・関東州の傷病兵士を慰問することになった。この間の動きは、「関東州御慰問御使ひの旅日記」に纏められている（同右書二四八〜二五一頁）。その頃のことを伊都子は次のように記している。二四日柳樹屯陸軍病院を回った。「大した重症者はなけれども、中には大かた快復したものありて、元気なり。……一同、非常によろこび、大みこゝろのあつきに、感涙しゐたり」。

そもそもこの皇族妃たちの各病院への「御差遣」は、良子皇后から賜った「お言葉」（要旨）として「皇国の為とは云ひながら、皆気の毒な者につき、此の上とも十分労り遣はす様に」（傍点は筆者）が巻頭にある。伊都子には、他の皇族妃たちも同様であろうが、「中国憎し」の念がある。皇后にとっても兵士たちは、「慈愛」「憐み」の対象以外ではなく、伴侶である裕仁天皇が始めた戦争の被害者、犠牲者という視点はない。いわゆる「上からの目線」が明白である。

伊都子の日記から抜粋引用する。「いつまでも事件かたづかず。支那側は日本のいふ事をきかぬ様なふりにて、どん〳〵軍備をすゝめ」「日支の事件中々らちあかず、どうしてわからぬにや、さかねぢばかりして手こずらしてゐる」（同右書）と。侵略戦争とはまったく認識していなかったことが分かる。他の皇族妃たちにしても同様であろう。

『国体の本義』『臣民の道』——天皇に絶対随順の強制

裕仁天皇は、戦前戦中、現人神（現身の神）として仰ぎ奉られ、臣民（サブジェクト）を文字通り畏怖させる存在であった。天皇の伴侶である良子皇后も同じく日本臣民の畏怖・崇敬の対象であった。皇后（皇太后）没後、マスメディアが一斉に描き出した「微笑みの皇太后」像は、少なくとも戦前戦中においてはまったくの虚像といえよう。

敗戦直後、軍服を脱ぎ捨て、ソフト帽と背広姿で各地を巡行し、臣民から「国民」へと呼称を変えた民衆に対し「あ、そう」と直接語りかけ、応答した天皇（それ以前は、いわゆる「敗戦の詔勅」のラジオ放送でその声に接したのが初めてで、庶民が天皇の声を直接聞くことはできなかった。良子皇后にしても同様である）は、新聞・放送を通じて人気を高めていく。良子皇后は、戦後の「微笑み」像とは遠く、写真で見る限り、無表情ないし感情を抑えているような表情をしていた。

いわゆる「国体明徴」後、文部省教学局は、二冊の「臣民」への教本、すなわち三七年の『国体の本義』、四一年の『臣民の道』を編纂発行し、建国神話に基づくさらなる天皇神聖化・絶対化を打ち出し、臣民の天皇への「絶対随順」を説いた。「随順」とは天皇の「大御心」に随い奉るとの意味である。『国体の本義』が中国侵略全面戦争、『臣民の道』が対英米蘭開戦を間近にして発刊されたことに天皇制軍事国家の「国民総動員」への狙いが如実に受け止められる。

天皇・皇后は学校でどう教えられたか

天皇・皇后は、戦前戦中において臣民が天皇夫妻を崇め奉る教育を第一義として教え込まれた。学校教育はそのために最大限、利用され、子どもたちは「少国民」として、「天皇教」へと教化される対象以外、何者でもなかった。「教育勅語」が学校教育の最大目標として位置づけられ、「一旦緩急あれば」「皇運扶翼」の任務を遂行し、天皇のため、「お国」のために死すことが最大の美徳とされた。

天皇教への教化が特に発揚されるのは学校行事の場であった。四一年四月、文部省普通学務局長・同実業学務局長の連名で各地方長官宛に通牒「作法教育に関する件」(原本片仮名。以下同様)が発表され、「諸学校の修身科に於ける作法教授に付て」は「細目に亙り指示する所なく今日に及び」「今般之に関する研究調査を為さしめたる作法教授要綱調査委員会の答申に基き別冊『礼法要項』作成相成りたる」として、修身科における「礼法要項」に基づく教授方を指示した(『解説　礼法要項』文淵閣、一九四一年六月、参照)。以下、要項を紹介する。

礼は、上、皇室を敬ひ奉り、下、億兆の相和する心より起る。……これを正すは、方に国体の本義を明らかにし、社会の秩序を維持する所以である。君臣の義、父子の親、長幼の序、上下の分、みな礼により自ら斉ふ。……
礼は元来恭敬を元とし、親和を旨とする。これを形に表すのは即ち礼法である。礼法は実に道徳の現実に履修されるものであり、古今を通じ我が国民生活の軌範としてすべての教養の基礎となり……宜しく礼法を実践して国民生活を厳粛安固たらしめ、上下の秩序を保持し、以て国体の精華を発揮し、無窮の皇運を扶翼し奉るべきである。

礼法とは国民が最も心に致すべきは天皇・皇后・皇室への絶対的尊崇・随順の念であり、礼法はその心を「臣民」に植え付けるためにある。第一章「皇室に対し奉る心得」にはこうある。

一、皇室に関する談話・文章には、特に敬称・敬語の使用に注意する。

二、詔勅・令旨を奉読し、御製・御歌を奉唱し、若しくはこれを拝聴する場合には、姿勢を正し、謹厳な態度をとる。

皇室に関する談話をなす場合はもとより、談話が皇室の御事に及ぶ場合に於ても亦同様である。

礼法の第六章は「祝祭日」である。この「祝祭日」は、天皇家の宗教儀礼と分かちがたく結びついていた。祝祭日は、主権在民の日本国憲法のもとにある今日においても多くが引き継がれている。天皇家の行事と学校行事は連結していたといえる（詳しくは今野敏彦『「昭和」の学校行事』日本図書センター、一九八九年、参照）。ここでは祝祭日において天皇皇后への「敬粛」を示すため、「礼法要項」は次のように行えと指示した。

一、祝祭日には、国旗を掲げ、宮城を遥拝し、祝賀・敬粛の誠を表する。

二、紀元節・天長節・明治節及び一月一日に於ける学校の儀式は次の順序・方式による。天皇陛下・皇后陛下の御写真の覆を撤する。この際、一同上体を前に傾けて敬粛の意を表する。次に天皇陛下・皇后陛下の御写真に対し奉りて最敬礼を行ふ。次に国歌をうたふ。次に学校長教育に関する勅語を奉読する。

参列者は奉読の始まると同時に上体を前に傾けて拝聴し、奉読の終つたとき敬礼をして徐に元の姿勢に復する。〔以下略〕

日本臣民は、天皇・皇后に対して、彼らの写真に対してさえ、神に対するがごとく崇め敬い、ゆめゆめ不敬であってはならぬと厳しく叩き込まれた。写真は「御真影」と呼ばれ、学校中で一番堅固な建物、これを「奉安殿」と称したが、そこに保管されていた。子どもたちはいつもそこを通るとき、敬礼をしなければならなかった。不敬罪は、旧刑法七三～七六条まであり、天皇・皇后はもとより皇族のほか、皇大神宮（伊勢神宮）に対してさえ、適用されていた。

教育勅語の眼目は「皇運」の「扶翼」にあるが、現在の日本国憲法下でも、勅語にはいまも見習うべき個所があるとして「爾《なんじ》臣民父母に孝に兄弟に友に……」といった部分を取出し、勅語にも学ぶべき点があるという政治家もいる。

しかし、先の『臣民の道』から抜粋すれば、「孝」の第一義は「忠」にある。「孝の第一義は父祖の心を継いで、皇運扶翼の臣民の道を実践するところにある。これが我が孝道の神髄」「子は父に順ひ、父は祖に順つて共々に忠を致す」のである。「天皇は皇祖皇宗を祀り大孝を申し述べ給ひ、その御心を体せられ、惟神の道に則とつて国を治め民をしろしめし給ふ」。「皇国臣民たる我等は、皇運扶翼のみこともちて生まれ来たつたものである」「万民補翼、老若男女を問はずひたすら大御心を奉体して終始するばかりである」（朝日新聞社版『注解　臣民の道』一九四一年八月、五八～五九頁）。

天皇の戦争として行われ、皇后はじめ皇族妃、特に天皇の妻として戦時動員を呼びかけ、関係者を叱咤した良子皇后とはいかなる存在であったのか。良子皇太后が一九九七年に死去した際、同年六月一七日の『朝日新聞』朝刊の「天声人語」子は、戦中の良子皇后に言及して「天皇は神であり、皇后は神の仕人」と位置づけ、皇后は天皇と同じ車に乗ることさえできなかったと述べている。

しかし、以上からみても、先の「天声人語」子がいうように、皇后は天皇の「仕人」ではなく、臣民から等しく敬い、崇められる存在であり、真に「仕人」とされたのは、日本植民地下の台湾・朝鮮人をも含む日本「臣民」であり、天皇皇后は仕え奉られた側であった。天皇・「国母」陛下の名のもとに仕えまつった臣民の少なからざる人びとがあの戦争で命を落とし、肉親を失った。天皇の名で行われた、日本の侵略戦争によって多大な苦しみ、痛み、犠牲となった厖大な数のアジアの被害者がいる。

裕仁天皇の死去の折、マスメディアは挙って天皇の行った戦争の真実に蓋をし、平和愛好家としての側面のみを強調した。良子皇太后の死に際しても、同じくマスメディアは「平和愛好家裕仁天皇」のベターハーフとして描き出し、歴史修正主義・一国主義を遺憾なく発揮、若い世代への歴史認識を曇らせるという罪を犯したといえる。

良子皇后の「気の毒」「労り遣わすように」

さて、この間の皇族妃たちの「慰問」活動については前述した通りである。が、少し敷衍しておこう。皇族妃たちの各病院への「御差遣」、傷病兵慰問は、良子皇后から賜った次の「お言葉」であった「皇国の為とは云ひながら、皆、気の毒な者につき、此の上とも十分労《いたわ》り遣《つか》はす様に」が要であろう（『梨本宮伊都子の日記』二四八頁。傍点は筆者）。いうまでもなく、良子皇后には、天皇制国家とブルジョア・華族階級がその利益のための、「挙国一致」「皇国」のためにという掛け声で、民衆が多大の苦しみや痛みを強いられ、犠牲になっているとの戦争への認識は見られない。「気の毒」「労り」という言葉に伺われるように上からの恩恵・慈恵心のみである。

12　大日本婦人会創立——天皇の叔母、東久邇宮聡子妃が総裁

系統女性団体の統一で大日本婦人会発足

日中侵略全面戦争からアジア太平洋戦争へと戦線が拡大し、さらに総力戦体制の構築が求められるなかで、官制系統女性団体は一元化を迫られた。背後にある統括官庁のセクショナリズム（内務省・文部省・陸軍省）もあって、何かと競合対立していた三つの団体が、ようやく四二年二月大日本婦人会（日婦）として発足した。

総裁に東久邇宮聡子内親王を「推戴」し、旧皇族（伏見宮）出身の山内禎子が会長職に就いたものの、実務は、内務官僚の川西実三が切り盛りした。総裁に就任の東久邇宮聡子妃と天皇家とはすでに述べたようにきわめて近い近

親関係で繋がっている。裕仁天皇の父大正天皇の異母妹が聰子妃であり、その夫の東久邇宮稔彦王と良子皇后の父久邇宮邦彦王は、父を同じくする異母兄弟である。その意味で聰子妃の総裁就任は、皇后・皇族妃たちによる女性総動員、銃後協力運動の展開に大きな意味を持っている。

伝統的女性観・婦道に立ち、総力戦遂行に邁進

日婦は、次のような目的と綱領を掲げ、二〇歳未満の未婚者を除く、日本女性二千万人を擁する一大女性銃後団体として発足。同会には、これまで女性参政権獲得などの運動に携わってきた市民的女性運動家の多くも参加する。目的と綱領は以下のようである。

目的

高度国防国家体制に即応する為皇国伝統の婦道に則り修身、斉家奉公の実を挙ぐるを以て目的とす

綱領

一、私共は日本婦人であります。神を敬ひ、詔を畏み、皇国の御為に御奉公致しませう。

一、私共は日本婦人であります。誠を尽くし、勤労を楽しみ、世の為人の為に努力致しませう。

一、私共は日本婦人であります。身を修め、家を斉へ、日本婦道の光輝を発揚致しませう。

実務を司った官僚の川西実三が評論家の阿部静枝と対談しているなかで、頻りに女性の総力戦意識を高め、教育・家庭生活・銃後総力戦の「戦士」としての任務は、男性よりも大きいと思うと力説している（「対談　総力戦と新婦人会　日婦のめざすところ」『婦人朝日』四二年四月号、拙編著『日本女性運動史資料集成　第10巻　戦争』不二出版、一九九五年、三八一～二頁）のが注目させられる。

続いて日婦は、『母を讃ふ』と題する小冊子（四四年七月発行）を発行、このなかで平出英夫海軍情報部大佐が、

ハワイの真珠湾攻撃で「護国の華」となって散った勇士たちに関連し、母の力の偉大さを称揚し、「戦争がある」ところ、「よき母があれば戦争は勝つ」「よき母の下によき軍人」が多数生まれると説いた（前掲拙編著三八六頁）。日婦の役割は、あくまでも日本の「母」、家庭の「母」として夫を支え、子を育て、「お国に尽くす」ことにあるという良妻賢母の伝統的女性観に立ち、戦争継続に総力を奉げること、さらに戦局が厳しくなるにつれ、「健民健兵」政策への協力が大々的に謳われる。

日婦の健民部長であった大浜英子（のち早稲田大学総長になる大浜信泉の妻）は、政府の政策、すなわち皇国民族精神の昂揚、出産の増加と結婚の奨励（ちなみに四一年一月人口政策確立要綱を軍部の強い後押しで閣議決定）、母子保健の徹底、体力の錬成、国民生活の合理化、結核及び性病の予防撲滅を示し、「全女性を国家的母性として総動員」させることを強調（日婦機関誌『日本婦人』四三年七月号、前掲拙編書四一六～四一九頁）した。

第一回通常総会で皇后の「令旨」伝達

発足後の四二年一一月一一日、日婦は、初めての通常総会を開催、皇后の名代として東伏見宮依仁親王妃が出席、総裁東久邇宮聰子内親王および名誉会員である皇族妃たち一二人の「台臨」を仰ぎ、参列した会員八〇〇〇人は「婦道翼賛」に邁進し、「恐懼感激」「一層の精励」を誓ったという。良子皇后は名代として先の故依仁親王妃周子を派遣し、次の令旨を朗読、伝達させている。その令旨とは次のようなものであった（『朝日新聞』一九四二年一一月一二日。前掲拙編著四八五～六頁）。

令旨

大日本婦人会第一回総会に際し諸員に告ぐ。

今や征戦六年に及ひ愈々挙国一致の態勢を堅くすへきの秋《とき》全国婦人を結集せる本会の組織成り本日総会を開くに至りたるは深く満足する所なり

惟ふに戦の長期となるに従ひて婦人の任務は愈々重きを加ふへし諸員宜しく協心戮力奉公の誠を効し以て婦人報国の使命を達成せんことを望む

この皇后の令旨に対する総裁東久邇宮聰子妃の奉答文は、「私共一同は謹みて令旨を服膺し」「皇恩に酬《むく》い奉らんことを期しております」と応じた（『朝日新聞』四二年一一月一二日、前掲拙編著四八五～六頁）。

戦局が押し詰まった四三年に入ると、日婦は「決戦」下の使命を呼号、川西は四三年一二月の錬成会で日婦は、「一死国に殉ずる軍人」の光栄特典に与ることのできない」女性の身でありながら、生活そのもの、生命そのものを以って「大君に忠義」を尽くす総力戦の「戦人」であり「総裁宮殿下の御統董」のもと、「渾身の忠節」を励み、「上　大元帥陛下の御信倚に応へ奉り」と、述べ、会員のさらなる奮闘を促した（『決戦下に於ける大日本婦人会の使命』四三年一〇月五日、前掲書四五四頁）。

同年の四三年一一月、良子皇后は「米英撃滅」の戦意高揚を図るための「戦力増強婦人総蹶起強調運動」に当たり、日婦総裁東久邇宮聰子妃を宮中に呼び、総裁から会務の現況報告を聴取、そののち、次のごとき「有難き御言葉を賜はった」（『朝日新聞』四三年一一月一二日）という。

皇后陛下御言葉

大日本婦人会が結成以来帝国未曾有の難局に処して克く銃後の備に万全を期し其の事績見るもののあるを聞く深く満足に思ふ

今や時局愈々重大なる秋婦人の責務益々重きを加ふ総裁以下一同力を合せて一意婦人報国の使命達成に邁進せんことを望む（同右。原文は片仮名）

以上簡単に辿ったように良子皇后が戦中に果たした役割は否定できない。令旨や「御言葉」等の言説や「御仁慈」「御慈愛」「御賢徳」といった言葉の氾濫が日本の女性大衆を戦時協力へと駆りたてていった側面は軽視できないだろう。

傷痍軍人との結婚斡旋、「軍国の妻」「荒鷲の母」の称賛

四三年に入ると、戦死者も増え、日婦は、「護国の花と散った英霊の追悼」や軍人援護活動に総力を傾け、負傷した傷痍軍人と、独身女性の結婚奨励・斡旋運動に血道を上げた。日婦の総裁東久邇宮聰子妃が、神奈川県相模原の臨時東京第三陸軍病院を慰問し、親しく「慰問」の言葉をかけ、見舞いの「お菓子料」として金一封を「下賜」したりする。

四四年になると戦況は一層深刻化する。皇族妃たちは良子皇后の「内旨」を受け、天皇の次弟の妻である秩父宮勢津子妃などの皇族妃はじめ李王方子妃など王公族の妻たちを各地に派遣、視察させ、各地の日婦組織が戦力増強に励むよう督励、「軍国の妻」「荒鷲の母」(海軍飛行兵の母。兵士には神風特別攻撃隊員も含むだろう)を顕彰し、引き続き必勝祈願や花嫁斡旋を展開する。

良子皇后の皇后としての戦争責任にも蓋をする

四五年、沖縄戦、各都市への大空襲、海外各地における日本軍の敗退が続くが、「皇統保持」「国体護持」に固執して、天皇や軍部は「終戦」への道を「国民」には示さず、なおも天皇・戦争への翼賛・協力を求めた。日婦は、貯蓄熱を煽りつつ、軍用機の献納を呼びかける。が、四五年六月国民義勇隊への再編成のため、解散を決定、総裁東久邇宮妃は、「……決戦下奉公の実を挙ぐることを得たる」は深く喜ぶとし、諸子「宜しく一瞬の遅緩を許さす」「一層婦人報国に邁進」せんことを望むという「御言葉」を発して解散した(『朝日新聞』四五年六月一四日、鈴木前掲書五二五頁、参照)。

日本のマスメディアは、一九八九年の昭和天皇死去の折、そうであったように良子皇太后(香淳皇后)の死去においても、以上に見たように、戦争との具体的関わりについて一切報じず、隠蔽化した。良子皇太后は、温和で明朗、

大らかな人物として描き出され、たまたま戦争に触れることがあったにしても、戦争中は「人知れぬ苦労も多かったようだ」と印象批評的に語り、自己の所属していた新聞さえ目を通さず（たとえば、元朝日新聞編集委員・岸田英夫「戦中　人知れぬ苦労も」『朝日新聞』九七年六月一七日）と、多くの庶民が受けた戦争被害と同様に、まるで戦争の被害者のごとく、そのイメージを再生産させていく。

昭和天皇の死に際して、天皇の果たした戦争責任を実証的に検証してこなかったマスメディアはこの度も良子皇太后が具体的に戦中発してきた言説や行動を少しも探ることなく、かえって称賛の的とした。このような歴史の歪曲は、近隣諸国・戦争被害国のアジア・西太平洋の民衆と日本の民衆との歴史的和解を妨げ、歴史認識への共有化を阻むものに他ならない。

日婦は、上位下達の最たる組織で、本部から県支部へと、最終的には常会へおろされ、命令通り指示が下される。皇族妃たちは、日婦に関与することで、天皇・皇后の戦争に協力し、女性大衆の戦争総動員に一役も二役も買ったことを、幾人の皇族妃たちが、敗戦後どれほど認識、反省したのだろうか。

第13章　敗戦と天皇・天皇家の女たち

1　敗戦直前直後の裕仁天皇と「皇統保持」「国体護持」

天皇、近衛上奏文を拒否

四五年六月二三日沖縄戦での日本軍全滅、住民殺害・自決の強要（沖縄県民の死者一七万人余に上る）など、戦争は敗戦が必至であった。これより前、裕仁天皇は重臣たちの意見を具申する。天皇家と藤原鎌足以来、姻戚関係が強く、もっとも親近感のあった元首相で公爵の近衛文麿は、四五年二月一四日、敗戦は必至であり、共産革命が起こる以前に手を打つ必要を天皇に説いた。近衛はのちの首相吉田茂と協議のうえ作成した長文の「上奏文」をもとに「戦争終結」を強く主張した。「実録九」にある、侍立の内大臣木戸幸一の記録によれば次の通りである。要約抜粋引用する（原文片仮名）。

「最悪なる事態に立至ることは我国体の一大瑕瑾たるべきも、英米の輿論は今日迄のところまだ国体の変更と迄は進まず」「国体護持の立場より最も憂うべきは、最悪なる事態よりも之に伴ふて起ることあるべき共産革命なり」「翻て国内を見るに共産革命達成のあらゆる条件日々に具備せられ……生活の窮乏、労働者発言権の増大、英米に対する敵愾心昂揚の反面たる親ソ気分、軍部内一味の革新運動、之に便乗する所謂新官僚の運動」「之を背後より操る左翼分子の暗躍なり」とし、「勝利の見込なき戦争を之以上継続することは全く共産党の手に乗るもの」「国体護持の立場よりすれば、一日も速に戦争終結の方途を講ずべき」と進言した（「実録九」四五年二月一四日条）。

近衛のこの上奏に対し、天皇は「今一度戦果を挙げなければ粛軍の実現は困難」との口吻を洩らした（同右）。もしこの時、仮に近衛の上奏を受け、「終戦」に努力していれば、あの凄絶な沖縄戦はじめ東京大空襲はじめ各都市へのB29機による焼夷弾投下による莫大な人命の損失をも免れていたであろう。七月二六日、米英ソによるポツダム宣言も黙殺し、その結果、多くの命が失われ、八月六日、同九日の広島・長崎への原爆投下による無辜の市民の大量虐殺をも免れていたかもしれない。もとよりその被害者のなかには在日朝鮮人はじめ多くの外国市民・捕虜たちも含まれる。

「終戦工作」を図りつつも、「国民」に勇戦奮闘を鼓舞し、瞞着

この間の四五年五月一四日、最高戦争指導会議の構成員メンバーは、「終戦工作」の開始を決定、が、翌六月八日、最高戦争指導会議は、「今後採るべき戦争指導の基本要綱」を決定、本土決戦を採択した。さらに二二日には軍需生産、食糧、防衛の増強、確保、強化、秩序の維持などに関し内閣に独裁権限を付与する非常立法を行った。時の首相は、天皇の信頼厚い元侍従長で海軍大将の鈴木貫太郎であった。鈴木は、七月二八日、上記のポツダム宣言を黙殺、戦争継続を表明した。しかし、心中は近衛らと同様、いかに「皇統」「国体」を護持し、少しでも有利な条件での降伏を探っていたのであった。

日本国民は、真相を一切知らされず、竹槍訓練や消火のための「バケツリレー」などに無駄な努力を強いられていたのであった。これより前の六月二三日、義勇兵役法を公布、男一五〜六〇歳、女一七〜四〇歳を対象に戦闘隊（国民義勇隊）を編成。「朕は曠古の難局に際会し忠良なる臣民が勇奮挺身皇土を防衛して国威を発揚せむとするを嘉し

……」と民衆の犠牲を称揚したのであった（「実録九」四五年六月二三日条。原文は片仮名）。未曾有の激戦が沖縄でなされ、多くの住民の犠牲が明らかになるその日の「上諭」がこれであった。

天皇、勅使差遣、国家安寧・皇統保持を祈願

この間も天皇は「終戦工作」の報告を受けつつ、親族らとの会食を持ったり、定例の夕餐相伴（側近者らが相伴に預かる）後、皇后とともにニュース映画、特攻隊を主題とした菊池寛原作の映画「最後の帰郷」を見たりしている（「実録九」七月二八日条）。各地の神宮神社にも勅使を差遣し国家安寧、皇統保持を祈らせ、熱田神宮の「神器奉還」などについて検討を命じる（「実録九」四五年七月三一日条）。

広島原爆投下直後の七日、民衆の集団爆殺に憂慮するよりも、皇統保持が優先されたのであろう、明仁皇太子の養育係りに東京帝国大学教授穂積重遠をあて、東宮大夫とし、翌四六年四月予定の東宮学問所の総裁を兼任すべきことを沙汰する（「実録九」八月七日条）。ちなみに穂積は、法学者の一族と知られ、一時はリベラリストとして評されていた人物であった。

以降、何度かにわたり「御前会議」が開催され、最終的に天皇側が率先する形で、しかも「聖断」という手法で「玉音」放送が八月一五日になされ、天皇の「大御心」として「臣民」の安寧を図った旨の「詔勅」が下される。新聞は、これをご仁慈と称え、「承詔必謹」を連呼する（拙著『女性史を拓く　4「慰安婦」問題と戦後責任』未来社、一九九六年、参照）。以後は、日本を占領する連合国軍最高司令部（ＧＨＱ）との「闘い」が天皇や側近たちの最大課題となる。

2　敗戦、皇統保持・天皇制護持をめぐって

一五年戦争（アジア太平洋戦争）の敗北により、近代天皇制は未曾有の危機ともいうべき時代を迎えた。

皇統保持・国体護持の最優先

敗戦は、四五年七月二六日、米英中から出されたポツダム宣言を受け入れるかどうかで、天皇と天皇制護持グループ内で、意見が分かれた。もはや日本の敗戦は明らかであり、「終戦処理」（敗戦処理ではない）をどうするか、が焦点となった。天皇および側近たちには、「終戦」は、天皇の国民への慈悲としての演出が図られる。こうして、壮大な国民への欺瞞が図られ、マスコミも率先してそれを宣伝したのであった。

わたくしは､以前､旧著『女性史を拓く　4 「慰安婦」問題と戦後責任』所収の「1　8・15はいかに演出されたか」で考察したことがあり、詳しくはそれを参照されたい。軍部の一部には、なお、本土決戦を主張する者があり、天皇自身も「皇統保持」、「国体」が無事護持されるか、分からない状態におかれていた。

そうこうするうち、前線では戦死者が続出、さらに戦地では多くの兵士に食物が与えられず、栄養不足、栄養失調、マラリア等の罹患などで餓死・病死するという悲惨な有様を呈していた。加えて日本軍が侵略・占領した地では、容赦のない殺害・虐待がその地の住民を苦しめ、怒りを買っていた。ベトナムでは、日本軍が押収した米の供出で、現地のベトナム人のうち、何百万人という単位の多数の人びとを死に追いやったという。

日本国内では、支配エリートが、無条件降伏を求める連合国側の意図を図りかねている間に、米軍による各都市への無差別爆撃をはじめ、八月六日には広島、同九日には長崎に原爆が投下され、あわせて二〇数万人という市民が犠牲になった。ちなみにこのなかには、日本が強制的に駆り出した朝鮮人労働者も多数含まれる。労務動員された中国人たちもいたかもしれない。米軍の捕虜たちもいた。

米占領軍による天皇免責は既定方針、が、天皇側は把握できず

同年二月、裕仁天皇は、共産革命を心配する近衛文麿の意見を受け入れず、もうすこし米英を叩いてからではない

と不利という見解から近衛の上奏を却下した。国体（天皇制）護持など、敗戦への少しでも有利な条件を狙っていたからであろう。結論からいえば、米占領軍は、何個師団かに匹敵する天皇の協力を得て、日本占領の円滑な運営を描いていた。このことは、天皇はじめ側近たちには、当時、予想だにされなかったことであって、必死に存亡策を探っていたのであった。

ここでは、主に米国の日本研究者の見解を紹介しつつ、「国体護持」なるものがいかに図られたかをみていこう。米国の日本史家として著名なジョン・ダワー氏はその著『敗北を抱きしめて　上』（三浦陽一・高杉忠明訳、岩波書店、二〇〇一年）の「序」で、興味深いことを指摘している。

ダワー氏がいうように、マッカーサーは、「日本人の感情を考慮して天皇の権威に依存する方法をとったが、その天皇のもとに、かつてアジアはすべて蹂躙され」たのに「マッカーサーは、天皇は新しい民主主義の指導者だと公然とたたえ」、天皇の弟や近親者たちが検討していた「天皇退位」論を、暗に中止させようとしていた。退位論者には、天皇の弟である高松宮宣仁、さらに天皇の義理の叔父東久邇宮稔彦王、近衛文麿らも含まれる。もとより彼らの天皇退位論は、皇統保持のためであった。彼らは天皇制すなわち国体護持論者であった。が、裕仁天皇の退位なくしては国体護持は困難と考えていたのであろう。しかし、裕仁天皇は、彼らの意見に疑心暗鬼となり、皇位にしがみついていた。

ダワー氏は、「マッカーサーとその側近たちは、天皇の戦争責任ばかりでなく、天皇の名において残虐な戦争が許されたことにたいする道徳的な責任さえも、すべて免除しようと決断していた。もし現地の占領軍のこうした決断がなかったら、アメリカ政府があれほどまで天皇擁護につとめることなど、考えられなかった」（同書一三頁）。もとより、この当時は、天皇やその側近には、米占領軍の右のような方針は伝えられていない。

「天皇制民主主義」――加害性認識・植民地主義反省の欠落

侵略戦争や、植民地支配の責任の頂点に立つ昭和天皇が、早くも米占領軍や米国政府に免罪されることになり、「明治」以降、天皇教に教化され、アジア蔑視、大日本帝国臣民としての大国民意識を植え付けられていた日本人は、加害者意識・戦争責任意識から解除され、あまつさえ直近での都市への大空襲や広島・長崎での大量殺害の意識が強くインプットされ、加害者としての意識を喪失させ、被害者の意識を強めていたといえる。しかしそのよって来るゆえんについては考察せず、天皇制への疑問さえ多くの民は意識さえしなかったといってよいだろう。

以上のようなことに関説して、ダワー氏は次のように指摘する。「こうしたアメリカ側の決断や行動は、多くの結果をもたらした。勝者たちのこうしたやり方が影響」して、いわば「官僚制民主主義」や「天皇制民主主義」といった矛盾撞着した表現が根付いた。東京で開廷された極東国際軍事裁判で、陳列棚の見世物のように、ほんの少数の武官・文官の最高指導者たちのみが戦争犯罪者として有罪とされるという「特殊な方法」がとられ、その一方で「天皇に対してはこびへつらうような処遇」がなされた。そのため「日本が領土拡張と国家安全を狂気のように追い求め」、その過程で「大和民族の男たちが他の人々に対して行ったことは忘れてしまおうとする、大衆の根強い傾向が助長」されたという（同右一四頁）。

まさに敗戦後の日本の国家と社会は、このように推移し、かつての侵略戦争や植民地主義支配への反省を忘れ、米国のいいなりになり、自国の繁栄のみ追うことになる。「道義なき国家」への道に突進する。植民地下で圧政を敷いていた朝鮮や台湾などでの民衆に対する蛮行や虐待・搾取・臣民（皇民）化政策を簡単に忘れ去り、本来、果たすべき旧宗主国としての責任を放棄した。この無責任さを後押ししたのは米占領軍であり、東西冷戦体制下で日本を自国のもとに組み敷こうとする米国政府であった。裕仁天皇もまた米占領軍への協力を惜しまなかった。

占領期のGHQ（連合国最高総司令部）君臨のもと、「上から」の民主化に対し、自前による民主主義の育成・成就を叫ぶ日本の知識人らも存在したが、それらは比較的少数であった。リベラル左派の高野岩三郎、丸山真男や最近物故した日高六郎ら、および非共産党系の山川均・菊栄、向坂逸郎らのかつての労農派マルクス主義に連なる人びとは、日本の市民に対し、自主自由への自覚による、また主体の確立を通しての民主主義への成就を説き、天皇制批判の指摘も行っている。実践的には民主人民戦線の提唱へと繋がる。

日本民衆、飢餓と直面

敗戦に直面した日本の民衆がまずたたかわなければなかったのは、飢餓からの解放であった。長い戦争によって国土は荒廃し、生産財も枯渇していた。一九四五年の夏以降、食物はさらに欠乏し、人びとは、買い出しに奔走、四六年春の端境期には、日本人庶民の大半が栄養不足に陥り、生命の危機さえ感じるに至る。ダワー氏の表現を援用すれば、敗戦は、アジアからの食糧供給を切断（ということは、戦時期、日本は食糧を、朝鮮はじめ植民地・占領地の人びとから搾取し、その犠牲のうえで確保していたのである）、のみならず敗戦前年に収穫、備蓄されたお米が底を尽きつつあり、数百万人にあたる憔悴しきった民と、まもなく引き上げてくる兵士たちを抱え、豊作は至上課題であったものの国土は焼き尽くされ、焦土と化したところも多かった。

加えて四五年は、天候不順、労働力不足、粗末な農機具、肥料生産の減少により、収穫高は例年より四〇％近くも減少し、一九一〇以来最悪の不作の年となった。ダワー氏は、やや皮肉を込め、「それはまるで神々がこの『神国』を本気で見限った」。「官僚も農民も、自国民を見捨てた。収穫した穀物が大量に闇に流れた」からである（同右一〇四頁）。

人びとは、わずかに残っていた着物類で、闇で（乏しい配給では家族は養えなかった）、近郊農村の農家と直談判し、家族と自身の糊口を凌ぐため、主婦や亭主たちが食糧確保に奔走する。が、経済警察が目を瞠っていて、ようやく手にした物資を警察に押さえられるという苦難に直面した。しかし、軍需物資のうちの食糧は軍の倉庫に秘匿され皇室や支配エリートにおいては、それほど困ることはなかったのであろう。

四五年一〇月二八日、東京高等学校のドイツ語教授、亀尾英四郎が栄養失調で死去、上野駅周辺では、戦災孤児がうろつき、一日平均六人もの浮浪者が餓死、一一月中旬、神戸・京都・大阪・名古屋・横浜の大都市でも七三三人が餓死したと報道された。大雑把な推計によれば、降伏から三か月間の東京で、餓死したのは一〇〇〇人以上とされる。

こうしたなかで、食糧が船で米国から運ばれ、大災厄を防ぐことに貢献した。このため、米国は「寛大な恩人だというイメージが高」まり、「まことに旱天の慈雨」ともいうべき、ある自治体史の表現によれば「暗い気持の府民の心に希望の灯を点じた」（同右一〇四～一〇五頁）。

3　天皇像のイメージ転換を図る——軍人天皇から平和天皇への作りかえ

いわゆる「人間宣言」——神格否定は二の問題

四六年年頭の天皇の「人間宣言」は、よく知られている。国務・統帥両面にわたり絶大な権限を掌握し、戦争指導の最高責任者であった天皇は、前述のように米占領軍の専ら政治的思惑によって、法の裁きを受けることを免れる。とはいえ、四五年末の時点においては、天皇家とその一族は、存亡の危機から完全に脱出していたわけではなかった。連合国側でもオーストラリアは天皇訴追を強硬に主張し続け、米国民のなかにさえ、「ヒロヒトを裁け」という声は強かった。

日本軍による侵略の爪痕が深く刻み込まれていた先の中国・朝鮮やソ連などの世論は天皇の断罪を強く求めていた。そこで米占領軍首脳部と日本支配層が結託し、天皇処罰を求める国際世論の追及を交わすべく仕組まれたのが、四六年年頭のいわゆる「人間宣言」（「新日本建設に関する詔書」）であった。

この人間宣言の核心部分を紹介すると、まず明治天皇が示した「五箇条の御誓文」を冒頭に掲げ、明治国家が「民主主義」を国是としていたと強調したうえ、自らと日本国民との関係を「終始相互の信頼と敬愛」によって結ばれ、「単なる神話と伝説」によってではなく、また「天皇を現御神」とし、日本国民を「他の民族に優越」し、世界を支配すべき運命を有するとの「架空なる観念」にあらずという。これをもって「人間宣言」と称したのであろう。

詔書はさらに「大小都市の蒙りたる戦禍、罹災者の艱苦、産業の停頓、食糧の不足、失業者増加の趨勢等は真に心を痛ましむるものあり」と述べ、「朕は我国民が時艱に蹶起し、当面の困苦克服の為に」「産業及び文運振興のために勇往せんことを希念す」るといった内容（原文は、文語片仮名）であって、どこが「人間宣言」かと思わせる「詔書」であり、天皇には統治・支配意識が確り残っていたこと、さらに国民を叱咤し、復興に力を注ぐべきことを指示し、「蹶起」を促しているというべきであろう。

のちに裕仁天皇が七七年八月の記者会見で語ったところによれば、「人間宣言」における神格否定は「二の問題」で第一の目的は「五か条の御誓文」で明治天皇が民主主義についてすでに語っているということを強調したかったからである（鶴見俊輔・中川六平編『天皇百話』（下の巻）ちくま文庫、一九八九年、六四一〜六四七頁、参照）と述べた。

神の裔意識は強く残存

右に窺われるように天皇にあっては「人間宣言」とは生き残りのために発したものであったが、依然として自身は神の末裔との意識は強くあったものと考えられる。敗戦直後の四五年一〇月から翌四六年五月まで侍従次長・皇后宮大夫を務めた木下道雄の『側近日記』（文藝春秋、一九九〇年）からも天皇が神の子孫であるとの意識を強く有していたことを窺わせる箇所がある。木下は当時の天皇の文字通り側近であった。『側近日記』の四五年一二月二九日の条に、次のようにある。

10時20分、高松宮殿下御来室。
平和、正直、仁慈につき、陛下の事に関し新聞に話す種子はなきか。甘露寺〔受長——宮中の有職故実に詳しかった〕に材料ありと思い、明朝九時、御殿に行って貰うことにした。
2時、前田〔多門〕文部大臣と面談（詔書案について）
2時〜3時、尾崎行雄氏賜茶に出る（中座、文相と面談）
3時、吉田〔茂〕外務大臣と面談（外相拝謁前）（詔書案について）
4時、同上（拝謁後）

大臣は現神と云う言葉も知らぬ程国体については低能である。これは驚くべきことなり。これではMac〔マッカーサー〕司令部に馬鹿にせらるるであろう。

詔書案中気に入らぬことは沢山ある。殊に文体が英語（幣原首相の筆になる）の翻訳であるか徹頭徹尾気に入らぬ。〔中略〕

朕と我国民との紐帯は終始相互の信頼と愛情に依りて結ばれ来たる特性を有す〔中略〕と云うところである。日本人が神の裔なることは架空と云うは未だ許すべきもEmperorを神の裔とするは架空とすることは断じて許し難い。そこで予〔木下〕はむしろ進んで天皇を現御神とする事を架空なる事に改めようと思った。陛下も此の点は御賛成である。神の裔にあらずと云う事には御反対である。

（『側近日記』八九〜九〇頁）

のちの「大宰相」で「臣　茂」といって忠臣を自認した吉田茂も木下にあっては形無しである。それはともかく天皇が本心、木下同様、自身の「神の裔」否定（神格否定）を許し難く思ったであろうことは事実であろう。天皇が元側近に後年語った言葉として「（宣言について書いたり話したりする場合は）五か条の御誓文（右はマ元帥これの存在を知り、こんな結構なものがあるならと賛成したる由、幣原から聞くと）を主とせよ、現御神のことは軽く言え、ブライスのことは言うに及ばず」（高橋紘『象徴天皇』岩波新書、一九八七年、三六頁）と紹介されている。

マッカーサー司令部の天皇を守るには自ら神格否定をしなければその地位は保障できないとの要請に裕仁天皇は、表面はすこぶる忠実に従うことを装いつつ、裏では巧妙な換骨奪胎を行った。ＧＨＱの「神格否定」の要請を受け容れなければ、天皇や天皇家が存亡の危機に直面することをリアルに察知し、右のような底意を胸に秘め「人間宣言」に臨んだ。まことに天皇はリアルポリティクスに通暁した現実政治家であったことを首肯できよう。マッカーサーはこの宣言に満足の意を表した。四六年一月六日、天皇は木下を呼んで、次のように述べた。

7時40分〜8時20分、御文庫にて聖上に拝謁

一、詔書の米国世論に与えたる影響につき、吉田外相の奏上の内容を承る。概して良好、一、二の皮肉を除きて。

（『側近日記』一〇三頁）

なお、ここで木下道雄のプロフィールについて述べておこう。木下は一八八七年生まれ。父廣次は京都帝国大学初代総長。一九一二年東京帝国大学法学部を卒業し、内務省に入った。一七年内閣書記官。二四年東宮事務官兼宮内書記官、東宮侍従に転じた。この当時の東宮とは裕仁皇太子であった。以後一貫して宮中畑を歩み、裕仁天皇の即位(二六年一二月)で侍従兼皇后宮事務官に就任。大臣官房秘書課長、同総務課長を経て内匠頭、三六年帝室会計審査局長官。敗戦後の四五年侍従次長に就任し、皇后宮大夫を兼任。四七年五月廃職。五一年皇居外苑保存協会理事長となり、七四年、八七歳で死去。

敗戦時の侍従長は海軍大将歴任の藤田尚徳（四四年就任）で、就任してから日も浅く、それゆえ木下は天皇皇后の最側近として自他ともに認めていたであろう。なお、注目すべきは木下の子どもたちはキリスト教自由主義を標榜する羽仁もと子の自由学園に学んだことである。「自由学園」とはいえ、戦時中は、羽仁もと子や娘の羽仁説子は、みずから戦時協力を行い、とりわけもと子は激烈な「皇国民」思想を、自らが主宰する『婦人之友』に発表していた。もと子は、時として激烈な米英撃滅論を発表し、生徒らを感化・鼓舞した。天皇尊崇論者としても人後に落ちない。日本的キリスト者の典型的な思想・生き方を示したといっていいだろう。

木下の『側近日記』には、彼が取り持って自由学園児童生徒・教師・卒業生の「皇居清掃奉仕」について数度にわたり記載されている。木下は誇らしげにこう記している。

〔一九四六年〕一月二〇日（日）半晴

9時、自由学園男子部全部、女子部全部、初等科五、六年生計五六〇名、羽仁両先生〔吉一・もと子夫妻〕始め先生、及び卒業生若干参内作業。

午前中に御静養室周辺片付終了、大変綺麗になる。殊に御静養室は隈なく磨かれ、ラックをかけられ、ガラス窓の破損ケ所も逐一表によりて調査せらる。

　2時、両陛下、東宮、三内親王現場にならせられ、羽仁両人に御言葉あり。〔中略〕本日、生徒、先生等の感激は多大なりき。恐らく宮城内にて校歌を声高らかに合唱したるは自由学園をもって第一とすべし。
（『側近日記』一一二頁）

キリスト教自由主義教育を標榜する自由学園にとって、皇室崇拝は何ら矛盾すべきものでなかった。その他のミッションスクールにおける戦時教育も天皇制教育と正面から対決するものでなかったといえよう。

4　良子皇后の福祉・ご仁慈の演出・工作

皇后宮大夫木下道雄による皇后の「御仁慈」演出

侍従次長木下道雄のもう一つの顔は、「皇后宮大夫」であった。『側近日記』を読んでいて興味深いのは彼があたかも良子皇后の「指南役」のごとき役割を果たしていることである。木下は、天皇家の「御仁慈」をとりわけ皇后に期待していたようである。しかもこの点で木下は天皇の弟高松宮以下、皇族とも連絡を取り合い、抜かりなく事を進めている。木下が皇后宮大夫に就任して間もない四五年一〇月二六日の日記の条に次の一節がある。

　散会後、皇后宮に拝謁。
一、今日より開始せられたる皇后宮思召による都内診療所の御巡視を願うことは、高松宮、秩父宮のご意見なるも、これは数日の様子を観察したる上にてお願い致すかも測られず。しかし、これは未決定。ただし従業員を御激励の意味に一同に拝謁願いたし。時刻は夕刻になるべく、回数は数回になる事もあるべし。
　右御許を得たり。
（『側近日誌』一五頁）

また一二月二日の条にもこうある。

6時、高松宮御殿に参上。殿下の御招待によるものなり。両殿下の外三笠宮〔崇仁。天皇の末弟〕及び北白川大妃殿下〔北白川宮房子。明治天皇の第七皇女〕御参。〔中略〕北白川大妃殿下には初めて親しくお話し申上ぐ。将来皇后宮に奉仕の上に於て、この大妃殿下の御力を藉る必要のあることを見る。何なりとも御注意を賜わりたき旨、又時折御伺いに参上する旨申上げ御依頼す。皇后宮が積極的に御発動あらんことは殿下方の御希望なり。又皇族として何なりとも国の為働きたき御志も明らかに御見受け出来たり。

（『側近日誌』二五頁）

木下の奔走が功を奏して四五年一一月六日、良子皇后は、木下らが探した世田谷区駒留国民学校に併設の済生会診療所、目黒区碑文谷国民学校に併設の大日本医療団診療所を視察後、関係者と「拝謁」し、「御茶を賜」わった。これに先立ち木下は皇后に会う。以下はその模様を話した日誌の条である。

「3時30分。吹上にて女官長に面会。5時の拝謁前予の挨拶文を見せ意見を徴す。けだし余の筆になる文体従来の慣例と異なる点多きを覚ゆればなり。女官長同意。次で皇后宮に拝謁。予の挨拶文を御参考の為読んでお聞かせする。けだし陛下の御心持をここに持って行かんが為なり」と記し、一一月六、七日に両日の「恩賜」診療所従業者一五〇〇人に対する「皇后宮大夫の挨拶文を日誌に書き連ねている。ここでは抜粋引用する。

「拝謁に先だちまして一言申し上げて置きます。私共日頃皇后陛下の御側に御仕え致して居ります者達は、陛下がかねてから戦災地居住者の生活の向上に深く御心を傾けさせらるるのを拝して居ります」とし、「殊に病気に悩む人達の身の上」に「いたく御同情遊ばされ、過日これが救済の思召をもって御内帑金を賜い」、「皇后陛下には「本日は更にこの診療に従事せらるる皆様の御辛労に対し、御直々に有難うと仰せになりたい御心持ちと、かつは又、将来も国民保健の為しっかり頼みますと云う御激励の思召とをもって、特に皆様をお招き遊ばされ拝謁を賜わる次第であります。〔後略〕」

（『側近日誌』一一月六日条。二九～三一頁）

以上のように良子皇后は、天皇の弟や木下らの説得によって、渋々と「拝謁」に及んだものと推測される。「国民保健」従事者への感謝の辞は一言も発さずじまいであったのだろうか。木下の日誌は直接、そのことについては触れていない。皇后の「御仁慈」がいかに「儀礼的」・形式的で、周囲が仕組んだ計らいであったかは一目瞭然ではなかろうか。四五年一一月二四日、侍従職が改組され、皇后宮職、内大臣府、大膳寮、侍医寮が併合され、木下は侍従次長専任となるが、以後も木下による良子皇后の「御仁慈」演出＝パフォーマンスは進められる。

もう一人の「御仁慈」演出者――高松宮

高松宮宣仁（一九〇五～一九八七年）は、裕仁天皇の二番目の弟で四歳下になる。裕仁・雍仁・宣仁三親王は、幼児期においてともに育ちながら、天皇家の独特な家族秩序により、成長するにつれ、身分や個性が異なってくる。しかし敗戦後、天皇家が未曾有の危機に直面するや、存続のための工作に天皇の弟や親族たちは、全力を傾ける。天皇と一歳違いの秩父宮雍仁は、壮年期に結核に罹患し、敗戦後は療養の身で積極的に動けなかった。

そこで兄秩父宮に代わり、敗戦直前から直後にかけ、天皇家生き残りの工作を活発に行ったのは、裕仁天皇の三弟の高松宮であった。天皇退位の声が皇族内部でも出るなど、天皇家・天皇制は敗戦後の激動のなかで揺れ動く。一〇歳足らずの明仁皇太子を天皇に、高松宮を摂政とする案も浮上していた。しかし天皇自身は退位を頑として肯んじず、高松宮らの動きに神経を尖らした。

敗戦時の高松宮は、海軍軍令部出仕兼部員、海軍省軍務局員、大本営海軍参謀、海軍綜合部員の職にあった。兄の天皇より、戦地の状況や実際の作戦などには長じていたものと思われる。また海外の状況についても実地に見学調査していたりして、それなりに通じていたものと思われる。

右のような軍人としての顔を持つとともに、日本「臣民」に「慈愛深い」天皇家というイメージ戦略を創りだし、いわゆる「直宮」として、敗戦という未曾有の事態を見据えて、人心の掌握に努め、天皇・天皇家への忠誠心を繋ぎ止め、強く認識させ、「国体護持」工作や、仁慈工作に積極的に関与した。高松宮の死後、『高松宮日記』全八巻が中央公論社から刊行され、一九九七年に完結した。日記の第八巻は、彼の右に述べたような動きを知るにまたとない素材を提供してくれている。以下、同書によりながら高松宮の天皇家存続（皇統保持）工作を眺めていこう。

敗戦四か月前の四五年四月二一日、高松宮は財団法人戦災援護会総裁、次いで七月二一日日本赤十字社（日赤）総裁、さらに八月一五日を挟んで同月二一日、恩賜財団済生会総裁と矢継ぎ早に就任、その地位を駆使し、良子皇后を押し立てての皇室の民に対する「御仁慈」「御慈愛」などの工作を演出・推進させていった。

四五年一〇月二九日、高松宮は日赤第五三回総会に総裁として臨席するが、その前に宮城（のち皇居）に寄り、良子皇后に会い、令旨を受け取った。『高松宮日記』第八巻（以下、「宮日記」と略記。原文は片仮名）四五年四月二九日の条にこうある。

0930第二期庁舎にて皇后様に拝謁。日赤第五三回総会の令旨を拝受して直ちに日赤本社へ。1000有功賞、特別社員賞授与、1030総裁令旨、社長奉答。1100、五三回通常総会、皇后陛下令旨伝達。1140参内、皇后様に奉答文を差上ぐ。

（「宮日記」一七七頁）

これに見合う記述は、木下の日誌一〇月二九日の条に次のようにある。

高松宮御参内。皇后宮より本日の赤十字大会の令旨を受けらる。本日は行啓なり。高松総裁宮御代理として御代読なり。宮殿下の拝謁には侍立なし。

（『側近日誌』一七頁）

日赤総裁として高松宮は、敗戦後の社会事業・福祉事業に皇室の「御仁慈」を印象づけるのに必死の努力を行なったようである。「宮日記」四五年一一月一〇日の条に次のような記述がある。

1730赤木社会事業協会理事長、〔 〕事業部長。
(一)戦災等による母子保護事業、集団村の経営。
(二)綜合社会事業、経済的独立性ある経営。
(三)浮浪者をなくなす事業。
(四)牧場、漁業を社会事業として、又之に直ぐ結びつけての経営。
(五)皈還者の内内地上陸第一歩に対する皇后様の温き抱擁の御心を表はす方法として、上陸地に相談所を設け、あらゆる相談に応ずることも一案なるべし。
(六)戦災援護会、各県支部に専門の職員をおくを可とす。

(「宮日記」一八四〜一八五頁)

これより前の同月二日には「木下日誌」にあるように皇后宮大夫の木下を自邸に招き、末弟の三笠宮や叔母の北白川房子を引き合わせている。房子内親王(周宮)は、明治天皇と側室園祥子との間の皇女であった。高松宮の日記にはしばしば房子の名が散見され、父(大正天皇)方の四人の叔母(房子と同腹の、竹田宮昌子、浅香宮允子、東久邇宮聰子)のなかで、特に親密であったことが窺われる。

高松宮による天皇家の「民主化」演出

天皇家存続のために高松宮は「御仁慈」工作とともに、天皇・天皇家と日本民衆を隔てている巨大な壁を幾分とも低めようと心を傾けた。まず一〇月二四日と一一月一五日の条に興味深いシーンが二か所登場する。まず一〇月二四日の日記から。

軽井沢よりの通信に、〔略〕大宮様が御滞在になるので、燃料食料をすべてその方にとられてしまふ、軽井沢住民が不平をもらすと。大宮様の御出まし御滞在の時、警官が相変わらず「シー」、と人を追はらったりする由。

「大宮様」とはいうまでもなく、裕仁天皇ら四兄弟の実母で大正天皇の妻節子皇太后（諡号貞明皇后）のことである。宮中のしきたりに煩く、大正天皇亡き後、宮中に睨みをきかせ、女官たちをピリピリさせていたようである。「救癩」事業に熱心であったというが、その実相については既述した。こうした母の様子に実子である高松宮は苦々しく思っていたような一節である。

もう一つは、一一月一五日、兄天皇が関西巡行の際、賑々しく民衆を「奉迎」させたことを暗に批判して記述していることである。裕仁天皇は、一一月一二日から一五日まで伊勢神宮、京都御所、畝傍・桃山両山陵を訪れるが、この時のありさまが次のように描かれている。

関西行幸に沿道の百姓が耕作をやめて藁の上に坐って拝したり、国民服の馬車曳が勲章をつけてお迎へしたり、老婆が戦死者ならん軍人の写真を胸にかけてお迎へした。こうした光景を見て国民の陛下に対する態度は安心なりと云ふ報告を閣議にしたとか。それは戦争に対し反感が高いであらうと予想した考へ、直訴もあらうと予期した人に相対的に感じたことであらう。私には当然のことと思へる。今までご警衛が田畠の人をしいて一列に並んで奉迎させたり、通行の人を遠くへおしのかせたりしたのを止めたから自然の趣で、変らぬことと思ふ。唯それだから革命のことなしとは言へぬ。

（「宮日記」一九〇～一九一頁）

高松宮は、木下侍従次長と、仁慈工作では、相連携しつつも天皇家と側近者たちの事情が大きく変わった状況のもとで、従前通りの方法に不安と心配を有していたものと思われる。良子皇后を押し立てての「御仁慈」「福祉」工作の舞台がしつらえられていく。

「慈愛」溢れる皇后像づくり

前述したように、戦前戦中において、皇后は天皇同様に、日本国民にとって、畏敬・畏怖の対象であった。テレビが登場する以前は、新聞が最大のメディアでそこに掲載される天皇皇后、皇族たちの写真記事は、襟を正し、拝読するものであり、平伏させずにはおかないような脅迫感を持って迫ってきた。

試みに一九四四年から四五年の敗戦直前までの皇后関係の写真キャプションを拾ってみよう。掲載紙は『朝日新聞』に限ってみる。なお、図26は、一応の危機から脱出し、くつろいだ天皇の姿である。

図 25

1946 年 1 月 1 日付『朝日新聞』に掲載。キャプションは「養鶏に御給餌中の皇后陛下、右より順宮、清宮、孝宮の三内親王」とある。

図 26

1946 年 1 月 1 日付『朝日新聞』に掲載。キャプションに「帽子を脱いで御答礼」とある。左は孝宮和子内親王。

四四年四月二九日（一面）皇后陛下　英霊に御拝、春雨の神域に遺族感涙
四五年五月六日　（一面）皇后陛下　靖国神社に行啓、畏し・忠霊に御直拝
　　同右　　　　（二面）皇后陛下　戦災地を御通過、御召車に映ず　戦ふ都民　畏し・土運ぶ隣組婦人の姿も

このような畏怖・畏敬の皇后像から、敗戦を契機に劇的に皇后像の転換が図られる。平和な家庭の慈愛溢れる母親像へとイメージへの転換である。

ここに二枚の写真がある。いずれも四五年一二月撮影のものである。

図26は、食糧難で日本中が飢えていた時で、『朝日新聞』四六年一月一日付に掲載されたものである。もう一枚（写真略）は、同じく四五年一二月の撮影で『朝日新聞』に載ったものと推測される。被災者への真綿のチョッキを三人の娘たちと縫っている姿を写したもので、「慈愛溢れる国民の母」づくりに大新聞も一役かっていることを示している。この写真を見て、高松宮や木下はほくそ笑んだかもしれない。

木下の『側近日誌』を繰っていくと、一二月四日と一五日の二つの箇所に眼が止まる。

午後、需品課長に依頼して、皇后宮御発念の引揚邦人にして衣類乏しきものに賜わる真綿の背当ての布片（白地のもの）及び糸を御覧に入れる。
（『側近日誌』七一頁）

夜、御文庫にて満州治安情報を御読み申上ぐ。又皇后宮製作の真綿背負いを拝見し、五枚いりに定む。
（『側近日誌』七五頁）

右のごとく、良子皇后の真綿のチョッキづくりは、もとより本人自ら素材の調達に奔走したわけではなく、側近者たちが周到に準備を重ねて、創り上げていった「御仁慈」工作の一端であったらしいことが窺える。「人間天皇」に先駆けて、「人間皇后」への演出がこうしてスタートする。

図27は、四六年二月一四日付『朝日新聞』二面に掲載されたものである。キャプションに「制服の処女と皇后陛

図27

1946年2月14日付『朝日新聞』に掲載。右端が良子皇后。

下――写真は〔清掃〕奉仕の埼玉師範女子部生徒に御言葉を賜ふ皇后陛下」とある。ちなみにこの写真について、坂本孝治郎『象徴天皇制へのパフォーマンス――昭和期の天皇行幸の変遷』（山川出版社、一九八九年）は、興味深い解釈を行っている。

「この写真は、戦後の『朝日新聞』において、『陛下と国民』との接触風景を撮影した写真として、初めて登場した着目に値するものである。宮内省は、占領下、『天皇と国民』という構図写真の提供を差控え、代替的措置として『制服の処女と皇后陛下』を裕仁天皇による戦後巡幸の開催直前に提供した次第である。この演出意図は、連合国の政治的視線を警戒しつつ、劇的に変身した〝人間天皇〟もこうしたパフォーマンスをされますよ、という前宣伝だったかもしれない」（同書一一一頁）。

「人間天皇裕仁像」に先行する、慈愛深い「人間皇后良子」像の創出といえる。

5　「民主的家族」像としての天皇家へのイメージ戦略

良子皇后の「福祉儀礼」・「人間皇后」像づくり

皇后の「福祉儀礼」と「人間皇后」像づくりは、表裏一体となって進められる。四六年前半の皇后の「福祉儀礼」の在りようを前出の木下『側近日誌』と、『高松宮日記』第八巻の二著に加え、新たに『入江相政日記』第二巻（朝日新聞社、一九九〇年）から辿ってみよう。なお、入江は元学習院教授で、父・入江為守は、「歌の公家」と知られる冷泉家出身（その先祖は藤原定家）である。父子二代にわたり、宮中に務め、相政は長きにわたり裕仁天皇の侍従を務め、のち侍従長に就任した。なお、三笠宮妃の百合子妃の実母邦子は、入江相政の姉であった。

四六年二月一四日の入江日記の条。

皇后宮は二時より社会事業家岩佐、岡村両女史に拝謁被仰付賜茶、色々話をお聴き遊ばす。大変感激してゐた、四時まで。

（『入江相政日記』第二巻。以下「入江日記」と略記。四二頁）

四六年二月一八日、木下日誌の条。

2時〜3時40分、社会事業家、徳永恕（ユキ）、和久井マツ、平野恒子、皇后宮に拝謁。賜茶、陪侍す。女官長、戸田侍従、同席。

（『側近日誌』一五一頁）

女性の社会事業家たちを招いての勉強会ともいえようか。こうして事前学習、リハーサルをおこなったうえ、同月二二日、良子皇后は、恩賜財団済生会（総裁高松宮）病院、同じく恩賜財団の戦災援護会（総裁高松宮）直営の双葉園に「戦災孤児」慰問へと赴く。これより前の高松宮の日記の四六年一月二日の条。

１０００東宮御所参賀。御祝辞申上のあとで御神酒頂戴（東宮様も御出まし、「パン」と「ハム」。大宮御所によつて御留守に御祝頂戴。飯邸。１３３０〜１５３０、双葉園に見にゆく。子供達朗らかなり、高島〔巌〕園長夫妻、三人の嬢さん（一人は結婚して赤ち〔ゃ〕んあり、主人鹿の屋〔鹿屋航空隊〕から復員）と共に世話してヰた（のし餅とみかん持ってゆく）。

（「宮日記」第八巻、一八五頁）

双葉園への皇后の訪問は、どうやら高松宮が仕掛けたようである。四六年二月一八日の木下『側近日誌』の条。

女官長より電話
一、皇后宮、近い内に久邇宮御本邸を見に御出になりたき由。木下の意見如何との事なりしにつき、只御本邸を見に御外出では変なれば、社会事業御視察を兼ねて計画を立つべき旨御返事す。
（『側近日誌』一五二頁）

本当は、かつて自らも住んでいた邸宅への見学が主で、社会事業の視察は名分であったことが分かろうというものである。四六年二月一九日、天皇は敗戦後初の地方「行幸」で神奈川県下を巡った。同じく『側近日誌』二月一九日の条。

9時、御文庫御発。聖上は川崎、横浜戦災地視察に御出発。供奉員は背広。聖上も御背広の略式なり。予は留守。御出立後、皇后宮に拝謁。不日久邇宮御本邸に行啓遊ばされたしとの仰せ、御本邸は二階建築中に御結婚ありしにつき、御承知なき由なり。今度、朝融王（皇后の兄）、大妃殿下（皇后の母）の御邸に御移転につき、御名残の意味なり。よって、昼食を同所にて遊ばさるる御予定を以て、その前後に、社会事業を二、三ヶ所御視察のこととす。何処か御望みの所おわさずや、御尋ねしたる所、藤沢聖心愛子会には是非行って見たしとの仰せ。余程姉妹達の言動が御感に入りたる御様子なり。二月二十二日、決行の予定にて行啓を考える事とす。
（『側近日誌』一五二～一五三頁）

『側近日誌』から窺えるように良子皇后の最も「行啓」したかったのが、すでに述べたように自身が育った生家の久邇宮邸であった。済生会病院も戦災孤児施設の双葉園もまるで付けたりの感がする。それはともかく二二日を前にして、侍従入江相政は下検分して回る。「入江日記」二月二一日の条。

今朝は風邪もいくらかよくなる、たゞ鼻がいくらか出る位である。九時に出て芝の済生会に行く。一通検分を済ませたのが十一時、それより久邇宮御本邸と常盤松御別邸とを一寸検分してから西荻窪の双葉園の検分、小さな家で従来皇后様の行啓などあり得ないやうな家である。高島園長は熱心な人。

（「入江日記」第二巻、四三頁）

小さな家で、皇后の「行啓」先にはもったいないとでも言いたげな公家入江相政の口振りである。同じく二月二二日当日の「入江日記」の条。

急いで歩いて出勤。風邪気はもう殆どよくなったが要心に風呂は止め八時に御文庫へ行く。お供は女官長（陪乗）の他伊地知、木下、予、村山。鹵簿も玉車と供奉車一両前駆、後駆。前駆に衛士監、後駆に川越で、サイドカーは全廃。鹵簿としては簡素であるがＭＰのジープが前駆の前を先行、後には蜿蜒長蛇のジープの列。済生会ではカメラマンが一杯弁殿〔休憩所〕に入ったり、その他大混乱。御予定より十五分遅れで久邇宮御本邸へ。温室やら御殿内を隈なく御覧、御霊殿に御参拝、常盤松へ。そこで三殿下と御会食。一時五十分御予定通り御発。双葉園で、そこでは戦災孤児の歌、遊戯、朗読、高島園長の鋸音楽などで聴召され、御機嫌よく四時に還啓。

（「入江日記」第二巻、四三頁）

「入江日記」では「鹵簿としては簡素」というものの、何とももののしい。以上の記述から見ても分かるように、皇后の「福祉儀礼」は皇后自ら先に立ってなされたものとは言い難い。天皇家・天皇制生き残り策の一環、パフォーマンス作戦として、周囲が設えたものであった。

この時期の裕仁天皇の「地方巡行」と相俟って、大衆の面前に登場し、周囲が設定したとはいえ、皇后が「福祉儀礼」パフォーマンスを行ったことは注目される。天皇家の女性たち、とりわけそのトップに君臨する皇后の「国民」への「慈愛深さ」を印象づけることは極めて重視された。現美智子皇后はもっと洗練された「福祉儀礼」パフォーマンスを展開している。それは別として当時、皇族のなかでこうした儀礼の重要性を認識し、最も活発に動いたのは、天皇の弟である高松宮であったといえる。

「良き家庭の母」「平和な家族」像の表象化

四六年一月一日の天皇の詔書（「新日本建設に関する詔書」）、いわゆる「人間宣言」が「国民」を瞞着し、「人間天皇」として、「国民」を「錯覚」（坂本孝治郎『象徴天皇制へのパフォーマンス』九八頁）させるかに至ったかについてはすでに見た。「人間宣言」と相前後して、マスメディアによる「人間天皇」キャンペーンが開始される。その詳細は、坂本前掲書に詳しい。

「現人神」、「大元帥」として軍服を纏っていた裕仁天皇のイメージが軍服から「平服」の背広姿へと変わり、親しみ深い「人間天皇」キャンペーンがはられるなかで、皇后もまた「慈愛」溢れる「人間皇后」、「良き家庭の母」としての皇后像が表象化されていく。戦前戦中は「国母陛下」と崇められ、天皇同様、神格化されていた皇后が突如、地上に降り立ち、「普通」の母のごとく振る舞い、それが大新聞の写真記事として大きく扱われ、「開かれた皇室」「民主化された皇室」イメージがつくられ、「国民」にインプットされていく。

図28

1946年7月4日、良子皇后は、学習院小金井校に皇太子明仁の授業参観。その折り、皇太子（左端）、義宮（右端）と武蔵野を散歩。『朝日新聞』7月5日付に掲載された。

図28は、先の写真同様、右のごとき「母」像の表象化である。四六年七月四日、皇后は学習院小金井校を訪問し、明仁皇太子の英会話授業を参観、昼食後、遊びに来た皇太子の弟義宮正仁親王（のち常陸宮）をも誘って、一緒に武蔵野を散歩しているものである。この写真は、『朝日新聞』四六年七月五日付第二面に掲載、そのときのキャプションは「武蔵野

図29

1946年4月2日、葉山「御用邸」海岸で。左から裕仁天皇、義宮、順宮、孝宮、清宮、良子皇后。『朝日新聞』4月4日付第2面に掲載。

を御散策　皇后陛下と皇太子様」であった。弟の義宮の名はない。

これより前、裕仁天皇は「人間天皇」のお披露目のパフォーマンスの地方巡行の第一陣を無事乗り切って、四月一日から一二日まで皇后とともに葉山の別荘（用邸）に滞在した。図29はこの時のもので、葉山の海岸に遊ぶ天皇皇后一家である。まことにのどかな「家族の風景」である。ちなみに皇太子は百日咳のため静養中で写っていない。

図29について、前掲坂本『象徴天皇制へのパフォーマンス』は、この写真は共同通信社の石崎雄一カメラマンが撮影したもので、「恐らく、宮内省・天皇側近が四月四日付紙面に掲載されるのを期待してお膳立て」したものであろうと述べている（一一三頁）。多分、何枚も撮影されたものの一枚であろう。まだこの当時のごく普通の家庭では、食糧集めに必死となっていた頃で、上層階級はともかく、海岸遊びなど無縁であったであろう。

6　日本国憲法と裕仁天皇

「今は致し方あるまい」――象徴天皇の「受容」

表面はともかく、裕仁天皇が内心では自らの「神格」否定に消極的であったことは、いままで見てきたように明らかではあるまいか。しかし、パワーポリテックスをよく理解していた天皇は、従来の大日本帝国憲法下の天皇の位置に居座り続けることがもはや不可能であることを悟っていたのであろう。ならばこそ「国体護持」「皇統保持」のために憲法改正を不可避とし、近衛文麿に対し憲法改正着手に天皇なりの支持を与えたのであった。近衛は、京都大学教授の憲法学者佐々木惣一の手を借り、彼なりの憲法草案づくりに取り組んだ。

しかし、近衛は、四五年一二月、戦犯指定を受け、逮捕直前、毒薬で自決、改正作業は、日本政府の憲法改正の主務大臣、松本烝治国務相を中心に進められ、四六年二月八日に至り「憲法改正要綱」（いわゆる松本案）がGHQに提出された。松本案は大日本帝国憲法の条文の語句を手直しした程度で周知のように「万世一系の天皇が統治権を総攬するという点には何の変更」もなかった（渡辺治『戦後政治史の中の天皇制』青木書店、一九九〇年、など参照）。

しかし、天皇の戦争責任の免責を方針としていたGHQの改憲構想は、よく知られているように天皇から統治権を取り上げることはもとよりその地位、すなわち「国民統合の象徴」としての地位さえ、「主権を有する国民の総意に基づく」ものとされた。

「君主」意識＝統治権総攬者としての強烈な認識を敗戦後も引き続き有していた天皇にとって、本心では受け容れがたいものであった。が、自身と天皇制の存続を実質的に保障しているGHQ＝マッカーサー司令部の事実上の命令を拒否することはできなかった。「無念さ」を噛みしめて、天皇は一大譲歩を迫られた。三月五日、GHQ草案の翻訳全部を携え天皇のもとを訪ねてきた幣原喜重郎首相に向かって天皇が述べたという「今となっては致方あるまい」という一言が天皇の胸中をよく物語っている（前掲『戦後政治史の中の天皇制』一〇六～一一五頁、参照）。

侍従・入江相政の八つ当たり

「政治家」裕仁天皇に比べ、代々公家として上流を気取り、父子二代にわたり、皇后宮大夫、侍従として天皇一族に仕えてきた入江相政は、新憲法への憤懣をより直截的にこう書きつけている。『入江日記』四七年五月三日の条。

大変な雨である。今日は新憲法実施記念式典が宮城前にあり、そこに臨御になる御予定であるが、この雨では大変である。こんなつまらぬ憲法を作ったから天気もこんなになるのだとつく〴〵思ふ。

（『入江日記』第二巻、一三一頁）

天気に八つ当たりするなど、入江自身の公家としての階級意識・特権意識が十分読み取れる一節である。「象徴天皇」として当面生きていくため「今は致方あるまい」と決断した天皇とそのベターハーフ良子皇后は、いままで見てきたように、戦時中とは打って変わって「民主日本」「平和日本」の「理想的夫婦」像を演じていく。「人間天皇・皇后」像に加え、「民主的家庭・夫婦」像が写真付きでメディアを通じ、アピールされていく。四六年四月敗戦後の初の総選挙、ちなみに日本の女性が初めて参政権を行使した総選挙であったが、この総選挙のラジオでの投票状況を天皇と皇后が仲良く聴取している写真がある（本書三五〇頁）。この写真は米国のＡＰ通信が葉山の別荘（用邸）で撮影したものである。

「民主的皇室」「民主的夫婦」像といったイメージ作戦は日米支配層の「合作」であったことが窺われるものといえる。

7　外からの〈民主主義〉革命と〈天皇制民主主義〉

食糧メーデーに際し、天皇、「家族国家」の美徳を発揮せよと「訓示」

四六年五月一九日、食糧を求める民衆は、皇居前広場に二五万人が押し寄せ、「食糧メーデー」と発展する。これに対しマッカーサーは「暴民デモ許さず」と威嚇。同年五月二三日、裕仁天皇は、ラジオの前に立ち、長々と国民への説得を行い、宥める役割を担った。抜粋を紹介する。「祖国再編の第一歩は、国民生活とりわけ食生活の安定にある。……地方農民は、あらゆる生産の障害とた、かひ、困難に堪へ食糧の増産と供出につとめ、その努力はまことにめざましいものであった。……主として都市における食糧事情は、いまだ例を見ないほど窮迫し、その状況はふかく心をいたましむるものがある、……全国民においても、乏しきをわかち苦しみを共にする覚悟をあらたにし、同胞たがいに助けあつて、この窮境をきりぬけねばならない。戦争による諸種の痛手の恢復しない国民にこれを求めるのは、まことに忍びないところであるが、……平和な文化国家を再建して、世界の進運に寄与したいといふ、我が国民の厳粛かつ神聖な念願の達成も、これを望むことができない。この際にあたつて、国民が家族国家のうるわしい伝統に生き、区々の利害をこえて現在の難局にうちかち、祖国再建の道をふみ進むことを切望し、かつ、これを期待する」(「食糧問題に関するお言葉」「実録十」四六年五月二二日条。傍点は筆者)。

ここには、かつて侵略戦争の最高責任者としての意識は微塵も示さず、天皇の始めた侵略戦争の結果、苦境に陥っている「国民」を諭すという、倒錯した認識がみられる。加えて国家の大家父長として、依然として、日本国家の長としての強い家父長意識を持ち、「家族国家」観を図らずも披露している。

天皇と米国の蜜月関係

まことに天皇は、GHQのマッカーサー最高司令官と組んで、日本国民を宥め、占領政策の円滑化に手を貸し、自らの延命を図った。こうした上から、外からの「民主主義革命」は、多くの面で矛盾に満ちていた。勝者(米国)は、民主主義を説く一方で、命令・指示による支配を行った。GHQに楯突くものは、「沖縄」に送り、投獄さえするということさえいわれ、現に一部では実行された。

ジョン・ダワー氏は「平等という考えを熱心に擁護しながらも、勝者は侵すことのできない特権階級をつくりあげ、彼らの掲げる改革の課題は、ほぼ例外なく西洋の文化と価値が『東洋』のそれよりは優れていることを前提」とした(ダワー前掲書二七三頁)。ここに指摘される「特権階級」としては、天皇家がまず筆頭にあげられる。

まさに天皇とマッカーサーは、事実のうえにおいて協力関係に立ち、日本占領の円滑化、効率化を遂げたのである。これを天皇と米国の「蜜月」と称しても過言ではあるまい。先のダワー氏は、「この占領は、かつての西欧列強が世界で覇権を拡張していく時に伴っていた古い人種的差別的な家父長的温情主義の新しい形態にすぎ」ず、「それまでの植民地主義者と同じように、勝者には、『アメリカ白人の責務』の感覚がしっかりと身にしみ込み」、「勝者」は植民地の『臣民』を文明化する使命を全うする」のだという（同書二七三〜二七四頁）。

この権威主義的な「統治モデル」は、占領支配が指令を実行させるやり方によって、いっそう複雑な問題を生じさせる。「日本の占領は、すでに存在している日本の政府組織を通じて『間接的に』行われた。そのため、降伏以前の日本政治のなかでも、もっとも非民主的であった制度を支持することにならざる」を得なく、「官僚制と天皇制」の両立・存在をダワー氏は指摘している（二七四頁）。

先の「食糧メーデー」における日本民衆の天皇への要求についても、ダワー氏は、注目すべき論点を提出している。まずメーデー執行部は、「ナイーブな書簡」をGHQ側に提出、「連合軍が日本国民を解放し、自由を与えかつ労働者農民の権利を獲得したことに対し、深く感謝の意を表明する。これを受け、われわれは封建的独裁圧政を根絶し、二度と世界平和を侵すまいとする日本国民の真の意思に基づいた人民政府の樹立を希望している。また国民の生活を脅かすことのない政治、経済、社会環境を実現し、平和を愛する民主的な国家として国際的に認められることを望んでいる」と。

ここには、向く方向は違うとはいえ、先の天皇の「食糧問題に関するお言葉」に盛られたものと何と類似していることであろう。

食糧メーデーに先行する世田谷区の主婦たち（このなかには戦前、紡績女性労働者として活動し、のち共産党員として活動した梅津はぎ（旧姓中平）氏らが含まれていた）により、「米よこせ区民大会」が開かれ、共産党幹部の野坂参三が参加し、野坂の「愛される革命という新しい思想」に心を奪われていたからであろう、「自分たちの要求を天皇に持っていく以外にないと、驚くべき発言を行った」、野坂の発言は他の演説者たちからも支持を受け、またその決議と一緒に「国民の声」としてまとめられ、天皇に届けられることになる。こうした行動は、五月一九日への「食糧メーデー」となって、当日の皇居前広場には約二五万人もの民衆が集まる。一二日に皇居に押しかけ、天皇家の台所を見た人びとは、当然のことながら、一般家庭の食卓ではとうてい目にすることのない食物を目の当たりにし、憤激にかられ、一週間後の「食糧メーデー」へと発展するといった次第であった。

民衆の抗議運動が天皇への「上奏」という形をとる――「天皇制民主主義」の下支え

これらに対し、ダワー氏は、重要な指摘をおこなっている。「草の根の人々」の民主主義的な意識が行動になって現れたという意味で「印象的」と述べつつ、「しかし五月半ばのこれらのできごとは、思想的に見れば奇怪な矛盾のかたまり」である、その「最大の理由は、民衆の抗議運動が天皇へ上奏するという形」をとり、五月一九日に承認された決議文では、天皇を「君主」および「最高権力者」と位置づけており、国民の意思にそった適切な処置をとるように天皇に「恭しく」お願いしていた。「天皇がそうすることによって、日本を飢餓と荒廃に導いた、堕落した政治家、官僚、資本家や地主を排除できる」「彼らに代って、労働者、農民、社会主義者と共産主義者による連合組織を支持するよう、天皇に訴えていた」（同書三三六～三三七頁）という指摘である。ここにはまだ大権保持者として天皇をみる共産党幹部や大衆の姿を確かに認めることができよう。しかし、天皇は、いうまでもなく、資本家大地主の代弁者でもあり、上記の人びとの要求など本気に呑むことはありえなく、見事拒否されたことはいうまでもなかった。

ダワー氏の視点は鋭い。「マッカーサー元帥にあてられた手紙が、最高司令官に対するこびへつらいと平和と民主主義への賛歌が混ぜ合わさっていたように、左翼を自認する人々が、奇妙なことに天皇の絶対的権威に訴えかけるという伝統的なやり方〔すなわち「直訴」〕をとることによって、民主的な人民政府の創設を求めるこの運動に汚点を残した」と。

すでに日本国憲法の草案が発表され、「主権在民」へと変わり、天皇は単なる国民の総意にもとづく「象徴」にすぎないことが明らかになろうとしていた時分である。ダワー氏は、共産党大幹部の徳田球一が「天皇裕仁を冗談の種にして喜んでいたのかもしれないが、ほんとうの冗談は、彼の党が、この激しい衝突の瞬間に、君主制を認めてしまった」（同書三五七頁）ことという。共産党員が、獄中から解放され、その直後に米占領軍を解放軍と規定し、そのうえ、翌四六年においても、右のような天皇・天皇制への認識を示すにいたっていることに、わたくしたちは大いに注意を喚起されるのである。

8　広く流通した「聖断神話」——歴史修正主義がスタート

大御心としての「終戦」——聖断神話が普及

すでに述べたように、敗戦により、天皇・天皇制は、未曾有の危機に瀕する。が、しかし、メディアの全面的協力を得て、「承詔必謹」の呼号で、日本民族の滅亡を天皇が留めたように感情移入された。敗戦後、米軍の爆撃機が飛来しなくなり、灯火管制が解かれると、「畏し　御仁慈の灯」といったような記事が大新聞に大きく掲げられ、天皇の「大御心」によるものと書き立てられた。天皇と側近たちが創出した「終戦の聖断神話」が広く流通した次第である。

近代に入ってからの天皇・天皇制の侵略・支配の歴史は明らかにされていないことを最大限利用し、自国の民衆への搾取をはじめとし、植民地・侵略地・占領地における搾取収奪や、「性奴隷」制をはじめ性暴力・暴行・殺戮、残虐行為をも隠蔽し続けた。天皇制の近現代史をめぐって、敗戦前後に早くも「歴史修正主義」がメディアの協力を得て大々的になされた次第である。

敗戦一日後の八月一六日、鈴木貫太郎内閣は総辞職し、天皇の義父・叔父にあたる東久邇宮稔彦が組閣した。裕仁天皇は東久邇宮に対し秩序を維持すべき旨を述べる（『実録九』四五年八月一六日条）。初の皇族内閣の誕生によって、民心を把握し、繋ぎ止められると考えたのであったろう。天皇と側近は、民衆と兵士の動向に多大な関心を有していたものと推測される。

「明治」以来の、公教育における教育勅語の暗唱など、天皇信仰が刷り込まれ、大国思想を注入されていた日本民衆は、メディア操作も加わり、「敗戦」を「終戦」と言い換えられ、しかも「終戦」は天皇の「ご仁愛」に基づく「大御心」の賜物と思わされ、以後何かにつけ、「大御心」や「ご仁慈」が強調される。前述したように日本民衆の大部分は、この戦争が侵略戦争であり、アジア各地の民衆に加害行為を働いたという歴史事実に向き合うことなく敗戦を迎えたのであった。敗戦の出発時から歴史が歪曲され、歴史修正主義ともいうべき歴史認識が民衆の頭に刷り込まれた。

朕は国務大臣に命じて……天皇の意識には大権保持者の気分が横溢

天皇は、依然として「君主」であることを天皇自身も自負し、周囲もそのように認識していた。敗戦後も天皇は首相はじめ所轄の長を呼び、頻繁な状況報告をさせている。四五年九月四日、帝国議会開院式において天皇は「朕は国務大臣に命じて国家内外の情勢と非常措置の経路とを説明せしむ卿等其れ克く朕が意を体し……」（原文片仮名。以下同様。「実録九」四五年九月四日条）とあるように、天皇の意識においては大権保持者の認識に変わりはなかった。

こうしたなかで、親族らとの憩いのひとときがもたれ、皇后との月見の宴も催された（「実録九」当該箇所参照）。天皇は以前と同様、宮中行事にも熱心であった。天皇の実存意識においては、戦前戦中と戦後は延長されていたのである。

マッカーサーとの初の会見——戦争責任意識の欠落

四五年九月二七日、天皇はマッカーサーと初の会見のため、米国大使館を訪問、通訳の奥村勝蔵一人を連れて会見室に入った。奥村の作成した記録によれば、冒頭にマッカーサーが滔々と述べた後、天皇はこの「戦争」については「自分としては極力避けたい考でありましたが戦争となるの結果を見ましたことは最も遺憾」（傍点は筆者）と弁明。「ポツダム宣言」についても正確に履行したい、と述べ、最後に「閣下の使命は東亜の復興」「安定及繁栄を齎し世界平和に寄与すること」と媚びたともみえる言葉を発し、その「御成功」を祈ると語った（「実録九」四五年九月二七日条）。戦争を惹き起こした最高責任者の言葉とは誠に信じ難い。

同年一〇月五日、前日のＧＨＱの「人権」指令に鑑み、東久邇内閣は総辞職、後継に元外務官僚の幣原喜重郎（三菱財閥の娘婿）が就任。一〇月一一日、ＧＨＱから「五大改革指令」が示され、女性への参政権付与、労働組合の組織化、教育の民主化、専制的制度の撤廃、経済の民主化指令がなされた。しかし、以後も天皇への閣僚や軍の責任者からの報告や下問は続く。

ＧＨＱの民主化指令は、憲法の改正作業を促した。担当として、内大臣府御用掛近衛文麿がつき、近衛は「要綱」を天皇に示した（「実録九」一一月二二日条）。天皇は法学博士の佐々木惣一からも講義も受けた。

明仁皇太子はじめ子どもたちも帰郷し、家庭団欒や、親族・皇族との語らいを楽しむことができるようになり、天皇皇后にはある程度、気持ちの安定ができてきたのであろう。この前後、皇族たちを神宮や歴代天皇陵に差遣し、復命を受けている（「実録九」当該箇所参照）。

一二月最側近の木戸幸一や近衛が戦犯に指定され、木戸には「健康に留意し、朕の心境を十分に説明」して貰いたいとの意を伝える（「実録九」一二月一〇日条）。近衛は出頭命令を受ける直前に服毒自殺した。

ＧＨＱの神道指令により国家神道の廃止

四五年一二月一五日、ＧＨＱによる神道指令が出され、皇国思想・観念の本源となっていた国家神道が廃され、ここに初めて宗教の自由が定められた。そもそも明治政府は、天皇の神格化を表す天皇、皇族を祭神とする神社と、天皇への忠誠を顕彰する「忠臣」と戦没者を祀る神社を相次いで創建し、国家神道の既成事実化を進めた。本格的な対外戦争である日清・日露戦争を経て、国家意識が高揚し、神社は天皇中心の「国体」の教義を普及するうえでめざましい役割を果たした。さらに「政策としての神社の海外進出」は、本質的に日本の政治的・軍事的な侵略と不可分であり、植民地・占領地の人びとにとって、まぎれもない宗教侵略であり、とりわけ日本への同化・皇国臣民化政策が強行された台湾と朝鮮では、神社参拝の強制は、植民地支配の重要な一環であった（村上重良『天皇制国家と宗教』講談社学術文庫、二〇〇七年。三、二四二頁。以下も同書による。初版は、日本評論社、一九八六年）。

敗戦直後の四五年一二月一五日、日本政府は、指令が皇室への波及を恐れ、神宮、官国幣社への皇室の奉幣を廃止。また皇室祭祀令から奉幣の規定を削除（同右二八五頁）するという巧妙かつ小癪な方法で対処し、皇室の祭祀・神道を守った。

法の下の平等に反し、歴史の真実を歪める天皇制

裕仁天皇その人の意識はどこまで変わったのか、依然として疑問が残るが、天皇家が生き延びるための新たな「演出」工作が図られ、存続を可能ならしめたわけである。その息子の明仁・美智子夫妻の象徴天皇・皇后像に表象化されるように「愛される天皇・天皇制」が誕生し、今日に至っている。

が、そもそも法の下の平等、男女平等を謳った日本国憲法との矛盾は明らかであろう。端的にいえば、わたくしは、天皇家の人びとが「ただの市民」になることを願い、戦前戦後の天皇・天皇制へのタブーなき真実の歴史が多くの人びとに明瞭に理解・共有されることを願う。

第14章　象徴天皇制と象徴天皇家の女たち

1　象徴天皇制と裕仁天皇

日本国憲法と象徴天皇制

四七年五月三日施行（公布は四六年一一月三日）の日本国憲法（本来は、日本憲法で十分である）は周知のように、天皇の地位を大権保持者から「国民統合の象徴」に切り下げ、しかもその地位は、主権の存する「日本国民の総意」に基づくものとした（第一条）。これは、「国民の総意」がもし、天皇を「象徴」の地位から降ろしたいということに一決すれば、彼は、もはや天皇の地位を退かねばならないということである。しかし、そもそも「国民の総意」は当初から問われずじまいであった。

裕仁天皇は、「大日本帝国憲法」（旧憲法）下の「統治者意識」を最後まで捨て切れなかったと思われる。ちなみに旧憲法（一八八九年公布）第一条、第三条、第四条は、次のように規定している。

第一条　大日本帝国ハ万世一系ノ天皇之ヲ統治ス
第三条　天皇ハ神聖ニシテ侵スヘカラス
第四条　天皇ハ国ノ元首ニシテ統治権ヲ総攬シ此ノ憲法ノ条規ニ依リ之ヲ行フ

生まれながらの「帝王」「統治者」として、「薫育」されて生いたち、皇位を継いだ裕仁天皇にとって、戦争に敗れたとはいえ、「単なる象徴」の地位に押しとどめられることには大いなる「屈辱」を感じていたにちがいない。四六年二月一三日、日本政府に示されたGHQの憲法草案は、統治権総攬者としての天皇を全面否定したすえ、天皇の地位を栄典授与、外国からの大使・公使などの接受、儀式など、形式的・儀礼的なものに限った。しかもそれらの行為は、「内閣の助言と承認」により行われるものとし、天皇の政治への介入を一切断ち切るものであった。

加えて当時の裕仁天皇を取り囲む状況は厳しかった。国内外の新聞は、天皇の戦争責任論や退位論を報道・掲載する一方で、天皇の「身内」である弟・高松宮、三笠宮さらには叔父にあたる東久邇宮稔彦など皇族内部からも退位論が噴き出していた（このへんの経緯について詳しくは、渡辺治前掲『戦後政治史の中の天皇制』参照）。

いまや、裕仁天皇にとってかつての敵国の将、マッカーサーと副官ボナ・フェラーズだけが頼みの綱となった。マックが君臨するGHQが用意した憲法草案を承認することのみが、天皇とその一族が存続する唯一つの残された選択肢であった。「今となっては致方あるまい」という裕仁天皇の言葉に「切羽つまった」天皇の「一大譲歩の決断」がまさにこめられていた（渡辺前掲書一二四頁）。それは、また無念の選択を強いられた天皇の呻き声に聞こえなくもない。

日本国憲法に盛り込まれた象徴天皇制は、天皇を「神の座」から「人間」へと「降格」させるものにほかならなかった。これを、当時の人びとは「平価切り下げ」ともじって「陛下切り下げ」（ヘイカキリサゲ）と言った。戦前・戦中において絶大な威力を発揮した「神権天皇制」はここに名実ともに滅んだ筈であった。

一方、日本国憲法（新憲法）の成立は、日本市民を大日本帝国の天皇支配、すなわち「臣民」（天皇の臣下の意）としての天皇支配の呪縛から解き放った。女性においてはとりわけその意義は大きかった。なぜなら、新憲法において女性は初めて人としての尊厳と権利を回復し、法的には家や家父長の奴隷ではなくなったからである。

新憲法がうたう三つの柱、すなわち主権在民（主権は人民にある）、戦争放棄（平和主義）、基本的人権の尊重は、よほどの君主主義者でない限り、当時の広範な「国民」層に歓喜をもって迎えられた筈である。当時の日本「国民」は、右に述べたごとき意義をもつ新憲法を支持したのであって、積極的に天皇制の存続を求めたかどうかは、深い検証が必要であろう。

「国民」の支持取りつけの天皇の国内行脚

四六年の年頭に当たり、天皇はいわゆる「人間宣言」を発表、その詳細については記載したので省略する。その経緯については、当時の側近木下道雄侍従次長の『側近日誌』に詳しい。「皇統保持」「国体保持」の危機をどうやら乗り切った天皇は、日本民衆の間にその姿を現し、象徴天皇制への衣替えと天皇家の維持への承認を取りつけ、一層強固にするため、日本巡行を始める。天皇家、皇族は従来のように経済的に保障された生活から一転して財産を放出し、手許金にも限りがあった。もっとも「明治」以降、皇室財産は政策によって意図的に作られ、膨れ上がり、不動産や動産も潤沢であったことは本書で既述した。

図30

国内行脚を終えて、第1回戦後総選挙の投票状況についてラジオを聴取する天皇・皇后。『朝日新聞』1946年4月11日付。

四六年二月一九日、最初に選ばれたのは神奈川県下で、住まいである皇居にも近く、日帰りすることができたからであろう。天皇は、川崎・扇町の昭和電工川崎工場を訪れ、従業員に「激励」の言葉を掛け、神奈川県庁でサンドイッチと果物の昼食をとり、横浜・西区の稲荷台国民学校の焼け跡に建てられた戦災者共同宿舎に着き、罹災者に「種々の労り」の言葉を「賜う」(「実録十」二月一九日条)。以後、各地への行脚が開始される。

神権天皇制から象徴天皇制への切り換えは、天皇や天皇家の人びとを「神」や「雲上人」の座から「国民」と対等な位置に引き降ろす筈のものであった。すでに述べたように敗戦直後の天皇とその一家は、かつてない危機の淵にあった。裕仁天皇は、その生命すら保障されかねない一時期さえあった。彼ら一族と側近グループは必死になって、マッカーサーをはじめとするＧＨＱ高官に取り入る工作を展開した。その経緯については吉田裕『昭和天皇の終戦史』（岩波新書、一九九二年）が生ま生ましく描いている。

裕仁天皇その人自身も「地方巡行」を繰り返し、「国民」の人気を躍起になって掘りおこそうとした。「人望」を失った天皇は、占領統治者にとってはもはや役立たずで、「余計者」以外の何ものでもないことを、天皇その人は鋭敏に嗅ぎとっていたのであろう。四六年二月から翌四七年にかけてひっきりなしに行われた天皇の巡行は、世上いわれているような敗戦で打ちひしがれた「国民」を激励することにあったのではなくて、自らへの「国民」の支持取りつけのための行脚であった。

象徴天皇制下の天皇家は、広範な「国民」の支持がなくては存続し得ない。「神格天皇」から「象徴天皇」へと突如「降格」させられたあの裕仁天皇が、ぎこちなくも「国民」に対し笑顔を向け、「あっそう」で象徴される短い言葉ながらもお愛想の一つも言わなくてはならなくなったのも、いまや「国民」の支持なくしては天皇・天皇家の存続が覚束なくなったからにほかならない。

しかし、いまだ「神格天皇・皇后」のイメージが強い裕仁・良子夫婦では、いかに巧く繕っても限界がある。そこで当然、クローズアップされるのは、次の天皇である皇太子明仁親王と皇太子妃で、彼らと側近、マスコミの三位一体による「開かれた皇室」「民主化された皇室」像の創出が図られる。

2　象徴皇太子夫妻による象徴天皇制づくり

即位直後の明仁天皇の「憲法を守る」発言

時は超え、八九年一月七日、「下血」報道がマスコミを占有していたかのように見えた裕仁天皇が死去、象徴天皇制は装いを新たにする。天皇に即位したばかりの明仁親王がまず口にした言葉は、「国民」とともに日本国憲法を守るということであった。この言葉は一部のネオ・ナショナリスト、天皇元首化を主張する改憲論者らに少なからぬショックを与えたようである。

明仁天皇は、象徴という自らの地位が日本国憲法によってこそ保障されてきたことを事実として十分、理解していたからこそ、こう明言せざるを得なかったのである。しかし、いま、振り返ってみると、新天皇のこの言説は意外と戦略的であったように思われる。象徴天皇制は、その時代ごとに意味を確実に変えてきているのである。

敗戦直後においては、天皇・天皇家が生き残るためには裕仁（昭和）天皇やその側近たちがすでにみたように苦汁を呑んでそれを受容することこそが唯一の道であった。それゆえこの段階での象徴天皇制とは、「明治」以来の大権保持者・統帥権者としての天皇を否定し、まったくの儀礼的・形式的存在に祭り上げられることであった。しかし、長らく「神格天皇」の座にあった裕仁天皇にはこのような地位におしこめられたことに対するこだわりと不満が胸中深く宿っていたことであろう。

象徴天皇制定着のために――「象徴皇太子」の表象化

しかし、裕仁天皇（そして良子皇后）個人の感情はどうであれ、象徴天皇制の基礎を盤石ならしめねばならない、という象徴機能強化構想は、次第に力を増してくる。その構想が策定するキーパースンは、敗戦時、少年であった明仁皇太子（一九三三年生まれ）である。戦争の影が色濃い裕仁天皇にくらべれば、明仁皇太子は、いわば無垢の存在にみえる。明仁親王の表舞台への登場がこうして用意される。

まずは五二年九月における明仁親王の立太子式・成年式である。当時の吉田茂内閣はこれを国の儀式とし国庫からその費用を醵出した。いわば「国民」の税金が使用されたわけである。ちなみに「国民」の代表として吉田首相が「臣茂」と記して献辞を捧げたというアナクロニズム的エピソードも残されている。蛇足だが、ずっとのちに自由民主党総裁選挙に立候補した一人、麻生太郎・現財務相・副首相は、吉田茂の孫である。また彼の妹信子は、三笠宮崇仁親王の息子、故寛仁親王の妻である。

国内における公式的デビューに続き、明仁皇太子は翌五三年には、エリザベス女王戴冠式に父天皇の名代として参列するため、渡欧し、欧米一四か国を歴訪、国際的デビューをも果たした。こうして、天皇家の「主役」は皇太子へと移行し、天皇家に対する「国民」の好感度は増していく。

象徴皇太子妃の選任——美智子妃と正田一族の「知的エリート」

「象徴皇太子」振りをなおいっそう鮮やかに「国民」の眼に焼きつけるための次なる手は、「象徴皇太子」に相応しい「お妃」選びである。旧来の旧皇族、旧華族出身の女性では、何の新し味も出せない。「象徴皇太子」に似つかわしい「象徴皇太子妃」(すなわち次期の「象徴皇后」)は、「民間」出身の初々しい女性でなければならない。そこで選ばれたのが、日清製粉社長正田英三郎の娘、正田美智子であった。若き日の彼女の溌剌とした美しさは、たちまちのうちに「ミッチーブーム」を巻き起こした。確かにその容姿は知性と健康美に溢れていた。もっともミッチーブームのかげには、普及し始めたテレビの威力があずかって大きかったことがいえよう。ここに「大衆に愛される皇室」、すなわち政治学者松下圭一氏が命名した「大衆天皇制」が登場する。

美智子妃の実家は群馬県館林で、父の英三郎は日清製粉の社長であったが、伯父の健次郎は東大数学科を卒業後、ドイツに留学、のちに大阪大学教授、同大総長、武蔵大学学長を務め、文化勲章を受けた。英三郎の弟篤五郎も理学博士で東大理工学部教授を歴任。英三郎の義弟の水島三一郎は、量子化学の国際的権威と知られる東大教授で文化勲章受章者。もう一人の義弟脇村礼次郎(元日魯漁業取締役)の兄、脇村義太郎は経済学博士で東大名誉教授。加えて水島三一郎の弟、宇三郎も農学博士で東北大名誉教授。三一郎の子どもたち(美智子妃のいとこ)にも、文教大教授、名古屋大学農学部教授、聖マリアンナ医科大学教授、東大薬学部教授などがおり、「学者一族」といえる。確かに天皇家は「知的エリート」の「家系」を取り込んだといえる(神一行『天皇家の人々　皇室のすべてがわかる本』角川文庫、二〇〇一年、一八三〜一八七頁。初版は、『皇室大百科』として、九三年刊行。大幅に加筆修正をほどこした)。

明仁・美智子夫妻の間には、第一子浩宮徳仁親王(一九六〇年生まれ)、第二子礼宮文仁親王(一九六五年生まれ。

現秋篠宮)、第三子紀宮清子内親王(一九六九年生まれ。現・黒田清子)が生まれ、旧来の皇室の仕来りを破って、両親の手元で育てられる。これがまた天皇家に新風を吹き込んだとして、メディアからいっせいに賞讃を浴びる(ふつうの家庭では親が手元で子どもを育てるのはごく当たり前の話だが)。

子どもを団欒の中心にしての「マイホーム」皇室像がこうしてお茶の間に提示される。「愛される皇室」「開かれた皇室」などをキーワードに「国民」各層に天皇家への親近感が醸成され、浸透をみたのを見届けて、再び裕仁天皇、良子皇后が「主役」の座に躍り出てくるのが一九七〇年代である。

3　象徴皇太子妃・美智子妃の登場——現代天皇家の誕生

ミッチーブームで、天皇家の人気が急上昇か

五九年四月一〇日、明仁皇太子(現天皇)と美智子妃(現皇后)の結婚式が華やかに執りおこなわれた。王朝絵巻さながらの古めかしい儀式が、普及しはじめたばかりのテレビ画面を通して事細かに報じられた。ちなみにこのときわたくしはまだ九歳の遊び盛りで皇太子の結婚などはもとより興味がなくテレビも見ていない。が、前年一一月の劇的な婚約発表によって「平民伝説」や「シンデレラ伝説」など庶民の好みそうな伝説をも織り込みながらマスメディアによって煽られ、つくられていったミッチーブーム(正田美智子の名に由来し、このように呼ばれた)に乗せられてテレビ画面に釘付けされた人も多かったであろう。

事実、当時の新聞記事を繰ってみると、過熱した「皇室報道」振りがみてとれる。八八～八九年の裕仁天皇の病状・「大喪の礼」報道、九〇年の明仁天皇「即位の礼」報道、九三年の徳仁皇太子結婚報道へと続く、今日のマスメディアの「皇室報道」の原型がこのとき形づくられたといえよう。

明仁・美智子夫妻の結婚は、象徴皇太子・象徴天皇家を自認する、現代天皇家の誕生を意味した。ここでは主に『朝

日新聞』記事を素材に、現代天皇家の始祖とも呼ぶべき明仁・美智子夫妻の結婚を中心にみてみよう。

グランドデザイナー・小泉信三

明仁皇太子の結婚は、天皇家の戦後最大のイベントであった。最後の斜陽貴族ともなりかねない天皇家の命運は、旧神権天皇体制の手垢にまみれていないと思われている（実際はそんなことはありえないが）皇太子の結婚相手にいかに「新時代」にふさわしい女性を迎えられるか、にかかっていたといっても過言ではなかった。

成年式・立太子礼（五二年一一月一〇日）、英女王エリザベス二世の戴冠式参列（五九年六月）など公の舞台でデビューを果たした皇太子が父裕仁天皇に代わって、天皇家を盛り立てるべく「皇室のアイドル」として登場する。アイドル皇太子の盛り立てにメディアは全面協力の形で臨んだ。が、結婚のグランドデザイナーは、皇太子の教育参与であった小泉信三（慶應義塾塾長などを歴任）であったろう。

小泉はもとより宮内官僚ではない。経済学専攻の学者である。「民間人」の発想なくしては、おそらく象徴皇太子・天皇家の新機軸を打ち出すことはできなかったであろう。皇室に新機軸を打ち出すには、直接、戦争には関与していない皇太子をおいて他にはない。天皇家の新機軸を打ち出すためには皇太子の結婚のときと、小泉は見定め、着々とその準備を重ねてきた、といえよう。その意味で小泉は現代象徴天皇家の「生みの親」ともいえる。

『入江相政日記』にみる皇太子結婚問題

ここでやや角度をかえて、天皇の側近であった侍従入江相政（のち天皇の侍従長）の日記を通し、皇太子結婚問題をみてみよう。以下は、日記からの抜すい引用である。

〔一九五一年七月一八日の条〕

二時御文庫へ寄り山田君を載せて東宮御所へ行く。小泉、野村、黒木、途中から清水も加はつて懇談。御殿場の問題と東宮様の御結婚の問題とである。

（『入江相政日記』第三巻、朝日新聞社、一九九〇年、二二頁）

山田は、入江の親友でもある山田康彦侍従、小泉は小泉信三、野村は野村行一東宮大夫、黒木は黒木従達東宮侍従である。なお御殿場の問題とは、静岡県御殿場で重い肺患に臥せっている秩父宮（天皇の次弟）の病状をめぐってであろう。皇太子は一九三三年一二月二三日生まれだから、このとき満一八歳にも達していない。古来、天皇家の結婚年齢は若かった。後嗣を早くもうけるためである。

続いて同年七月二九日の条に

今朝の新聞に東宮様の御縁談について朝日と読売とに記事が出てゐて田島長官談といふのがあるが、これは一体どうしたものだらうか。午后読売の人が来て北白川肇子さんの写真について聞きに来る。

（同前二二三〜二二四頁）

文中、田島長官とは田島道治宮内庁長官、北白川肇子は、旧皇族北白川家の娘で、しばしば皇太子の「お妃」候補と目された。マスコミ各社が皇太子の結婚問題に着目し、関係者との接触を繰り返しているさまがうかがわれる。『入江相政日記』（以下、「入江日記」と略記）には、以後も皇太子結婚をめぐる記述が散見されるが、内容的には乏しい。入江には決定的情報は届いていず、やはり小泉グループによる「お妃」選びが隠密裡に運ばれていたものと思われる。

ずっと飛んで「入江日記」一九五七年二月八日の条。

二時に島津君来。お嬢さんが東宮妃の候補になつてゐるのでうるさくて困るといひそれに関する妃殿下方のことを何かいろ〳〵云つてゐる。

（同前一九〇頁）

母皇后や旧皇族たちによる「平民」との結婚反対

島津家は旧公爵家であった。良子皇后（明仁皇太子の母）の母、すなわち旧久邇宮俔子《ちかこ》妃の実家が島津家であった。明仁親王に先行する三代の皇太子妃（皇后）は、明治天皇が一条家、大正天皇が九条家、昭和天皇が旧皇族の久邇宮家、というように五摂家（古代の貴族、藤原氏の流れをくむ）ならびに皇族出身の娘たちであった。明仁皇太子の場合も旧例に従えば、当然これらの家の娘たちが花嫁候補となる。宮中内部、天皇・皇后側近者たちはもとよりマスメディア関係者さえ、旧来の感覚で皇太子妃を考えていた雰囲気がうかがえる。

「入江日記」の一九五七年一一月二九日の条。

小野君はもう北白川さんに決つたといふ原稿の依頼。桐山君、清水君が来たがこれはまだ知らないらしい。

（同前二〇六頁）

北白川とはくだんの北白川肇子、小野君とは、読売新聞皇室記者の小野昇（『天皇記者三十年』〈読売新聞社、一九七三年〉など数多くの皇室本を著した）である。右の記述をみると小野はもとより入江も旧皇族の北白川肇子だと思い込み、入江は早くも書く準備さえしていたことがわかる。天皇・皇后側近の一人である入江も小泉グループから用心深く避けられていたさまがうかがえる。

皇太子妃に正田美智子が正式決定され、公表される一か月ほど前の「入江日記」に興味深い記述がある。

潔斎。旬祭御代拝。続いて文徳天皇式年祭御服上。お裾奉仕。終つて近代美術館の玉堂遺作展へ行かうと思つたら次長につかまる。東宮様の御縁談について平民からとは怪しからんといふやうなことで皇后さまが勢津君様と喜久君様を招んでお訴へになつた由。この夏御殿場でも勢津、喜久に松平信子といふ顔ぶれで田島さんに同じ

趣旨のことをいはれた由。併しそれにしてもそんなことをたゞぢつと見つめてゐるだけとは情ない智恵のない話
である。
（同前二二七頁）

皇后とは良子皇后のこと。勢津君様とは故秩父宮の妻の勢津子妃。喜久君様とは高松宮宣仁の妻、喜久子妃で、最後の将軍、徳川慶喜の孫になる（父は慶久。母は有栖川宮家の出身）。松平信子は、勢津子妃の実母で、その夫は宮相を歴任した松平恒雄である。信子は、小泉と同じ東宮参与、女子学習院の同窓会である常盤会会長もつとめていた宮中守旧派のチャンピオンである。ちなみに信子の姉は旧皇族梨本伊都子で、姉妹ともに「ミチコバッシング」の宮中内リーダーになっていた。皇太子の実母、良子皇后も「平民」反対の強硬派であったことがよくわかる。皇后の不機嫌は、これ以後もずっと続く。

「入江日記」一九五八年一一月一五日の条。

雨である。富山の鱒寿しでおいしく朝食。出勤。入浴。堀さんの事を頼む石川さんへの速達と文春の随筆をその社に送る。〔生物学〕御研究所へ行く。長官が永積〔寅彦侍従〕さんと予とを呼んでゐるといふので車で帰つて一緒に行く。昨日両陛下に申上げたら皇后さまが非常に御機嫌がわるかつたといふ。
（同前二二九頁）

同じく「入江日記」一九五八年一一月二五日の条。

曇つているけれどわりにあたゝかい。九時過に出勤。入浴。侍従次長に昨日のことを報告する。長官の所へも行かうかと思つてゐたらゆふべ已に侍従長から報告して下さつた由。西武の青山さん来。日勤なので昼お供してお文庫へ行く。昼食。正田さんの所へ行くので二時二十分に山田と交代して庁舎に帰る。三時前に出て黒木、田端両君と五反田の正田家へ行く。質素な家だし、みんな立派ないゝ方である。美智子さん、綺麗でそして立派である。五時迄打合。侍従とパイプを贈る。
（同前二三〇頁）

「お妃」選考グループからはずされていたのも忘れて、やがて次期皇后になる人に、さっそく自著の『侍従とパイプ』を贈り、そつなく売り込むあたり、公家出身の親子二代にわたる宮廷官僚らしい身の処し方である。

「入江日記」一九五九年三月七日の条。

今朝も又正田さんが威張つてゐるといふことから予が正田さんをひいきにし過ぎるといつて君子が怒り出す。

（同前二四二頁）

君子とは入江の妻で、三菱財閥の創始者岩崎弥太郎の養子となった岩崎豊弥の娘である。皇太子結婚をおよそ一か月後に控えた五九年三月一二日の条。

皇后さまが今度の御慶事の馬車六頭、御大礼の時の御自身のも四頭だつた、憤慨だとかおつしやつたとの事。何事だといつて憤慨する。

（同前二四三頁）

守旧派の入江侍従もさすがに皇后に対し、もてあまし気味である。良子皇后は、旧皇族でもなければ旧華族でもないお妃候補は最初から気に食わなかったことがよく示されている。

皇太子妃取材の自粛報道協定――宮中守旧派の封じ込め

小泉信三が東宮教育参与となったのは、敗戦翌年の四六年四月、三年後の四九年二月には常時参与となり、皇太子教育の最高責任者となった。五四年、明仁皇太子は単位不足で学習院大学を中退し、聴講生となり、二年後修了。前年秋から「お妃」選びは本格的に始動し、五六年には瓜生順良宮内庁次長が国会内閣委員会で「一般良家の子女をも選考の対象」としたい旨、発言、旧来の枠を広げる見解を示した。なお、選考委員は左記の六人であった（吉田伸弥『天皇への道――明仁陛下の昭和史』読売新聞社、九一年、三二九～三三〇頁)。

宮内庁長官宇佐見毅、侍従長三谷隆信、東宮教育常時参与小泉信三、東宮大夫鈴木菊男、東宮侍従黒木従達、前宮内庁長官田島道治。前掲『天皇への道』によると、鈴木が天皇の侍従から東宮大夫に就任した五七年一一月の時点では「お妃」候補はこれといってなく、五八年に入り、選考委員は天皇の許可をも受けて、民間に求めることを決定、手はじめに学習院のほか聖心女子大、東京女子大、日本女子大などに非公式に推せんを依頼した(同書三三〇～三三一頁)。

五八年に入ると、各新聞社の視線もいっせいに皇太子結婚問題に注がれる。この年正月元旦の『朝日新聞』朝刊には、次のように掲載されている。「▽皇太子様＝二十四歳でご婚約のうわさが今年あたり実を結ぶ気配で、新東宮御所の建設も秋から着工される」。以後、この年のマスメディアは皇太子の一挙手一投足を細かく報じた。しかし、この「もてもて振り」も、同年一一月二七日の婚約発表までで、以後の主役は正田美智子にとって代わられる。

同年七月二四日、マスコミ各社によって、突如、「皇太子妃に関する報道協定」の申しあわせがなされる。いわゆる報道の自粛協定である。この仕掛け人はもちろん小泉信三であった。さきの「報道協定」は、申しあわせの「根本精神は、妃候補者の人権尊重という一点につきる」(『朝日新聞』五八年一一月二九日付「皇太子妃取材　守られた『報道協定』」)というが、小泉らの真意は、マスコミ報道により妃候補の名前が洩れたりしたらまとまる話もまとまらないと踏んで、報道引き締めにかかったのであろう。宮中内守旧派の反撃を小泉らは何よりも恐れたのである。こうした入念な根まわしと準備を重ねたのち、劇的な婚約発表が行われる。

劇的な婚約発表と「奉祝報道」の洪水

五八年一一月二七日、岸信介首相を議長とする皇室会議が形ばかりに開かれ、満場一致で正田美智子を皇太子妃に承認することを決定、これを受けて宇佐見宮内庁長官は皇太子妃婚約を公式発表。メディアは自粛協定の禁が解かれ、いっせいに報じはじめ、日本中が「奉祝」一色に包まれているかのごとき様相を呈した。そのありさまは、同日夕刊紙の主要記事「見出し」を示すだけでつかめよう。以下は、『朝日新聞』同日付夕刊の主な婚約関係記事見出しである。「皇太子さまご婚約　ご自身でえらばれた正田美智子さん」（一面）、「『未来の皇后』美智子さん」（三面、全面写真記事）、「正田家を見つめて六カ月　迷い悩んだ母と娘　ご辞退も二度三度　誠実なお言葉に決心」「児童文学にも興味　美智子さんにアンケート」（以上、四面）、「電話でふれ合う心　時には一時間近く　去年軽井沢で芽生えた恋」「さわやかなゴール・イン　生かした憲法の精神　六年がかり、苦心の選考」（以上、五面）、「この日の美智子さん　晴れ衣装で皇居へ」「明るく自然な生活を　殿下とご相談しあって　美智子さんと一問一答」「新しい日本の象徴　驚きと喜びにわく街の声」（以上、七面）。

マスメディアのスポットライトは、完全に皇太子から正田美智子へと切り替わった。民間もしくは、「平民」出身（といっても業界で一、二位を争う日清製粉社長の娘だが）の、若さと健康を兼ねそなえた美貌の女性の出現に、マスメディアはこぞって祝福の記事を綴り、祝福の声を拾った。その声の一部を左に示そう。

「皇太子さまが市民のお嫁さんをお選びになったのって、とってもうれしいことですわ。それもお気に召したお方を——。なんか皇太子さまが急に身近になった気持ち」と豊島区目白の主婦の言。「ほんとうに民間の人をお選びになったのね。しかも恋愛だなんて、うれしいわ。人間的だわ」と日本女子大学の学生の言。「宮中の古いしきたりをはねのけて、格式や身分を越えた合意の結婚ときいてうれしいですよ。これからは、古い勢力に利用されず人間生活に生きてもらいたい」と目黒区の一会社員の言（以上は、前掲「新しい日本の象徴　驚きと喜びにわく街の声」より）。

「民間人神話」「恋愛結婚神話」「人間神話」といったさまざまな神話を誕生させての、マスコミ仕掛けのミッチーブーム、皇太子ブームに、警職法改悪問題も日教組の勤評反対闘争さらには近未来の安保改定といった重要な政治課題もかき消されがちであった。結婚翌年には、皇太子夫妻に第一子の浩宮徳仁親王が誕生し、「なるちゃん」ブームがつくられる。が、実際は、六〇年安保闘争はかつてなく高揚する。ちなみに東宮侍従は、かつて東京帝国大学総長で皇室とも縁の深かった浜尾新の係累浜尾実であった。浜尾は、東宮家（皇太子）のいわば広報係的な役割を果たした。

「象徴」になったとはいえ、「神」であった衣を今なお脱ぎ切れないでいる裕仁・良子天皇制から明仁・美智子象徴天皇制へと大きく舵が切られるやにみえた。が、結論を先にいえば、裕仁天皇制はしぶとく生き残り、明仁・美智子象徴天皇制は長命であった父の死（八九年一月七日）までの三〇年間、雌伏を余儀なくされた。

とはいえ、すでにみたように明仁皇太子夫妻の「恋愛結婚」という名の新しいように見える結婚像の創出は、宮中の古めかしいイメージを払拭させ、天皇家への「国民」の関心と親近感を大いに高めさせるのに多大の貢献をした。没落しかかっていた最後のしかし、最大の斜陽貴族ともいえる天皇家に新風を吹き込んだのである。その意味で美智子妃は、現在天皇家の救世主の役割を果たした、といえよう。*

*朝日新聞社は、一九五九年二月一四、一五の両日、「いまの皇室をどう思うか」の全国世論調査をおこない、その結果を同月二月二六日付朝刊第五面に発表。九四パーセントが皇太子妃となる正田美智子の名を知り、また年代層、職業層をこえて八〇～九〇パーセントの人が二人の婚約をよかった、と答えている。いかに大々的にマスコミ仕掛けの「象徴天皇制」づくりが行われたが読み取れる。

さて、この間の天皇・皇后の皇太子の結婚についての対応を「実録十二」からうかがってみよう。記載は甚だ簡単である。皇后は、さきにみたように、いわゆる「平民」との結婚に強く反対していた。まず五八年七月二三日の条より。「拝謁の間において、宮内庁長官宇佐美毅・東宮太夫鈴木菊男・侍従職御用掛小泉信三参与の拝謁を受けられ、約一時間三十分にわたり皇太子妃選考の説明を皇后と共にお聞きになる」。続いて同年八月一五日の条。「宮内庁長官宇佐美毅の拝謁を皇后と共に受けられ、皇太子と正田美智子との結婚の話を進めることをお許しになる」（傍点は筆者）。さらに同年一一月二七日の条、皇室会議終了後、表御座所において宮内庁長官より、全会一致で「皇太子と正田美智子との婚約が決定したことをお聞きになる」とある。

皇太子の婚約について天皇は二首の歌を詠んだ。「けふのこの喜びにつけ皇太子《ひのみこ》につかへし医師《くすし》のいさをを思ふ」「喜びはさもあらばあれこの先のからき思ひていよよはげまな」。二首めはやや意味深長なものが感じられる。皇后はあれほど反対していたのに「実録」には登場してこない。しかし、天皇は皇后の反対を熟知していただろう。この二首めの歌は、今後、皇太子夫妻が直面するかもしれない困難さを予測していたのだろうか。率直な思いが記載されないのは、「実録」の性格上、当然なのかもしれない。

次に、結婚式当日の「実録」五九年四月一〇日の条から、天皇の詠んだ短歌二首を取り出してみる。「あなうれし神のみ前に皇太子のいもせの契りむすぶこの朝」「皇太子の契り祝ひて人びとのよろこぶさまをテレビにて見る」。続いて同年九月一八日の条より。「皇太子妃懐妊につき」、宮内庁御用掛東宮職小林隆産科医の拝謁を受ける。その前の一五日にすでに妊娠四か月であることが発表されていたのにもかかわらず、その職にある人（この場合、小林医師）の拝謁と文言を要するとは、何ともご大層なことである。

さて、「実録」の以上のような簡単な記載を読んでのわたくしの感懐は、天皇はいまだ天皇家の家父長としての意識を強く持ち、皇統保持への期待も暗にその歌に込められていること、現実に六〇年二月、「皇孫」浩宮徳仁親王（次期、皇太子《ひのみこ》）の誕生によって、心から安堵したのではないのだろうか。この時、天皇は皇孫を産んだ美智子妃を称えたと思われる歌を詠んでいる。

「山百合の花咲く庭にいとし子を車にのせてその母はゆく」（辺見じゅん・保阪正康『よみがえる昭和天皇　御製で読み解く87年』文春新書、二〇一二年。一五〇頁）。天皇の皇太子妃への本当のところの気持ちはいまだ測りかねるが、*皇統保持がひとまず維持されたことに「天皇家家長」として一安心していることをよく示している一首といえよう。

＊このことに関し、ハーバート・ビックス氏は、中村正則氏らの研究も視野に収め、次のように述べている。「皇太子の婚約と結婚は、君主制の進展に重要な転機をもたらした。皇室をめぐって『平民』『恋愛』という言葉を聞くのは画期的であり、大衆性を感じさせた」とし、天皇と皇后は、「美智子には宮中の複雑な慣習をこなせない」としてこの結婚に反対であった。天皇がもっとも心配したのは、彼女がキリスト教徒だったことでも、皇室と神道の結合の維持でもなく、この結婚が伝統との断絶を意味する点だった。天皇は「開かれた、国民的な皇室」という考え方になじめなかった。しかし、天皇も皇后も、おおかたの見方と同様、国の有力な実業家一家と結びつくことが、法的・政治的に弱体化した君主制のてこ入れになること」は認めざるを得なかった（二七〇頁）。

「皇孫」たちの誕生

明仁・美智子皇太子夫妻は、結婚の翌年、第一子の浩宮徳仁親王が誕生、早くも「皇嗣」を得た。「万世一系」の「皇統保持」に一つの目途がついた次第である。跡継ぎ（皇嗣）を産むことは、天皇家に入った女性の宿命であった。「あづかれる　宝にも似て　あるときは　吾子ながら　かひな畏れつつ抱く」（一九六〇年）「若葉つみし香りにわが手差し伸べぬ空にあぎとひ吾子《あこ》はすこやか」（六一年）という歌が美智子妃にある（秦澄美枝『美智子さま御歌　千年の后』PHP、二〇一七年、所収）。「皇嗣」を早くも得た喜びが詠いこまれつつ、将来の天皇になるわが子ゆえにその緊張ぶりが窺われる。五年後、第二子の礼宮文仁親王が生まれた折は、「眦《まなじり》に　柔らかきもの　添ひて来ぬ乳足らひぬれば　深々といねて」という歌を詠んだ（『皇太子と雅子妃の運命』文春新書、二〇一〇年、六五〜六六頁）。一読して歌の違いが分かるというものである。

「皇嗣」である浩宮の場合、やがて皇統を継ぐ位置にあるべき子を「宝」として遇し、緊張感に満ちている。そういえば、明仁天皇・美智子皇后の初の会見の折、わが息子を指して美智子皇后が「東宮さま」と呼んでいたのには仰天させられた。

4　裕仁天皇の再登板・戦争責任問題

日米安保問題・安保条約と天皇

皇太子結婚、次期皇太子（浩宮）、それに続く第二皇子（礼宮）の誕生というように、天皇家は対内的にはその危機を乗り切ったようにみえた。ほぼ時を前後して、米国との安全保障条約改定問題で、日本は激動する。世論に一切耳を貸さず、強引な手法で安保改定を突破した岸信介首相が、民主主義を踏み躙ったという批判が大いに強まり、岸内閣は退陣を余儀なくされた。

天皇は、敗戦後、常にそうであったように米国との同盟関係の強化を望んでいた。前出のハーバート・ビックス氏は、渡辺治氏の研究成果を取り入れ、次のように指摘している。天皇にとって、改定された条約の「批准までの全過程は心理的な試練」であり、天皇はあらゆる手段を用い、対米関係を強化したいと考えた。「最後の段階まで、天皇は羽田空港に行って」アイゼンハワー大統領を出迎え、支持者の歓呼のなかを「車に同乗して皇居に戻ること」を望んだ。アイクの訪日は、憲法の改正なしに天皇を事実上の「国家元首」の地位に押し上げるのに役立つ筈であった（ビックス前掲書三七三頁）。

ここでやや遡り、裕仁天皇が米国との同盟強化をいかに望んでいたかについて少し振り返ってみよう。天皇は、占領期の四七年九月に早くも、マッカーサーの政治顧問であったシーボルトに沖縄の半永久的使用（「沖縄の軍事占領が二五年から五〇年、あるいはそれ以上にわたる長期の貸与（リース）というフィクションのもとでおこなわれることを求める」という見解を伝えた（沖縄メッセージ。豊下楢彦『安保条約の成立　吉田外交と天皇外交』岩波新書、一九九六年、二二一～二二五頁）。このことは、天皇が沖縄戦で多くの少年少女や民間人が犠牲になったことを熟知しながら、無視し、ビックス氏の言葉を援用するなら、「植民地主義思考」からまったく抜け出ていなかったことを意味する。

五一年、対日講和条約と同時に締結された安保条約の際は、天皇は、吉田茂首相を飛び越えて、米国務省顧問のダレスと交渉し、在日米軍の引き続きの駐留を強く希望した。天皇にすれば、「日本こそが米軍駐留を『希望』『要請』し、基地の『自発的なオファ』に徹しなければならな」く、これこそ「国体護持」のための安保体制が新しい「国体」となる契機があった。天皇の立場に立つならば、この決定的な「国家の重大問題」にあっては、新憲法の「象徴天皇」の規定は、乗り越えられなければならなかった筈であった。なぜなら天皇にとって「国家」とは天皇制そのものであり、天皇には「万世一系」の天皇制を永遠に維持する使命が背負わされていると、豊下氏は、前掲『安保条約の成立』で述べている（二〇八～二一〇頁）。

まさに日米安保体制こそ、わが「国体」＝天皇制国家を、ソ連等から守るものと強く意識されていた。さらに講和発効後も、天皇は、鳩山一郎内閣（一九五四〜五六年）当時、五五年八月に訪米する重光葵外相が那須の用邸に天皇を訪ね、「内奏」したのに対し、「日米協力反共の必要、駐留米軍の撤退は絶対不可なり」と天皇の言葉を日誌に記した（渡邊行男『重光葵　上海事変から国連加盟まで』中公新書、一九九六年、一三八頁）ように、きわめて政治的な天皇の発言があり、明らかに違憲行為であった。天皇は、自己保身のためにもあくまでも米国との軍事同盟を含む同盟強化を強く望んでいたことがよく分かる。

池田勇人首相と戦没者追悼記念日、叙勲制度の復活

岸内閣退陣後、池田勇人内閣が成立、池田は、吉田元首相の秘蔵っ子であったが、蔵相在任当時に「貧乏人は麦を食え」などの暴言を吐き、何かと問題発言の多い政治家であった。

しかし、彼が首相に就任すると一転して、「忍耐と寛容」を謳い文句にし、ソフト路線に転じたものの、注意深く天皇の地位の安定と、戦争責任からの脱皮を図る。再び、ビックス氏の著からの引用である。六三年、池田首相は八月一五日の敗戦記念日を、純粋に世俗的な、神道によらない形式の戦没者追悼の記念日にすることに成功。戦争そのものの歴史的評価を避け、戦没者を一律に「我が国の経済と文化のめざましい発展の礎」とした。以来、「戦争の正当化と国民共同体の再構築」は、歩一歩を進めた。同年、教科書に関しても、教科書無償化法を成立させ、日本の侵略戦争責任問題と天皇の役割・戦争責任についてまったく触れない歴史教科書と教師用指導書の刊行が促進された。

さらにまた池田首相は、大日本帝国憲法の規定により、国家に貢献した「すぐれた」人物に、天皇が勲章を授与する制度、叙勲制度を復活させた。叙勲の復活は、「国民」階層に価値序列を付し、同時に天皇を頂点とする社会の位階制を強化するものであり（ビックス前掲書二七九頁）、日本国憲法の平等原理に真っ向から背馳するものであった。また東条英機らのA級戦犯が靖国神社に祭られるまで、天皇は靖国にも参拝していた。加えて戦没者追悼式にも出席して、追悼なる「お言葉」を述べ、遺族の慰藉に心がけるようになる。

天皇・皇后の訪欧・訪米――天皇の戦争責任が再び焦点化

天皇は、その罪責のゆえに国際舞台には長らく登場することはかなわなかった。七一年のヨーロッパ七か国への親善訪問、七五年の初の米国訪問が国際復帰へのステップとなった。「戦犯」裕仁天皇という記憶が敗戦後四半世紀を経てようやく風化しつつある時期を計っての訪欧・訪米であった。しかし、なお、旧日本軍から虐待を受けた捕虜たちがいるオランダなどでは、天皇の乗った車に卵が投げつけられるなど、依然として反裕仁色が残っていることを示した。ヨーロッパでの抗議活動は、天皇の戦争責任が過去の問題でないことを見せつけた（前掲『昭和天皇（下）』に主による）。

天皇は、この時のことを感懐してか、歌に詠んでいる。三首紹介する（前掲・辺見じゅん、保阪正康『よみがえる昭和天皇』一七八〜一七九頁）。

イギリス

戦果てて　みとせ近きに　なほうらむ　人あるを　われは　おもひかなしむ

さはあれど　多くの人は　あたたかく　むかへくれしを　うれしと思ふ

オランダ

戦にいたで　うけし諸人の　うらむをば　深くつつしむ

三首の歌を一読し、わたくしが受けた印象は、天皇の歌の心は「さはあれど多くの人はあたたかく……」にあるように思われる。いや、そうあれかしと思いたかったのであろう。

六三年、池田首相が病で引退すると、佐藤栄作（岸信介の弟）に政権が禅譲された。天皇と同年生れの佐藤首相は、天皇への敬愛心が強く、細かく国内外の政情報告を行った。天皇は、いまだ統治者意識が残り、佐藤の報告（「内奏」）に満足感を覚えつつ、多大な関心をもって耳にしたことであろう。

次に佐藤内閣の後を継いだ田中角栄内閣になると、田中首相は、七二年、中国との国交正常化を果たすが、戦争に対しては「二重基準」を維持する。七三年、田中首相は、国会において共産党議員から日中戦争を侵略戦争と考えるか否かを問われ、「日本がかつて中国大陸に兵を出したという事実、これは歴史的事実」といいつつ、「端的に侵略戦争であったということを求められても、私がなかなかこれを言えるものではありません。これはやはり将来の歴史が評価するもの」と答えをはぐらかした。

天皇への報告は、首相に限らず、担当閣僚からもなされていた。主権在民の日本国憲法の規定に違反するものの、天皇は、多分、かつての「上奏」のごとく、彼ら政府高官からの国政・情勢報告を当然のごとく聴取していたものと思われる。こうした事実は公にならず、七三年五月、田中内閣の増原恵吉防衛庁長官が、記者会見で、天皇の見解（「旧軍の悪いことを見習わないで、いいところを取り入れてしっかりやってほしい」）とうっかり洩らしてしまった。かつての「上奏」と「指示」といった、天皇が大権保持者であったころの記憶を、「国民」の多くが呼び起こすことになった。しかし、責任は天皇には及ばず、迂闊にも天皇の見解を洩らした増原が辞職に追い込まれた次第であった。

実際、天皇の軍事・政治・外交についての関心は衰えず、政府の当局者や高官たちは当該事項を説明し、大学教授の国際情勢についての「進講」も続いた。天皇自身は、のちに述べるように、戦前・戦中と戦後を連続的に捉えていた。

「そういう言葉のアヤ……」「原爆投下はやむをえないこと」

七五年、天皇・皇后の訪米を前に、九月二二日、在京外国人記者団が天皇に会見し、質問した。「米国人の多くが一九四〇年代の日米戦争」において、天皇が何か言うことを期待していることは確かと思われるが、この問題についてどのように話されるかという問いに、天皇は「現在、この問題について検討中であり、いま見解を述べることは控えたい」と答えた。また「過去三十年間における日本人の価値観の変化」を感じるか、と聞かれ、「しかし広い観点から見るならば戦前と戦後の〔価値観の〕変化」があるとは思っていない、と答えた。これらについて、ビックス氏は、天皇が連続性を強調するのは、連合国の占領と改革が日本人の価値体系を根本的に変えたことの否認とみてよく、またそれは天皇制が本質では変わらないという古い観念を天皇が主張したと解釈できるだろうと指摘している（ビックス前掲書二八六頁）。

米国からの帰国後の一〇月三一日、天皇はテレビカメラも入った記者会見で、一記者が、天皇が「ホワイトハウスで『私が深く悲しみとするあの不幸な戦争』という」発言をしたが、このことは「戦争に対して責任を感じ」ているという意味と解してよいものか、また戦争責任について、どのようにお考えか、といった質問をした。これに対する裕仁天皇の答えはかなり流通しているものだが、そのまま引用する。

天皇は顔をこわばらせて「そういう言葉のアヤについては、私はそういう文学方面はあまり研究もしていないのでよくわかりませんから、そういう問題についてはお答え出来かねます」と答え、また原爆投下について聞かれ、原爆投下されたことは「遺憾には思っていますが、こういう戦争中であることですから、どうも広島市民に対しては気の毒であるが、やむをえないことと私は思っています」と発言した。*右のような天皇発言を知った多くの人が呆れ、なかには強い憤りを抱いた人もいたであろう。この会見の三か月後、共同通信は三〇〇〇人の男女を対象に、天皇制についての世論調査を行った。八〇％以上の回答があり、回答者の五七％近くが、裕仁天皇には戦争責任がある。またどちらともいえない、と答えた。これについてビックス氏は、何度かのインタビューでの天皇の答えは、天皇がまたもや日本国民の多数の感覚からずれていることを示していたと指摘する（同右三八九頁）。

＊著名な歴史学者で、教科書訴訟を起こし、文部省の恣意的・反動的な検定に強い疑義を抱き、三〇年に亙る「家永教科書訴訟」を続け、権力に抗した家永三郎（一九一三〜二〇〇二年）氏は、その著『一歴史学者の歩み』（岩波現代文庫、二〇〇三年）所収の「付篇　私と天皇制・天皇」で、自らの思想的な歩みをを振り返り、「敗戦によって、天皇制の呪縛が解け、共産主義者を先頭とする天皇制否定の主張が公然と世に溢れ出した」。しかし、「天皇制に対する私の考え方に変化は生じなかった」といとも率直に述懐し、「天皇・皇室への崇敬の念を、私は、敗戦後もそのまま維持し、戦争中に公刊した著作を戦後にも手を加えることなく」重版、そこには皇室に対する敬語が戦時中起草したときのまま活字になっている（同

右二四七～二四九頁）と述べている。さらに氏は敗戦直後の時期に、他律的な形であったものの、天皇・皇族の身辺に近づく機会にしばしば接したとし、四八年六月の日本学士院の授賞式で二冊の著書に「恩賜賞」が授与され、宮中で天皇の「賜餐」があり、「御陪食」の席に列したこと、五〇年四月から、東宮侍従の依頼に応じ、宮内庁御用掛嘱託として、学習院高等科における明仁皇太子の日本史単独授業を一年間行ったこと、同年五月仁明天皇一一〇〇年式念祭に先立ち、天皇・皇后に「仁明天皇の御事蹟について」と題し、進講を行ったこと、この他、天皇を囲む座談会に出席・陪食をしたことなどが記述されている（同右二五四～二五六頁）。この間の四六年、家永氏は文部省教科書編纂委員嘱託として『くにのあゆみ』を分担起草した。『くにのあゆみ』は同じ歴史家の井上清氏などから激しい批判を受けた。家永氏が、天皇・天皇制への批判に転じた大きな契機として、さきの天皇の「言葉のアヤ」発言、「原爆容認」発言があったとし、八五年には『戦争責任』（岩波書店）で、正面から天皇の戦争責任を追及したと記述している（同右二六四頁）。実父が職業軍人だったとはいえ、家永氏のような国家権力と闘った人も、敗戦後もかくも天皇・天皇制イデオロギー、「国体観念」に呪縛されていたことは、氏が自ら述懐されるように「教育の恐ろしさ」であろう。

裕仁天皇の死――自粛の強制、美化、歴史の歪曲

七六年、天皇在位五〇年式典、八六年、当時の首相中曽根康弘主導による大掛かりな天皇在位六〇年式典挙行など、裕仁天皇は依然、天皇家の家父長としての相貌を示すと同時に、日本「国家」の父たる様相をも帯びていく。

この間の、父天皇の元気さにくらべ、一九五〇年代から六〇年代にかけて「新しい皇室」のスター的役割を演じていた明仁・美智子皇太子夫妻は、心なしか精気が欠け、美智子妃にいたってはすっかり面窶れした。皇太子妃婚約時の天皇の歌が思い出される。「喜びはさもあらばあれこの先のからき思ひていよよはげまな」。

しかし、八九年一月七日、裕仁天皇が癌で死去した。死去に至るまでの間の「自粛」報道、祝い事の行事への事実上の禁止など、天皇を再び神格化・美化する報道や論説記事などが目立つ傾向が見られた。歴代で最も長く皇位にあって、神話時代を除き、最も長寿を保った天皇であった*。

＊旧日本軍において天皇は、軍の統帥権保持者、軍編成権の最高責任者の大元帥であった。新憲法では、第九条で戦争放棄を謳い、軍事力は持たないというのが原則だが、米占領軍の要請により、現在の自衛隊が創設された。横田耕一『憲法と天皇制』（岩波新書、一九九〇年）によれば、「自衛隊法」によれば、自衛隊の最高の指揮・監督権を有しているのは、内閣を代表して、首相である（第七条）。しかし、自衛隊のなかには、首相のために死ぬというのでは隊員の士気があがらず、再び天皇を忠誠の対象とする動きがあり、特に六〇年代以降、深まっていると指摘。一九五四年の自衛隊施行規則では、天皇は栄誉礼受礼資格者の筆頭であり、首相は第四位にすぎない。一九六〇年秋より、自衛隊幹部は天皇の「賜謁」を受けており、六五年以来、毎年定期的に、五〇～八〇人の自衛隊幹部が「拝謁」することが定例化し、そこで天皇が激励し、幹部連中が感激するといった具合になっているという。天皇の代替わりは、「自衛隊と天皇の結合を公然化」する場になった。昭和天皇の大喪の礼に当たって、一九〇〇人の自衛官が参加、天皇の柩を乗せた車は自衛官の堵列によって迎えられ、三か所で着剣捧げ銃の儀仗が行われ、自衛隊は「哀《かなしみ》の極《きわみ》」の演奏と弔砲で天皇の死を悼んだ。同様に、九〇年秋の即位の礼においても、自衛隊は、祝賀御列の儀などで前面に登場することになっていると、重要な指摘を行っている（一三四～一三八頁、参照）

当時の首相竹下登は、公式な弔辞を発表し、そのなかで「大行天皇」はつねに平和主義者、立憲君主であり、六二年間の激動の時代をとおして「世界の平和と国民の幸福をひたすら御祈念され、日々実践躬行」「お心ならずも勃発した先の大戦において、戦禍に苦しむ国民の姿を見るに忍びずとの御決心から、御一身を顧みることなく戦争終結の御英断をくだされた」というものであった。

ここでも真実の歴史が歪められ、歴史の偽造が行われている。歴史修正主義は、今日の安倍晋三内閣から始まったわけではない。歴代政権は、敗戦以来、歴史修正主義を積み重ね、今日に至っているのである。

5　象徴天皇制の行方――「国体」的天皇観の台頭

秋篠宮、徳仁皇太子の結婚

明仁皇太子が践祚、皇位を継承すると、メディアの視線は、新天皇・新皇后へと一斉に注がれる。明仁・美智子夫妻とその一家に再び焦点が合わされた。一年間の服喪ののち、明仁一家の「慶事」が続く。

昭和天皇が死去した翌九〇年六月、第二子礼宮文仁親王（秋篠宮）と川嶋紀子《きこ》が結婚する。二人は学習院大学の同窓であった。紀子妃の父、川嶋辰彦は東京大学経済学部卒業後、米国ペンシルバニア大学で地域科学博士号を修得し、学習院大学教授になった。辰彦の弟・行彦は東京国際大学教授。川嶋氏の家は、曾祖父以来、学者が多く出ている（神前掲書、参照）。

九三年六月皇太子徳仁親王と小和田雅子が結婚。雅子妃の父は、五五年に外務省に入り、外務省事務次官、国連大使を経てオランダ・ハーグの国際司法裁判所の判事（のち所長）を歴任した小和田恒。母方の祖父は、興銀を経て、チッソの社長となった江頭豊であった。水俣病が社会的に関心がもたれ、患者の支援組織「水俣病を告発する会」が発足、社長として矢面に立ったのが江頭であった。結婚当時、祖父と小和田一家は、屋敷内に同居していたようである。

小和田家はもともとは新潟県村上市の下級武士の出身。祖父の毅夫は高田高校長を最後に勇退、祖母静もかつて教鞭をとった。毅夫・静夫妻には二女五男がおり、長男顕は東大文学部を卒業、専修大学教授。次男恒、恒の弟・隆は東大法学部出身の弁護士。四男の統は東大法学部を卒業後、旧運輸省に入り、海上保安庁次長を経て国際観光振興会理事。末弟の亮は、同じく東大工学部を卒業し国土交通省港湾局審査官を務めた。姉妹たちの泰子は奈良女子大学、紀子はお茶の水女子大学を卒業。いずれも秀才揃いといえよう。

美智子妃に続き、「エリート家系」が天皇家に加わったわけである。雅子妃の母方は、典型的な軍人家族であったが、母・優美子の父・江頭豊は、東大法学部から日本興業銀行に入社、常務まで務めたのち「チッソ」へ転出、社長・会長を歴任。なお豊の弟・隆の息子に江頭淳夫（江藤淳が筆名）がおり、文芸評論家・慶応大学教授として名をなした（神前掲書、参照）。

九一年には秋篠宮の第一子眞子内親王、九四年第二子佳子内親王の誕生というように、メディア（とりわけテレビ）での「幸わせ家族」の露出振りが顕著になる。「昭和」から「平成」へと、まるで時代が一変したかのごとく（念のため言うと、時代は日本紀年＝天皇の暦によって区切られるものではない）、新しい装いを身にまとった「皇室」の新しさが強調される。

その新しさ、そして「華やかさ」を主に演じるのは、美智子・雅子・紀子妃らの皇后・皇族妃たちで、艶やかな衣裳・装飾品の数々をまとっているが、もともとは、それらの大部分が、日本市民・住民の税金でまかなわれていることであろう。

后妃たちの笑顔がメディア（とくに画像）を通して振りまかれる。人びとの多くは、これらの光景を、最大限の敬語表現をちりばめられ、流されてくる賞讃の放送言葉を耳にしながらみつめる。后妃たちの存在は、「平成皇室」を盛り立てる最大のツールなのである。

一九九九年、右翼的潮流が掉さす──「国体的」天皇観の台頭

やや時を超えて、一九九九年は、わたくしたちにとって深く記憶すべき年であった。この年、男女共同参画社会基本法が制定される。この法律は、使われ方によっては、体制協力や戦争協力への女性参与・加担を引き出しかねないものである。どこへの参加、何への参加、何のための参加であるか、あらためて参加のありようをよくよく勘案することが大切であろう。基本法が成立した同じ国会で一連の悪法──戦争協力のための周辺事態法＝新ガイドライン法（ちなみに米国ではウオー・マニュアルという）、盗聴法（通信傍受法）、国民総背番号制の住民基本台帳法改悪、加えて「日の丸・君が代」の「国旗・国歌」法が次々と成立をみた。

「日の丸・君が代」法の制定を機に、象徴天皇制は再定義されたのも同然である。敗戦直後の天皇の政治的・法的権限を剥奪するべく創出された象徴天皇制は、憲法第九条が事実上、解釈改憲されてきたように、時代の節目ごとに解釈改憲を重ね、変質するにいたった。日本国憲法の下位法にすぎない「日の丸・君が代」法を楯に天皇を寿ぐ歌・君が代と、侵略戦争や植民地支配の象徴ともいうべき日の丸の強制が始まり、それに抵抗する教員たちが処分されるという理不尽な行為が罷り通っている。

天皇主義者・国家主義者の次の照準は、天皇元首化の文字通り明文化であろう。彼らは、憲法「改正」と教育基本法の「改正」に狙いを定め、激しい攻撃を加えてきた。九〇年代後半からの「自由主義史観」研究会や、「新しい歴史教科書をつくる会」を軸にしたすさまじい教科書攻勢は、その第一歩であり、右からの攻勢はいよいよ強まった。時代は、一見、「国体」的天皇制の方向へと動き始めているかにみえる。二〇〇六年には教育基本法が改悪され、さらに天皇への尊崇が盛り込まれ、無条件に愛国心・愛郷心が唱えられている。保守政府は天皇の元首化を求めている。「象徴皇太子（妃）」――「象徴天皇・皇后」を表看板に、ひたすら演じ続けてきた明仁・美智子夫妻の天皇一家とその側近たち（宮内庁高級官僚等）は、果たして右のごとき「国体」的天皇観に魅せられ、「象徴」の衣を脱ぎ捨てるのだろうか。

6　天皇家の妃たちの役割

雅子妃の「懐妊騒動」をめぐって

二〇〇一年四月一六日、宮内庁は雅子妃に「ご懐妊」の可能性が出てきたと公式に発表するや、マスメディアは一斉に大々的に報じ、新聞は号外まで出す始末であった。一人の女性が結婚し、子を身籠もることは何ら不思議ではない。ところが、この大騒ぎは何たることであろう。それは、彼女が、次の次の天皇となる男の子を産むか、どうかの役割を一身に帯びさせられているがためである。

天皇家の存続のためには、皇位を継承する、ちょっと古風な言い方をするならば、「日嗣の皇子」が必要なのである。雅子妃がどんなに優秀で、かつて輝かしいばかりのキャリアをもっていた女性であっても、「嫡男」をなさない妃は、天皇家には、意味をなさない存在なのである。この事件は、天皇家が依然として家父長制男系血統家族であること、妃の存在意義は、男系の「正しい血統」の子どもを産むこと、家父長制の生きた例がまさしく天皇家であることを図らずも浮き彫りにした。皇太子妃妊娠の可能性が大ニュースになるのは「世継ぎ」の男の子が生まれることが天皇制度存続の絶対条件であることをあらためてみせつけたのが、この度の騒動であった。

女性天皇論の再登場

皇太子妃懐妊の可能性が宮内庁から発表されるや、メディアはいっせいに奉祝記事を掲げた。宮内庁発表翌日の四月一七日付『朝日新聞』社説は、「出産のご無事を祈る」と題し、次のように書き記した。長文だが、ほぼ全文を厭わず引用しよう。

> 皇太子妃雅子さまに、懐妊の可能性が出てきたと宮内庁が発表した。経過をみて、改めて正式な発表をするという」。「その時まで、できる限り静かに見守っていただきたい」と同庁は述べた。これからさき出産までは、確かに大きな期待とともに不安も伴う。妊娠の初期はとくに不安定で大事な時期だ。一昨年暮れには流産という残念なこともあった。出産の御無事を祈りつつ、騒がずに、そっと見守っていきたい。〔中略〕
> もっとも、母となる身にすれば、喜びだけに浸っているわけにはいかない。出産の苦しみをはじめ、妊娠は女性にとって命がけの大事ともいえるだろう。
> だれの場合であれ、妊娠や出産は本来、最もプライベートな事柄である。
> しかし、皇太子妃の場合には、皇位が世襲と定められている以上、国民の関心事とならざるをえない。象徴天

皇の継承に結びつく公的な意味を持つからだ。一昨年、本紙は「雅子さま懐妊の兆候」といち早く報じ、プライバシーをより重んじる方々から強い批判を受けた。報じる必要性とプライバシーの調和点を探る。それは私たちにとって重い課題だ。〔中略〕

家族のありようの多様化や世代による意識の相違などを思うと、現在の皇室の置かれた状態は、いかにも堅苦しく映る。皇室のあり方も、より自由でのびやかな姿に進んでいくのが望ましい。

皇室典範は、男子だけの皇位継承を定めている。しかし、この規定がいまの時代に即したものかどうかについて、さまざまな意見が出ている。より開かれた皇室へ、法制度を含めた見直しをする時期にきているのではなかろうか。さかのぼれば8年前の結婚以来、ご夫妻には赤ちゃんをめぐる「期待の重圧」が続いてきた。会見で子どもについての質問が出ると、主に皇太子さまが、機知を交えてこんなふうに答えてきた。

「コウノトリはどうも静かな環境を好むようでして、もし飛んで来るのであれば、結婚の時と同じくマイペースであろうというふうに思っています」

コウノトリが、本当に飛んで来たようですね。どうかお大事に。

右の社説を注意深く読まれた読者は、「懐妊」への祝意とともに、社説子が皇室典範の見直しに積極的であることを感知されよう。現行皇室典範（四七年五月三日施行）第一条は、「皇位は、皇統に属する男系の男子が、これを継承する」と述べ、「女性天皇」を否定し、加えて退位や「養子」をも認めていない。

周知のように、敗戦後、天皇家は、裕仁天皇の弟である秩父宮・高松宮・三笠宮の直宮を除き、他の一一宮家五一人を「皇族身分」から切り離した（いわゆる「臣籍降下」。なお旧宮家については差し当たり、神前掲書参照）。また日本国憲法の男女平等原則にそって、天皇家に長らく続いていた「側室制度」（お局制度）をも廃止した。ここで遡り、現行皇室典範の制定の経緯を若干見ておこう。

7　現行皇室典範「改正」をめぐる論議

敗戦直後の「女帝」論議

皇室典範改正時の第九一帝国議会審議のなかでも、「男女平等」の立場から「女帝」論を主張した日本社会党所属の新妻いとのような女性議員、加えて将来の皇位継承の「行詰まり」を懸念して「女帝」容認を説いた保守系男性議員など「女帝」、すなわち「女性天皇」を認めよ、という声は強かった。ちなみにさきの保守系議員は、男系男子の断絶を心配して、「庶出」天皇論さえ展開した。

右の「女帝」論に対する、当時の憲法担当国務大臣・金森徳次郎の答弁は、「男系男子」に皇位を限るのが、日本の「確定不動」の歴史とし、「女帝」論を斥け、押し切った。

日本国憲法下の現行皇室典範は、大日本帝国憲法下の旧皇室典範を基本的に踏襲したものである。皇位継承を世襲制とし、男系男子に限ったうえ、たとえ天皇の意思であろうとも退位を認めず、後継のための養子をも禁じた。旧典範との唯一の違いともいうべきは、古代以来、天皇家に連綿として続いてきた一夫多妻妾制を廃し、「庶出」天皇をも認めず、としたことであった（以上について、差し当たって前掲拙著『女性史を拓く　4』所収の第六章「戦後天皇制度と女性」を参照）。

それゆえ、皇太子妃妊娠にともなう皇室典範見直し論は、決して目新しいものではなかった。現行典範制定後も同じような議論が時として繰り返されてもきた（前掲拙著および拙著『フェミニズムと朝鮮』明石書店、一九九四年、所収の「第二章　女性と天皇制」を参照）。

「皇位の行詰まり」状態で「女帝」論再燃

ただ、今日と以前の議論をめぐって、決定的に違う点は、前述しているようにいまや「皇位継承の行詰まり」状態に達しているという点である。雅子妃の「懐妊」発表後、政治家たちが相次いで「女帝」論を口にし始めた。まず山崎拓・自由民主党幹事長（当時）が、「女帝」承認、天皇退位を著書のなかで述べたのを機に、小泉純一郎首相（当時）もすばやくそれに応え、「個人的には女性の天皇陛下でもいいんじゃないかと思っている」と発言、また自民党と連立を組む公明党の神崎武法代表、保守党の扇千景党首も、天皇や皇族の「基本的人権を認めるのも賛成、女帝を認めるのも男女同権という意味で賛成」「賛同」だと、皇室典範の改正に同意した（『朝日新聞』二〇〇一年五月七日）。

宮内庁内の雰囲気も、どうやら一変したらしい。一〇数年前までの宮内庁の公式見解は次のごとくであった。「憲法で皇位は世襲のものであると定めており、皇位は古来の伝統として男系の男子に継承されるものが基本的な考え方だ」（一九九〇年五月二四日、参議院内閣委員会における、社会党三石久江議員の質問に対する宮内庁次長の答弁）と。

愛子内親王誕生後、皇子出産へのプレッシャーが強まる

徳仁皇太子は、九三年六月九日に雅子妃と結婚したものの、皇位を継ぐべき「世継」がなかなか生まれず、当事者はもとより周辺でも焦慮感が募ってきた。「妊娠可能性」報道からちょうど一か月後の五月一五日、宮内庁が懐妊を正式発表したのを受けて、翌一六日の『朝日新聞』朝刊は、社会面でこう報じた。

> 97年12月24日夜。東京・原宿の表参道は、ケヤキ並木のイルミネーションを楽しむカップルで、にぎわっていた。参道を通り過ぎる車の中に、皇太子ご夫妻の姿があった。「あれは、殿下からのクリスマスプレゼントだったと思います」と関係者は振り返る。〔中略〕

雅子さまが体調を崩して公務を休むたび、靴のヒールが低くなるたびに週刊誌がおめでた話を書き立てた。皇族ら周囲からも気をもむ声が出始めた。夏から秋にかけて、両陛下と宮内庁幹部らによる内々の話し合いがもたれた。皇室典範の改正も話題にのぼったという。

（「重圧耐え　深めたきずな　雅子さま懐妊発表」『朝日新聞』二〇〇一年五月一六日）

ちなみに同紙同日付の三二面では、脚本家の橋田寿賀子氏が「一部に、婚約時の生き生きとした表情が少なくなったという声がありましたが、私はそうは思いません。精神的に対等でありながら、雅子さまが少し控え目にされているという印象で、日本の美風を感じさせる理想的な夫婦像でした」と、いかにもこの人らしいコメントを続けたあと、「女帝」容認をさりげなく説く。「これから、国民やマスコミの関心は、男のお子様か、女のお子様か、ということに移るでしょう。男の子だったらいいけれど、女の子だったら、また同じことの繰り返しです。これを機会に、女帝を認める方向で議論を深めた方が、よほど健全ではないでしょうか」（「久々に喜べるニュース　皇位論議深める契機に」『朝日新聞』五月一六日）と。

なお、ここで念のため記すと、現皇室典範なら、生まれた子が女児（内親王）ならば、「皇位の行詰まり」状態は依然として解消されない。雅子妃は再び男児を産むべく周囲のプレッシャーを受けつつ「奮闘」しなければならない。この時点では、皇太子に次ぐ皇位継承資格者の秋篠宮以下、その子どもたちはすべて女児で、天皇や前天皇の「直系」「血統」でありながらも、天皇になれない（二〇〇六年に至り、秋篠宮に第三子、悠仁親王が誕生）。

〇一年一二月一日、雅子妃は愛子内親王を出産した。雅子妃は、わが子の誕生を喜び、二〇〇二年の歌会始で次のように詠んでいる。「生まれいだしみどり児のいのちかがやきて　君と迎ふる春すがすがし」（橋本明『平成皇室論　次の御代へむけて』朝日新聞出版、二〇〇九年、七八頁）。

「女帝」論の噴出は、右のように一部の政治家（野党の民主党〔当時〕や社会民主党・自由党の幹部たちも「女帝」賛成を表明している）や、『朝日新聞』など一部のマスコミにとどまらない。早くも、一九九六年一月、雑誌『Ｔｈｉｓ　ｉｓ読売』で女性天皇特集号を出した『読売新聞』や、『毎日新聞』なども同様の論陣を張っている（『サンデー

系図31　明仁天皇家系図

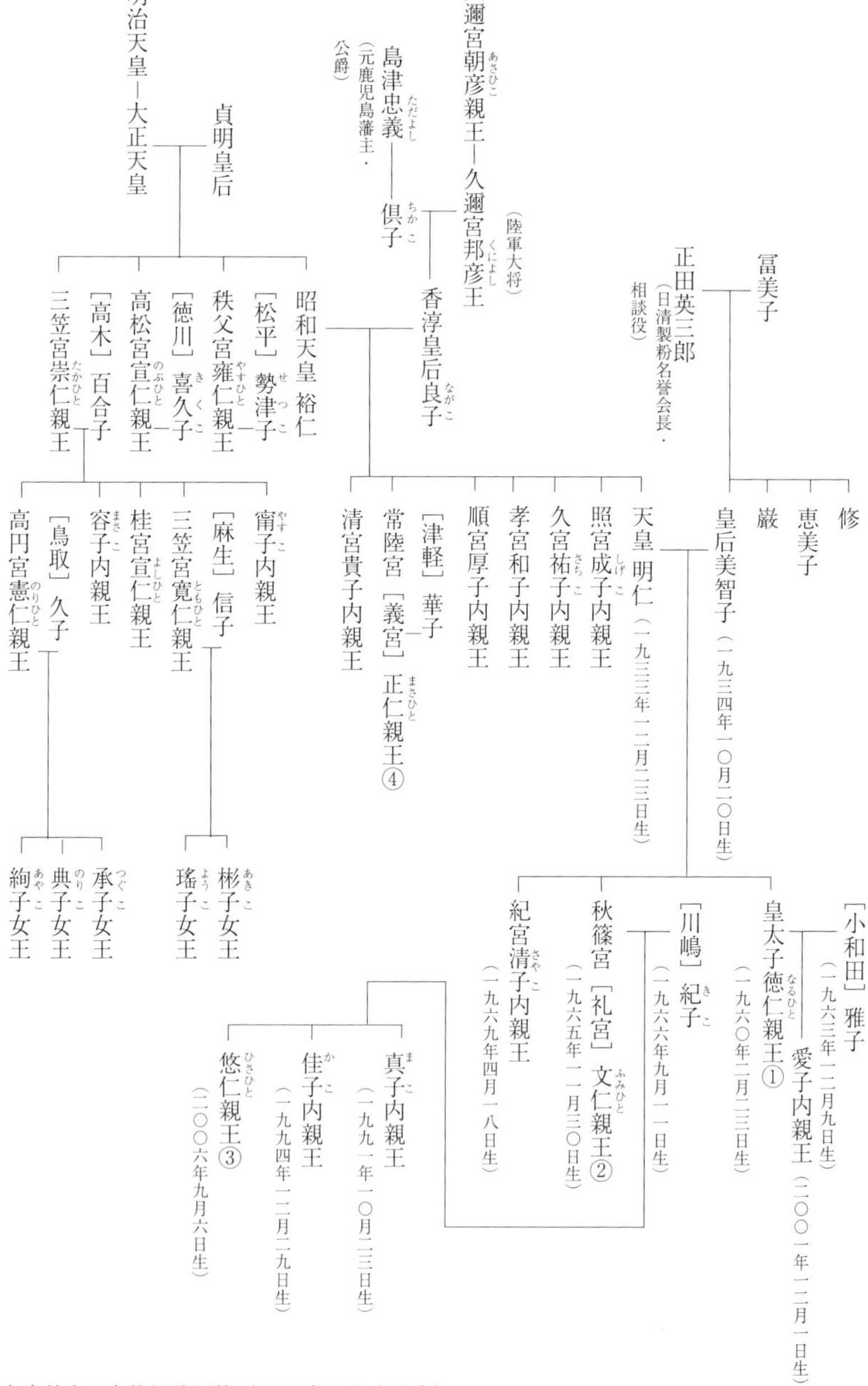

注　丸内数字は皇位継承順位（2019年2月末現在）

毎日緊急増刊　おめでとう雅子さま』二〇〇一年五月一九日号、等参照）。

要するに、天皇家が存続するためには、女児か男児かはともかくとして、妃たちに出来るだけ多くの子を産んでもらわなければならないわけである。「産む」という行為そのものが期待されている。さきにわたくしが指摘したように、「嫡子」をなさない妃（とりわけ皇太子妃）は、天皇家にとっては意味をなさない存在であること、言いかえれば、妃の存在意義は、男系の「正しい血統」の子を産むことにあること、まさに家父長制の生きた例が天皇家であることをご了解いただけたのではないかと思う。

しかし、わたくしは「女性天皇」が登場すれば、天皇制度を認めるという立場ではない。性差別はもとより民族差別、階級差別、身分差別、マイノリティ差別等を隠蔽するためにつくられた装置が天皇制度である。人が人の上の立つ象徴天皇制度にしても然りである。

伝統的天皇制護持論者の一部にも「皇室典範」改正論が登場

かつての天皇制護持論者たちは、次の村松剛氏（故人）の言のごとく、徹底的な「男系」「男帝」主義者であった。「国民の男女平等と、国民の聖なる精神的部分を代表してもらう君主とは別問題だ。女帝となれば、天皇制そのものが変質し、皇室の権威にかかわる」（前掲拙著『フェミニズムと朝鮮』一六四頁）と。今日でもこの手合いの天皇制論者は健在であろう。とはいえ、伝統的な天皇制護持論者のなかにも、右に縷々述べたような「皇位継承行詰まり」状態を一挙に打開するために、典範改正を主張する人びとも出てきている。

たとえば、その一人が京都産業大学教授・日本文化研究所長の所功氏である。『Ｙｏｍｉｕｒｉ Ｗｅｅｋｌｙ 臨時増刊　おめでとう雅子さま』（二〇〇一年五月一五日号）に寄稿した氏の論稿「私見　皇位の『世襲』を保持するために」は、タイトル通り、天皇家の存続保持（「皇統保持」）のため、まず世襲できる皇族男子の範囲を拡大し、その数を増やし、次に女性皇族にも皇位継承資格を与えようというものである。いささか長文になるが、左に所氏の論稿を抜粋引用しよう。

〔前略〕そこで、もし将来にわたり多数の皇族男子を確保するには、いわゆる臣籍降下された旧宮家の子孫が皇籍に復帰して宮家を立てられるようにする必要がある。ちなみに、平安前期の宇多天皇は、いったん源姓に降りながら復籍即位された例である。

また、現典範は旧典範を承けて、第九条に「天皇及び皇族は養子をすることができない」とか、第十二条に「皇族女子は……皇族以外の者と婚姻したときは皇族の身分を離れる」と規定している。しかし、当代の直系子孫が万一すべて女子の場合、他の宮家から（復籍も含めて）皇族男子を養子にとれば、第一条にいう「男系の男子」を確保しやすくなろう。まして現天皇の直系女子が一般人と結婚される場合も、女性宮家を立てて皇族身分を維持すれば、そこに誕生される皇子を皇位継承の有資格者に加えることができる。〔中略〕

さらに、その有資格者として、伝統的な皇族男子を原則的に優先させながら、女性宮家の当主のみ加えるとか、天皇直系および全宮家の女子まで加えるとか、あるいは新たに当代の直系であれば、男女の別なく第一子を最優先するとか、それも兄弟姉妹の順を問わないで当帝の判断に委ねるとか、さまざまの方法が考えられる。ちなみに、西欧（オランダ・ベルギー・スウェーデン・ノルウェーおよび近くイギリスも）では、第一子を第一位とすることになっており、タイでは現国王が王子・王女の中から後継者を任命（ないし枢密院が推挙）できることになっている。〔中略〕このまま現典範に拘束され続ければ、皇位の「世襲」が困難になることは避けられない。従って、これを放置することは、天皇世襲制度の自然消滅を座視するに等しい。皇室を敬愛する国民はもちろん、憲法尊重を唱える与野党の政治家などは、皇位の「世襲」を保持するために、今こそ皇室典範の改正に向けて努力する必要があろう。

右にみられるごとく、「女帝」論を突破口に「皇統保持」＝天皇制度の「人的」基盤拡充を図って、保守・右派系学者からも、皇室典範改正が唱えられるに至ったのである。伝統的天皇主義者の主たる狙いは、右の所氏の論稿にみられるように「皇族男子」のいわば作為的な人口増にある。「女帝」論は、彼らにとって、それを導入する方便といってもよいであろう。「女帝」容認は、右派のそれも含めて、いまや、天皇制度安定策以外のなにものでもないことをはっきりと確認すべきであろう。

皇太子家と、皇弟秋篠宮家との「内訌」はあるのか

〇六年九月、秋篠宮家に男児が誕生した。悠仁親王の誕生であった。いまの皇室典範の規定では、皇位継承資格第三位の資格を有する。敗戦後、制定された「皇室典範」では、皇位は皇男子に限る、との項目がある。この結果、現典範の規定からいえば、皇太子が皇位継承第一位、弟の秋篠宮が第二位、その息子、悠仁親王が第三番目になる。皇太子家の第一子愛子内親王は、女であるゆえ皇位が継げないわけである。もしこれを仮に皇太子夫妻が不服と思うなら、兄弟間にある種の内訌状態が出来してもおかしくない。

皇位はかつて古代に六人八代の女性天皇、近世に二人の女性天皇が存在した。孝謙（称徳）天皇となる女性皇太子の例もあった。すでに見たように、天皇家では、古代以来、子孫獲得のため、天皇は多くの妻妾を抱えていた。それは皇位継承者を絶やさぬためとされ、なかには数十人の妃や側室を抱え、多数の子女たちを儲けた天皇も存在した。

歴代の天皇たちの母をみても、意外と「側室」が多い。言い換えれば、一夫多妻妾制がずっと続いていたわけである。まさに女性は、「腹は借り物」であったともいえなくもない。

敗戦後の「皇籍離脱」で直宮以外を整理

昭和天皇（裕仁親王）に至り、側室は設けられなかった。天皇と良子皇后（香淳皇后）との間に、五女二男が誕生した（そのうち久宮祐子《さちこ》内親王は夭折した）。敗戦にもかかわらず、天皇制は、日本を事実上単独占領したＧＨＱの最高司令官マッカーサーとその幕僚たちの思惑（天皇を一個師団の力を持つとみなした）と、天皇側との取引で、いわゆる「象徴天皇」として延命した。「象徴」と名こそ代えたものの、殆んど無傷で延命し、しかも昭和天皇は、敗戦後も「為政者」意識に囚われていた。戦争責任・戦後賠償問題が、敗戦後七〇年余を超えようとしても、依然とし

て未解決なのは、天皇その人を含む天皇制国家の責任が問われてこなかったことも大きな要因としてある。

さて、昭和天皇は、二人の男児（皇位継承者）を得て、一旦、胸を撫で下ろしたであろう。が、第二皇子の常陸宮には実子が誕生せず、現天皇（明仁親王）にのみ、浩宮、礼宮の二人の男児と末娘の紀宮が誕生した。ちなみに敗戦後の「皇籍離脱」により、皇族の大部分が一般人となり、皇族は「直宮」（昭和天皇の弟三人。秩父宮・高松宮・三笠宮）を除き、宮家がなくなった。天皇家の歴史で、天皇が継嗣を得ないときは、宮家から天皇が即位した事例は多く、すでにこの著で述べた。これがいまは不可能になった。

「皇室典範に関する有識者会議」で女性天皇容認の報告書

昭和天皇の弟、秩父宮雍仁、高松宮宣仁にはともに実子がなく、末弟の三笠宮崇仁（一九一五〜二〇一六年）家のみに子どもが誕生、しかし、その子たちの子（つまり三笠宮からみれば孫）は、すべて女児（女性）である。しかも三人の息子たちに先立たれている。

現皇太子一家に女児敬宮愛子内親王が生まれたのは、結婚後八年後のことであった。それより前、皇太子の弟である、秋篠宮（礼宮）夫妻には、眞子・佳子内親王の二人の女児が誕生していたものの、以降、天皇家は長らく男児に恵まれなかった。そこで皇室典範を変え、女性天皇の登場も議論にのるようになった。

〇五年の小泉純一郎首相当時、女性天皇論が飛び出し、皇室の行方を心配する知識人の間にも女性天皇容認が論議され、二分されていた。〇五年一一月、小泉首相の私的諮問機関「皇室典範に関する有識者会議」（座長・吉川弘之元東大総長。座長代理に園部逸夫元最高裁判事。委員一一人のうち女性は岩男寿美子、緒方貞子氏の二人）は、女性が天皇になること、天皇の血筋を引く女系天皇を容認することを全会一致で決定、皇位継承順位は男女を問わない「第一子優先」の方向で集約し、同年一二月末に報告書を首相に答申した。

小泉首相は、「男系男子」に限る「皇室典範」の改正案を翌〇六年の通常国会に提出することを表明した（詳しくは、拙稿「女性天皇、何が問題なのか」『週刊新社会』二〇〇五年一一月一五・二二日号、のち拙著『フェミニズム・天皇制・

歴史認識』インパクト出版会、二〇〇六年、所収)。

もう少し、報告書の要点を整理すると、「女性天皇や女系天皇を可能とすることは、社会の変化と対応しながら、多くの国民が支持する象徴天皇制の安定的継続を可能とするもので、大きな意義を有し、女性天皇や女系の皇族を拡大することが適当」とするものであった。この報告書が出される背景には、もし現行皇室典範に固執するなら、将来の天皇家が断絶し、事実上消滅するとの、支配エリートの思惑があったものといえる。

しかし小泉政権で、当時、官房長官であった安倍晋三現首相は、報告書に関与しながらも、小泉首相の「女性天皇は皇室の意向」とする意向を、男系維持の持論をもって封じた(『毎日新聞』二〇一二年一二月一九日)。

悠仁親王誕生で政治家の間に「女性天皇」論が萎む

〇六年二月秋篠宮紀子妃が懐妊すると、小泉首相は、皇室典範改正法案の上程断念に追い込まれる。男系男子維持に執念を燃やす自民党内の保守派や右派の動きに押されたものと推測される。ただし、「懐妊」報道の直後の世論調査でも、女性天皇賛成が七一%(『毎日新聞』)の多数に上った。

同年九月七日、秋篠宮家に男児(悠仁親王)が誕生するに至り、国会内における「女性天皇」論は、萎んでしまった、と考えられる(「『ロイヤルベビー』誕生考」『科学的社会主義』二〇〇六年一〇月号掲載、前掲拙著、所収、参照)が、男児誕生直後の世論調査でも、女性天皇賛成が七二%(同年九月二八日、『毎日新聞』)、NHKの世論調査(同年一一月一三日)でも七七%の多数にのぼった。

前掲拙著のなかで、わたくしは大要、次のように述べた。〇六年、第一次安倍内閣で教育基本法が改悪され、これから再び天皇家や国家への敬愛心・愛国心が教育を通じ、叫ばれる時代となり(敗戦後、教育勅語失効後、法の下の平等や、「貴族制度」の廃止などを高らかに宣言する日本国憲法のもと、新たに制定された、個人の教育を受ける権利や、男女平等を謳う教育基本法が、〇六年、安倍晋三内閣のもとで改悪され、郷土愛や愛国心、天皇への崇敬、家族の再興が高調されるに至る。政府(「お上」)や天皇家の人びとや、国家への疑問を抱かせず、忠誠を誓わせるために、教育基本法改悪へと舵を切ったのであった。支配エリートにとっては、天皇家はいまだ利用価値が高いのであろう。

ちなみにわたくしは、安倍氏や麻生太郎氏（麻生氏の妹信子は故三笠宮寛仁妃）らの、ミソニズム（女性排除・女性嫌悪）にはもとより反対する。が、女性天皇ならば可とする論にも与しえない。なぜなら天皇の在り方いかんにかかわらず、天皇制の歴史が、いままで見てきたようにさまざまな差別を生み出す構造や土壌の上に築かれている以上、天皇制度そのものに反対するものである。が、天皇制廃絶は、天皇家の人びとの抹殺をもちろん意味しない。普通の市民として、人権を保障され、職業の機会にも恵まれねばならないであろう。

安倍晋三政権による女系・女性天皇の否定

さて、話は今日に戻る。安倍晋三氏は、一二年一二月、自由民主党総裁に復帰し、再び首相に返り咲いた。一二年一〇月、前政権の野田佳彦民主党内閣が、皇室典範に関し、論点整理した「女性宮家創設案」で、女性皇族が結婚後も皇籍保持、夫、子どもも婚姻まで皇族といった案などを提示、見直しを進めていた。が、安倍新内閣では「女性宮家」の創設は検討対象としない方針を固持し、男系維持への強いこだわりを皇室問題でも独自性を発揮する、と報道された（前出『毎日新聞』二〇一二年一二月一九日）。

続いて、一三年内閣の「番頭」で安倍氏の最側近でもある菅義偉官房長官も、衆議院内閣委員会で、皇位の男系継承が維持されてきた重みを考え、経緯を整理すると言明。以上を考慮すると、表向きでは「女性の活躍」を呼号しながら、実は、女性の自立や差別の撤廃にはあまり乗り気ではない様子がよく窺えるのではなかろうか。

「明治国家」以降、差別装置としての近代天皇制は、アジア侵略・植民地支配や、他民族差別・蔑視の温床となり、日本内部でもさまざまな被差別者を生み、臣民教化・教育により、日本臣民を国家に従属させる役割を存分に果たしてきた。侵略戦争・植民地支配責任においても天皇制の責任がまったく果されていない。そのことを被害各国の民衆から指摘されていることにも、安倍氏はまったく耳を傾けない。

安倍政権の反動・戦争国家路線

現在の安倍政権のもとでは、反動化、戦争国家化への勢いがますます大きくなっており、彼らの最終的目論見は、憲法改悪・「集団的」自衛権の行使（つまり米国の同盟国としての他国への武力行使）、特定秘密保護法・共謀罪法案に象徴されるように市民への「見ざる聞かざる言わざる」の思想・言論・表現への操作・統制・制限をも視野に入れているであろうことも容易に諒解される。

以上に述べたように、安倍内閣は、国際的な歴史認識・反省が厳しく問われているのみならず、米国のような特定な国を除き、国際世論を無視・歪曲し、日本の歴史にも頓着しないようであると、わたくしには思われる。ミソジニー（女嫌い）内閣であることも再言しておこう。ミソジニーと女性天皇忌避は、同じ回路にあるといえる。

「国民」の支持こそが象徴天皇制のキーワード

ところで、現天皇家ファミリーでは、安倍政権に同調するような、かつての「明治」以来の「軍事的封建的」「神権」天皇制国家が有効とは考えていまい。天野恵一氏が指摘しているように、「マスコミ仕掛け」によって天皇家の人びとへの視線を日本「国民」に集中させることが得策と考えている。「国民」から人気を失ったならば、象徴天皇制の足元は覚束ないと考えているのではないだろうか。常に話題づくりに心掛け、マスコミが最大限協力するという図式があるのではないだろうか。かつては皇太子時代の明仁・美智子夫妻がそうであったが、皇室内部にそれににつかわしい「スター」をその都度ごとに誕生させることであろう。

結婚当初の徳仁皇太子・雅子夫妻がそうであったし、現在のスターは、さながら秋篠宮家の次女、佳子内親王、〇六年に誕生した悠仁親王であろうか。大新聞社が発行する皇室の関係の写真集をみれば、皇室におけるスターづくりの大体の傾向が知れる。

ちなみに昭和天皇の末弟三笠宮崇仁親王の息子故高円宮憲仁の次女典子女王が一四年一〇月、出雲大社（天皇の祖先神といわれる天照大御神と同様、多神教の八百万の神のうち特に山陰地方では有力な神道の家柄。ともに祖先神の一つとして天照大御神を仰ぐ）の権宮司千家国麿と結婚し、古式豊かな結婚式を披露、何かとマスコミ誌上を賑わした。

現天皇家は、高齢の明仁天皇を継ぐ次期天皇以後の後継者を巡って、徳仁皇太子側と秋篠宮側との、水面下での「内訌」が繰り広げられているようにも思われる。現行典範典範では、女性は天皇になれない。皇太子・雅子夫妻に〇一年、愛子内親王が誕生したとき、前述したように小泉純一郎内閣は、皇室典範を変え、女性天皇の誕生をも視野にいれ、前記のような有識者会議が設置され、原則として「女性天皇」と「第一子優先」原則の誕生が勧告された。

それより前の〇四年一一月、自民党憲法調査会（保岡興治会長）では、憲法改正草案大綱の「素案」を纏め、現行憲法の全面改正を目指し、「自衛軍」の設置と集団的自衛権の行使を明記。さらに天皇を「元首」とし、女性天皇を容認した。次々代の世代に「皇統」を継ぐ男子がいなく、現皇室典範の規定では、皇統が途切れる心配から、「素案」に右のような規定が盛り込まれた次第である。しかし、もし仮に「女性天皇」を容認するとしたならば、皇室典範に一部、手を加えればすむことである。従って、この「素案」は、自衛軍設置と集団的自衛権行使が眼目であったことが明らかである。

〇六年九月、秋篠宮紀子妃が、第三子の悠仁親王を出産した。しかし悠仁親王は、現在の次々世代での唯一の男性皇族であり、後継に不安がないとはいえない。

秋篠宮眞子内親王と高円宮絢子女王の結婚をめぐって

ごく最近になり、週刊誌を賑やかしているのは、眞子内親王の結婚問題という。眞子内親王（秋篠宮家の第一子）は、一九九一年生まれ。国際基督教大学に進学、そこで小室圭氏と知り合い、五年越しの交際が続いたという。小室氏は、かつて「海の王子」といわれ、大学卒業後、三菱ＵＦＪ銀行に勤めたのち、一橋大学大学院に通う傍ら、東京都内の法律事務所で弁護士業務をサポートするパラリーガルという。一七年九月、宮内庁が婚約内定を発表、納采の儀（結納）が行われる予定であること、一一月に結婚の運びとなった。ところが、翌一八年二月、宮内庁は結婚に向けたすべての行事について二〇二〇年までの「延期」を発表。準備に向けての時間がないこと、一九年の五月の代替わり儀式で忙しいとのことが表向きの理由という。が、一部の報道によれば、眞子内親王と小室氏の結婚について、小室氏の母の「借金」問題が背後にあり、眞子内親王の母紀子妃が、「将来の天皇」になる悠仁親王の「義兄」になる人が「負の側面」になるならば、小室氏との結婚はすべきでないという考えが強くあり、小室氏に対して厳しい考えを示しているという皇室関係者の言を伝えている。もとよりその真実は分からない。

一方、一八年七月、宮内庁は、三笠宮崇仁親王の子息で故高円宮憲仁親王の第三女絢子女王（一九九〇年生まれ）と守谷慧氏との婚約内定を発表、八月納采の儀で婚約が正式に成立、一〇月二九日明治神宮において結婚式を挙げた。絢子女王は、城西国際大学国際福祉学科卒業後、同大学院修了を経て、日本郵船社員の守谷慧（父治は元通産官僚。祖父兼義は日本郵船常務・フランス支店長）氏は慶応義塾大学卒業後、NPO法人「国境なき子どもたち」理事に就く。福祉に関心を有する二人は好意を抱き、結婚に至ったものと思われる。

絢子女王の結婚はすんなりと決定した一方、小室氏との結婚を諦めないと伝えられる眞子内親王の結婚問題は縺れに縺れているようである。悠仁親王をめぐる皇室内の輻輳ともいうべき様相が背後にあるのかも知れない。かくのごとき、天皇家をめぐっては、いまもなお、マスコミ誌上を賑わすものの、わたくしたち市民にとってはまずは関係のない事柄である。が、次の次の天皇に関わる問題だけに皇室内においては重大問題なのであろう。

明仁天皇の生前退位の表明と皇位の安定的継承へのメッセージ

二〇一六年八月八日、現天皇は「ビデオ・メッセージ」を発表し、皇位の「安定的な継承」をひたすら念じ、と訴えた。一九三三年生まれの高齢と、前立腺や心臓に持病を抱える明仁天皇にとって、象徴天皇としての務めに体力の限界を感じたのであろう。また自身の目で「安定的継承」を確かめたいのであろう。ちなみに、わたくしは、この間の、天皇の「生前退位」を含む、象徴天皇制について、執筆しているので、ここでは割愛する。* なお憲法学者の横田耕一氏らが指摘するように、天皇自ら「退位」という憲法条項にある規定について、見解を明らかにするのは違憲といえる。

＊拙稿「天皇の『生前退位』を考える」上下（『週刊　新社会』二〇一六年一二月一八・二五日号）および「再び天皇の生前退位を考える」上下（『週刊　新社会』二〇一七年一一月二一・二八日号）。「象徴天皇制――何が問題か～迫りくる代替わりのなかで」（日本キリスト教婦人矯風会『k-peace』二〇一八年六月号）、「天皇制とフェミニズム――『明治150年』を考える」（『福音と世界』二〇一八年八月号）

退位・代替わり儀式を機に服属儀礼への強まりと象徴天皇制の行方

安倍首相に代表される伝統的右翼と「慈愛」「護憲」の名のもとに「国民」にすり寄ってくる象徴天皇一家の言動とは一見相反するかのようにみえるが、実は相互補完的な関係にあるとも思える。さらに二〇一七年六月九日には「天皇の退位等に関する皇室典範改正法」が「全員一致」で可決された。この特例法は「公務」に励んできた天皇を「国民」が敬愛し高齢によりそれが十分果たせないという天皇の思いを「理解・共感」したことから制定されたものという。「全員一致」というのは大多数の衆院・参院議員が賛成し、ジャーナリズム、学者、護憲派を含む多くの活動家、市民たちも天皇の気持ちを「忖度」し、天皇の希望に応えるという方向へと向けさせる作用を持つものであろう。

この特例法は天皇問題では反対意見は出させまいとする衆参両院議長および副議長が調整のために奔走した結果で「国民」の代表者による「合意」とされ、ここでも「国民の総意」言説の神話がつくられた。国会内の伝統主義的右翼とリベラル天皇主義者・リベラル派の妥協は、結果としてより強力な象徴天皇制をつくりだしたともみられる。

二〇一七年一二月一日には皇室会議が開かれ、安倍首相は天皇の退位を翌一九年四月三〇日、「即位・改元」を五月一日と決めた。即位・大嘗祭も一九年秋との報道が流れている。二〇一八年度予算には、上皇夫妻や新天皇一家の住宅改修や「即位の礼」関連儀式準備等にすでに三五億六〇〇〇万円が計上された。この金額は一部で、さらに多額の国庫からの支出がなされる。当然、わたくしたちの乏しい懐から搾り取った税金も投入される。何とも納得し難いものである。さらにそれほど知りたくもない「代替わり」関連情報が垂れ流され、「退位・即位」にまつわる儀式といった服属儀礼への強制が強まってくるものと思われる。

おわりに

明仁・美智子象徴天皇制は、国内各地への旅行、戦災地への慰問、被災民への見舞・慰撫、また外国訪問も度々重ねて、マスメディアに露出し、常に「国民」の注目を引く努力を心がけ、「国民の天皇」たらんとする努力を重ねた。父の昭和天皇時代と異なり、明仁・美智子象徴天皇制は、被災民や、また戦災者たちに対し、天皇皇后自ら腰をかがめ、膝を深く折って、被災者や戦災者たちを励ます言葉を口に出す。戦争についても、反省の言葉を口にするのも躊躇しない。しかし、父天皇の戦争責任については、論及することは一切ない。

明仁・美智子象徴天皇制は、基本的に父裕仁天皇の親米路線を引き継ぎ、米国主導の世界制覇に基づく「平和と繁栄の戦後日本国家」観を維持し、基本的に父天皇が貫いた対米重視路線が基本である。さらに天皇と「国民」の「対」としての関係を再構築することが、象徴天皇制を盤石ならしめる、という、伊藤晃氏の示唆に富む、需要な指摘（伊藤晃『「国民の天皇」論の系譜　象徴天皇制への道』社会評論社、二〇一五年、参照）がある。

伊藤氏は、天皇制を持続させている根拠は、「天皇・国民」一体の「土壌」にあると指摘。さらに作家中野重治の言葉を援用しつつ、天皇制によって人間的尊厳を奪われ、個としても抑圧され、天皇が人間より高いところにいることが、すべての非人間性の根源に無頓着となっている民衆の精神のあり方にあるという。わたくしもまったく同感である。

敗戦直前・直後の天皇制をめぐる状況についてはすでに記述した。結果的に昭和天皇は、何らの責任をも履行せず、最後まで「君主」意識を引きずり、八七年の生を全うした。しかし、わたくしたちは、「天皇の戦争」により、日本はもとより、朝鮮・台湾・中国はじめアジア西太平洋地域において、多くの戦争犠牲者・被害者を生んだことを承知している。さらに犠牲者・被害者の多くが、日本国家からの正当な法的責任を得られないまま、次々と鬼籍に入っていかれることも分かっている。

日本国家が罪責の承認、公的な謝罪、法的賠償の措置をとらず仕舞いの結果、日本の市民・民衆の、諸国・諸地域の民衆との友好と連帯を築いていくことを阻害している。けれども制約があろうが、民間・民衆レベルの交流や歴史の共同研究などは可能であろう。

わたくしたちは、日本独特といわれる天皇制というシステムに見えないうちに呪縛されている。日の丸・君が代問題での教員処分、天皇制批判のタブーなど、思想表現行動の自由も酷く狭まって来ている。

いまや天皇・天皇制を批判することは、タブー扱いされ、時に戦闘右翼の直接暴力に曝されている。天皇制は、人びとの命さえ奪いかねないものとして機能する。象徴天皇制こそかつての神権天皇制に代わる「国体観念」と化している。海外においては、天皇はソブリン（元首）扱いされ、国内外の旅行においては厳戒態勢が敷かれ、最大限、丁重な待遇がなされる。天皇を敬愛するための学校教育の強化、宮内庁ホームページによると天皇家の「私的」と思える皇室祭祀さえ、「公務」の一端とされ、神道による権威化が進められる。

象徴といえども天皇制はいまもなお、わたくしたちを呪縛する存在である。憲法の平等原理と相反する制度である。以上のことを確認し、戦争を放棄し武器を持たない真の平和主義と、天皇制民主主義の垢を払った真の民主主義社会と、共和主義社会をつくるため、今後の事態を注視し、天皇家・天皇制の歴史を辿るために、この書を上梓したく思った次第である。

あとがき

　わたくしの天皇・天皇制についての見方は、冒頭の「はしがき」に記したように、特権階級の代表である天皇・天皇制の廃絶を求めるものである。「貴族あれば賤族あり」とかつての部落解放運動家で、戦後、日本社会党出身の参議院副議長となった松本治一郎が喝破したように（ちなみに松本が参院副議長時代、「蟹の横這い」を拒否したのは意義深い）天皇・天皇制は、重層差別の装置として機能したばかりでなく、日本「国民」の心性を天皇や国家への忠誠へと向ける教育を通し、大国民意識を植え付け、他方、アジアの他民族国家と民衆に対しては、差別と侮蔑意識を醸成していった。近代日本の植民地主義・侵略主義路線は、右のような醸成された「国民意識」を下支えに行われたもので、アジアの民衆に甚大な被害・犠牲をもたらし、自国民にも多大な被害を与えた。ただし、日本「国民」は、天皇制国家の被害者であると同時に、程度の差こそあれ、アジア民衆に対しては加害の立場にある。すなわち被害と加害の二重性というべき立場にある。

　しかし、本書で見たように、敗戦後の米占領軍への天皇・天皇側の占領統治への積極的協力により、天皇を含む日本国家の犯罪や戦争責任が曖昧化され、隠蔽された。このことはとりも直さず、アジアへの戦争責任や戦後責任・賠償においても明確な形での公的謝罪や公的責任を履行させずに今日に至っている。「和解」は成立しているのではない。

　それどころか最近は「ヘイト・クレイム」という他民族民衆・在日コリアンへの強い排斥意識や行動が目立ち、自民族中心主義・自国民中心主義（エスノセントリズム）が勢いを増してきており、アジアの民衆との平和や共生を妨げている。現安倍晋三政権は、それを抑制するどころか、かえって助長し、歴史を改竄し、真実を歪めている。朝鮮半島問題に見られるように、朝鮮民主主義人民共和国に対しては好戦的立場をもって対応し、韓国の人びととの戦後賠償問題では、もはや解決済みとし、一蹴しているのが、残念ながら現実である。旧宗主国として南北融和・南北分断の解消・統一に手を貸すのではなく、一貫して米国に追随しながら、「軍事大国」を志向しているように見受けられる。

本書で不十分ながら古代以降、今日に至る天皇・天皇家の歴史的検証を試みたのは、時に天皇家においては覇権（君主の座）を握るために一族内での血の抗争や、藤原氏など時の権力者と結びつつ、民衆を支配し、かつ搾取・酷使したうえに成り立つ、栄華や雅などの貴族文化を享受してきたことを提示したかったことにある。「皇室の伝統」こそ、日本独自の「伝統」ともいわれるが、本書で述べたように、民からの収奪・搾取も「皇室の伝統」といえなくもない。現在の明仁天皇は、父の昭和天皇（大権保持者であった頃の意識が残存した。本書の当該箇所を参照されたい）と違い、現憲法にある「象徴天皇」としての役割を「国民の安寧と幸せを祈ること」「人々の傍らに立ち、その声に耳を傾けること」を自身の務めとした（一六年八月八日の天皇の「ビデオ・メッセージ」）。このことは、「国民」の支持こそが天皇家が安寧に存続するものとの認識をも暗に示すものであろう。被災者に心を掛け、丁寧に接し、戦争遺跡や記念碑を訪ね、深く頭を垂れ、祈りを捧げるなど、関係者に大きな感動を与えてもいるようである。

しかし、先の一五年戦争・アジア侵略戦争は、自然災害ではない。軍の指揮統帥権、軍の編成権を掌握し、「大元帥陛下」として、軍の将官・幕僚たちから詳細な説明を受けたうえ、「裁可」を与えた。これはいわば人為的行為であり、内外の多くの人を結局、死に至らしめたことに対しては大きな責任が生じる。明仁天皇は、戦争について時に反省の意を示すものの、父昭和天皇の責任に言及することはない。

加えて天皇家・天皇制は、いまだに男系家父長制原理の強く残る家柄・システムである。雅子皇太子妃に見られるように、皇嗣を継ぐ男児を出産しなければ周囲から冷眼視・バッシングされ、その結果、「適応障害」に陥るというように、女性たちは天皇家を彩り、飾ることはあっても、通常は、天皇、「男性」皇族に従い、尽くす立場におかれるといっても、過言ではない。わたくしは再三表明しているように「女性天皇」論の立場にたつものではない。天皇制廃絶といっても、人びとを差別・選別するシステムの廃止を求めるものであって、天皇家の人びとの存在を抹殺するわけではなく、彼ら彼女たちが普通の市民社会に生き、市民同様、基本的人権を享受されるべきと考えている。しかし、わたくしたち市民が、一つの家の代替わり儀式に振り回され、翻弄されることはご免こうむりたい。

また人間平等の原則からいって、特別な家系のみが尊重されることは、由々しき差別へと繋がりかねない。社会・統計・家計調査の権威であり、東京帝国大学教授、大原社会問題研究所所長を歴任、戦後、最初のＮＨＫ（日本放送協会）会長の高野岩三郎が「天皇制に囚われたる民衆」（『新生』四六年二月号）の一文で、天皇制の廃止を提案し、共和主義社会を目指し、「改正憲法私案要綱」を作成した事実を想起したい。人が人を差別することは、時として死に繋がりかねない（被差別部落の男女ないし「一般民」の男女が結婚に際し、親族から反対され、自死の道を選ぶなど、枚挙にいとまない、など）。

本書は、かつて『科学的社会主義』（社会主義協会）の一九九九年九月号から二〇〇一年四月号まで「天皇家の女たち」として一六回連載、さらに同誌の二〇一五年七月号から一七年六月号まで「続　天皇家の女たち」として二一回連載したものに大幅に加筆、組み替え、修正して一本に纏めたものである。「天皇家の女たち」「続　天皇家の女たち」を執筆することを快く応諾された『科学的社会主義』編集長の柴戸善次氏、挿絵を描いてくださった石河和子氏、のちに柴戸氏とともに編集の労をとってくださった門永秀次氏および読者の方がたに感謝する次第である。

さらに出版情勢が厳しいなか、本書の出版を決めてくださった社会評論社の松田健二社長、編集実務の労をとってくださった新孝一氏に深く感謝するものである。

二〇一九年二月四日

鈴木裕子

主要著書・編著書

『たたかいに生きて』『運動にかけた女たち』（ドメス出版、渡辺悦次氏と共編、1980年）、『山川菊栄集』全10巻別巻1巻（岩波書店、1981年～1982年）、『堺利彦女性論集』（三一書房、1983年）、『山川菊栄女性解放論集』全3巻（岩波書店、1984年）、『広島県女性運動史』（ドメス出版、1985年）、『湘煙選集』第1・2・4巻（不二出版、1985～86年）、『フェミニズムと戦争協力』（マルジュ社、1986年、増補新版1997年）、『資料　平民社の女たち』（不二出版、1986年）、『水平線をめざす女たち――婦人水平運動史』（ドメス出版、1987年、増補新版2002年）、『女性史を拓く』（1）～（4）（未来社、1989年～96年）、『昭和の女性史』（岩波ブックレット、1989年）、『葦笛の詩　足立女の歴史』（ドメス出版、編、1989年）、『女・天皇制・戦争』（オリジン出版センター、近藤和子氏と共編、1989年）、『山川菊栄評論集』（岩波文庫、1990年）、『女工と労働争議』『女性と労働組合（上）』（れんが書房新社、1989年～91年）、『女性　反逆と革命と抵抗と』（社会評論社、1990年）、『おんな、核・エコロジー』（オリジン出版センター、近藤和子氏と共編、1991年）、『朝鮮人従軍慰安婦』（岩波ブックレット、1991年）、『従軍慰安婦・内戦結婚』（未来社、1992年）、『「従軍慰安婦」問題と性暴力』（未来社、1993年）、『日本女性運動資料集成』全10巻別巻1巻（不二出版、1993年～98年）、『先駆者たちの肖像』（ドメス出版、監修、1994年）、『フェミニズムと朝鮮』（明石書店、1994年）、『女たちの戦後労働運動史』（未来社、1994年）、『戦争責任とジェンダー』（未来社、1997年）、『フェミニズム・「慰安婦」・天皇制』（インパクト出版会、2002年）、『平和を希求して　「慰安婦」被害者の尊厳回復のあゆみ』尹貞玉著、鈴木裕子編解説注（白澤社、2003年）、『ジェンダー視点からみる日韓近現代史』（梨の木舎、日本側責任編集、2005年）、『金子文子　わたし自身を生きる』（梨の木舎、2006年、増補新版2013年）、『自由に考え、自由に学ぶ　山川菊栄の生涯』（労働大学、2006年）、『フェミニズム、天皇制、歴史認識』（インパクト出版会、2006年）、『日本軍「慰安婦」関係資料集成（上下）（山下英愛・外村大氏と共編、明石書店、2006年）、『風韻にまぎれず』深山あき著、鈴木裕子編注（梨の木舎、2007年）、『風の音楽』深山あき、鈴木裕子編注（梨の木舎、2007年）、『山川菊栄集　評論篇』全8巻別巻1巻（岩波書店、2011年～12年）、『日本軍「慰安婦」問題と「国民基金」』（梨の木舎、編解説、2013年）、『おんな二代の記』山川菊栄、鈴木裕子注・校訂・解説（岩波文庫、2014年）

鈴木裕子（すずき・ゆうこ）
1949年東京生まれ、早稲田大学院文学研究科修士課程日本史学専攻修了。
労働運動史・組合史編纂・執筆に携わる一方、女性史・社会運動史研究に従事。各地の大学での非常勤講師を経て、現在、早稲田大学文学学術院教員。早稲田大学ジェンダー研究所招聘研究員。

天皇家の女たち　古代から現代まで

2019年4月15日　初版第1刷発行

著　者＊鈴木裕子
発行人＊松田健二
装　幀＊後藤トシノブ
発行所＊株式会社社会評論社
東京都文京区本郷2-3-10　tel.03-3814-3861/fax.03-3818-2808
http://www.shahyo.com/
印刷・製本＊株式会社　ミツワ

Printed in Japan